高等院校经济管理类系列教材

物流工程
（微课版）

朱长征　朱云桦　主　编

珠　兰　吴文杰　史锦艳　副主编

清华大学出版社
北京

内 容 简 介

　　现代物流是延伸产业链、提升价值链、打造供应链的重要支撑，在建设现代化经济体系中发挥着先导性、基础性、战略性作用。物流工程主要运用工程技术方法和相关管理理论，研究物流系统的规划设计与资源优化配置，以及物流运作过程的控制、经营和管理。

　　本书共分十三章，主要内容包括：物流工程概述、物流工程分析方法、物流预测技术、物流网络规划与设计、运输设施设备、集装物流器具、装卸系统与机械选择、仓储系统及设备选用、输送系统及设备选用、工厂物流系统设计、物料搬运系统设计、物流配送中心设计、商业配送系统设计。本书内容较为全面，教师在使用本书时，可以根据课时量，在内容上进行适当的选择。为了方便学习，本书配套微课视频、复习思考题答案等学习参考资源，读者可通过扫描书中二维码观看或前言末尾左侧二维码下载；针对教师，本书另赠送电子课件、教学大纲等资源，教师可扫描前言末尾右侧二维码获取。

　　本书可作为物流工程、物流管理、供应链管理、采购管理、交通运输、电子商务、工商管理、物联网工程等专业的本科生、高职高专学生教材，也可供对物流工程技术感兴趣的相关科研人员、企业人员参考。

图书在版编目(CIP)数据

物流工程：微课版/朱长征，朱云桦主编. —北京：清华大学出版社，2023.9
高等院校经济管理类系列教材
ISBN 978-7-302-64609-9

Ⅰ. ①物…　Ⅱ. ①朱…　②朱…　Ⅲ. ①物流管理—高等学校—教材　Ⅳ. ①F252

中国国家版本馆 CIP 数据核字(2023)第 169270 号

责任编辑：桑任松
封面设计：李　坤
责任校对：么丽娟
责任印制：宋　林
出版发行：清华大学出版社
　　　　　网　　　址：http://www.tup.com.cn, http://www.wqbook.com
　　　　　地　　　址：北京清华大学学研大厦 A 座　　　邮　　编：100084
　　　　　社 总 机：010-83470000　　　　　　　　　邮　　购：010-62786544
　　　　　投稿与读者服务：010-62776969, c-service@tup.tsinghua.edu.cn
　　　　　质量反馈：010-62772015, zhiliang@tup.tsinghua.edu.cn
　　　　　课件下载：http://www.tup.com.cn, 010-62791865
印 装 者：涿州汇美亿浓印刷有限公司
经　　销：全国新华书店
开　　本：185mm×260mm　　　印　张：20　　　字　数：483 千字
版　　次：2023 年 10 月第 1 版　　　　　　　印　次：2023 年 10 月第 1 次印刷
定　　价：59.00 元

产品编号：101646-01

前　　言

　　物流工程主要运用工程技术方法和相关管理理论，研究物流系统的规划设计与资源优化配置，以及物流运作过程的控制、经营和管理。物流工程呈现了自然科学和社会科学相互交叉的边缘学科的许多特征。工作人员和研究人员既需要懂得生产、运输、仓储、装卸、搬运等方面的技术知识，还需要掌握物流学、经济学、统计学、管理学等学科知识。

　　党的二十大报告提出，要建设高效顺畅的流通体系、降低物流成本。推动物流工程技术的应用，有利于提高物流服务质量，提高物流运作效率和产业链协同效率，促进供应链一体化进程，对减少劳动力占用，减轻工人劳动强度具有重要作用；有利于降低企业物流成本，提高企业经济效益；有利于优化设施设备资源配置，推动技术改造，提高物流机械化、自动化和信息化水平；有利于降低企业流动资金占用，加速企业资金周转；有利于改善物流系统效率，提升企业整体竞争力。

　　本书由西安邮电大学现代邮政学院(物流学院)副院长朱长征教授领衔编写，主要成员包括西安邮电大学、西安思源学院、西安财经大学行知学院、青岛西海岸新区高级职业技术学校的各位老师。具体分工如下：第一章、第二章由青岛西海岸新区高级职业技术学校朱云桦编写(5.0万字)；第三章由西安邮电大学朱长征、余小霞编写(3.6万字)；第四章由西安邮电大学珠兰编写(4.2万字)；第五章由西安邮电大学吴滋菁编写(7.7万字)；第六章、第九章由西安邮电大学封皓月编写(6.2万字)；第七章由西安邮电大学刘鹏博编写(2.7万字)；第八章由西安思源学院史锦艳、西安邮电大学纪广鹏编写(6.0万字)；第十章由西安邮电大学董培炎、朱长征编写(2.0万字)；第十一章由西安邮电大学董森、朱长征编写(2.8万字)；第十二章由西安财经大学行知学院吴文杰、荆莹、屈华凤编写(3.8万字)；第十三章由西安邮电大学耿冬编写(2.2万字)。全书由西安邮电大学朱长征教授统稿。此外，参与文字校对和修订工作的还有雷倩等。

　　本书在编写过程中，编者在融入自己主持或参与物流工程类课题实践成果的同时，广泛参考、吸收了国内外众多学者的研究成果和实际工作者的经验，在此，对本书所借鉴的参考文献的作者、对编写过程中提供帮助的单位和个人致以衷心的感谢！同时，有些资料由于无法确定来源和作者，因此没有在参考文献中列出，在此表示深深的歉意。由于编者的能力和水平有限，有关方面的知识还需进一步研究，有些观点还需进一步接受检验。在本书的表述中难免存在疏漏和不妥之处，敬请各位专家、读者提出宝贵意见并能及时反馈，以便重印时修改完善。

编　者

复习思考题答案等下载

教师资源服务

目　　录

第一章　物流工程概述 1

第一节　物流与物流系统 1
一、物流的概念 1
二、现代物流的特征 1
三、系统 3
四、物流系统的内涵 6

第二节　物流工程概述 11
一、物流工程的发展历程 11
二、物流工程在我国的发展 12
三、物流工程的含义 13
四、物流工程的特征 13
五、物流工程的地位和作用 13

第三节　物流工程的研究内容与技术 15
一、物流工程的研究内容 15
二、物流工程的常用技术 16

复习思考题 18

第二章　物流工程分析方法 19

第一节　物流业务量的计算 19
一、物流工作量 19
二、当量物流量 21
三、物料活性系数 22

第二节　物流系统分析概述 22
一、物流系统分析的要点 22
二、物流价值工程理论 24
三、企业物流系统的常用分析方法 26

第三节　系统布置设计 29
一、系统布置设计遵循的原则 29
二、系统布置设计的常见类型 30
三、物流系统布置设计的阶段 31
四、系统布置设计模式 31

复习思考题 33

第三章　物流预测技术 34

第一节　物流预测概述 34

一、物流预测 34
二、常用的物流预测方法 35

第二节　时间序列预测方法 37
一、时间序列预测的理论分析 37
二、时间序列预测的分类 39
三、时间序列预测应注意的问题 40
四、简单平均法 40
五、移动平均预测法 40
六、指数平滑预测法 44
七、时间序列预测方法小结 47

第三节　灰色预测方法 47
一、灰色预测的概念 47
二、灰色评估预测模型的建立 48
三、灰色评估预测案例 51
四、灰色关联分析 54

复习思考题 57

第四章　物流网络规划与设计 58

第一节　物流网络概述 58
一、物流网络的含义与组成 58
二、物流网络结构与模式 60
三、物流网络规划与设计的内容
和流程 62

第二节　物流节点选址规划 64
一、物流节点选址规划概述 64
二、物流节点选址规划方法概述 66
三、典型选址模型介绍 68

第三节　物流运输路径优化 80
一、物流运输路径优化概述 80
二、物流运输路径优化模型 81

复习思考题 85

第五章　运输设施设备 86

第一节　公路运输设施设备 86
一、公路 86

二、公路运输装备 87
三、公路运输设施设备的发展趋势 93
第二节 铁路运输设施设备 94
一、铁路运输设施设备概述 94
二、铁路运输装备 97
三、铁路运输技术装备的现代化
发展模式 103
第三节 水路运输设施设备 103
一、水路运输的分类 104
二、港口 104
三、航道 108
四、船舶 111
五、航标 117
六、水运通信导航系统 120
第四节 航空运输设施设备 123
一、航空运输的发展历程和现状 123
二、机场 124
三、飞机 126
第五节 管道运输设施设备 130
一、管道运输设施设备概述 130
二、输油管道运输设备 132
三、输气管道运输设备 135
复习思考题 136

第六章 集装物流器具 137
第一节 集装单元器具 137
一、集装与集装单元 137
二、采用集装单元的优点、缺点 137
三、集装化 138
第二节 物流周转箱 139
一、物流周转箱的分类 140
二、物流周转箱的优势及功能 141
三、物流周转箱的循环共用模式 141
第三节 托盘 142
一、托盘的定义、尺寸与分类 142
二、托盘的集装方法 148
三、托盘设计和选择要点 149
四、采用托盘运输应注意的事项 150
五、托盘的维修管理 150

第四节 集装箱 150
一、集装箱的定义、分类
以及标准 150
二、集装箱运输的特点 154
三、集装箱用途及选用因素 154
四、集装箱运输的优点和缺点 155
五、集装箱运输的基本要素 156
第五节 集装袋 157
一、集装袋的定义 157
二、集装袋的优点 158
三、集装袋的分类 158
四、集装袋使用注意事项 158
第六节 集装箱吊具 159
一、固定式吊具 159
二、主从式吊具 159
三、子母式吊具 159
四、双吊式吊具 160
五、伸缩式吊具 160
复习思考题 160

第七章 装卸系统与机械选择 161
第一节 装卸系统 161
一、装卸系统概述 161
二、装卸机械的选择 163
第二节 装卸机械的性能及技术 164
一、装卸机械概述 164
二、装卸机械的主要性能 165
三、装卸机械的技术要求 167
第三节 货场装卸机械选用 168
一、集装箱正面吊运机 168
二、悬臂式起重机 170
三、港口装卸机械选用 173
四、其他场景散装装卸机械选用 176
复习思考题 178

第八章 仓储系统及设备选用 179
第一节 仓库 179
一、仓库概述 179
二、仓库分类 179

三、仓库功能 180
四、仓库结构 181
第二节 物料搬运与仓储设备 182
一、概述 182
二、物料搬运与仓储设备分类 182
三、叉车与自动导引搬运车 183
四、仓储设备 185
第三节 搬运与仓储设备设计选用 191
一、概述 191
二、设备选择原则 191
三、叉车的设计选用 191
四、储存货架系统的设计选择 193
第四节 仓储系统规划设计 198
一、仓储系统规划设计目标 198
二、仓储系统布局规划 199
复习思考题 218

第九章 输送系统及设备选用 219
第一节 物料输送系统 219
一、物料输送系统的含义 219
二、物料输送系统设计要点 219
三、物料输送设备概述 220
四、输送设备在物流系统中的
作用 222
第二节 带式输送机及其应用 222
一、带式输送机概述 222
二、带式输送机的基本性能参数
及选用 225
第三节 辊道式输送机及其应用 226
一、辊道式输送机的主要特点 226
二、辊道式输送机的分类 227
第四节 链式输送机及其应用 229
一、链板式输送机 229
二、刮板式输送机 229
三、埋刮板式输送机 230
第五节 其他输送机及其应用 230
一、间歇性输送机 230
二、悬挂式输送机 231
三、螺旋输送机 232

四、斗式输送机 232
五、气力输送机 233
复习思考题 235

第十章 工厂物流系统设计 236
第一节 工厂物流系统设计概述 236
一、工厂物流系统在布置设计中的
作用 236
二、工厂物流设施系统布置设计的
目标与原则 237
三、工厂物流系统设计的内容 237
第二节 工厂物流的相关信息分析 239
第三节 系统化布置设计方法 240
一、系统化布置设计方法概述 240
二、平面图布置方案 246
复习思考题 248

第十一章 物料搬运系统设计 249
第一节 物料搬运 249
一、物料搬运的概念 249
二、物料搬运的作用与特点 250
三、物料搬运的 20 条原则 251
四、物料搬运的相关理论 251
第二节 物料搬运系统 254
一、物料搬运系统的概念 254
二、物料搬运系统设计的目标 255
三、物料搬运系统设计的基本
原则 256
四、物料搬运方程式 257
第三节 物料搬运系统的分析方法 258
一、物料搬运系统分析的概念 258
二、物料的分类 260
三、物料的布置 260
四、物料搬运的移动分析 261
五、物料搬运方案分析 263
六、物料搬运的优化方法 265
七、物料搬运方案的评价 266
复习思考题 267

第十二章　物流配送中心设计....................268

　第一节　物流配送中心概述.............268
　　一、物流配送中心的概念.............268
　　二、物流配送中心的分类.............268
　　三、物流配送中心的功能.............270
　　四、物流配送中心规划与设计的
　　　　原则.............................271
　第二节　物流配送中心设计.............272
　　一、物流配送中心功能区设计.........273
　　二、物流配送中心建筑设计...........274
　　三、通道设计.......................276
　　四、物流中心停车场设计.............277
　　五、出入口设计.....................279
　第三节　配送中心基本作业流程.........279
　　一、入库管理.......................280
　　二、发货管理.......................283
　复习思考题...........................292

第十三章　商业配送系统设计....................293

　第一节　商业配送系统概述.................293
　　一、商业配送系统的内涵................293
　　二、商业配送系统的分类................293
　第二节　商业配送系统设计................294
　　一、商业配送系统的设计内容........294
　　二、企业发展需求资料的收集
　　　　与分析........................297
　　三、作业区规划....................299
　　四、作业流程管理..................301
　第三节　典型商业配送系统的设计........304
　　一、项目背景......................304
　　二、配送中心的功能以及规模
　　　　确定..........................305
　　三、平面布局设计..................306
　复习思考题............................307

参考文献.................................308

第一章　物流工程概述

【学习目标】

● 了解系统的定义和形态。
● 理解物流系统的构成要素和特征。
● 掌握物流工程的研究内容。
● 分析物流工程的地位和作用。

物流工程以物流系统为研究对象，主要研究物流系统的规划设计与资源优化配置，以及物流运作过程的控制、经营和管理。物流工程具有很强的实践性，针对系统预测、节点选址、设施规划、生产制造系统布置等问题，不断优化技术手段，提出解决方案，在现代物流管理与决策领域具有广泛的应用价值，对于提高我国生产企业物流管理水平、优化商业物流系统效率、促进现代物流业发展具有重要作用。

第一节　物流与物流系统

一、物流的概念

根据我国国家标准《物流术语》(GB/T 18354—2021)，物流(logistics)被定义为"根据实际需要，将运输、储存、装卸、搬运、包装、流通加工、配送、信息处理等基本功能实施有机结合，使物品从供应地向接收地进行实体流动的过程"。

物流不仅包括原材料、产品等从生产者到消费者的实物流动过程，还包括伴随这一过程的信息流动，它将运输、仓储、装卸、加工、整理、配送、信息等方面有机结合，形成完整的供应链。

二、现代物流的特征

进入 21 世纪后，由于全球经济一体化进程的加快以及科学技术的迅猛发展，资源在全球范围内进行流动和配置，使得世界各国更加重视物流发展对本国经济发展的影响，从而使现代物流呈现一系列新的发展趋势和特征。

(一)物流集成化

全球化的物流运作方式要求物流业务中的所有成员和环节在整个流程中的运作衔接更加紧密，成员和环节的业务及相关信息能进行集成，以实现供应链的整体化和集成化运作，缩短供应链响应时间，使供应链上的物流过程更流畅，提高客户服务水平。物流集成化的基础是物流业务过程的优化和管理信息系统的集成，通过计划、优化、决策、执行等方法和技术，实现物流信息集成、业务集成、流程集成和资源集成。

物流系统化观念是物流管理的重要基础。由于构成现代物流的各功能要素之间存在着相互作用的关系，因此，必须从系统的角度出发，通过物流功能的最佳组合实现物流整体最优的目标。

(二)物流数智化

物流数智化的本质，在于通过数字化实现物流活动的智能化。一是通过对物流系统数字化，借助大数据、云计算、人工智能等技术，让物流活动具有实现状态感知、实时分析、科学决策、精准执行的能力；二是借助数字化模拟再现人类智能，进而应用于物流系统的决策与运筹，数智融合，推动系统智慧生成。

传统物流的各个功能要素之间缺乏有机联系，经常会产生一些低效甚至无效的物流活动，导致物流成本上升、服务水平下降。通过智能硬件、物联网、大数据等智慧化技术与手段，提高物流系统分析决策和智能执行的能力，提升整个物流系统的智能化、自动化水平，保证物流各个环节之间、物流部门与其他相关部门之间、不同企业之间的物流信息的交换、传递和处理，突破空间和时间的限制，保证实物流与信息流的统一，最终有利于提高物流系统效率和物流服务的可靠性。

(三)物流网络化

随着生产和流通地域范围的扩大，为了实现高效率的产品分销和原料供应，现代物流需要有完善、健全的物流网络体系。物流网络体系包括物流配送系统的组织网络和信息网络体系。网络上节点与节点之间的物流活动能维持系统性和一致性，因此，可以保证整个物流网络活动的快捷和低成本。以中国台湾计算机行业创立的"全球运筹式产销模式"为例，按客户订单采取分散形式组织生产，将计算机的不同零部件、元器件、芯片外包给世界各地的制造商进行生产，然后通过全球物流网络将这些零部件、元器件等发往同一个物流配送中心进行组装，最后再由物流配送中心迅速发送到客户手中。这种全球化的生产销售模式需要有高效的物流网络和先进的、功能强大的信息网络提供支持。

(四)物流智能化

在现代物流活动中，各种先进的技术和手段广泛应用于运输、仓储、装卸搬运、流通加工等环节。运输工具日益向大型化、高速化、专用化方向发展；装卸搬运设备及仓储系统的自动化程度不断提高；物流决策日益智能化。这些变化大大提高了物流作业效率及其准确度，也使物流研究领域不断扩大。

自动化是以光、机、电一体化为技术基础，以实现物流作业过程的省力、高效率、高准确度为目标，主要体现为各种自动识别技术、自动化立体仓库、自动分拣系统、货物定位及自动跟踪技术等。智能化是自动化和信息化的更高层次，主要是借助人工智能技术和物流领域的知识，对物流管理及决策中的复杂问题进行处理，如物流网络优化、车辆运输路线选择、资源调配、补货策略选择等。

(五)物流柔性化

柔性(flexibility)的概念来源于生产制造领域。20 世纪 90 年代，为了更好地满足消费者的多样化、个性化需求，实现多品种、小批量、灵活多变的生产方式，生产领域出现了柔性制造系统(flexible manufacturing system，FMS)生产方式，实行生产的柔性化。

企业生产方式的变革以及末端消费需求的多样化和个性化，也使物流需求呈现"门到门"、小批量、多品种、高频次等特点。订货周期变短、时间要求提高，增加了物流需求的不确定性。物流柔性化就是要以客户的物流需求为中心，通过灵活地组织和安排物流作业，为客户提供定制化的物流服务，快速响应客户需求，并有效控制物流成本。可以说，物流柔性化是生产领域柔性化的延伸。柔性的物流系统已成为供应链快速响应客户需求、获取竞争优势的重要手段，因此，物流柔性也是供应链柔性的重要组成部分。

(六)物流集约化

物流集约化是指通过一定的制度安排，对供应链上物流系统的功能、资源、信息、网络要素等进行统一规划、管理和评价，通过要素之间的协调和配合使所有要素能够像一个整体在运作，从而实现供应链物流系统要素之间的联系，达到供应链物流系统整体优化目的的过程。物流集约化并不一定要增加或减少要素存量，关键是改变要素的组合方式、协调要素之间的关系、优化要素之间的运作流程、建立基于市场机制的高效治理机制，使物流要素的能力得到充分的发挥，降低物流系统的运作成本，提高整体效益。

综上所述，进入 21 世纪后，现代物流的发展呈现多种趋势和特征。从现代物流学的本质特征来看，各项物流活动之间存在着相互关联、相互制约的关系，它们是作为统一的有机整体的一部分而存在的，这个有机整体就是物流系统。因此，系统性是现代物流学最基本的特性。系统科学的理论、技术和方法在现代物流领域具有广泛的应用价值。

三、系统

(一)系统的定义

系统(system)一词来源于古希腊文，意为由若干个类别相同或有相关性的部分按一定的内在联系组成的，具有一定目的、一定功能和相对独立的整体。

一般系统理论创始人贝塔朗菲认为"系统是相互联系、相互作用的诸元素的综合体"；《中国大百科全书·自动控制与系统工程》卷中的解释为"系统是由相互制约、相互作用的一些部分组成的具有某种功能的有机整体"；钱学森教授把"系统"定义为："由相互作用和相互依赖的若干组成部分结合而成的，具有特定功能的有机整体，而且这个整体又是它所从属的一个更大系统的组成部分。"这些定义中，不约而同地强调了元素或子系统之间彼此影响、彼此依赖的关系，以及系统对元素的整合作用，即系统是为了实现特定功能，由多种要素相互关联、相互作用构成的有机整体。

在现实社会中，系统是普遍存在的。自然界和人类社会中的很多事物都可以看作系统，如消化系统、铁路系统、神经系统等；而一个工厂可以看作由各个车间、科室、后勤部门等构成的系统；一所学校也可以看作由教学部门、科研部门、后勤服务部门和学生班级构成的系统。系统是有层次的，大系统中包含着小系统，如在自然界中，宇宙是一个系统，银河系又是一个从属于宇宙的系统，是宇宙的子系统，而太阳系又是从属于银河系的一个银河系的子系统，再往下，地球又是太阳系的一个子系统，等等。大系统有大系统的特定规律，小系统不仅要从属于大系统，服从大系统规律，而且本身也有自己的特定规律，这是自然科学、社会科学普遍存在的带有规律性的现象。

(二)系统与要素的关系

任何事物都是系统与要素的对立统一体，系统与要素的对立统一是客观事物的本质属性和存在方式，系统与要素相互依存、互为条件。在事物的运动和变化中，系统与要素总是相互伴随而产生、相互作用而变化。系统与要素之间的相互作用表现在以下几个方面。

1. 系统通过整体作用支配和控制要素

当系统处于平衡稳定条件时，系统通过其整体作用来控制和决定各个要素在系统中的地位、排列顺序、作用的性质和范围的大小，统率着各个要素的特征和功能，协调着各个要素之间的数量比例关系等。在系统整体中，每个要素以及要素之间的相互关系都由系统所决定。系统整体稳定，则要素也稳定；当系统整体的特性和功能发生变化，则要素以及要素之间的关系也随之发生变化。例如，综合运输系统的整体功能，决定和支配着作为要素的铁路运输系统、公路运输系统、水路运输系统、航空运输系统以及管道运输系统的地位、作用和它们之间的关系，为了使综合运输系统的整体效益最佳，就要求各子系统必须充分发挥各自的功能，就要对各子系统之间的关系进行控制和协调。

2. 要素通过相互作用决定系统的特性和功能

一般来说，要素对系统的作用有两种可能的趋势：一种是要素的组成成分和数量具有协调、适应的比例关系，使得要素能够维持系统的动态平衡和稳定，并使系统走向组织化、有序化；另一种是要素之间出现不协调、不适应的比例关系，这就会破坏系统的平衡性和稳定性，甚至使系统衰退、崩溃和消亡。例如，对我国国民经济大系统而言，如果构成该系统的工业系统、农业系统、交通运输系统等各个系统都能够协调发展的话，国民经济就能够持续、稳定地发展；但如果交通运输系统发展缓慢，与其他子系统之间不协调、不适应，就会严重制约国民经济的发展，影响国民经济大系统的整体效益。

3. 系统与要素的概念是相对的

一个系统相对于构成它的要素而言是一个系统，而相对于由它和其他事物构成的大系统而言则是一个要素(或称子系统)；同样地，一个要素相对于由它和其他要素构成的系统而言是一个要素，但相对于构成它的要素而言则是一个系统。比如，车辆、场站、路网等要素组成了公路运输系统，但公路运输系统又是整个交通运输系统的要素；再比如，相对于交通运输系统而言，水路运输系统是一个要素，但它同时又是由港口运输系统、水上船舶运输系统、航道系统、物流信息系统等要素构成的系统。

(三)系统的形态

系统是以不同的形态存在的。根据生产的原因和反映的属性不同，系统可以进行各种各样的分类。系统的形态与其所要解决的问题密切相关。系统的一般形态如下。

1. 自然系统和人造系统

自然系统是宇宙中天然形成的各种自循环、自平衡系统，如天体系统、海洋系统、水循环系统、生态系统、大气系统等。系统内的个体按自然法则存在或演变，产生或形成一种群体的自然现象与特征。自然系统没有尽头，没有废止，只有循环往复，并从一个层次发展到另一个层次。

人造系统存在于自然系统之中，是为了达到人类所需要的目的，由人类设计和建造的系统，如工程技术系统、经营管理系统、科学技术系统等。实际上，多数系统是自然系统与人造系统相结合的复合系统，因为许多系统都是人类运用科学力量、认识改造过的自然系统。例如，社会系统看起来是一个人造系统，但是它的发生和发展是不以人的意志为转移的，有其内在独特的规律性。

2. 实体系统和概念系统

实体系统是以矿物、生物、能源、机械等实体组成的系统。也就是说，它的组成要素是具有实体的物质，如人—机系统，机械系统、电力系统等。实体系统是以硬件为主体，以静态系统的形式来表现的。

概念系统是由概念、原理、方法、制度、程序等观念性的、非物质实体要素所组成的系统，是以软件为主体，依附于动态系统的形式来表现的，如科技体制、教育体系、法律系统、程序系统等。

3. 闭环系统与开环系统

闭环系统是指与外界环境不发生任何形式交换的系统。它不向环境输出，也不从环境输入，一般地，它是专为研究系统目的而设定的，如封存的设备、仪器及其他尚未使用的技术系统等。

开环系统是指系统内部与外部环境有能量、物质和信息交换的系统。它从环境得到输入，并向环境输出，而且系统状态直接受到环境变化的影响。大部分人造系统属于这一类，如社会系统、经营管理系统等。

4. 静态系统和动态系统

静态系统是其固有状态参数不随时间变化的系统。它没有固定的相对输入与输出，表征系统运动规律的模型中不含时间因素，即模型中的变量不随时间而变化，如车间平面布置系统、城市规划布局等。静态系统属于实体系统。

动态系统是系统状态变量随时间而改变的系统，它有输入和输出及转换过程，一般都有人的行为因素在内，如生产系统、服务系统、开发系统、社会系统等。

5. 对象系统和行为系统

对象系统是按照具体研究对象进行区分而产生的系统，如企业的经营计划系统、生产系统、库存系统等。

行为系统是以完成目的行为作为组成要素的系统。所谓行为是指为达到某一确定的目的而执行特定功能的作用，这种作用对外部环境能产生一定的效用。行为系统是根据行为特征的内容加以区分的。也就是说，尽管有些系统组成部分及其有关内容是相同的，但如果起执行特定功能的作用不同，那么它们就不能是同类的系统。行为系统一般需要通过组织体系来体现，如社会系统、经济系统、管理系统等。

6. 控制系统和因果系统

控制系统是具有控制功能和手段的系统。当控制系统由控制装置自动进行时，称之为自动控制系统。

因果系统是输出完全决定于输入的系统，其状态与结果具有一致性，这类系统一般为测试系统，如信号系统、记录系统、测量系统等。因果系统必须是开放系统。

具体系统的形态可能千变万化，但是基本上可以看作是由上述各种系统相互组合而形成的，它们之间往往是相互交叉和相互渗透的。

四、物流系统的内涵

物流系统

(一)概念

物流系统是指在一定的时间和空间范围内，由两个或两个以上的、相互制约的、动态的物流功能单元构成的，以完成物流服务为目的，呈现特定功能的有机集合体。

物流系统涉及人员、设备、工具、设施、信息等多种要素，也是一个由许多不同层次结构的子系统组成的人工大系统，物流系统的各个层次在地位与作用、结构与功能上会表现出不同的等级秩序。

(二)构成要素

物流系统主要受内部环境以及外部环境要素的影响，其整体构成十分复杂。物流系统的构成要素，主要包括功能要素、物质要素和保障要素。

1. 功能要素

物流功能要素是指物流系统所具有的基本能力，这些基本能力有效地组合、联结在一起，形成了物流的总功能，构成了能合理、有效地实现物流系统总目的的系统。

2. 物质要素

物流系统的建立和运行，需要有大量技术装备手段，这些手段的有机联系对物流系统的运行有决定意义，对实现物流整体和某一方面的功能也是必不可少的。

物质要素主要由物流设施、物流装备、信息技术构成。物流设施是组织物流系统运行的基础物质条件，主要包括交通枢纽、交通运输路网以及储存性节点。

交通枢纽是在两条或两条以上运输线路的交汇衔接处形成的，具有运输组织、中转装卸、仓储信息服务以及其他辅助服务功能的综合性设施，如中铁联集西安中心站。再比如，2018 年，西安市政府印发《大西安现代物流业发展规划(2018—2021 年)》，以助力"三个经济"发展为指引，立足建设国际物流枢纽城市的战略目标，提出要打造由两大国际物流枢纽港(西安陆港、西安空港)、五大区域枢纽物流园(临潼、泾河新城、沣东新城、鄂邑秦渡、长安引镇)和 11 个物流中心(新丰、阎良、高陵、经开、秦汉、三桥、周至、高新、航天、灞桥、蓝田)为核心架构的"两港五园十一中心"骨干物流节点体系，促进物流业与现代农业、先进制造业、商贸流通业等相关产业融合联动发展。交通运输路网是连接物流网络中节点的各种运输线路、道路的总称，如蒙华铁路。储存性节点主要包括商业仓库、中转仓库、储备仓库等，如京东亚洲一号仓库。

物流装备是指在整个物流领域内用于物流各个环节的设备和器材，主要包括运输装备、仓储机械、包装机械、流通加工机械、装卸机械、集装器具等。

物流信息技术是物流现代化的重要标志，也是物流技术中发展最快的领域，包括计算机技术、网络技术、信息分类编码技术、条形码技术、射频识别技术、电子数据交换技术、全球定位系统(GPS)、地理信息系统(GIS)、智能技术等。

3. 保障要素

物流系统的建立需要有许多支持保障手段，尤其是处于复杂的社会经济系统中，要确定物流系统的地位，要协调其与其他系统的关系，必须有一些支持保障性要素。这主要包括：经济体制制度，相关法律、规章，政府行政命令以及设备和技术标准。经济体制制度决定了物流系统的结构、组织、运行和管理方式，为物流系统提供了支持保障；相关法律、规章对物流活动起到了约束作用；政府行政命令和技术标准对行业发展也具有较大影响。

目前，国内很多大城市提出货运车辆限行制度，规定货车只能在城市的规定区域、规定时间内通行，用行政手段来维护物流系统运行。再比如，关于治理超限运输的命令，公转铁、公转水的政策，物流相关设备和技术标准等，都是物流系统内部以及物流系统与其他系统在技术上实行联结的重要保障条件。

(三)物流系统的特征

1. 物流系统是一个"人—机系统"

从物流系统的构成要素来看，物流系统是由人和物流设施、设备、工具及信息所构成的综合系统，表现为物流管理者和从业者运用有形的设备、工具和无形的政策、思想、方法、技术作用于物流对象的一系列活动。在这一系列活动中，人是系统的主体，因此在研究物流系统的各方面问题时，必须把人和物这两个因素有机地结合起来。

2. 物流系统是一个具有层次结构的可分系统

系统组成要素在数量、质量以及结合方式等方面存在的差异，使得每个系统在作用与地位、结构与功能上表现出等级秩序，最终形成具有质的差异的系统等级。层次性是系统的基本特性，物流系统同样也具有层次性，而且可以按照层次结构对物流系统进行层次划分。

首先，物流系统由多个作业环节构成。其中，最基本的功能作业环节包括运输、储存、包装、装卸、流通加工及信息处理等。这些功能环节是物流系统的构成要素，而这些要素本身也是一个系统，可以称为"物流系统的子系统"。子系统当中的任何一个或几个要素通过有机结合，都可以构成具有特定功能的物流系统；而且这些子系统又可按空间或者时间特性划分成更低层次的子系统，即每个子系统都包含了更低层次的要素，综合起来形成一个多层次的结构。

其次，系统的层次还具有相对性的特点。也就是说，每个系统相对于它所包含的组成要素来说是一个系统，相对于比它更高一层的系统来说，就变成了要素。因此，"系统"和"要素"是相对的，要素也是一个系统，每个物流系统都处在一个更大的系统之中，这个更大的系统就是物流系统的环境。每个物流系统都具有一个系统环境，物流系统的环境是其赖以生存发展的外部条件，物流系统必须适应外部环境才能生存，即物流系统只有不断地与外界环境进行物质、能量和信息的交换，其功能才能得到实现。这也说明了物流系统具有环境适应性和开放性的特点。

3. 物流系统是跨地域、跨时域的大系统

随着经济的全球化、信息化、网络化发展，物流活动早已突破了地域限制，形成了物流跨地区、跨国界发展的趋势。跨地域性正是物流创造的场所价值的体现。随着物流活动地理范围的扩大，对物流网络的规划及管理也更加复杂，如何保证物流服务的准时性，更需要从系统整体的角度进行思考。

4. 物流系统具有效益悖反性

效益悖反(也称"二律悖反"，tradeoff)是指物流系统的若干功能要素之间存在着损益的矛盾，即某一功能要素的优化和利益发生的同时，必然会存在另一个或另几个功能要素的利益损失，反之亦然。效益悖反的特性体现了物流系统中一方利益的追求要以牺牲另一方的利益为代价，这种此长彼消、此盈彼亏的现象，在物流系统中随处可见。例如，减少库存量，能降低库存持有成本，但必然会增加运输次数，从而增加了运输成本。再如，简化包装能节省包装费，但节省的包装方式将降低产品的防护效果，影响储存、装卸、运输等功能要素的绩效，降低了相应的效益。

物流系统规划和决策中，存在大量的效益悖反现象，容易导致各环节之间的矛盾和冲突，因此，更需要运用系统、科学的思想和方法，寻求物流系统的总体最优化。

综上所述，物流系统具有系统的所有特征。由于物流系统的层次性及各子系统的相互联系和相互作用，物流系统是一个动态的、开放的复合系统。

(四)物流系统的分类

虽然不同领域的物流存在着相同的基本要素，然而由于不同领域物流的对象、目的、范围和范畴的差异，物流系统的分类有着不同的方法和标准。为便于研究，下面从物流活动的空间范围、物流系统的性质、物流活动的运营主体、物流运行的作用、物流发生的位置及物流构成的内容等不同角度进行分类。

1. 按照物流活动的空间范围分类

1) 国际物流系统

国际物流是指在国家(地区)与国家(地区)之间的国际贸易活动中的商品从一个国家(地区)流转到另一个国家(地区)的物流活动。国际物流涉及国际贸易、多式联运和通关方式等多种问题。它需要国际间的合作、国内各方的重视和积极配合参与，一般比国内物流复杂得多。国际贸易和跨国企业的迅速发展已经让国际物流成为现代物流系统中的重要分支。在拥有较大作用范围(如区域、全国、国际)的物流系统中，第三方物流经营者的功能及服务质量往往十分重要。

2) 区域物流系统

区域物流是指以某一经济区或特定地域为主要活动范围的社会物流活动。区域物流有狭义和广义之分，狭义的区域物流是指在一个国家之内一定经济区域范围内的物流；广义

的区域物流超出了一个国家的范围，是在由若干个政治、经济、文化等具有某些共性的国家所建立的自由贸易区内发生的物流。

区域物流一般表现为通过一定地域范围内的多个企业间的合作、协作，共同组织大范围专项或综合物流活动的过程，以实现区域物流的合理化。区域物流通常需要地方政府的规划、协调、服务和监督，在促进物流基础设施的科学规划、合理布局与建设发展等方面给予支持。在规划某区域物流系统时，如省域、城市物流系统，公路运输站场规划与布局等，一般需要考虑区域物流设施与企业物流设施的兼容和运行方式。全国物流系统可以看作扩大的区域物流系统。在全国范围进行物流系统化运作时，要考虑综合运输及运网体系、物流主干网、区域物流及运作等。

3) 城市物流系统

城市物流是指物品在城市内部或在城市内部与城市郊区之间的实体流动。城市不仅是从事物资生产、商品贸易等活动的集中地，而且也是大量废弃物的产生地。

2. 按照物流系统的性质分类

1) 社会物流系统

社会物流是以全社会为范畴、面向广大用户的物流，它涉及在商品流通领域发生的所有物流活动，具有宏观性和广泛性，因此也被称为宏观物流。由于社会物流对国民经济的发展具有重大影响，因此社会物流是物流的主要研究对象。

2) 行业物流系统

在一个行业内发生的物流活动被称为行业物流。一般情况下，同一行业的各个企业在经营上是竞争对手，但为了共同的利益，在物流领域却又相互协作，共同促进行业物流的合理化。

3) 企业物流系统

企业作为现代社会中重要的经济实体，为社会提供产品和服务，是物流活动存在的根本。企业物流是指在企业经营范围内由生产或服务活动所形成的物流系统，指围绕某一企业或企业集团产生的物流活动。它不仅包括企业或企业集团内部的物流活动，也涉及相关的外部物流活动，如原材料供应市场和产品销售市场。企业物流活动往往需要考虑供应物流、生产物流和销售物流之间的协调，以及相应的一体化规划、运作和经营。

3. 按照物流活动的运营主体分类

1) 工业物流系统

工业物流是指以集中采购为主，以零部件加工为核心，为工业企业产品出口搭建平台，引导仓储、运输、配送企业发挥协同作用，提高社会资源的综合利用效果，降低企业间的互动成本，面向全球工业企业提供延伸和成套服务的系统工程。

2) 商业物流系统

商业物流是通过批发、零售和储存环节，把各生产企业的产品在一定物流节点集中起来，然后再经过储存、分拣、流通加工、配送等业务，将商品送到零售商或消费者手中的整个过程。现代物流促进了商业流通体系的变革和商业流通组织的现代化发展。由于现代物流的发展，商品流通将从超市业态向便利店、仓储商场等多重零售业态发展；从直营连锁向特许连锁等多种形式发展；从商品零售向多种形式的连锁服务发展，从而为商品流通发展创新了组织形式。

3) 第三方物流系统

第三方物流系统的硬件要素包括核心功能的基础设施和运行设备；软件要素包括物流系统的体制、制度、法律、法规、行政命令、标准化系统等；人员要素是指运作第三方物流所需要的各类物流技术人才、物流管理人才、物流基层操作人员；信息技术要素是指第三方物流企业完成物流整体规划、方案设计，信息搜寻、跟踪、反馈，满足客户个性化需求所需要的各种技术能力。

第三方物流企业连接原材料供应商和生产商、配件制造商和集成制造商、制造商和零售商、零售商和用户。第三方物流系统本身作为一个系统，通过对输入进行合理的转换从而满足个性化的输出要求，实现物流供应链集成的有效方法和策略。其方法是通过协调企业之间的物流运输和提供后勤服务，把企业的物流业务外包给专门的物流管理部门来承担。

4. 按照物流运行的作用分类

1) 供应物流系统

供应物流是指生产企业、流通企业或个人消费者从供应商处订货购入原材料、燃料、零部件、机械设备或产成品，通过运输、中转、储存等中间环节，最终到达收货人收货仓库的整个物流过程。其是企业物流系统的起点，也是物资生产者、持有者到使用者之间的物流。物流系统通过采购行为使物资从供货单位转移到用户单位，一般是生产企业进行生产所需的物资供应活动。

2) 生产物流系统

生产物流是指从原材料投入生产开始，经过下料、加工、装配、检验、包装等步骤，直至成品入库为止的实体流动过程。生产物流的运作过程基本上是在企业(工厂)内部完成，流动的物品主要包括原材料、在制品、半成品、产成品等。物品在企业(工厂)范围内的仓库、车间、车间内各工序之间流动，贯穿于企业的基本生产、辅助生产、附属生产等生产工艺流程的全过程，是保证生产正常进行的必要条件。生产物流的运作主体是生产经营者，部分生产物流业务可以延伸到流通领域，如第三方物流所提供的流通加工。

3) 销售物流系统

生产企业或流通企业售出产品或商品的物流过程被称为销售物流，也是物资的生产者或持有者与用户或消费者之间的物流。其也指成品由成品库(或企业)向外部用户直接出售，或经过各级经销商直到最终消费者为止的物流过程。从事销售物流运作的经营主体可以是销售者、生产者，也可以是第三方物流经营者。

4) 回收物流系统

回收物流是指物品运输、配送、安装等过程中所使用的包装容器、装载器具、工具及其他可以再利用的废旧物资的回收过程中发生的物流。回收物流主要包括边角余料、金属屑、报废的设备、工具形成的废金属和失去价值的辅助材料等。

5) 废弃物流系统

对商品的生产和流通系统中产生的废弃物的处理过程形成了废弃物流。废弃物流是指对废弃杂物的收集、运输、分类、处理等过程中产生的物流。废弃杂物一般包括伴随产品生产过程产生的副产品、废弃物,以及生活消费过程中产生的废弃物等。废弃物流通常由专门的经营者经营,国外也有第三方物流经营者参与废弃物流作业过程的实例。

5. 按照物流发生的位置分类

按照物流发生的位置,物流系统可划分为企业内部物流系统和企业外部物流系统。

1) 企业内部物流系统

企业内部物流系统是指企业内部的物品实体流动。例如,制造企业所需原材料、能源、配套协作件的购进、储存、加工直至形成半成品、成品最终进入成品库的物料、产品流动的全过程。

2) 企业外部物流系统

企业外部物流系统是指企业外部的物品实体流动。例如,对于制造企业而言,物料、协作件从供应商所在地到本制造企业仓库为止的物流过程;成品从本制造企业的成品库到各级经销商,最后送达最终用户的物流过程,都属于企业的外部物流系统。

6. 按照物流构成的内容分类

1) 专项物流系统

专项物流系统是指以某一产品或物料为核心内容的物流活动系统。常见的有粮食、煤炭、木材、水泥、石油和天然气等的物流过程。专项物流往往需要专用设施、专用设备与相应物流过程的配套运作才能完成。

2) 综合物流系统

综合物流系统是指包括社会多方经营主体及多种类产品、物料构成的复合物流系统。综合物流系统的服务对象范围广泛,因此设施、设备的通用性较强。

从不同角度对物流系统进行分类划分,可以加深对物流性质、过程的理解和认识,有利于更好地进行物流系统的规划、设计、运营组织与管理。

第二节　物流工程概述

一、物流工程的发展历程

(一)18 世纪 80 年代

物流工程的发展及
其作用

物流工程起源于早期制造业的工厂设计。1776 年亚当·斯密在其著作《国富论》中提及"专业分工能提高生产率"的理论,提出通过设计生产过程,使劳动力得以有效的利用。经过产业革命后,工厂生产方式逐步取代小手工作坊,但工厂的设计与内部管理仅凭经验,未能摆脱小作坊生产模式。美国发明家惠特雷在18 世纪末将生产过程分为若干工序,使每个工序形成简单操作的成批生产,提出"零件互换性"这一概念。

(二)19 世纪 20 年代到 20 世纪 40 年代

以泰勒为首的工程师对工厂、车间、作坊进行了一系列调查研究,细致地分析、研究了工厂内部生产组织方面存在的问题，倡导科学管理。当时工厂设计的活动主要有三项，包括操作法工程；工厂布置和物料搬运。其中，操作法工程研究的重点是工作测定、动作研究等工人的活动，工厂布置则研究机器设备、运输通道和场地的合理配置；物料搬运则是对原材料到制成品的物流控制。

第二次世界大战后，被战争破坏的国家需要重建工厂，工厂的规模和复杂程度明显增大。工厂设计不仅要运用复杂的系统设计运筹学、统计学、概率论，同时，系统工程理论、电子计算机技术也得到了普遍应用。工厂设计和物流分析中运用的系统工程的概念和系统分析方法，逐渐被推广、扩展到非工业设施，包括在各类服务设施中加以应用，如机场、医院、超市等。"工厂设计"一词逐渐被"设施规划""设施设计"替代。

(三)20 世纪 50 年代

管理科学、工程数学、系统分析等理论的形成、发展和广泛应用，为工厂设计由定性分析转向定量分析创造了条件。学者们陆续发表关于工厂设计的著作，如缪瑟(Muther)的《系统布置设计》和《物料搬运系统分析》，爱伯尔的《工厂布置与物料搬运》等。

(四)20 世纪 70 年代

这一时期，行业内逐渐推出一系列计算机辅助工厂布置程序，如位置配置法(CRAFT)、相互关系法(CORELAP)、自动设计法(ALDEP)等。这些程序以搬运费用最少、相互密切度最大等为目的，产生一个优质的工厂布置方案。成组技术的发展，为小批量、多品种加工工厂的设计提供了工艺过程选择和规划乃至整个生产关系管理合理化的科学方法。

(五)20 世纪 80 年代

在物流系统分析中，人们利用计算机仿真技术进行方案比较和优选，进行复杂系统的仿真研究，包括从原材料运输到仓库、制造、后勤支持系统的方针，仓储系统的分析与评价，设施设计的动态、柔性问题的研究，以及利用图论、专家系统、模糊集理论进行多目标优化问题的探讨等。

(六)20 世纪 90 年代

人们结合现代制造技术、柔性制造系统、集成制造系统等进行物料搬运和平面布置的研究，物流系统也从以实物配送为主的研究，扩大到从产品订货开始直到销售的整个物流过程，一体化物流逐步在全球范围内蓬勃发展起来。

二、物流工程在我国的发展

(一)20 世纪 50—60 年代

我国进行工厂设计的过程中，一直沿用苏联的设计方法，注重设备选择的定量运算，对设备的布置以及整个车间和厂区的布置则以定性布置为主。这种思路在新中国成立之初起到了积极作用。但是随着科学技术的不断发展与进步，人类生存与居住的空间逐渐缩小，仍然完全按照粗放型布局来新建或者改建一个工厂已经不能适应我国经济发展的需要。

(二)20世纪80年代

美国物流专家缪瑟来华讲授系统布置设计(systematic layout planning，SLP)、物料搬运设计(SHA)、系统化工业设计规划(SPIF)；日本物流专家河野力等在北京、西安等地举办国际物流技术培训班，系统地介绍物流的合理化技术和企业物流诊断技术。此后，物流工程研究在我国迅速得以发展，国际交流日益频繁，各国专家相继来访。

(三)20世纪90年代

工业工程作为正式的学科在我国出现，设施设计与物流技术被人们重视，物流工程的重要性也逐步被社会认可为国民经济中的重要组成部分。提高物流效率、降低物流成本，向用户提供优质服务，实现物流合理化、现代化，成为广大企业的共识。

(四)21世纪

中国大陆物流设施建设发展很快，物流工程实践能更好地满足供应链物流系统价值增值的需要，如价值过程技术(value process technology，VPT)系统集成设计法，得以应用到越来越多的企业运营活动中。

三、物流工程的含义

物流工程活动主要是指基于集成理论和工程技术方法，研究各类物流系统的规划与设计，以支持物流系统高效益、高效率、低成本的运行方案的实现过程，是科学地对物流系统进行规划设计、重组和持续改进的知识、方法和技术手段体系，是管理工程与技术工程的完美结合。它与交通运输工程、管理科学与工程、系统工程、计算机技术、环境工程、机械工程、工业工程、建筑与土木工程等领域密切相关。

四、物流工程的特征

物流工程体现了自然科学和社会科学相互交叉的边缘学科的许多特征。物流工程需要多学科综合的理论基础。工作人员和研究人员既需要懂得生产、运输、仓储、装卸、搬运等方面的技术知识，还需要掌握物流学、经济学、统计学、管理学等学科知识。

物流工程研究的对象多数是复杂的、多目标的物流系统规划与设计。决策时既要考虑成本因素，又要考虑科学性、前沿性。因此，既需要科学计算、逻辑推理、仿真与分析方法等基本性研究方法，也常常借助于定量计算与定性分析相结合的综合性研究方法。

物流工程是一门交叉学科，与机械工程、机械电子学、生产加工工艺学、计算机科学等学科有着密切的联系，需要将物流设施设备、系统规划设计和管理的方法与归类结合起来进行学习与应用。

五、物流工程的地位和作用

(一)减少劳动力占用，减轻工人劳动强度

以机械制造企业为例，一般从事搬运储存的工作人员占全部工人的 15%~20%，加工

1 吨产品的平均搬运量为 60 吨次以上。所以，合理规划与设计物流系统，对企业提高劳动效率、减少人员数量关系重大。

(二)缩短生产周期

物流工程可以提高物流系统信息化水平，并强化与物流系统运作的同步性、准时性，缩短订货和交货周期。统计和分析表明，在工厂的生产活动中，从原材料进场到成品出厂，物料处于加工等工艺时间，只占生产周期的 5%～10%，而 90%～95% 的时间处于停滞与搬运状态。利用物流工程知识，提升物流系统信息化水平，能减少物流过程中不必要的停滞时间，缩短订货周期。

(三)降低物流成本

物流工程将先进的物流理念，通过工程技术方法和手段，在物流系统规划设计方案中予以落实。新建物流系统可以通过物流工程知识得到资源合理配置优化的规划设计方案。有关统计资料表明，在制造业中，物料搬运费用占总经营费用的 20%～50%，而优秀的物流系统设计可使这一费用至少降低 10%～30%。物流工程可以用于降低物流总费用，降低生产成本，增加企业利润，提高企业经济效益。在工业发达国家已把改造物料搬运、改善工厂中物流状况，看作减少和节约开支以获取利润的第三源泉。

(四)加速企业资金周转

我国企业的流动资金所占比例很大，而一般工业企业的在制品和库存物料占流动资金的 75% 左右。因此，合理设计平面布置，优化物流系统，可以最大限度地减少物流量，降低流动资金占用，降低成本，提高企业效益。

(五)提高产品质量和物流服务质量水平

产品在搬运储存过程中，搬运手段设计选择不善，造成磕碰伤，从而影响产品质量的现象非常严重。例如，湖北某汽车制造厂，机床加工能力可保证质量合格率为 98%，而运到装配线上后，合格零件只剩下 60%，搬运中损坏 35% 以上。加强工位器具的研制和运输过程中的管理以后，现在零件到达装配线的合格率达到 95% 以上，质量得到大幅提高。

(六)优化设施设备资源配置，实现安全生产

上海某拖拉机制造厂统计结果表明，直接与搬运有关的工伤事故占总工伤事故的 30% 以上，所以物流系统合理化有利于改善环境和生产组织管理，提高安全生产水平。物流工程指导物流设施设备选择配置更为合理，推动技术改造，提高物流机械化、电子化和自动化作业水平。物流工程改造要求采用新工艺、新设备，提高机械化、电子化水平，以减少劳动力占用和减轻工人的劳动强度。

(七)提高企业现代化管理水平

当今人类社会已经进入电子与信息化时代，计算机的广泛应用以及自动化、柔性化的管理是提高竞争力的技术关键，高水平的生产系统都拥有高水平的设施设计和物流系统的自动化、机械化、信息化条件作保障。物流贯穿于生产全过程，遍布企业各个角落。新工艺、新设备以及信息技术的采用，都有助于改善物流系统，提高企业整体竞争力。

第三节 物流工程的研究内容与技术

一、物流工程的研究内容

物流工程从物流系统整体出发，侧重于运用管理工程、技术工程等方面的相关理论和方法，研究物流活动的规划、设计和运行，选择最优方案，实现低费用、高效率、高质量的组织与管理过程。物流工程主要涉及物流系统规划与设计、系统预测与选址技术、物流设施规划与布置、物流设备选择与管理等研究内容。

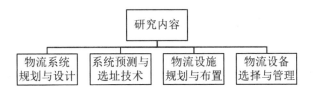

图 1-1 物流工程的研究

(一)物流系统规划与设计

不同层次、不同功能的物流系统其规划设计的内容也不同。对于社会物流系统而言，其规划设计主要涉及一定区域范围内物流设施的网络布点问题，如长三角经济圈物流系统规划、京津冀区域物流发展规划。对于特定运作对象而言，其规划设计要考虑不同物流对象的特征，如农产品物流系统规划、电子商务物流系统规划、冷链物流系统规划。当然，对于企业物流系统而言，其规划设计的核心内容是企业内部物流网络的优化、物流运营流程的重构。

(二)系统预测与选址技术

物流系统预测主要根据物流系统的过去和现在的发展规律，借助科学的方法和手段，对物流活动未来的发展趋势进行描述、分析，形成科学的假设和判断。综合使用定性、定量的选址方法，结合物资运输、搬运和储存的具体要求，合理选择物流节点选址方案，使之以最低的成本、最快捷的速度来完成物流过程。研究重点主要包括预测技术、物流节点选址、站场布局规划、搬运车辆的计划与组织方法、仓储网络规划与设计、库存优化与控制等。

(三)物流设施规划与布置

物流设施的规划与布置作为物流工程的重要内容之一，属于设施设计范畴，主要包括平面布置设计、地点选址、物料搬运系统设计、建筑设计、公用工程设计和信息系统设计等，即根据物流系统(如工厂、学校、医院、办公楼、商店等)应完成的功能(提供产品或服务)，对系统各项设施(如设备、土地、建筑物、公用工程)、人员、投资等进行系统的规划和设计，用于优化人员流、物流和信息流，从而有效、经济、安全地实现系统的预期目标和系统管理的蓝图。资源利用、设施布置、设备选用等各种设想都要体现在设施规划与设计中，设施规划与设计对系统能否取得预想的经济效益和社会效益起着决定性作用。

一般地，设施规划与设计所需要的费用只占总投资的 2%～10%，但对系统会带来重大影响。在设计、建造、安装、投产的各个阶段，如果系统要加以改变，所需要的费用会逐步上升，到了运行后再改进，则事倍功半，有时甚至不可能。所以在设计规划阶段投入足够的时间、精力和费用是十分必要的。

对于社会物流系统，设施设计是指在一定区域范围内(国际或国内)物资流通设施的布点网络问题，如原油输送的中间油库、炼油厂、管线布点等的最优方案；而对于企业物流系统，设施设计的核心内容是工厂、车间内部的设计与平面布置、设备的布局，以追求物流系统路线的合理化，通过改变和调整平面布置调整物流，达到提高整个生产系统经济效益的目的。

(四)物流设备选择与管理

物流设备是贯穿于整个物流系统全过程、深入每个作业环节、实现物流各项作业功能的物质基础要素。物流设备作为现代物流系统的重要组成部分，其选择与配置是否合理，直接影响着物流功能的实现，也影响着系统的效益。

通过正确理解物流设备在系统中的作用，科学选择和管理物流设备，如社会物流中的集装箱、罐、散料包装、搬运设备的选择与管理等，可以有效提高物流运作效率和服务质量，降低物流成本，极大地促进物流业的快速发展。其主要包括：仓库及仓库搬运设备的研究、各种搬运车辆和设备的研究、流动和搬运器具的研究等。

二、物流工程的常用技术

物流工程是一门管理与技术的交叉学科，相应地，物流工程的研究也涉及多个领域的技术支持，物流工程的常用技术包括以下几个方面。

(一)系统预测技术

在设计一个新系统或改造一个旧系统时，往往需要对系统的未来进行分析估计，以便作出相应的决策，即使是对正在正常运转的系统，也要经常分析系统的发展变化趋势。根据系统发展变化的实际数据和历史资料，运用现代科学理论和方法以及各种经验和知识，对系统在未来一段时期内的可能变化情况进行推测、估计和分析的过程就是系统预测。

对于系统而言，各种因素交错复杂，一旦预测错误，往往会使系统遭到毁灭性的打击。因此，预测技术在近几十年日益受到重视，并逐渐发展成为一门独立的、成熟的且应用性很强的科学。它对于长远规划的制定、重大战略问题的决策以及提高系统的可靠性等，都具有极其重要的意义。

由于预测对象、时间、范围、性质等的不同，系统预测技术可以有不同的分类方法。根据预测方法本身的性质特点，一般可以将预测技术分为定性预测法与定量预测法。其中，定量预测法又可以分为时间序列分析预测法和因果关系预测法。

除上述预测技术外，近几年在信息领域和人工智能领域广受关注的人工神经网络方法也越来越多地被应用到预测过程中。神经网络法是受生物神经功能启发而形成的数学预测模型，其特点是模型可以对新的数据进行学习；对不连续的时间序列数据，该方法的预测精度较其他时间序列预测模型更准确；另外，神经网络法特别适合于非线性预测。

(二)建模与仿真技术

物流系统活动范围广泛，涉及面宽，经营业务复杂，品种规格繁多，且存在系统功能部分相互交叉。因此，它的系统设计是一项十分复杂的任务，需要严密地分析。由于它的复杂性，一般很难做试验，即使可以做试验，往往需要耗费大量的人力、物力和时间。因此，要对其进行有效的研究，在系统设计和控制过程中，得出有说服力的结论，最重要的是要抓住作为系统对象的系统的数量特性，构建系统模型。

物流系统仿真的目标在于建立一个既能满足用户要求的服务质量，又能使物流费用最低的物流网络系统。其中最重要的是如何能使"物流费用最低"。在进行仿真时，首先分析影响物流费用的各项参数，诸如与各销售点、流通中心及工厂的数量、规模和布局有关的运输费用、发送费用等。大型管理系统中包含人的因素，用数学模型来表现他们的判断和行为是很难的。因此，人们积极研究和探索包含人的因素在内的反映模糊性的数学模型。

仿真技术在物流系统工程中应用较多，而且已初见成效。但毕竟由于物流系统的复杂性，其应用受到多方限制，特别是资料收集、检验、分析工作的难度较大，从而影响仿真质量，所完成的模型的精度与实际的接近程度也存在一定问题，有待进一步研究。

(三)系统最优化技术

系统优化问题是系统设计的重要内容之一。所谓最优化，就是在一定的约束条件下，如何求出使目标函数为最大(最小)的解。求解最优化问题的方法称为最优化方法。一般来说，最优化技术所研究的问题是对众多方案进行研究，并从中选择一个最优的方案。一个系统往往包含许多参数，其中很多参数属于不可控参数。因此，优化问题是在不可控参数变化的情况下才提出的。根据系统的目标，经常地、有效地确定可控参数的数值，使系统经常处于最优状态，系统最优化离不开系统模型化，先有模型化而后才有系统最优化。

物流系统所包含的参数绝大多数属于不可控参数，它们之间相互制约，互为条件。在外界环境约束条件下，要正确处理众多因素之间的关系，除非采用系统优化技术，否则难以得到满意结果。物流系统评价的基本思想是整体优化的思想，对所研究的对象采用定性、定量模型优化技术，经过多次测算、比较，求好选优、统筹安排，使系统整体目标最优。

物流系统的目标函数是在一定条件下，达到物流总费用最少、顾客服务水平最好、全社会经济效果最高的综合目标。物流系统包含多个约束条件和受多重变量的影响，难以求优。解决的办法是根据工作分解原理和分解方法，巧妙地把大问题分解成多个小问题，对各子问题采用现代的优化方法和计算机求解，所以说，系统最优化方法是物流系统方法论中的重要组成部分。

(四)设施布置技术

设施布置技术主要通过 SLP、设施布局类型选择、关系表法等方法，进行时间研究、动作研究、方法研究，以此优化物流节点内部的有形资产配置，提高内部物流作业效率。设施布置技术是物流系统分析、设计与管理的最基本的技术与方法。

复习思考题

1. 简述物流系统的内涵。
2. 举例说明现代物流的主要特征。
3. 什么是效益悖反？
4. 阐述物流工程的地位和作用。
5. 物流工程的主要研究内容有哪些？
6. 物流工程的常用技术有哪些？

第二章 物流工程分析方法

【学习目标】

- 熟悉物流业务量的计算方法。
- 掌握物流价值工程的特点。
- 理解物流系统布置设计的阶段。
- 掌握系统布置设计的基本内涵和遵循的原则。

物流工程分析以系统思想为基础，进行物流活动相关信息的收集与处理，考虑多个目标、多个层次的具体情况，有效地应用分析方法，最终作出决策，解决企业的物流问题。本章主要介绍物流系统不同作业环节的物流业务量计算方法、常见的物流系统分析与设计方法、价值工程理论等内容，为科学指导企业物流相关基础建设、开展物流量预测奠定基础。

第一节 物流业务量的计算

物流业务量的计算

一、物流工作量

(一)运输工作量

在物流活动中，运输工作量是指一定时期内运送货物的数量，也称为运输业务量，主要包括运量、周转量两个指标。其中，运量是指运送货物的数量，一般用吨(t)来测量；而周转量则是指货物数量与运输距离的乘积，既反映运输的数量，又反映运输的距离，一般用吨·公里(t·km)来测量。轻泡货物可以将其体积折算成计费质量吨(t)，并按计费质量统计运输工作量。

例如，根据交通运输部发布的《2022年4月公路货物运输量》显示，2022年4月，全国公路完成货运量295860万吨，同比增速-3.9%；完成货物周转量56020205万吨·公里，同比增速-1%。

运输工作量主要用来刻画铁路、公路、水运和航空等运输方式完成的货物数量，是制订运输计划、运输企业发展规划以及考核运输任务完成情况的重要指标之一。

(二)仓储工作量

仓储工作量指标是仓储运营成果的集中反映，是衡量仓储运营管理水平高低的尺度，也是考核、评估仓库各方面工作和各作业环节工作成绩的重要手段。

1. 仓库物资吞吐量

仓库物资吞吐量用来反映一定时期内(一般以月、季或年度计算)仓库的工作量和收发能力，一般指出库、入库、直拨物资的总量，可按吨、立方米、托盘等为计算单位，对难以用吨位计量的物资，则按货单上的重量统计，有的则以价格折算吨位来计算。

2. 库存周转次数

库存周转次数通常用来反映一年中库存流动的速度。其计算方法为：库存周转次数=年发货量/年平均储存量。其中，年发货量是指通过出库操作的货物总量，可按吨、立方米、托盘等计算；年平均储存量是指一年内货物储存量的平均值，即年平均储存量=一年储存量的总和/365，可按吨、立方米、托盘等计算。

库存周转次数一般按年度评价。周转次数越多，表明存货周转速度越快，存货的占用水平越低，流动性越强，仓储活动的效率与效益越高。反之，则表明存货周转速度越慢，存货储存过多，占用资金多及存在积压现象。提高库存周转次数对于加快资金周转、提高企业的资金利用率和变现能力具有积极的作用。

3. 加工包装率

加工包装率是指一定时期内加工包装总量与储存总量的比率。其计算方法为：加工包装率=(加工包装总量/储存总量)×100%。其中，加工包装总量是指在仓储环节对产品实施的简单物理性作业活动(如包装、分割、刷标志、拴标签、组装等)的货物总量。

4. 配送量

配送量是指在经济合理区域范围内，根据客户要求，对仓库内的物品进行拣选、加工、包装、分割、组配等作业，并按时送达指定地点的货物量。其既包括多货主、多品种送到单点或多点，也包括单一货主的货物送到多点，不含不经过出入库操作的点对点运输。

5. 人均日拣货量

人均日拣货量是指仓储型物流企业人均日分拣总量，具体又可分为每台叉车日均拣货量、人均日整件拣货量和人均日拆零拣货量。

1) 每台叉车日均拣货量

每台叉车日均拣货量可以吨、立方米、托盘等为计算单位，其计算公式为：每台叉车日均拣货量=年叉车拣货总量/年叉车使用台数。

2) 人均日整件拣货量

人均日整件拣货量可以吨、立方米、包装件数为单位，一般按年度计算。其计算公式为：人均日整件拣货量=年整件拣货总量/年作业总人数。其中，年作业总人数是指一年内从事整件拣货作业人员的总数。

3) 人均日拆零拣货量

人均日拆零拣货量可以吨、立方米、单品件数为单位，一般按年度计算。其计算公式为：人均日拆零拣货量=年拆零拣货总量/年作业总人数。

(三)装卸搬运工作量

装卸搬运工作量用来反映各类物流节点(如车站、港口、仓库等)装卸工作进行情况，是对物流节点生产活动进行全面描述的指标。

1. 装卸自然吨

装卸自然吨是指进出物流节点并经过装卸的货物数量，一吨货物在进出的过程中，不论经过几次操作，均只计算为一个装卸自然吨。

2. 装卸搬运吞吐量

装卸搬运吞吐量主要是指装卸或搬运的货物吨数的总和，可以用吨(t)来测量。计算该作业量的目的，是更好地反映装卸机械完成的工作量和起运效率。

3. 装卸搬运操作量

装卸搬运操作量是指通过一个完整的操作过程所装卸、搬运的货物数量，计量单位是操作吨。完整的操作过程是指货物由某一个运输工具到另一个运输工具或库场，即货物在船、库、库场之间每两个环节所完成的一个完整的装卸搬运过程。它由舱内、起落舱、水平搬运、库场(或车)内等工序组成。

在一个既定的操作过程中，一吨货物不论经过几组工人或几部机械的操作，也不论搬运距离的远近、是否有辅助作业，均只计算为一个操作量。

二、当量物流量

(一)物流量

物流量是指一定时间内通过两个物流节点间的物料数量。对于特定的物流系统而言，物料从几何形状到物化状态会有很大的差别，其可运性或搬运的难易程度相差很大，简单地用重量作为物流量计算单位并不合理。

(二)当量物流量

物料的几何形状、物化性质、表面状态、易损程度等因素，决定了物料搬运的难易程度和运输成本。因此，在系统设计模型中，用物料的重量作为当量物流量仅在某些情况下适用。制造企业物料的种类千差万别，研究一种较为适用的、能在多种类型企业中应用的当量物流量，可以为系统平面布置设计提供较为科学的方法。

在物流系统的分析、规划、设计过程中，必须确定一个标准，把系统中所有的物料修正、折算为一个统一的量，才能进行比较、分析和运算。

所谓当量物流量，正是指在物流运动过程中一定时间内，按规定标准修正、折算的搬运和运输量，把各种不同特性的物料折算成系统中可进行叠加的统一的量。这种修正与折算充分考虑了物料在搬运或运输过程中实际消耗的搬运和运输能量等因素。

当量物流量的计算公式为

$$f = nq \tag{2-1}$$

式中：f——当量物流量(当量 t/年、当量 t/月、当量 kg/小时……)；

　　　q——一个搬运单元的当量重量(当量 t、当量 kg……)；

　　　n——单位时间内流经某一区域或路径的单元数(单元数/年、单元数/月……)。

例如，一台载重量为 10t 的汽车，当其运输 10t 锻件时，10t 锻件的当量重量为 10t；一节火车列车的载重量为 48t，装载 12 个汽车驾驶室总成，则每个驾驶室的当量物流量为

4 当量 t。再比如，企业中一个标准料箱载重量为 2t，装载了 100 个中间轴，则每个中间轴的当量物流量为 20 当量 kg。

显然，对于不同的物流系统而言，其系统功能、作业对象、设施设备、作业环境差异很大，当量物流量的计算都是必须要面对的一个基础而重要的问题，需要根据物流作业现场情况和实际经验确定。这是当前物流工程技术中仍然存在的问题，有待今后的进一步研究。

三、物料活性系数

物料活性系数(α)是一种度量物料搬运难易程度的指标，是物流系统分析的又一个重要参数。物料平时存放的状态各式各样，可以散放在地上，也可以装箱放在地上，或放在托盘上等。由于存放的状态不同，物料搬运的难易程度也不一样。人们把物料的存放状态对于搬运作业的方便(难易)程度称为搬运活性。

装卸次数少、工时少的货物搬运活性高。从经济上来看，搬运活性高的搬运方法是一种好方法。搬运活性系数用于表示各种状态下的物品的搬运活性。搬运活性系数的组成如下。

(1) 最基本的活性是水平最低的散放状态的活性，规定其系数为 0。
(2) 对此状态每增加一次必要的操作，其物品的搬运活性系数加 1。
(3) 活性水平最高的状态活性系数为 4。

散放在地上的物品要运走，需要经过集中、搬起、升起、运走四次作业，进行的作业次数最多、最不方便，即活性水平最低；而在集装箱中的物品，只要进行后三次作业就可以运走，物料搬运作业较为方便，活性水平比前一种高一等级；装载于正在运行的车上的物品，因为它已经在运送的过程中，不需要再进行其他作业就可以运走，活性水平最高，活性指数定为 4。α 的等级如表 2-1 所示。

表 2-1　α 的等级

α的等级	0	1	2	3	4
物料状态	堆在地面上	集中装在容器内	垫起，可吊装	装载，可近距离移动	装车移动

第二节　物流系统分析概述

一、物流系统分析的要点

(一)物流系统分析的目的

物流系统分析的目的是将某一系统设计(改进)成最合理的、最优化的物流系统。通过物流系统分析拟订方案的费用、效益、功能和可靠性等各项技术经济指标，为决策者提供依据。在系统分析的基础上，对各种因素进行优化、选优，逐级协调各组成部分之间的关系，并有机地综合起来，形成一个各部分能巧妙结合、协调一致的最优系统。

(二)物流系统分析的要素

系统分析是运用逻辑、思维推理的方法对问题进行分析，分析时要提出一系列的"为什么"，直到问题得到圆满解答。系统分析的要点可归纳为"5W1H"，即 what、why、when、where、who、how。例如，当专家接受了某个物流系统的开发任务时，必须首先设定问题，然后才能对问题进行分析研究，找到解决问题的对策。此时参照下列疑问句进行问答，很容易抓住问题的要点，找到解决问题的关键。

(1) 项目的对象是什么？即要干什么？(what)

(2) 这个项目因何需要？即为什么这样？(why)

(3) 它在什么时候和在什么情况下使用？即何时干？(when)

(4) 使用的场所在哪里？即在何处干？(where)

(5) 是以谁为对象的物流系统？即谁来干？(who)

(6) 怎样做才能解决问题？即如何干？(how)

实践证明，对于技术比较复杂、投资费用大、建设周期长、存在不确定性的、相互矛盾的物流系统而言，系统分析是非常重要、不可缺少的一环。只有做好物流系统分析工作，才能获得良好的系统设计方案，避免技术上的返工和经济上的重大损失。

(三)物流系统分析的步骤

实际的物流系统因性质和应用环境的不同，在分析时采取的手段和具体方法存在差异，但不同的系统在分析时都遵循一些共同的特征，每一次系统都或多或少地由一些典型的相互关联的行为构成。

1. 明确问题，确立目标

物流系统工程的活动可分为两部分：分析问题和解决问题。前者是从决策者的角度弄清现实世界中相互交织的问题网，后者是从专业角度提出和分析各种物流问题的途径。本阶段的任务包括提出问题的目的、问题的边界和约束条件、划分系统和环境、阐明解决问题的对策和资源、确定评价指标。

2. 收集资料，分析问题

问题明确以后，就要拟订解决问题的大纲和决定分析的方法，收集相关的资料并分析其相互关系，寻找解决问题的各种可行方案，并进行初步筛选。良好的备选方案是进行良好系统分析的基础。当然，在系统分析的过程中，还可能发现新的更好的备选方案。

3. 建立分析模型

每种备选方案都会相应地产生一系列后果。这些后果通过社会、经济、技术等方面的指标加以衡量，有的后果对目的有利，有的是消极的，还有的可能影响甚微，有的可能只能满足短期目的且对长期目的的实现不利。因此，不能局限于某个决策者的具体目的。本阶段首先要确定应该预计哪些后果？哪一项最重要？作用时期有多长？其次是建立预计后果的模型。实际上，系统分析的每一阶段都需要建立模型，然而，用于预计后果的模型更复杂和重要。政策分析涉及政治、社会、心理因素，在这种情况下，逻辑推理的作用是有限的。因此，在物流系统工程的后果预计阶段，隐形思维模式和清晰的数学模型都是需要的，不可偏废。值得注意的是，系统工程的模型常常是推测式的，模型的精度不能与具有严密理论基础的数学模型相提并论，模型也难以试验。

4. 预测未来环境

物流系统工程的每一种方案的后果都和将来系统付诸实践时所处的环境有关。这里的环境是指决策人无法控制的自然、经济、社会和技术的未来状态。例如，新建一个企业、开发某项新产品等，都需要对市场需求和国家经济状况作出预测。离开未来实施环境去谈论方案的后果是没有实际意义的，而未来环境一般是不确定的。预测这种具有不确定性的环境一般采用情景分析法，或借助于系统仿真模型、博弈模型等进行。

5. 进行物流系统评价

根据各种方案在不同情景下的预计后果和其他资料所获得的结果，将各种方案进行定性与定量相结合的综合分析，显示出每一种方案的利弊得失和效益成本，同时考虑各种有关的无形因素，如政治、经济、科技、环境等，以获得对所有可行方案的综合评价和结论。

在一项物流系统工程的分析过程中，每个环节一次性顺利完成的可能性很小，分析者一般需要在信息反馈的基础上对中间环节进行不断修改。

二、物流价值工程理论

物流系统整体规划设计的思想是 VPT 分析。其主要思路是分析特定物流存在的价值流，并结合实际情况和未来发展，确定战略价值流、主要价值流以及支持价值流。

战略价值流是整个规划的指导思想，是支持价值流经营战略、经营目标、自身价值得以实现必不可少的一部分。每一个价值流都是通过详细的作业过程来实现的，并且需要相关的设备支持和技术支撑，因此针对每一个价值，都有自己的实现过程、技术，由此组成过程流及技术流。

(一)物流价值工程的含义

物流价值工程是通过相关领域的协作，对所研究的物流系统的功能与费用进行系统分析，不断创新，旨在提高系统整体价值的思想方法和管理技术。

物流价值工程中的价值、功能和成本的计算公式为

$$V = \frac{F}{C} \tag{2-2}$$

式中：V——研究对象的价值；

　　　F——研究对象的功能；

　　　C——研究对象的成本。

(二)物流价值工程的特点

物流服务经营者要在充分满足用户需求的前提下，将价值工程的思想方法和管理技术运用到物流系统价值流的设计中去。物流系统内进行价值工程活动的主要特点概括为以下五个方面。

1. 物流价值工程的目的是提高研究对象的价值

企业物流系统作业流程是由一系列相互衔接的活动组成，从价值的角度考虑，所涉及的作业活动应当是能够进行价值增值的活动，否则就应当删除或减少相应的工作量，从而提高物流服务的价值。一般情况下，提高物流系统研究对象价值的途径有五种，如表 2-2 所示。前三种方法是以提高或大幅提高功能的途径来实现提高价值的目的，在物流价值工程活动中应首先提倡。

表 2-2 提高物流系统价值的途径

提高途径		I	II	III	IV	V
组合方式	功能	↑	↑	↑↑	→	↓
	成本	↓	→	↑	↓	↓↓

2. 物流价值工程的核心是功能分析

以用户的功能需求为出发点，有利于规划和设计人员、技术和管理人员摆脱现有系统的结构、工艺和组织机制等造成的束缚，积极采用现代科技成果，找出更好地实现系统功能且成本较低或最低的方案。

通过功能整理，明确各物流功能之间的关系，从而正确地体现用户所需要的功能。在此基础上，按照功能系统图中研究对象总体及各部分的功能系数与成本系数，或者将目标成本与实际成本进行比较，来评价其价值的高低，评价方案的优劣并找出改善研究对象价值的途径的工作。

3. 物流价值工程用的成本是寿命周期成本

寿命周期成本包括从产品研究、开发、试制、生产、销售、使用直到退出使用过程的全部费用，因此物流价值工程的应用要从顾客的需求方面建立自己的成本观念，即不能只考虑物流经营者的成本，在提供服务的过程中还要考虑用户的购买和使用成本。

4. 物流价值工程是一种致力于提高系统价值的创新活动

从用户的功能需求出发，考虑到相应的成本，就可以打破传统的思维定式，促进新产品、新服务、新工艺、新技术、新方法等的产生，所以物流价值工程可以起到其他方法所不能比拟的创新效果和作用。

5. 物流价值工程活动的目标是通过有组织的努力实现整体价值

物流价值工程是针对性很强的活动，需要技术人员、作业人员、物流管理人员的集体智慧、协力攻关，从而使技术、经济、组织与管理手段和方法能够集成起来，产生集成化效益。

(三)物流价值工程的应用时机

针对物流系统规划设计、监控管理和作业运行等阶段分析，一般在物流系统形成的初期阶段效果最为明显，如物流过程的价值流设计或再设计阶段，物流价值工程活动的净节约潜力最大。物流系统分析如图 2-1 所示。

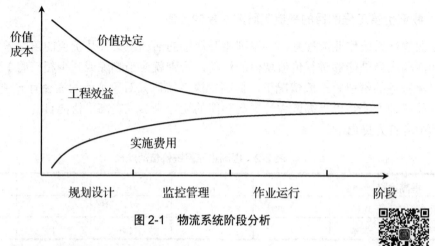

图 2-1　物流系统阶段分析

三、企业物流系统的常用分析方法

企业物流系统分析是针对企业物流系统的环境、输入输出情况、物料性质、流动路线系统状态、搬运设备与器具、库存等进行全面、系统的调查与分析，找出问题，求得最佳系统设计方案。其分析过程如图 2-2 所示。

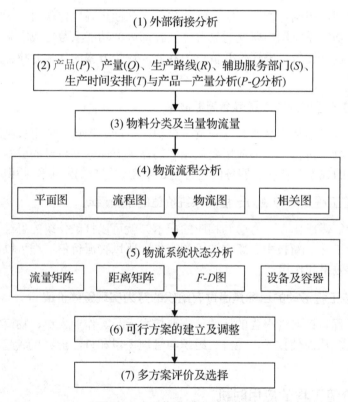

图 2-2　企业物流系统分析过程

(一)产品—产量分析

P-Q 分析法是一个既简单又非常有用的工具，可以用来对生产的产品按照数量进行分类，然后根据分类结果对生产车间进行布局优化。*P-Q* 分析是系统调研、资料与数据收集工作，对 *P*、*Q*、*R*、*S*、*T* 等数据和原始资料的收集，通常需要列表来整理，如对于产品的零件(物料)、路线、数量列出产品零件一览表。企业生产的产品品种的多少以及每种产品产量的高低，决定了工厂的生产类型，进而影响着工厂设备的布置形式。

在新建、改建与扩建企业时，首先要确定企业未来生产的产品及其生产纲领，包括对企业的未来产品类型、产量乃至影响到的生产类型进行深入分析，进一步优化设计制造系统和确定其最优的工艺过程，这是工厂布置设计的前提。

随着社会的进步，社会需求正朝着多样化发展，因此，工厂的生产类型都朝着多品种、中小批量的方向发展，只生产单一品种的工厂不再具有竞争力。对于一个工厂来说，不同产品的生产也是不均衡的，往往 30%的产品品种占 70%的产量，而 30%的产量却分散在 70%的产品品种中。准确地把握产品—产量关系是工厂布置的基础。

对应不同的生产类型将采取不同的布置模式。所以，只有对产品—产量关系进行深入分析，才能产生恰当的设备布置形式。如果产品数量大、品种少，适用于大量生产类型，设施按照产品原则布置；如果产品数量少、品种多，适用于小批量生产类型，设施按照工艺原则布置；而介于两者之间的产品生产类型为成批生产，设施按照成组原则布置。

对于收集到的资料、数据，必须进行适当的分析与处理才能使用。系统中的物料很多并且千差万别，需要根据其重要性(价值和数量)进行 ABC 分类法。分类步骤如下。

(1) 物料的当量物流量计算。

(2) 绘制出 *P-Q* 图。根据每一种物料 $P_i(i=1, 2, \cdots, n)$ 及其对应点 Q_i，即可画出由直方图表示的 *P-Q* 图。

ABC 分类法如图 2-3 所示。

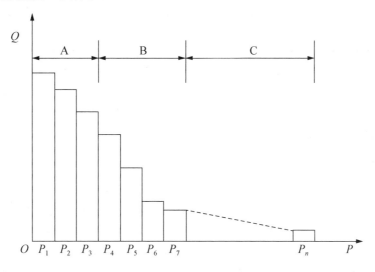

图 2-3　ABC 分类法

(3) 对图 2-3 进行 A、B、C 分类。一般来说，A 类物料占总品种数的 5%～10%，物流量占 70%以上；B 类物料占总品种数的 20%左右，而物流量占 20%左右；C 类物料占总品种数的 70%以上，但其物流量仅占 5%～10%。当然这些百分比不是绝对的。

物流系统分析与设计以及管理的重点也是按 ABC 分类来进行的。这样做可以抓住重点，有利于分析与设计的进行。必要时，可忽略 C 类物料。

(二)从至表(流量矩阵)

1. 从至表的概念

从至表是一种简单直观的物流分析方法，为了表示不同部门之间物料流动的大小，对区域之间的物流量进行计算，是一种定量化的物流分析工具。从至表是汇总从一个工作地到另一个工作地的物料流动总量后形成的正方形矩阵式表格，如表 2-3 所示。表的列为起始工序，行为终止工序，对角线右上方数字表示按箭头前进的搬运次数之和，对角线左下方数字表示按箭头后退的搬运次数之和。

表 2-3 从至表

至 ＼ 从	A	B	C	D	E	F	G	H	小 计
A			2				2		4
B			1						1
C					2		1		3
D						1		1	2
E						1		1	2
F								2	2
G		1	1	1					3
H									0
小计	0	1	3	2	2	2	3	4	17 / 17

由表 2-3 可知，格子越靠近对角线，说明格子中所填从至数的运输距离越短；反之，则越长。因此，在从至数一定(受产品工艺路线约束)的条件下，最优排列方案应能使较大的从至数向对角线靠拢，而较小的从至数则向从至表的左下角和右上角疏散。据此将初始从至表逐次调整，最后得到改进的从至表。

2. 从至表的类型

从至表根据其所含数据元素的意义不同，分为以下三类。

(1) 表中元素表示从出发设备至到达设备距离的称为运输距离从至表。

(2) 表中元素表示从出发设备至到达设备运输成本的称为运输成本从至表。

(3) 表中元素表示从出发设备至到达设备运输次数的称为运输次数从至表。

当达到最优化时，这三种表所代表的优化方案分别可以实现运输距离最小化、运输成本最小化和运输次数最小化。

3. 从至表的操作步骤

为了使有限的可用资源产生最大的效益，可根据其重要性对货物种类进行 ABC 分析，并将分析结果用于物流分析，对可能获得最大效益的货物类别的流动规律进行重点分析。

(1) 依据物流作业流程，将所有物流活动发生的功能区域分别作为搬运起始区域和搬运到达区域，并且按同一顺序列表。

(2) 为了正确地表现各个物流量之间的关系，确保进入从至表中的物流量具有可比性，需要统一各区域间的搬运单位，以便能够计算物流量的总和。

(3) 根据 ABC 分析法得到的结果，重点分析 A 类货物的作业流程规划，确定其所要经过的区域，然后结合货物的数量、重量等资料，计算得出货物在各区域间的物流量 a_{ij}。最后将任意两个区域间的所有物流量相加，逐项填入从至表内。

(4) 按照上述方法绘制 B 类、C 类货物的从至表，以综合考虑各类货物的流量、流向，表中元素分别是 b_{ij}、c_{ij}。

(5) 分别为三个表的对应数据赋予一定权重 a、b、c，综合得到整体物流从至表。

在编制从至表时，为保证矩阵中的物流量具有可比性，一般采用当量物流量的概念。如果被移动货物非常昂贵并在搬运过程中容易损坏，物流量也可以考虑物品的价值因素。

分析从至表时，上三角矩阵中的物流量是由正向物流产生的，下三角矩阵中的物流量则由逆向物流产生的，两个区域之间的物流总量为正向物流量与逆向物流量的总和，以物流矩阵计算。逆向物流是企业要尽量改善的，因此在计算的时候可将逆向物流矩阵加倍后再计入总量。在布局的时候，企业管理者应使物流总量大的区域尽量靠近，选择物流总量大的区域作为布置的最优先区域。

第三节 系统布置设计

系统布置设计是一种条理性很强，对作业单位物流与非物流相互关系密切程度进行分析，求得合理布置的技术。其通过对环境输入输出情况、物料性质、流动路线、系统状态、搬运设备与器具、库存等内容进行全面、系统的调查与分析，找出问题，为物流系统的设施新建和重新布置提供强有力的支持和帮助，节省企业大量人力和财力，帮助物流系统解决设施布置与设计的复杂任务，求得最佳系统设计方案。

一、系统布置设计遵循的原则

(一)物流过程的连续性

为了支持生产过程的连续性，要求物料能顺畅地并以速度最快、成本最省的运作方式进入各个工序，完成最终产品的加工制造。每一个作业点物料供应不能发生不正常的阻塞，否则将影响整个生产进程，这就是物流过程的连续性。

(二)物流过程的平行性

在企业生产的产品品种中，根据每个产品的物料清单(bill of material，BOM)组织生产，当每种零部件分配给不同车间、工序进行支流生产时，只有保证各个支流生产过程的顺畅，才能使生产最终产品的整个物流过程顺利进行。

(三)物流过程的节奏性

物流过程的节奏性是指产品在生产过程的各个阶段，从原材料的投入到产成品的入库，原料、零部件、外协件、外购件、在制品、成品等物料的流动都应按计划有节奏或均衡地进行。在形成最终成品时，都要求零部件成套地同时到达，因此在安排生产时，应考虑其节奏性。同时，要求所有车间、工位都能均衡生产，避免忙闲不一。

(四)物流过程的比例性

组成产品的各个零部件的物流量是不同的，有一定的比例性，因此，物流过程需按不同物流量的比例进行流动。

(五)物流过程的适应性

为了支持生产过程的快速适应能力，物流过程同样应具备相应的应变能力，与生产过程相适应。

二、系统布置设计的常见类型

企业物流与企业生产类型、方式密切相关，因此，企业物流系统的类型也与企业生产系统类型密切相关。依据生产物流的形态，从空间结构形式上对企业物流系统类型进行划分，主要包括以下四种。

(一)串联型

串联型又称直列型多阶段系统，是指物料移动按生产工艺流程顺序排列，如流水生产线使用的物流系统。单一物流系统是其特例。单一物流系统是指只有一个物流点，如机器设备、仓库、商店，作为独立体只有一个物流输入和一个物流输出。当多个物流输入和输出串联在一起时就构成直列型多阶段系统。

(二)收敛型

收敛型又称合流型多阶段系统。生产物流结构表现为由许多种原材料加工或转变成一种最终产品。物料根据物料清单和加工工艺流程分别被安排在单一或多道连续的生产阶段中进行流动而制成最终产品。合流型多阶段系统适用于装配工厂，如飞机、轮船等装配。

(三)发散型

发散型又称分支型多阶段系统。生产物流结构表现为由一种原材料加工或转变成许多种不同的最终产品。最终产品的种类比原材料的种类多，所有最终产品的基本加工过程相同。这类企业一般为资金密集型且高度专业化，如炼油厂、钢铁厂等企业。

(四)综合型

综合型又称复合型阶段系统。从原材料到成品经过许多阶段，系统中生产阶段有的呈发散状态，有的呈收敛状态，是发散型和收敛型两种形式的综合。其生产物流结构表现为由许多原材料加工或转变成多种最终产品。这类企业通常是标准的零部件通过不同的工艺加工过程装配成多种成品，如汽车制造厂、家电制造厂等。

三、物流系统布置设计的阶段

企业物流系统布置设计的阶段结构依据工程设计全生命周期的时间进度，建立具有并行设计思路的阶段性设计结构，该结构各个阶段是依次进行的；各阶段之间互相影响，交叉并行进行。系统布置设计采用四个阶段进行，具体内容如下所述。

阶段 1——确定位置。例如，物流节点的位置，不论是工厂的总体布置，还是车间的布置，都必须先确定所要布置的相应位置。

阶段 2——总体区划。在布置的物流节点区域内确定一个总体布局。通常要把物流运作模式和功能区域划分结合起来进行布置，把各个作业单位的面积及相互关系确定下来，作出一个初步区划图。

阶段 3——详细布置。确定各个作业单位或各个设施的具体位置。对物流节点内部各个环节单位、设备进行选择和详细布置，制造企业需要把厂区的各个作业单位或车间的各个设备进行详细布置，确定其总体位置。

阶段 4——施工安装。编制计划，进行施工安装。

其中，阶段 1 是选址过程，阶段 2 和阶段 3 是规划设计人员的主要工作，而阶段 2 总体区划是布置设计中最重要的阶段。系统布置设计是阶段 2 总体区划工作的程序模式。

四、系统布置设计模式

在系统布置设计中，把 P、Q、R、S 及 T 作为给定的基本要素(原始资料)，作为布置设计工作的基本出发点。系统布置设计程序如图 2-4 所示。其一般经过下列步骤。

(一)准备原始资料

在系统布置设计开始时，首先必须明确给出基本要素——P、Q、R、S 及 T 等这些原始资料，同时也需要对作业单位的划分情况进行分析，通过分解与合并，得到最佳的作业单位划分状况。所有这些均为系统布置设计的原始资料。

(二)物流分析与作业单位相互关系分析

针对某些以生产流程为主的工厂，当物料移动是工艺过程的主要部分时(如一般的机械制造厂)，物流分析是布置设计中最主要的方面；对某些辅助服务部门或某些物流量小的工厂来说，各作业单位之间的相互关系(非物流联系)对布置设计就更重要了。介于上述两者之间的情况，则需要综合考虑作业单位之间物流与非物流的相互关系。物流分析结果可以用物流强度等级及物流相关表来表示。在需要综合考虑作业单位之间物流与非物流的相互关系时，可以采用简单加权的方法将物流相关表及作业单位之间相互关系表综合成综合相互关系表。

(三)绘制作业单位位置相关图

根据物流相关表与作业单位之间相互关系表，考虑每对作业单位之间相互关系等级的高或低，决定两个作业单位相对位置的远或近，得出各作业单位之间的相对位置关系，有些资料上也称之为拓扑关系。这时并未考虑各作业单位具体的占用面积，从而得到的仅是作业单位相对位置，称之为相关图。

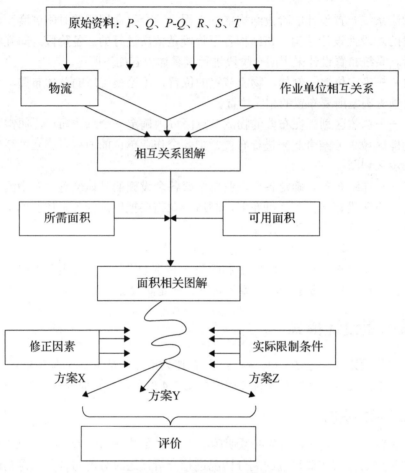

图 2-4　系统布置设计程序

(四)作业单位占地面积计算

各作业单位所需占地面积与设备、人员、通道及辅助装置等有关，计算出的面积应与可用的面积相适应。

(五)绘制作业单位面积相关图

把各作业单位占地面积附加到作业单位位置相关图上，就形成了作业单位面积相关图。

(六)修正

作业单位面积相关图只是一个原始布置图，还需要根据其他因素进行调整和修正。此时需要考虑的修正因素包括物料搬运方式、操作方式、储存周期等，同时还需要考虑实际限制条件，如成本、安全和职工倾向等。考虑了各种修正因素与实际限制条件后，对面积图进行调整，得出数个有价值的可行的工厂布置方案。

(七)方案评价与择优

针对得到的若干方案，需要进行技术、费用及其他因素评价，通过对各方案比较评价，选出或修正设计方案，得到布置方案图。在系统布置设计的程序模式中，物流系统的有效分析是企业物流系统优化设计的核心部分。

复习思考题

1. 什么是当量物流量？
2. 物流系统分析的要素有哪些？
3. 请总结从至表的基本操作步骤。
4. 系统布置设计应遵循哪些原则？
5. 物流系统布置设计一般分为哪几个阶段？
6. 总结物流价值工程的特点。

第三章　物流预测技术

【学习目标】

- 掌握物流预测的含义与步骤。
- 了解物流预测常用的预测方法。
- 理解时间序列预测的含义与分类。
- 掌握移动平均预测法、指数平滑预测法的应用。
- 了解灰色预测的概念。
- 掌握建立灰色评估预测模型的步骤。

物流预测是物流运筹的基础，是物流部门进行规划和控制的重要手段，在物流活动中起着非常重要的作用。它可以为物流企业揭示出物流市场未来发展的趋势和方向，可以对物流企业活动中可能出现的各种情况进行预测，从而能够避免或者减少对企业自身发展不利情况的发生。本章主要介绍物流预测的基本概念、物流预测中常用的预测方法以及灰色评估预测模型的建立等内容。

第一节　物流预测概述

一、物流预测

(一)物流预测的含义

预测就是根据过去和现在的已知因素，运用人们的知识、经验和科学方法，对未来进行预计，并推测事物未来的发展趋势。在物流领域，物流预测是指对物流的流向、流量、资金周转及供求规律等进行调查研究，取得各种资料和信息，运用科学的方法，预计和推测一定时期内的物流状态，能够为国民经济发展的战略决策，为生产和流通部门及企业的经营管理和决策提供科学依据。国民经济的发展速度，经济结构的变动，基本建设的规模，能源、冶金等工业的规模、速度与布局，运输结构的变化都能够对物流预测产生影响。

(二)物流预测的可行性分析

大宗货物或大流量物流一般来说相对稳定；大宗货物的发送和到达比较集中；一些重要物资的运输系数在短期内比较稳定；主要货流的平均运程相对稳定，变动规律也可以探求；现代统计制度可以提供相当部分预测所需的基础资料；一些物资的需求和生产有其自身规律性；企业可以积累物流预测的许多资料。

(三)物流预测的步骤

物流预测主要有以下几个步骤：

(1) 确定预测目标；

(2) 收集、分析有关资料；

(3) 选择预测方法进行预测；

(4) 分析评价预测方法及预测结果；

(5) 修正预测结果；

(6) 提交预测报告。

二、常用的物流预测方法

(一)定性法

常用预测方法

定性法(qualitative method)是利用判断、直觉、调查或比较分析对未来作出定性估计的方法。适用于影响预测的相关信息通常是非量化的、模糊的、主观的情况。当我们试图预测新产品成功与否，政府政策是否变动或新技术的影响时，定性法可能是唯一的方法。常见的定性法有以下几种。

1. 专家会议法

假设几个专家能够比一个人预测得更好，预测时没有秘密，且鼓励沟通。采用召开调查会议的方式，将有关专家召集在一起，向他们提出要预测的题目，让他们通过讨论作出判断。但大家面对面地讨论，使一些与会者常常因迷信权威而不能讲出自己的观点，这很可能会使一些更好的想法被遗漏或被忽视。此外，若每一位专家都固执己见，不肯放弃自己的观点，难以统一意见，也会导致效率降低。有时候，预测会受社会因素的影响，不能反映真正的一致意见。

专家会议法效率高，费用较低，一般能很快取得一定的结论。但可能存在权压、诱压等影响，不易达成一致。

2. 德尔菲法

德尔菲法(delphi method)也叫专家调查法，是由美国兰德公司研究提出的一种预测方法。其主要思想是依靠专家小组背靠背的独立判断，来代替面对面的会议，使不同专家意见分歧的幅度和理由都能够表达出来，经过客观的分析，达到符合客观规律的一致意见。

德尔菲法一般经历以下几个步骤：确定预测课题并编制咨询表，选择参与预测的专家；向专家组成员发放预测问卷和预测资料；进行多次函询与反馈，直到意见相对统一；处理专家们的意见；得出预测结果。

德尔菲法的详细步骤如下。

(1) 挑选专家。聘请企业内、外若干专家，对所需预测的问题组成技术专家小组，但组内成员一般没有人是整个问题的专家。

(2) 进行函询。向选定的专家组成员发放预测问卷和预测资料，要求专家们根据预测资料，针对预测目标，独立作出回答，提出个人独立的预测结果。

(3) 函询修正。将专家预测结果进行综合编辑，将不同的专家预测结果整理成新一轮预测的参考资料。把新的参考资料和修改后的预测问卷提供给专家做新一轮的分析和预测。经过多次的重复，直至问题能得到相对集中、意见能相对统一为止。

(4) 得出预测结果。根据专家们提供的预测结果作出最终的预测结果。

德尔菲法简明直观，避免了专家会议法的许多弊端。但也存在专家的选择、函询调查表的设计、答卷处理等难度较大、时间跨度较大等问题。

3. 管理人员预测法

管理人员预测法有两种形式：一种形式是管理人员根据自己的知识、经验和已掌握的信息，凭借逻辑推理或直觉进行预测；另一种形式是高级管理者召集下级有关管理人员举行会议，听取他们对预测问题的看法。在此基础上，高级管理人员对大家提出的意见进行综合、分析，然后依据自己的判断得出预测结果。

管理人员预测法简单易行，对时间和费用的要求较少，若能发挥管理人员的集体智慧，可以提高预测结果的可靠性。日常性的预测大都可以采用这种方法进行。但此方法过于依赖管理人员的主观判断，极易受管理人员的知识、经验和主观因素影响，若使用不当，容易造成重大决策失误。

4. 群众评议法

群众评议法是指将要预测的问题告知有关的人员、部门，甚至间接相关的人员、部门或者顾客，请他们根据自己所掌握的资料和经验发表意见。然后将大家的意见综合起来，得到预测结果。由于所预测的问题往往与群众息息相关，所以更能激发他们的积极性和创造性，并经常能从他们那里得到一些真知灼见。

群众评议法的最大优点就是做到最大限度的集思广益。但不同人的知识、经验、岗位等的不同，使他们对问题的认识千差万别，这使得预测者很难得到一个统一的预测结果。

(二)历史映射法

历史映射法(historical projection method)是指利用历史中变化幅度不大或基本不变的数据信息直接映射出将会产生的物流活动的相关数据信息。其基本前提是未来的时间模式将会重复过去，至少大部分重复过去的模式。

随着新数据的获得，这类模型可以跟踪变化，因此，模型可以随趋势和季节性模式的变化而调整。如果数据变化急剧，那么模型只能在变化发生之后才呈现。正因为如此，人们认为这些模型的映射滞后于时间序列的根本性变化，很难在转折点出现之前发出信号。如果预测是短期的，那么这一局限性并不严重，除非变化特别剧烈。

历史映射法中应用较广泛的方法有算术平均法、加权平均法、移动平均法、指数平滑法、最小二乘法等。

(三)因果法

物流活动中两个或多个变量存在因果关系时可采用此种方法。因果法(casual method)的基本前提是预测变量的水平取决于其他相关变量的水平。

因果模型有很多不同形式，包括统计形式，如回归和计量经济模型；描述形式，如投入—产出模型、生命周期模型和计算机模拟模型。每种模型都从历史数据模式中建立预测变量和被预测变量的联系，从而有效地进行预测。

在因果法中，主要使用回归分析法，其基本步骤是：

(1) 进行定性分析，以确定与预测对象有因果关系的因素；

(2) 收集、整理有关因素的资料；

(3) 计算变量间的相关系数并确定回归方程；

(4) 利用回归方程进行预测。

回归分析法有两种情况：一是求一个变量对另外一个变量的回归问题分析，为一元回归分析法；二是求一个变量对多个变量的回归问题分析，为多元回归分析法。

(四)组合预测方法

任何一种预测方法都只能部分地反映预测对象未来发展的变化规律，通过多种预测途径进行预测，可以更全面地反映事物发展的未来变化，其计算公式为

$$\hat{Y}=\sum_{i=1}^{n}\omega_i\hat{Y}_i \tag{3-1}$$

式中：$\hat{Y}$——综合预测值，即经组合处理后的最终预测结果；

$\hat{Y}_i$——第 i 种预测途径获得的中间预测值；

ω_i——第 i 个中间预测值被赋予的权重系数，且 $\sum_{i=1}^{n}\omega_i=1$；

n——中间预测值的数目。

第二节　时间序列预测方法

一、时间序列预测的理论分析

(一)时间序列预测的含义

事物发展变化主要受内因的作用，事物过去与现在的状态会持续到将来。这种惯性原理和连续性原理作为时间序列预测的依据。时间序列预测使用的历史数据通常隐含着事物发展的基本规律，同时由于受多种随机因素的影响而呈现一定程度的波动性和不规则性(不能直接从历史数据得到未来的趋势)。

时间序列预测的基本思想是从历史数据中揭示发展规律。通过对历史数据进行平均或平滑处理，消除历史数据中的部分随机波动因素的影响，揭示出隐含在事物中的某种基本规律，并以此预测未来。

常见的时间序列预测结果有三种形式：稳定型需求、趋势型需求和季节型需求。

1. 稳定型需求

在一定的时期内，需求在某一值的上下变动，而且变动的范围不大。其时间—需求关系如图 3-1 所示。

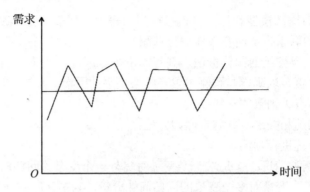

图 3-1　稳定型需求的时间—需求关系

2. 趋势型需求

趋势型需求根据时间—需求关系中不同的关系趋势分为上升趋势、下降趋势、S 形趋势、线性趋势、指数趋势和渐进趋势六种类型。其中线性趋势反映了数据或连续的直线关系；S 形曲线是产品成长—成熟周期的典型曲线，S 形曲线上最重要的一点是变化趋势由慢增长变为快增长或由快增长变为慢增长的转折点。其时间—需求关系如图 3-2 所示。

3. 季节型需求

在计划时段的不同时间点，其平均需求不断变化，一般与影响需求的市场因素有密切的关系。其时间—需求关系如图 3-3 所示。

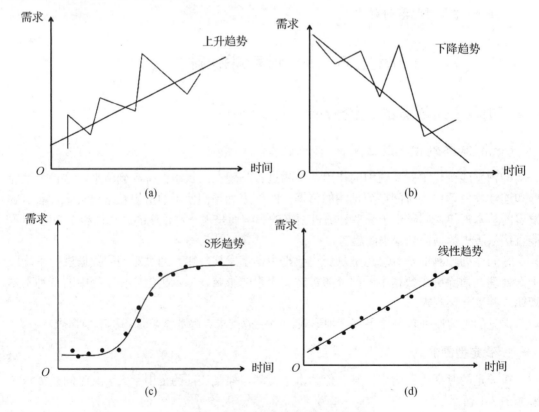

图 3-2　趋势型需求的时间—需求关系

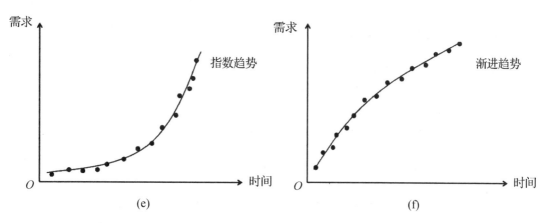

图 3-2 趋势型需求的时间—需求关系(续)

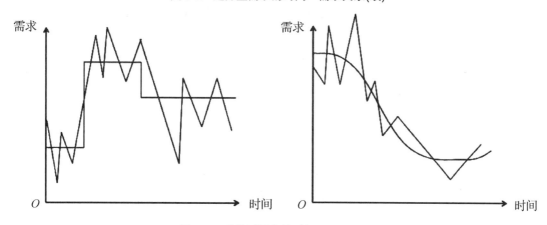

图 3-3 季节型需求的时间—需求关系

(二)时间序列的概念

时间序列是指观测或记录到的一组按时间顺序排列的历史数据(又叫时间数列)。如表 3-1 所示是某企业彩电销售数据,在此时间序列中销量这一数据是按月份排列的。

表 3-1 某企业彩电销售数据

时 间	1 月	2 月	3 月	4 月	5 月	6 月	7 月	8 月
销量(万台)	22	23	25	27	26	23	24	21

二、时间序列预测的分类

时间序列预测就是根据预测对象的历史数据资料,按时间进程组成动态数列并进行分析、预测的方法。

时间序列预测包含了确定性时间序列预测和随机性时间序列预测。

确定性时间序列预测是最常见的预测类型,其方法主要有简单平均法、移动平均法、指数平滑法、季节指数法和趋势外推法。随机性时间序列预测的主要方法有马尔可夫链法和灰色系统预测法。

三、时间序列预测应注意的问题

在采用时间序列预测时,需要注意以下几个问题:

(1) 预测对象需要有准确完整的历史数据资料;

(2) 时间序列所代表的时间周期必须一致;

(3) 时间序列中的各项数字的计算方法、计量单位、数据内容必须一致。

四、简单平均法

简单平均法有以下三种类型。①算术平均法:把时间序列中的历史数据进行算术平均(数据总和/数据频数),以平均数作为预测值。②加权平均法:对历史数据给予不同的权数进行加权平均,以加权平均值作为预测值。③几何平均法:以历史数据的几何平均值 G 作为预测值,其计算公式为

$$G = \sqrt[n]{a_1 \times a_2 \times a_3 \times \cdots \times a_n} \tag{3-2}$$

式中: n ——数据频数;

a_n ——历史数据。

五、移动平均预测法

移动平均法

移动平均预测法是以预测对象最近一组历史数据的平均值直接或间接地作为预测值。"平均"是指取预测对象的时间序列中由远而近、按一定跨期的数据进行平均运算;"移动"是指参与平均值计算的实际数据随着预测期的推进而不断更新。增加一个新值,同时剔除掉已参与平均计算的最陈旧的一个实际值,保证每次参与计算的实际值个数相同。

(一)一次移动平均预测法

以本期(t 期)移动平均值作为下期($t+1$ 期)的预测值,其计算公式为

$$M_t^{(1)} = \frac{x_{t-1} + x_{t-2} + \cdots + x_{t-n}}{n} \tag{3-3}$$

式中: $M_t^{(1)}$ —— t 时刻的移动平均值,上角标(1)代表一次移动平均;

x_t ——时间序列代表的实际值;

n ——参与平均值计算的实际值个数(跨期)。

【例 3.1】 某公司 2021 年 1—8 月的货物运输量如表 3-2 所示(保留整数)。

表 3-2 某公司 2021 年 1—8 月的货物运输量

时 间	1月	2月	3月	4月	5月	6月	7月	8月
运输量(吨)	645	650	670	655	658	661	658	659

使用一次移动平均预测法计算,则 4 月的运输量是 1—3 月运输量的平均值,即为:

$$\frac{645+650+670}{3}=655(吨)$$

5月的运输量则是2—4月运输量的平均值，由此类推，则可以得到9月运输量的预测值为659吨。

【例 3.2】　某物资企业统计了某年度1—11月的钢材实际销售量，统计结果如表3-3所示，请用移动平均预测法预测其12月的钢材销售量(保留整数)。

表 3-3　某企业 1—11 月钢材实际销售量

单位：吨

月份	实际销售量	移动平均数 $M_t^{(1)}$	
		$n=3$	$n=6$
1	22 400		
2	21 900		
3	22 600		
4	21 400	22 300	
5	23 100	21 967	
6	23 100	22 367	
7	25 700	22 533	22 417
8	23 400	23 967	22 967
9	23 800	24 067	23 217
10	25 200	24 300	23 417
11	25 400	24 133	24 050
12		?	?

根据一次移动平均预测法计算出的相应数据如表3-3所示，最终可以得到12月实际销售量的预测值：当 $n=3$ 时，预测值为24 800吨；当 $n=6$ 时，预测值为24 433吨。

将预测结果绘制成折线图，如图3-4所示。

从图3-4可以看出以下内容。

(1) 用一次移动平均预测法计算出的新数列的变化趋势与实际变化情况基本一致。

(2) 新数列数据波动的范围变小了，并且随着参与平均值计算的 n 值的增加，平均值的波动范围越小(修匀能力)。

(3) 当 n 值增大，移动平均值对时间序列变化的敏感性降低。

一次移动平均预测法简便且易于使用，能较好地适用于水平型历史数据的预测，但不适用于带有明显上升或下降的斜坡型的历史数据的预测。但对分段内部的各数据同等对待，而没有强调近期数据对预测值的影响，如果近期内情况变化发展较快，利用一次移动平均预测会导致较大的误差。

实际上，近期数据对预测值的影响一般更大，为了减少这种误差，可以采取加权移动平均法或二次移动平均预测法。

移动平均预测法对时间序列数据变化的抗干扰能力叫修匀能力；移动平均预测法对时间序列数据变化的反应速度叫敏感性。移动平均预测法的修匀能力与敏感性相互矛盾。

(1) 当 n 值增大，移动平均值的修匀能力增加，但同时移动平均值对时间序列变化的敏感性降低。

(2) 要根据时间序列的特点来确定 n 值的大小。n 值的一般选择原则包括以下几项内容。

① 由时间序列的数据点的多少而定。数据点多，n 值可以取得大一些。

② 由时间序列的趋势而定。趋势平稳并基本保持水平状态的，n 值可以取得大一些。

③ 趋势平稳并保持阶梯性或周期性增长的，n 值应该取得小一些。

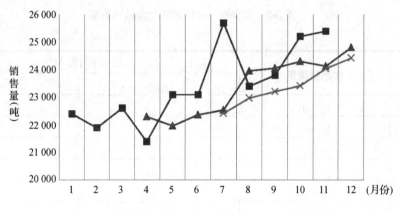

图 3-4 预测结果折线图

(二)二次移动平均预测法

二次移动平均预测法是在求得一次移动平均数、二次移动平均数的基础上，对有线性趋势的时间序列所作的预测。其步骤如下。

(1) 计算一次移动平均值。

(2) 计算二次移动平均值，其计算公式为

$$M_t^{(2)} = \frac{M_{t-1}^{(1)} + M_{t-2}^{(1)} + \cdots + M_{t-n}^{(1)}}{n} \tag{3-4}$$

式中：$M_t^{(1)}$——t 时刻的一次移动平均值；

$M_t^{(2)}$——t 时刻的二次移动平均值；

n——参与二次平均计算的一次移动平均值的个数。

(3) 对有线性趋势的时间序列作预测，其计算公式为

$$y_{t+T} = a_t + b_t T \tag{3-5}$$

式中：y_{t+T}——预测期的预测值；

T——预测期与本期的间距。

$$a_t = 2M_t^{(1)} - M_t^{(2)} \tag{3-6}$$

$$b_t = \frac{2}{n-1}(M_t^{(1)} - M_t^{(2)}) \tag{3-7}$$

【例 3.3】 某物资企业某年度 1—11 月的钢材实际销售量如表 3-4 所示，用二次移动平均预测法预测其 12 月的钢材销售量。

表 3-4　某企业 1—11 月钢材实际销售量

单位：吨

月　份	实际销售量
1	22 400
2	21 900
3	22 600
4	21 400
5	23 100
6	23 100
7	25 700
8	23 400
9	23 800
10	25 200
11	25 400

解：根据题意进行计算，将相关数据填入表 3-5。

表 3-5　某企业 12 月钢材预测计算过程

单位：吨

月份	实际销售量	一次平均数 $M_t^{(1)}$	二次平均数 $M_t^{(2)}$	$M_t^{(1)} - M_t^{(2)}$	a_t	b_t	预测值 y_{t+T} （T 取 1）
(1)	(2)	(3)	(4)	(5)=(3)−(4)	(6)=(3)+(5)	(7)=(5)	(8)=(6)+(7)T
1	22 400						
2	21 900						
3	22 600						
4	21 400	22 300					
5	23 100	21 967					
6	23 100	22 367					
7	25 700	22 533	22 211	322	22 855	322	23 177
8	23 400	23 967	22 289	1 678	25 645	1 678	27 322
9	23 800	24 067	22 956	1 111	25 178	1 111	26 289
10	25 200	24 300	23 522	778	25 078	778	25 856
11	25 400	24 133	24 111	22	24 155	22	24 177
12		24 800	24 167	633	25 433	633	26 066

由表 3-5 中的数据可以得出 12 月的预测销售量为 26066 吨。

将表 3-5 得到的结果绘制成折线图，如图 3-5 所示。

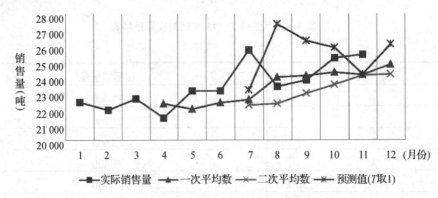

图 3-5　一次与二次移动平均预测结果折线图

由整个计算过程以及表 3-5 中展现出来的趋势变化特征等因素，我们可以总结出应用二次移动平均预测法时需要注意的几个问题。

(1) 时间数列发展趋势为直线型。

(2) 在计算 $M_t^{(1)}$ 以及 $M_t^{(2)}$ 时，移动平均的项数 n 应相同，其值的确定方法同一次移动平均预测法。

(3) $M_t^{(1)}$ 与 $M_t^{(2)}$ 不直接用于预测。

从图 3-5 中也可以看出，一次移动平均值滞后于历史数据，而二次移动平均值又落后于一次移动平均值。因此，根据历史数据、一次移动平均值、二次移动平均值三者间的滞后关系，可以先求出一次移动平均值与二次移动平均值之间的差值，然后将此差值加到一次移动平均值上，再考虑其趋势变动值，得到接近实际情况的预测值。这也是二次移动平均预测法的基本思想。

(三)移动平均预测法小结

(1) 在外界环境变化较少的情况下，移动平均预测法是一种有效的预测方法。

(2) 移动平均预测方法对于短期预测的效果很好，适用于需求预测、销售预测、库存管理预测等。

(3) 移动平均预测法需要较多的历史数据，并且计算量较大。

六、指数平滑预测法

指数平滑法

指数平滑预测法是在移动平均预测法的基础上发展的一种特殊的加权平均预测法，包括一次指数平滑预测法、二次指数平滑预测法和高次指数平滑预测法(本章主要介绍一次指数平滑预测法的计算方法及步骤)。指数平滑预测法计算简单，需要的历史数据较少。

在进行预测计算时，我们对离预测期较近的历史数据给予较大的权数，离预测期较远的历史数据给予较小的权数。

(一)一次指数平滑预测法

下期预测值＝本期实际值的一部分＋本期预测值的一部分，即

$$F_{t+1}^{(1)} = \alpha x_t + (1-\alpha)F_t^{(1)} \tag{3-8}$$

式中： $F_{t+1}^{(1)}$ ——在 $t+1$ 时刻的一次指数平滑值(t 时刻的下期预测值)；

     $F_t^{(1)}$ ——在 t 时刻的一次指数平滑值(t 时刻预测值)；

     x_t ——在 t 时刻的实际值；

     α ——平滑系数，规定 $0<\alpha<1$ 。

式(3-8)中的本期实际值反映着当前的现实；本期预测值由于是通过历史数据推算而来，所以反映历史的过去；而平滑系数 α 的大小则表明了新、旧数据在预测中占的比重。比重越大，现实测定值在预测中占的比重就越大，就越能体现预测对象当前的变化趋势而忽视它的历史趋势；比重越小，历史数据在预测中占的比重就越大，就越能反映预测对象的历史演变趋势而忽视了当前的变化。

【例 3.4】 某物资企业 2020 年 1—12 月的物资运输量如表 3-6 所示，用指数平滑预测法预测其 2021 年 1 月的运输量(用不同的平滑系数)。

表 3-6 某物资企业 2020 年 1—12 月物资运输量

月 份	运输量(万吨)
1	51
2	35
3	28
4	32
5	48
6	54
7	52
8	48
9	42
10	46
11	44
12	47
1	?

由题意，设 $F_1^{(1)}=\dfrac{x_1+x_2+x_3}{3}=38$ ， $\alpha=0.1$ ， 0.5 ， 0.9 ，将计算得出的数据绘制成表 3-7。

表 3-7 某物资企业 2021 年 1 月钢材预测计算过程

单位：万吨

月 份	运输量	预测值		
		$\alpha=0.1$	$\alpha=0.5$	$\alpha=0.9$
1	51	(38)	(38)	(38)
2	35	39.3	44.5	49.7
3	28	38.87	39.75	36.47
4	32	37.78	33.88	28.85

续表

月　份	运输量	预测值		
		α =0.1	α =0.5	α =0.9
5	48	37.2	32.94	31.69
6	54	38.28	40.47	46.37
7	52	39.85	47.24	53.24
8	48	41.07	49.62	52.12
9	42	47.76	48.81	48.41
10	46	41.78	45.41	42.64
11	44	42.2	45.71	45.66
12	47	42.38	44.86	44.17
1	?	42.84	45.93	46.72

由计算数据可知，平滑系数取不同的值时，预测结果不同。当 α =0.1，预测结果为42.84 万吨；当 α =0.5，预测结果为 45.93 万吨；当 α =0.9，预测结果为 46.72 万吨。

我们将表 3-7 中的数据绘制成折线图，如图 3-6 所示。

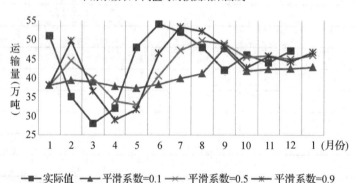

图 3-6　平滑系数取不同值时的预测结果曲线

由图 3-6 可以得出以下结论。

(1) α 值越大，近期数据对预测值的影响越大，模型灵敏度越高。

(2) α 值越小，近期数据对预测值的影响越小，消除了随机波动性，只反映长期的大致发展趋势。

因此，合理确定 α 值，是使用指数平滑模型进行预测的关键。

(二) α 的一般取值原则

(1) 初始值的准确性小时，α 值宜取得大一些，以强调重视现实状态。

(2) 初始数据中，只有一部分与预测值拟合较好而大部分不好时，说明历史状况不能较好地反映现实，α 宜取较大的数值。

(3) 时间序列虽有不规则摆动，但其长期趋势较为平稳时，α 值宜取小一些，以强调重视整体的演变趋势。

（4）时间序列摆动的频率和振幅都较大，α 取值要大一些，以强调重视近期实际的变化状态。

（5）时间序列摆动的频率和振幅都较小，α 取值要小一些，以强调用历史发展趋势预测。

七、时间序列预测方法小结

本节主要学习了两种时间序列预测方法：移动平均预测法和指数平滑预测法。这两种预测方法都采用"平滑"的方式来进行预测。其基本思想都是通过对历史数据的"平均"或"平滑"处理，"平滑掉"短期的不规则性，消除影响事物的随机因素，揭示事物发展的规律。

平滑的数据能够反映事物的变化趋势，在物流系统预测中是极其有用的预测方法。这两类预测法所用的数据量不多，对时间序列有较好的适用性，被广泛应用于市场资源量、采购量、需求量、销售量及价格的预测中。

第三节　灰色预测方法

灰色模型(一)

一、灰色预测的概念

灰色预测是就灰色系统所作的预测。所谓灰色系统是介于白色系统和黑箱系统之间的过渡系统，其具体含义是：如果某一系统的全部信息已知为白色系统，全部信息未知则为黑箱系统，部分信息已知、部分信息未知，那么这一系统就是灰色系统。

灰色系统理论认为对既含有已知信息又含有未知或非确定信息的系统进行预测，就是对在一定范围内变化的、与时间有关的灰色过程的预测。尽管过程中所显示的现象是随机的、杂乱无章的，但毕竟是有序的、有界的，因此这一数据集合具备潜在的规律。灰色预测就是利用这种规律建立灰色模型对灰色系统进行预测。灰色预测的类型分为以下几种。

1. 数列预测

对某一现象随时间的顺延而发生的变化所作的预测称为数列预测。例如，对消费物价指数的预测，需要确定两个变量，一个是消费物价指数的水平，另一个是这一水平所发生的时间。

2. 灾变预测

对灾害或异常突变事件可能发生的时间所作的预测称为灾变预测。例如对地震时间的预测。

3. 系统预测

对系统中众多变量间相互协调关系的发展变化所进行的预测称为系统预测。例如，市场中代用商品、相互关联商品销售量互相制约的预测。

4. 拓扑预测

拓扑预测是指将原始数据作成曲线，在曲线上按定值寻找该定值发生的所有时点，并以该定值为框架构成时点数列，然后建立模型预测未来该定值所发生的时点。

二、灰色评估预测模型的建立

灰色模型(二)

(一)生成数列模型

灰色系统的一个基本观点是：将一切随机量都看作在一定范围内变化的灰色量。对灰色量的处置不是找概率分布，求出统计规律，而是就数找数的规律，对数据进行数据处理，我们称某种数据处理方式为一种生成方式，因为客观世界尽管复杂，表述其行为特征的数据可能是杂乱无章的，然而它必然是有序的，有某种功能的，有某种因果关系的，或者说任何系统本身都是有某种内在规律的。

1. 累加生成

如果有一列原始数据，第一个维持不变，第二个数据是原始数据第一个加第二个数据，第三个数据是原始数据的第一个、第二个与第三个相加……这样得到的新数列，称为累加生成数列，这种处理方式称为累加生成。

设 $x^{(0)}$ 为原始数列，其计算公式为

$$x^{(0)} = (x^{(0)}(k) \mid k = 1, 2, \cdots, n) = (x^{(0)}(1), x^{(0)}(2), \cdots, x^{(0)}(n)) \tag{3-9}$$

设生成数列为 $x^{(1)}$，其计算公式为

$$x^{(1)} = (x^{(1)}(k) \mid k = 1, 2, \cdots, n) = (x^{(1)}(1), x^{(1)}(2), \cdots, x^{(1)}(n)) \tag{3-10}$$

如果 $x^{(1)}(k)$ 与 $x^{(0)}(k)$ 之间满足以下关系

$$x^{(1)}(k) = \sum_{i=1}^{k} x^{(0)}(i) \tag{3-11}$$

则称为一次累加生成，常记为 $1-\text{AGO}$。无特殊说明均为 $1-\text{AGO}$，简称累加生成。

2. 累加生成模型

没有规律的原始数据，经过累加生成后，如果能得到较强的规律，并且接近某一函数，则该函数称为生成函数。生成函数就是一种模型，称为生成数列模型，简称生成模型，它具有下列特点。

(1) 累加生成能使任意非负数列，摆动的与非摆动的，转化为递增的数列。

(2) 累加生成后的数列包含更多的信息。有些原始数列无法体现的性质，现在一目了然。累加后构成了新的层次，离开原有层次看得更清楚。

(3) 累加后一般服从指数规律，容易建模，而且精确度较高。

【例3.5】 考虑一个以时间为序的数列

$$x^{(0)} = (5.081, 4.611, 5.1177, 9.3775, 11.0574, 11.0524)$$

使用直线逼近数据，得到直线方程为

$$\hat{x} = 1.4k + 4$$

x 计算值如表 3-8 所示。

从模型模 $\hat{x} = 1.4k + 4$ 得到的计算值与实际值的平均误差为 21.41%。

表 3-8 x 计算值

k	x 计算值	实际值	误差(%)
1	5.4	5.081	−6.2
2	6.8	4.611	−47.4
3	8.2	5.1177	−60
4	9.6	9.3773	−2.37
5	11	11.0574	0.5
6	12.4	11.0524	−12

如果对 $x^{(0)}$ 做累加生成得到 $x^{(1)} = (5.081, 9.692, 14.8097, 24.187, 35.244, 46.297)$

用指数函数逼近累加生成模型为

$$\overline{x}^{(1)}(k+1) = 21.764953e^{0.21255} - 16.6839 \tag{3-12}$$

按此模型计算得到下述数值，如表 3-9 所示。

表 3-9 $\overline{x}^{(1)}$ 计算值

$k+1$	$\overline{x}^{(1)}$ 计算值	实际值	误差(%)
2	10.261	9.692	−5.8
3	16.675	14.81	12.6
4	24.6145	24.187	−1.76
5	34.444	35.244	2.27
6	46.61	46.297	−0.676

此模型平均误差为 4.62%。

(二)一阶微分方程

如果有函数 $x(t)$，t 为时刻，在 $t + \Delta t$ 时刻，有函数值 $x(t + \Delta t)$，则单位时间内函数变化率的计算公式为

$$\frac{x(t+\Delta t) - x(t)}{\Delta t} \qquad 且有 \qquad \frac{\mathrm{d}x}{\mathrm{d}t} = \lim_{\Delta t \to 0} \frac{x(t+\Delta t) - x(t)}{\Delta t} \tag{3-13}$$

若方程中含有未知函数的一阶导数，则称为一阶微分方程，其计算公式为

$$\frac{\mathrm{d}x}{\mathrm{d}t} + ax = bu \tag{3-14}$$

式中：u ——外驱动量。其通解的计算公式为

$$x(t) = ce^{-at} + \frac{b}{a}u \tag{3-15}$$

式中：c ——任意常数；

e ——自然常数。

对于通解，若 $t = 0$，则 $x(0) = x_0$

$$x(0) = c + \frac{b}{a}u，\quad x_0 = c + \frac{b}{a}u，\quad c = x_0 - \frac{b}{a}u$$

$$\therefore \quad x(t) = \left(x_0 - \frac{b}{a}u\right) \cdot e^{-at} + \frac{b}{a}u$$

当 $b=1$ 时，$\quad x(t) = \left(x_0 - \frac{u}{a}\right) \cdot e^{-at} + \frac{u}{a}$

式中：u、a——待定参数。

(三)建立灰色评估预测模型的步骤

灰色模型(Grey Model，GM)是通过少量的、不完全的信息，建立灰色评估预测模型，对事物发展规律作出模糊性的长期描述。如果有 N 个变量，则记为 GM(1,N)。特殊地，只有一个变量的数列，则为 GM(1,1)，本章使用 GM(1,1)为例说明建模步骤。

1. 使用原始数列累加生成数列

登录原始数列 $x^{(0)}$，并用 $x^{(0)}$ 累加生成数列 $x^{(1)}$，其计算公式为

$$x^{(1)}(k) = \sum_{i=1}^{k} x^{(0)}(i) \tag{3-16}$$

2. 使用累加生成数列构成数据列矩阵

用累加生成数列构成矩阵 $\boldsymbol{B}$，用原始数列构成数据列矩阵 $\boldsymbol{y}_n$。

$$\boldsymbol{B} = \begin{pmatrix} -0.5(x^{(1)}(1)+x^{(1)}(2)) & 1 \\ -0.5(x^{(1)}(2)+x^{(1)}(3)) & 1 \\ \vdots & \vdots \\ -0.5(x^{(1)}(n-1)+x^{(1)}(n)) & 1 \end{pmatrix} \qquad \boldsymbol{y}_n = \begin{pmatrix} x^{(0)}(2) \\ x^{(0)}(3) \\ \vdots \\ x^{(0)}(n) \end{pmatrix}$$

3. 求解微分方程参数

求微分方程参数 a、u，生成数列模型的解，其计算公式为

$$x^{(1)}(k+1) = \left(x^{(0)}(1) - \frac{u}{a}\right) \cdot e^{-ak} + \frac{u}{a} \tag{3-17}$$

按最小二乘法，参数 a、u 的计算公式为

$$\bar{a} = \begin{pmatrix} a \\ u \end{pmatrix} = (\boldsymbol{B}^{\mathrm{T}} \cdot \boldsymbol{B})^{-1} \cdot \boldsymbol{B}^{\mathrm{T}} \cdot \boldsymbol{y}_n \tag{3-18}$$

4. 建模

将 a、u 的值代入式(3-19)，

$$\frac{\mathrm{d}x^{(1)}}{\mathrm{d}t} + ax^{(1)} = u, \qquad \hat{x}^{(1)}(k+1) = \left(x^{(0)}(1) - \frac{u}{a}\right) \cdot e^{-ak} + \frac{u}{a} \tag{3-19}$$

得到生成模型的计算值。

5. 数据还原

按照式(3-20)还原，得到

$$\overline{\hat{x}}^{(0)}(k) = \overline{\hat{x}}^{(1)}(k) - \overline{\hat{x}}^{(1)}(k-1) \tag{3-20}$$

式中：$\overline{x}^{(0)}(k)$——模型计算值。

6. 检验

将模型计算值与实际值比较，求出残差的计算公式为

$$q(k) = x^{(0)}(k) - \bar{\hat{x}}^{(0)}(k) \tag{3-21}$$

根据前文的数据得出后一个数据，依次递推检验，每一个检验值对模型来说都是后验值，称为后验差检验。设 k 时刻实际值 $x^{(0)}(k)$ 与计算值(预测值) $\bar{\hat{x}}^{(0)}(k)$ 之差为 $q(k)$，其计算公式为

$$q(k) = x^{(0)}(k) - \bar{\hat{x}}^{(0)}(k) \tag{3-22}$$

则 $q(k)$ 即称为 k 时刻残差。

设实际数据 $x^{(0)}(k)$，$k = 1, 2, 3, \cdots, n$ 的平均值为 $\bar{x}$；

设残差 $q(k)$，$k = 1, 2, 3, \cdots, n$ 的平均值为 $\bar{q}$；

设原始数据方差为 S_1^2，其计算公式为

$$S_1^2 = \frac{1}{n} \sum_{k=1}^{n} (x^{(0)}(k) - \bar{x})^2 \tag{3-23}$$

设残差方差为 S_2^2，其计算公式为

$$S_2^2 = \frac{1}{n} \sum_{k=1}^{n'} (q(k) - \bar{q})^2 \tag{3-24}$$

设 C 为后验差比值，其计算公式为

$$C = \frac{S_2}{S_1} \tag{3-25}$$

式中：指标 C 越小越好；C 越小，表示 S_1 越大而 S_2 越小。

S_1 大表明原始数据方差大，离散程度大；

S_2 小表明残差方差小，离散程度小；

C 小表明尽管原始数据很离散，但模型所得计算值与实际值之差并不太离散。

设 P 为小频率误差，其计算公式为

$$P = P\{ |q(k) - \bar{q}| < 0.6745 S_1 \} \tag{3-26}$$

式中：P 越大越好，P 越大表明残差与残差平均值之差小于给定值 $0.6745 S_1$ 的点越多(以百分比记之)。

根据 C 与 P 两个指标，可综合评定预测模型的精度。具体如表 3-10 所示。

表 3-10　预测精度等级表

预测精度等级	P	C
好	> 0.95	< 0.35
合格	> 0.8	< 0.40
勉强	> 0.7	< 0.45
不合格	≤ 0.7	≥ 0.45

三、灰色评估预测案例

某物流公司 2016—2021 年在某地区发放的邮件数量如表 3-11 所示，请建立 BM(1, 1)

预测模型，进行残差检验与关联度检验，并预测 2022 年的邮件数量。

表 3-11　某物流公司 2016—2021 年发放邮件数量

（单位：万件）

年　份	2016	2017	2018	2019	2020	2021
邮件数	2.67	3.13	3.25	3.36	3.56	3.72

解：

设 $x^{(0)}(k)=(2.67,3.13,3.25,3.36,3.56,3.72)$

1. 构造累加生成序列

$$x^{(1)}(k)=(2.67,5.80,9.05,12.41,15.97,19.69)$$

2. 构造数据列矩阵 B 和数据列向量 Y

$$B=\begin{pmatrix} -\dfrac{1}{2}\left[x^{(1)}(1)+x^{(1)}(2)\right] & 1 \\ -\dfrac{1}{2}\left[x^{(1)}(2)+x^{(1)}(3)\right] & 1 \\ -\dfrac{1}{2}\left[x^{(1)}(3)+x^{(1)}(4)\right] & 1 \\ -\dfrac{1}{2}\left[x^{(1)}(4)+x^{(1)}(5)\right] & 1 \\ -\dfrac{1}{2}\left[x^{(1)}(5)+x^{(1)}(6)\right] & 1 \end{pmatrix}=\begin{pmatrix} -4.235 & 1 \\ -7.425 & 1 \\ -10.73 & 1 \\ -14.19 & 1 \\ -17.83 & 1 \end{pmatrix},$$

$$Y=\begin{bmatrix} x^{(0)}(2) \\ x^{(0)}(3) \\ x^{(0)}(4) \\ x^{(0)}(5) \\ x^{(0)}(6) \end{bmatrix}=\begin{bmatrix} 3.13 \\ 3.25 \\ 3.36 \\ 3.56 \\ 3.72 \end{bmatrix}$$

3. 求解参数值

$$\hat{a}=(a,b)^{\mathrm{T}}=(B^{\mathrm{T}}\cdot B)^{-1}\cdot B^{\mathrm{T}}\cdot Y=(-0.043961,2.925617)^{\mathrm{T}}$$

$$\frac{b}{a}=\frac{2.9256166}{-0.043961}=-66.5503$$

4. 得到方程

$$\frac{\mathrm{d}x^{(1)}}{\mathrm{d}t}-0.043961x^{(1)}=2.925617$$

5. 得到时间响应式

$$\hat{x}^{(1)}(k+1)=\left(x^{(0)}(1)-\frac{b}{a}\right)\mathrm{e}^{-ak}+\frac{b}{a}$$

$$= (2.67 + 66.5503) \cdot e^{0.043961k} - 66.5503$$
$$= 69.2203e^{0.043961k} - 66.5503$$

则其预测模型为

$$\hat{x}^{(0)}(k+1) = \hat{x}^{(1)}(k+1) - \hat{x}^{(1)}(k)$$
$$= 69.2203e^{0.043961k} - 69.2203e^{0.043961(k-1)}$$

6. 残差检验

(1) 根据预测公式，计算 $\hat{x}^{(1)}(k)$，得

$$\hat{x}^{(1)}(k) = (2.67, 5.78, 9.03, 12.43, 15.98, 19.69) \qquad (k = 1, 2, 3, \cdots, 6)$$

(2) 计算 $\hat{x}^{(0)}(k)$ 累减生成序列，得

$$\hat{x}^{(0)}(k) = (2.67, 3.11, 3.25, 3.40, 3.55, 3.71)$$

(3) 计算绝对残差和相对残差序列。

原始序列：$x^{(0)}(k) = (2.67, 3.13, 3.25, 3.36, 3.56, 3.72)$

估计序列：$\hat{x}^{(0)}(k) = (2.67, 3.11, 3.25, 3.40, 3.55, 3.71)$

绝对残差序列：$\varepsilon^{(0)} = (0, 0.02, 0, 0.04, 0.01, 0.01)$

相对残差序列：$\eta = (0, 0.61\%, 0.02\%, 1.09\%, 0.30\%, 0.30\%)$

相对残差不超过 1.09%，可认为模型精度高。

7. 关联度检验

(1) 计算序列 $x^{(0)}(k)$ 与所求序列 $\hat{x}^{(0)}(k)$ 的绝对残差序列 $\varepsilon^{(0)}(k)$，得

$$\varepsilon^{(0)}(k) = (0, 0.02, 0, 0.04, 0.01, 0.01)$$
$$\min\left\{\varepsilon^{(0)}(k)\right\} = \min\left\{0, 0.02, 0, 0.04, 0.01, 0.01\right\} = 0$$
$$\max\left\{\varepsilon^{(0)}(k)\right\} = \max\left\{0, 0.02, 0, 0.04, 0.01, 0.01\right\} = 0.04$$

(2) 计算关联系数 $r_{12}(k)$，取 $P = 0.5$，得

$$r_{12}(k) = \frac{0 + 0.5 \times 0.04}{\Delta_{12}(k) + 0.5 \times 0.04}$$

代入 k 值，求得 $r_{12}(k) = (1, 0.51, 0.97, 0.35, 0.65, 0.64)$

(3) 计算关联度，得到下式

$$R_{12} = \frac{1}{n}\sum_{k=1}^{n} r_{12}(k) \approx 0.69$$

此检验满足检验准则 $R_{12} > 0.6$，故检验通过。

8. 预测

由式(3-20)得

$$\hat{x}^{(0)}(7) = \hat{x}^{(1)}(7) - \hat{x}^{(1)}(6)$$
$$= 69.2203e^{0.043961 \times 6} - 69.2203e^{0.43961 \times 5}$$
$$\approx 3.88(\text{万件})$$

即 2022 年的邮件数量预测值为 3.88 万件。

四、灰色关联分析

(一)灰色关联分析概述

影响系统的功能一般有多种因素,这些因素之间哪些是主要的,哪些是次要的;哪些影响大,哪些影响小;哪些需要发展,哪些需要抑制等都是因素分析的内容。评估领域中的因素分析过去多采用统计分析的方法,但大都用于少因素的、线性的场合,而且对样本量与分布规律有严格的要求。

灰色关联分析是系统动态过程发展态势的量化比较分析。发展态势的比较,也就是以时间为序的数据列几何关系的比较。例如,连续 5 年产品销售量构成一个序列,这几年的固定资产总投资、科技投资也构成相应的序列,3 个序列可绘成 3 条曲线,曲线的几何形状、变化态势越接近,关联程度越大。

(二)关联系数与关联度

1. 数据列的表示方式

作关联分析先要选定参考的数据列。参考数据列常记为 x_0,记第 1 个时刻(或第 1 项)为 $x_0(1)$,其余时刻依次为 $x_0(2)$,$x_0(3)$,$\cdots$,$x_0(k)$。因此参考数据列 x_0 可表示为 $x_0 = (x_0(1)$, $x_0(2)$,$x_0(3)$,$\cdots$,$x_0(n))$。

表 3-12 的数据为参考数据列。

表 3-12　参考数据列

序　号	1	2	3	4	5	6
数据 x_0	1	1.4	2	2.25	3	4
符　号	$x_0(1)$	$x_0(2)$	$x_0(3)$	$x_0(4)$	$x_0(5)$	$x_0(6)$

$$x_0 = (1,\ 1.4,\ 2,\ 2.25,\ 3,\ 4)$$

关联分析被比较的数列常记为 x_1,x_2,$\cdots$,x_n。其后括号内的数字为列中的序号。如

$$x_1 = (x_1(1), x_1(2), x_1(3), x_1(4), x_1(5), x_1(6))$$
$$= (1, 1.166, 1.834, 2, 2.234, 3)$$

为第一个被比较的数列,依次类推,可列出其余数列。

2. 关联系数计算公式

关联性实质上是曲线几何形状的差别,因此将以曲线间差值的大小,作为关联程度的衡量尺度。对于一个参考数列 x_0,有好几个比较数列 $x_1, x_2, \cdots, x_n$ 的情况,各被比较曲线与参考曲线在各点(时刻)的差的计算公式为

$$\varepsilon_i(k) = \frac{\min\limits_{i}\min\limits_{k}|x_0(k)-x_i(k)| + 0.5 \times \max\limits_{i}\max\limits_{k}|x_0(k)-x_i(k)|}{|x_0(k)-x_i(k)| + \rho \times \max\limits_{i}\max\limits_{k}|x_0(k)-x_i(k)|} \tag{3-27}$$

式中:$\varepsilon_i(k)$——第 k 个时刻比较曲线 x_i 与参考曲线 x_0 的相对差值,这种形式的相对差值称为 x_i 对 x_0 在 k 时刻的关联系数;

ρ——分辨系数，一般在 0 与 1 之间取值。

$\min\limits_{i}\min\limits_{k}\left|x_0(k)-x_i(k)\right|$ 表示两级最小差。第一级最小差是对 k 而言，遍历 k 选最小者；第二级最小差是对 i 而言，遍历 i 选最小者。

$\max\limits_{i}\max\limits_{k}\left|x_0(k)-x_i(k)\right|$ 表示两级最大差。首先遍历 k 选最大者，然后遍历 i 选最大者。

【例 3.6】 给出数列 $x_0=(20,22,40)$，$x_1=(30,35,55)$，$x_2=(40,45,43)$，试求两级最小差与两级最大差。

解：先求两级最小差。

对于 $i=1$，

$k=1$，$\left|x_0(1)-x_1(1)\right|=\left|20-30\right|=10$

$k=2$，$\left|x_0(2)-x_1(2)\right|=\left|22-35\right|=13$

$k=3$，$\left|x_0(3)-x_1(3)\right|=\left|40-55\right|=15$

$\qquad \min\limits_{k}(10,13,15)=10$

对于 $i=2$，

$k=1$，$\left|x_0(1)-x_2(1)\right|=\left|20-40\right|=20$

$k=2$，$\left|x_0(2)-x_2(2)\right|=\left|22-45\right|=23$

$k=3$，$\left|x_0(3)-x_2(3)\right|=\left|40-43\right|=3$

$\qquad \min\limits_{k}(20,23,3)=3$

已知：$\min\limits_{k}\left|x_0(k)-x_1(k)\right|=10$，$\min\limits_{k}\left|x_0(k)-x_2(k)\right|=3$，

所以，$\min\limits_{i}(\min\limits_{k}\left|x_0(k)-x_i(k)\right|)=(10,3)=3$。

再求两级最大差。

$i=1$，$\max\limits_{k}\left|x_0(k)-x_1(k)\right|=\max(10,13,15)=15$

$i=2$，$\max\limits_{k}\left|x_0(k)-x_2(k)\right|=\max(20,23,3)=23$

所以 $\max\limits_{i}(\max\limits_{k}\left|x_0(k)-x_i(k)\right|)=\max(15,23)=23$。

3. 关联系数计算方法

关联系数计算一般分为以下四个步骤。

(1) 先将数列作初值化处理，即用每一个数列的第一个数 $x_i(1)$ 除本身及其他数 $x_i(k)$，这样即可使数列无量纲。给出已初值化的序列，如表 3-13 所示。

表 3-13 已初值化的序列

列 数	序 号					
	1	2	3	4	5	6
x_0	1	1.4	2	2.25	3	4
x_1	1	1.166	1.834	2	2.34	3
x_2	1	1.125	1.075	1.375	1.625	1.75
x_3	1	1	0.7	0.8	0.9	1.2

(2) 求差序列。求出各时刻 $x_i(k)$ 与 $x_0(k)$ 的绝对差，如表 3-14 所示。

表 3-14　各时刻的绝对差

差　列	差　值					
	1	2	3	4	5	6
$\Delta_1 = \lvert x_0(k) - x_1(k) \rvert$	0	0.234	0.166	0.25	0.66	1
$\Delta_2 = \lvert x_0(k) - x_2(k) \rvert$	0	0.275	0.925	0.875	1.375	2.25
$\Delta_3 = \lvert x_0(k) - x_3(k) \rvert$	0	0.4	1.3	1.45	2.1	2.8

(3) 求两级最小差与最大差。

首先求两级最小差。

$\because \ \min\limits_{k} \lvert x_0(k) - x_1(k) \rvert = 0$，$\min\limits_{k} \lvert x_0(k) - x_2(k) \rvert = 0$，$\min\limits_{k} \lvert x_0(k) - x_3(k) \rvert = 0$

$\therefore \ \min\limits_{i}(0, 0, 0) = 0$

再求两级最大差。

$\because \ \max\limits_{k} \lvert x_0(k) - x_1(k) \rvert = 1$，$\max\limits_{k} \lvert x_0(k) - x_2(k) \rvert = 2.25$，

$\max\limits_{k} \lvert x_0(k) - x_3(k) \rvert = 2.8$

$\therefore \ \max\limits_{i}(\Delta_1, \Delta_2, \Delta_3) = \max\limits_{i}(1, 2.25, 2.8) = 2.8$

(4) 计算关联系数。根据已求出的

$\min\limits_{i}(\min\limits_{k} \lvert x_0(k) - x_i(k) \rvert) = 0$，$\max\limits_{i}(\max\limits_{k} \lvert x_0(k) - x_i(k) \rvert) = 2.8$

代入关联系数计算公式，得

$$\varepsilon_i(k) = \frac{\min\limits_{i} \min\limits_{k} \lvert x_0(k) - x_i(k) \rvert + 0.5 \times \max\limits_{i} \max\limits_{k} \lvert x_0(k) - x_i(k) \rvert}{\lvert x_0(k) - x_i(k) \rvert + 0.5 \times \max\limits_{i} \max\limits_{k} \lvert x_0(k) - x_i(k) \rvert}$$

$$= \frac{0 + 0.5 \times 2.8}{\Delta_i(k) + 0.5 \times 2.8} = \frac{1.4}{\Delta_i(k) + 1.4}$$

将表中的数据依次代入，得

$\varepsilon_1(1) = \dfrac{1.4}{0 + 1.4} = 1$，$\varepsilon_1(2) = \dfrac{1.4}{0.234 + 1.4} \approx 0.857$，

$\varepsilon_1(3) = \dfrac{1.4}{0.166 + 1.4} \approx 0.894$，$\varepsilon_1(4) = \dfrac{1.4}{0.25 + 1.4} \approx 0.848$，

$\varepsilon_1(5) = \dfrac{1.4}{0.66 + 1.4} \approx 0.6796$，$\varepsilon_1(6) = \dfrac{1.4}{1 + 1.4} \approx 0.583$，

$\therefore \ \varepsilon_1 = (1, 0.857, 0.894, 0.848, 0.680, 0.583)$

同理，可求出 $\varepsilon_2(k)$ 与 $\varepsilon_3(k)$，即

$\varepsilon_2 = (1, 0.836, 0.602, 0.615, 0.505, 0.384)$

$\varepsilon_3 = (1, 0.778, 0.519, 0.491, 0.400, 0.333)$

通过上述计算，我们得到的是一个关联系数矩阵 $\boldsymbol{E}$，$\boldsymbol{E} = (\varepsilon_{ik})$；信息过于分散，不便于比较，因此有必要将各时刻关联系数集中为一个值，求平均值。

4. 关联度

关联度是指参考数列对被比较数列关联系数的均值，记为 r_i，其计算公式为

$$r_i = \frac{1}{n} \sum_{k=1}^{n} \varepsilon_i(k) \qquad (3-28)$$

式中：r_i——曲线 x_i 对参考曲线 x_0 的关联度。

根据公式求得上述三条曲线的关联度为

$$r_1 = \frac{1}{6}(1 + 0.857 + 0.894 + 0.848 + 0.680 + 0.583) \approx 0.810，$$

$$r_2 = \frac{1}{6}(1 + 0.836 + 0.602 + 0.615 + 0.505 + 0.384) = 0.657，$$

$$r_3 = \frac{1}{6}(1 + 0.778 + 0.519 + 0.491 + 0.400 + 0.333) = 0.587，$$

由此可知，x_1 与 x_0 关联度最大，即 x_1 是与 x_0 发展趋势最接近的因素；r_3 最小，即 x_3 对 x_0 影响最小。

复习思考题

1. 简述物流预测的含义。
2. 常见的物流预测方法有哪些？
3. 简述常见的时间序列预测结果形式。
4. 时间序列预测应注意哪些问题？
5. 建立灰色评估预测模型的步骤是什么？

第四章　物流网络规划与设计

【学习目标】

- 掌握物流网络的含义与组成。
- 理解物流网络的结构与模式。
- 了解物流网络规划与设计的内容和流程。
- 了解物流节点选址规划的含义、影响因素及原则。
- 掌握物流节点选址规划模型。
- 掌握物流运输路径优化模型。

物流网络是进行一切物流活动的载体。运输路径与节点相互联系、相互匹配，通过不同的连接方式与结构组成，形成不同的物流网络。物流网络节点的位置与数量直接决定了物流网络的结构，也决定了物流运输路径的安排。物流网络的规划与设计是物流运作的顶层设计环节，也对物流网络效率的提高和物流成本的控制起到重要作用。本章主要讲述物流网络相关理论以及物流网络中的设施选址和车辆路径规划两大决策内容，介绍常见的模型与方法。

第一节　物流网络概述

一、物流网络的含义与组成

(一)物流网络的含义

物流网络是为适应物流系统化和社会化的要求而发展起来的，是物流过程中相互联系的组织和设施的集合，是物流系统的空间网络结构，是物流活动的载体。物流网络决策包括物流节点的类型、数量和位置，节点所服务的相应客户群体，节点的连接方式以及货物在节点之间空间转移的运输方式等。

从图论的角度来看，可以将物流网络抽象成由点与线以及它们之间的相互关系所构成的网络。运输路径与节点相互联系、相互匹配，通过不同的连接方式与结构组成，形成不同的物流网络。物流网络辐射能力的大小、功能的强弱、结构的合理与否直接取决于网络中这两种基本元素的匹配程度与方式。

(二)物流网络的构成要素

物流活动是在物流网络上的路径和节点处进行的。其中，在路径上进行的物流活动主要是运输，包括集货运输、干线运输、配送运输等；在节点处完成的主要物流活动有包装、装卸、保管、分货、配货、流通加工等。

物流网络的主要构成要素包括物流节点，以及节点间的连接方式，即路径。在一个物流网络中，不同层级、不同类型的节点之间必须通过不同的运输方式和运输路径有效地连接起来。

1. 物流节点

物流节点是物流网络中连接运输路径的结节之处，是物流过程中货物从供应地到需求地流动时经过和停靠的地方。

物流节点的种类很多，在不同路径上节点的名称也各异。在铁路运输领域，节点的称谓有货运站、专用线货站、货场、转运站、编组站等；在公路运输领域，节点的称谓有货场、车站、转运站、枢纽等；在航空运输领域，节点的称谓有货运机场、航空港等；在商贸领域，节点的称谓有流通仓库、储备仓库、转运仓库、配送中心(DC)、分货中心等。

2. 运输路径

运输路径广义指所有可以行驶和航行的陆上、水上、空中路线。狭义仅指已经开辟的，可以按规定进行物流经营的路径和航线。运输路径有以下几种类型：铁路路径、公路路径、海运路径、空运路径。

物流节点与运输路径构成了运输网络的主要框架结构，在这个基础上选择不同的物流处理方式完成物流系统的功能要求，达到物流系统的目标。

(三)物流节点的类型

现代物流发展了若干类型的节点，根据节点的主要功能分类如下。

1. 转运型物流节点

转运型物流节点是以接连不同运输方式为主要职能的节点，如铁道运输线上的货站、编组站、车站，不同运输方式之间的转运站、终点站，水运线上的港口、码头、空运中的空港等。一般而言，转运型物流节点处于运输线上，又以转运为主，因此货物在该节点的停滞时间较短。

2. 储存型物流节点

储存型物流节点是以存放货物为主要职能的节点，货物在此类节点处的停滞时间较长。物流系统中的储备仓库、营业仓库、中转仓库、货栈等都是属于此种类型的节点。

3. 流通型物流节点

流通型物流节点是以组织物资流通为主要职能的节点。现代物流中常提到的流通仓库、流通中心、配送中心就属于这类节点。

需要说明的是，各种以主要功能分类的节点都可以承担其他职能，而不是完全排除其他职能。例如，转运型物流节点中，往往设有储存货物的货场或站库，从而具有一定的储存功能，但是，其主要功能是转运，且考虑到其所处的位置，因此，将其归入转运型物流节点之中。

4. 综合型物流节点

综合型物流节点是指全面实现两种以上主要功能，并且能将若干功能有机结合于一体,具有完善设施、有效衔接和协调工艺的集约型节点。该类节点是为适应物流大量化和复杂化的趋势而出现的,是现代物流系统中节点发展的方向之一。

另外,根据主要服务的地域层次,物流节点类型可划分为国际物流节点、区域物流节点、城市物流节点;根据物流节点经营性质,可划分为自用型物流节点、公共型物流节点;根据物流节点在物流网络中发挥的作用,可划分为转运型物流节点、集散型物流节点;根据物流节点在供应链中的地位,可划分为供应型物流节点、销售型物流节点;等等。

二、物流网络结构与模式

(一)物流网络结构

如前文所述,物流网络由节点和线路组成,而节点和线路之间的连接关系构成了物流网络的结构。根据结构的复杂程度,物流网络结构可以分为五类,如图 4-1 所示。

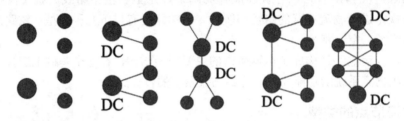

(a) 点状结构　　(b) 带状结构　　(c) 树状结构　　(d) 圈状结构　　(e) 网状结构

图 4-1　物流网络结构的类型

1. 点状结构

如图 4-1(a)所示,即由孤立的点组成的物流系统,这是物流网络结构类型中比较极端的情况,它只有在封闭的、自给自足的系统中才存在,比如废弃的仓库、站台等。

2. 带状结构

如图 4-1(b)所示,即仅由一条路径将各个节点串联起来的网络结构。带状结构中,每个物流节点都可以和其他任何物流节点间产生物流活动,但必须依次经由若干个中间节点。实际生活中,农副产品的供应链网络通常属于此类结构,其首先在产地建立配送中心,其次配送中心将产品收集起来,最后出售给公路沿线的销售点。

3. 树状结构

如图 4-1(c)所示,即无圈但能够连通的网络,每个层级的节点只和上一级和下一级的节点产生连线,不会越级连线。同时,同一层级的节点间不产生连线。汽车物流基本上采取这种结构方式。树状物流网络中,物流节点有层级之分。一个汽车制造商,按照市场区域设置分销和配送网络,每个细分市场选择一个经销商,配送中心之间通过干线运输连接,每个 DC 覆盖一定的市场区域,负责供应不同的经销商,经销商之间的物流是不连通的。

4. 圈状结构

如图 4-1(d)所示,即至少包含一个连接成圈的路径组成的物流网络,是一种物流效率比较高的物流网络结构。例如，一家酒厂在 2 个市场区域各设置一个 DC，每个 DC 覆盖各自的市场区域，区域内部各供货点之间可以调剂，同时 2 个 DC 通过干线运输连接起来。

5. 网状结构

如图 4-1(e)所示，即由"点—点"相连的线组成的网络，是一种非常复杂的网络结构。例如，一家饮料生产商将饮料供应给一些超市，公司用 2 个 DC 来为所有的超市提供饮料配送，DC 之间通过干线运输连接，每个 DC 都负责为一定的超市供货，任何一个超市可向任何一个 DC 或其他超市进货。这样极大地方便了超市的饮料销售，有利于超市中该饮料的存货控制和及时补货，但物流管理的难度较大。如果没有完善的信息网络和集中统一的数据库支持系统，各物流环节就会出现混乱和缺乏效率。

(二)物流网络模式

不同的物流系统因功能目标不同，需要采用不同的物流网络结构。但综合来看，将货物从供应地运送到需求地的连接形式一般都可采用三种基本的物流网络结构模式：直送模式、回路运输模式、枢纽中转模式。而物流网络的其他结构模式都可看作这三种基本结构模式的混合或变形，物流网络的三种典型结构模式，如图 4-2 所示。

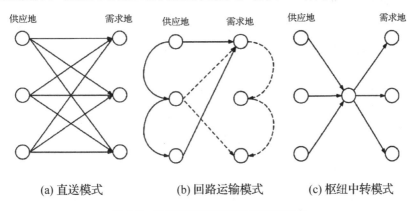

(a) 直送模式　　　　(b) 回路运输模式　　　　(c) 枢纽中转模式

图 4-2　物流网络的三种典型结构模式

1. 直送模式

如图 4-2(a)所示，即一个或多个供应地直送到一个或多个需求地。在直送模式中，所有货物都直接从供应地运送到需求地。每一次运输的线路都是指定的，管理人员只需要决定运输的数量并选择运输方式。要进行这样的决策，物流管理人员必须在运输费用和库存费用之间进行优化比较。

直送模式的主要优势在于环节少且不需要中转节点，减少了物流枢纽节点的建设和运营成本，在操作和协调上简单易行，效率比较高。

当需求地的需求量较大，每次运输的规模与整车的最大装载量相近，那么直送(直达)运输十分有效。而当各需求地的运输需求量过小，未能达到满载的话，则直送模式的成本会较高。

随着物流系统业务范围扩大，"一对一"直送模式将变成"多对多"直送模式，这种直送模式的效率将大幅下降，从而无法满足业务增长的需要。另外，"一对一"或者"多对多"直送模式辐射的范围非常有限，区域物流系统无法使用这种模式。

2. 回路运输模式

如图 4-2(b)所示，即从一个供应地提取的货物连续运送到多个需求地，或从多个供应地连续收集货物后送到需求地，这种运送模式的路径被称为旅行商问题(traveling salesman problem，TSP)的路径结构，也称为"送奶路径"(milk-run)。这种网络结构模式是通过一辆卡车(或其他运输工具)向一个或多个供应地运送或者由一辆卡车从一个或多个供应地装载一个需求地的货物，再直接运送。

3. 枢纽中转模式

如图 4-2(c)所示，图中只是一般模式，多个供应地可以用直送模式将货物运到物流枢纽节点，也可以用"送奶路径"模式集货到物流枢纽节点，配送也是如此。此类物流网络结构模式普遍应用于经济活动的集运物流网络。

三、物流网络规划与设计的内容和流程

(一)物流网络规划与设计的内容

物流网络规划与设计就是确定产品(货物)从供应地到需求地的结构，包括使用什么类型的物流节点、节点的数量与位置、分派给各节点的产品和客户、产品在节点之间的运输方案等。

物流网络规划与设计属于战略性决策，需要同时考虑节点和路径两方面的决策内容。

节点规划的主要决策内容包括：确定合适的节点类型；确定恰当的节点数量；确定每个节点的位置；确定每个节点的规模；确定分派给各节点的产品和客户。

线路规划的主要决策内容包括：确定运输方式，确定运输路径，确定运输方案，确定运输装载方案。

由于规划涉及的区域范围大小及经济特征、企业类型、产品属性等往往差异较大，因此不同物流网络规划与设计的内容也存在较大差异。

(二)物流网络规划与设计的流程

在确定物流网络最佳规划方案时，需要考虑诸多因素。物流网络规划与设计是一个复杂、反复的过程，通常包括以下几个步骤，如图 4-3 所示。

1. 确定物流网络规划与设计的范围和目标

基于物流网络现状，找出目前可能存在的问题，然后针对这些问题提出物流网络规划与设计的目标。

2. 明确物流网络规划与设计中的约束条件

明确现存的各种约束和限制条件，如资金、技术、管理、自然环境、国家政策、法律法规等宏观方面约束，以及物流服务水平和客户要求等具体约束。根据这些条件制定物流网络的基本规划。

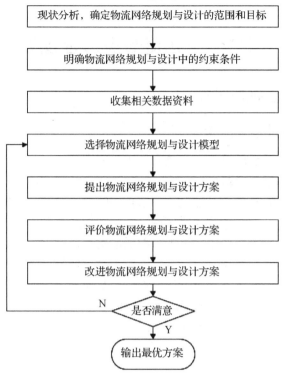

图 4-3 物流网络规划与设计的流程

3. 收集相关数据资料

例如，对于库存系统，需要获取空间利用率、仓库布局和设备、仓库管理程序等具体数据；对于运输系统，应收集运输等级和折扣、运输操作程序、送货信息等资料；此外，还要收集客户需求情况和关键的物流环境要素的数据。

4. 选择物流网络规划与设计模型

根据物流网络的实际情况，选择合适的模型，如仿真模型、启发式模型以及专家系统模型等。

5. 提出物流网络规划与设计方案

通过资料分析，确定服务目标，进行选址决策、运输决策和库存决策，形成物流网络规划与设计的多套备选方案。

6. 评价物流网络规划与设计方案

进行备选方案的评价比较，一是对各个方案实施费用的比较，二是考虑各个方案对于客户服务水平的影响。

7. 改进物流网络规划与设计方案

改进物流网络规划与设计方案，直至得到最优的物流网络规划与设计方案。

第二节　物流节点选址规划

一、物流节点选址规划概述

(一)物流节点选址规划的含义

简单来说，物流节点选址是在一个具有若干供应点及若干需求点的经济区域内，选一个地址设置物流节点的规划问题。

物流节点选址的目标是使物品通过物流节点的汇集、中转、分发，直到输送到需求点的全过程的效益最好。在实际的物流系统中，物流节点的数量对实现物流节点的选址目标有着重要的影响。一个物流系统中物流节点数量的增加，可以减少运输距离、降低运输成本、提高服务效率、减少缺货率。但是当物流节点数量增加到一定程度时，单个订单的数量过小，增加了运输频率，并且达不到运输批量，从而导致运输成本大幅上涨，同时往往会引起库存量的增加及由此引起的库存成本的增加，如图 4-4 所示。因此，确定合适的物流节点数量就成为节点选址的主要内容之一。

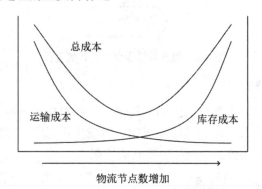

图4-4　各项成本随节点数的变化

因此，物流节点选址不仅要考虑节点的地理位置，还要考虑节点的数量及由此产生的节点服务对象的分配问题。物流节点选址就是确定整个物流系统中所需的节点数量、地理位置及服务对象的分配方案。

就单个企业而言，物流节点的选址不仅决定了整个企业物流系统的结构，而且影响其他系统要素的决策，反过来，其他系统要素的决策也会影响节点选址决策。就整个供应链系统而言，一个企业特别是核心企业的选址决策往往会影响供应链上其他企业的选址决策。

同时，物流节点拥有众多的建筑物、构筑物及固定机械设备，一旦建成很难搬迁，如果选址不当，将付出长远代价。因此，物流节点的选址是物流系统规划与设计中至关重要的内容，它决定了整个物流网络的模式、结构和形状。

(二)物流节点选址规划的影响因素

物流节点选址规划决策的约束条件主要包括需求条件(客户分布、未来分布预测、物流量的增长率及分布特征)、运输条件(地理位置、交通状况、未来交通规划)、配送服务条件(货物发送频率、配送距离和服务范围等)、用地条件(节点面积、使用期限等)、法规制度等。

在实际的物流节点选址规划过程中，不仅要考虑每个选址方案引起的运输成本和库存成本的变化，而且要考虑诸多因素的影响。这些因素可分为外部因素和内部因素两大类。

1. 选址规划决策的外部影响因素

1) 宏观政治及经济因素

宏观政治因素主要考虑选址地区的长远经济和社会发展战略、社会稳定性程度、法律法规的约束和限制条件等。宏观经济因素主要有税收政策、关税、汇率、产业政策等，这些都与选址决策直接相关。

2) 基础设施及环境条件

基础设施主要包括物流基础设施、通信等公共设施的可利用性，以及交通运输状况与运输费率。在企业运作中，物流成本往往要超过制造成本，而一套良好、快捷的交通基础设施对于降低物流成本会起到至关重要的作用。环境因素包括气象条件、地质条件、水文条件、地形条件等。

3) 竞争对手的发展状况

根据竞手对手的发展状况及本企业产品或服务的自身特征，来决定是靠近竞争对手还是远离竞争对手。

2. 选址规划决策的内部影响因素

选址规划决策方案应与企业的发展战略相适应，与生产产品或提供服务的特征相匹配。企业的发展战略对物流节点选址规划有重要影响。例如，对制造型企业而言，发展实用性产品还是创新性产品就是企业的长远发展战略，实用性产品因其需求稳定而且量大、产品生命周期长、利润率低，低成本运营是企业的发展战略，因此在选址决策时必然会选择生产成本较低的地区建立配送中心；相反，选择创新性产品时，因为这类产品需求的不确定性，需要建立快速反应的物流系统，所以在选址时会考虑地价较高、交通发达的地区建立配送中心，而这些地方往往成本较高。

(三)物流节点选址规划的原则

1. 适应性和协调性原则

物流节点的选址决策应该与国家或地区的经济发展方针、政策相适应，与社会发展相适应。同时，把国家或地区的物流系统作为一个大系统来考虑，使物流节点的设施设备在地域分布、物流作业生产力、技术水平等方面与整个物流系统协调发展。

2. 战略性原则

在物流节点选址时，要具有战略性眼光，要根据近期和长远的货物流通量，确定物流系统节点近期和长远的建设规模，并进行统一规划。

3. 科学性原则

对于功能单一的专业型物流系统来说，节点选址只要符合其自身的功能要求即可。对于综合物流系统来说，节点的选址主要按照以下原则来确定：位于城市中心区的边缘地区，一般在城市道路网的外环线附近；位于交通枢纽的中心地带，至少有两种以上的运输方式连接，特别是铁路和公路；位于土地开发资源较好的地区，用地充足，成本较低；现有物流资源基础较好，一般有较大的物流量产生，如工业中心、大型卖场等；有利于整个地区物流网络的优化和信息资源的利用。

二、物流节点选址规划方法概述

(一)定性分析方法

定性分析方法主要是根据选址影响因素和选址原则，依靠专家或管理人员丰富的经验、知识及其综合分析能力，确定物流配送中心具体位置的选址方法。其步骤一般为：根据经验确定评价指标，利用这些指标对候选物流配送中心位置进行优劣检验，并综合检验结果作出决策。常用的定性分析方法有德尔菲法和权重因素分析法。

(二)定量分析方法

定量分析方法是依靠数学模型对收集、整理的数据资料进行定量计算，进而确定物流配送中心具体位置的选址方法。常用的定量分析方法有解析法、数学规划法、多准则决策方法、启发式算法和仿真方法等。

1. 解析法

解析法一般是根据具体需求量、时间等因素，以物流配送中心位置为因变量，用代数方法来求解物流配送中心的坐标。解析法中最常用的有重心法、交叉中值法。解析法考虑的影响因素较少，模型简单，主要适用于单个物流配送中心的选址问题。对于复杂的选址问题，使用解析法通常需要借助其他更为综合的分析技术。

2. 数学规划法

数学规划法是在特定的约束条件下，通过构建数学规划模型和求解方法，从众多可行的方案中挑选出最佳方案。该方法是选址中最常用的方法，优点是它属于精确算法，能获得最优解；不足之处是它对一些复杂问题很难建立合适的数学规划模型，难以求得选址模型的最优解。该方法常用的模型有线性规划模型、非线性规划模型、整数规划模型、混合整数规划模型、动态规划模型和网络规划模型等。

3. 多准则决策方法

在物流配送中心的选址中除了单准则决策问题外，还有大量的多准则决策问题。多准则选址问题涉及多个选择方案，每个方案都有若干个不同的准则，要通过多个准则对方案作出综合性的选择。物流配送中心的选址常以建设和经营的总成本最小化，满足顾客需求，满足社会、环境要求等为准则进行决策。常用的多准则决策方法有层次分析法、模糊综合评价法、聚类方法、数据包络分析、逼近于理想值的排序方法(TOPSIS 方法)、优序法等。其中，层次分析法和模糊综合评价法在物流配送中心的选址研究中有较为广泛的应用，但这两种方法都是基于线性的决策思想。在当今复杂多变的环境下，线性决策思想逐渐暴露出其固有的局限性，非线性决策方法是今后进一步研究的重点和趋势。

4. 启发式算法

启发式算法是一种逐次逼近最优解的方法，该方法对所求得的解进行反复判断、改进，直至满意为止。由于启发式算法能够较有效地处理 NP-难问题，因此适合大规模选址问题的求解。常用的启发式算法有增加算法、删减算法、拉格朗日松弛算法、邻域搜索算法、禁忌搜索算法、遗传算法、模拟退火算法、人工神经网络算法、蚁群算法等。启发式算法不能保证得到最优解，但通常可以得到问题的满意解，而且启发式算法与最优化方法相比计算简单、求解速度快。

5. 仿真方法

在物流配送中心选址问题中，仿真方法可以通过反复改变和组合各种参数，多次试行来评价不同的选址方案。仿真方法可以描述多方面的影响因素，因此具有较强的使用价值，常用来求解较大规模的、难以计算的问题。其不足主要在于需要进行相对比较严格的模型可信性和有效性的检验；仿真方法不能提出初始方案，只能通过对各个已存在的备选方案进行评价，从中找出最优方案。因此，在运用这项技术时必须首先借助其他技术找出各初始方案，初始方案的好坏会对最终决策结果产生较大影响。同时，仿真方法要求设计人员必须具备丰富的经验和较高的分析能力，且在复杂的仿真系统中对计算机硬件的要求较高。

物流配送中心选址方法总结如表 4-1 所示。

表 4-1 物流配送中心选址方法总结

选址方法		优 点	缺 点	适用范围	典型模型/算法
定性分析方法		注重专家经验和知识，操作简单易行	极易犯主观主义和经验主义的错误，当候选地址较多时，决策的可靠性不高	候选地址数目较少，有类似选址经验可供借鉴	德尔菲法、权重因素分析法
定量分析方法	解析法	考虑的影响因素较少，模型简单	难以求解规模较大的问题	单物流配送中心的选址问题	重心法、交叉中值法
	数学规划法	属于精确算法，能获得最优解	复杂问题难以建模，大规模问题难以求解	选址因素都可以量化的选址问题	鲍摩—瓦尔夫(Baumol-Wolfe)模型、奎汉—哈姆勃兹(Kuehn-Hamburger)模型、P—中值模型、P—中心模型、覆盖模型、无限服务能力带选址费用的选址模型、有限服务能力带选址费用的选址模型、多产品模型、动态规划模型

续表

选址方法		优 点	缺 点	适用范围	典型模型/算法
定量分析方法	多准则决策方法	考虑因素全面，既考虑定性因素，又考虑定量因素	基于线性的决策思想；主观性色彩较浓	考虑多个准则综合评价选址方案；同时考虑定量和定性因素	层次分析法、模糊综合评价法、聚类方法、数据包络分析、TOPSIS方法、优序法
	启发式算法	计算简单，求解速度快	通常得不到最优解，而且无法判断解的好坏	难以精确计算或计算需时过长的大规模问题	增加算法、删减算法、拉格朗日松弛算法、邻域搜索算法、禁忌搜索算法、遗传算法、模拟退火算法、人工神经网络算法、蚁群算法
	仿真方法	可描述多方面的影响因素，可求解大规模的、难以计算的问题	需要进行相对比较严格的模型可信性和有效性的检验；不能提出初始方案，必须借助其他技术找出各初始方案；对人和机器要求往往比较高	常用于求解较大规模的、无法手动计算的问题	离散仿真、动态仿真、随机仿真等

企业在物流节点的选址过程中，应该注意将定性和定量两类不同的分析方法结合使用。

三、典型选址模型介绍

单设施选址模型

(一)重心法

重心法是将物流系统中的需求点和资源点看作分布在某一平面范围内的物体系统，将各点的需求量和资源量分别看作物体的重量，物体系统的重心作为物流节点的最佳设置点，利用求物体系统重心的方法来确定物流节点的位置。重心法是一种布置单个设施的方法，重心法选址模型要考虑的选址因素包括现有设施之间的距离、运输费率和该点的货运量。它经常用于中间节点的选择。数学上，该模型被归为静态连续选址模型。

1. 重心法模型的基本假设

1) 假设需求量集中于某一点上

实际上需求来自分散于区域内的多个需求点，市场的重心通常被当作需求的聚集地，而这会导致某些计算误差，因为计算出的运输成本是到需求聚集地，而不是到每个实际的需求点。在实际计算时，需要对需求点进行有效的聚类，以减少计算误差。

2) 假设选址区域不同地点物流节点的建设费用、运营费用相同

模型没有区分在不同地点建设物流节点所需要的投资成本(土地成本等)、经营成本(劳

动力成本、库存持有成本、公共事业费等)之间的差别。

3) 假设运输费用随运输距离成正比增加，或线性关系

实际上，多数运价是由不随运输距离变化的固定费用(起步价)和随运输距离变化的分段可变费率组成的，起步运费和运价分段扭曲了运价的线性特征。

4) 假设运输路线为空间直线

实际上这样的情况很少，因为运输总是在一定的公路网络、铁路系统、城市道路网络中进行的。因此，可以在模型中引入迂回系数把直线距离转化为近似的公路、铁路或其他运输网络里程。

2. 问题描述及模型的建立

设有 n 个客户(如零售便利店)P_1，P_2，…，P_n 分布在平面上，其坐标分别为$(x_i，y_i)$，各客户的需求量为 w_i，准备设置一个设施(如配送中心)为这些客户服务，现假设设施 P_0 位置在$(x_0，y_0)$处，希望确定设施的位置，使总运输费用最小。

设 a_i 为设施到客户 P_i 每单位运量、单位距离所需运输费率；w_i 为客户 P_i 的需求量；d_i 为设施 P_0 到客户 P_i 的直线距离。

则总运输费 H 的计算公式为

$$H = \sum_{i=1}^{n} a_i w_i d_i = \sum_{i=1}^{n} a_i w_i \left[(x_0 - x_i)^2 + (y_0 - y_i)^2 \right]^{1/2} \tag{4-1}$$

求 H 的极小值点$(x_0^*，y_0^*)$。式(4-1)为凸函数，因此其最优解的必要条件为

$$\left. \frac{\partial H}{\partial x_0} \right|_{x=x^*} = 0，\quad \left. \frac{\partial H}{\partial y_0} \right|_{y=y^*} = 0 \tag{4-2}$$

令 $\dfrac{\partial H}{\partial x_0} = \sum_{i=1}^{n} \dfrac{a_i w_i (x_0 - x_i)}{d_i} = 0$，$\dfrac{\partial H}{\partial y_0} = \sum_{i=1}^{n} \dfrac{a_i w_i (y_0 - y_i)}{d_i} = 0$

得 $x_0^* = \dfrac{\displaystyle\sum_{i=1}^{n} a_i w_i \dfrac{x_i}{d_i}}{\displaystyle\sum_{i=1}^{n} a_i \dfrac{w_i}{d_i}}$，$y_0^* = \dfrac{\displaystyle\sum_{i=1}^{n} a_i w_i \dfrac{y_i}{d_i}}{\displaystyle\sum_{i=1}^{n} a_i \dfrac{w_i}{d_i}}$

上式右端 d_i 中仍含未知数 x_0、y_0，故不能一次求得显式解，但可以导出关于 x 和 y 的迭代公式，即

$$x^{(q+1)} = \dfrac{\displaystyle\sum_{i\in I} \dfrac{a_i w_i x_i}{\left[(x^{(q)} - x_i)^2 + (y^{(q)} - y_i)^2 \right]^{1/2}}}{\displaystyle\sum_{i\in I} \dfrac{a_i w_i}{\left[(x^{(q)} - x_i)^2 + (y^{(q)} - y_i)^2 \right]^{1/2}}} \tag{4-3}$$

$$x^{(q+1)} = \dfrac{\displaystyle\sum_{i\in I} \dfrac{a_i w_i y_i}{\left[(x^{(q)} - x_i)^2 + (y^{(q)} - y_i)^2 \right]^{1/2}}}{\displaystyle\sum_{i\in I} \dfrac{a_i w_i}{\left[(x^{(q)} - x_i)^2 + (y^{(q)} - y_i)^2 \right]^{1/2}}} \tag{4-4}$$

应用迭代式(4-3)和式(4-4)，可采用逐步逼近算法求得最优解，该算法称为不动点算法。

3. 求解过程

(1) 确定已有设施地点的坐标值(x_i, y_i)，同时确定各点的需求量w_i和运输费率a_i。

(2) 不考虑距离因素d_i，用重心公式估算初始选址点，其计算公式为

$$x_0^0 = \frac{\sum\limits_{i=1}^{n} a_i w_i x_i}{\sum\limits_{i=1}^{n} a_i w_i}, \quad y_0^0 = \frac{\sum\limits_{i=1}^{n} a_i w_i y_i}{\sum\limits_{i=1}^{n} a_i w_i} \tag{4-5}$$

(3) 根据直线距离公式和费用公式，用步骤(2)得到的(x_0^0, y_0^0)，计算d_i和费用H^0。

(4) 将d_i代入重心公式，得

$$x_0^1 = \frac{\sum\limits_{i=1}^{n} a_i w_i \dfrac{x_i}{d_i}}{\sum\limits_{i=1}^{n} a_i \dfrac{w_i}{d_i}}, \quad y_0^1 = \frac{\sum\limits_{i=1}^{n} a_i w_i \dfrac{y_i}{d_i}}{\sum\limits_{i=1}^{n} a_i \dfrac{w_i}{d_i}} \tag{4-6}$$

解出修正的(x_0^1, y_0^1)的坐标值。

(5) 根据修正的(x_0^1, y_0^1)的坐标值，再重新计算d_i。

(6) 重复步骤(4)和步骤(5)，直到(x_0^0, y_0^0)的坐标值在连续迭代过程中都不再变化或变化很小，或者$H^0 \leqslant H^1$，运费已无法减少时，输出最优解(x_0^0, y_0^0)和H^0。

【例 4.1】 某连锁超市在某地区有五个零售点，其坐标、运输量及运输费率如表 4-2 所示。现准备新建一个配送中心负责这五个零售点的商品供应，试用重心法确定运输成本最小的配送中心位置。

表 4-2　五个零售点的相关数据

零售点 i	运输量 w_i(吨)	运输费率 a_i(元/吨·公里)	坐标(x_i, y_i)
1	2	0.5	(3, 8)
2	3	0.5	(8, 2)
3	2.5	0.75	(2, 5)
4	1	0.75	(6, 4)
5	1.5	0.75	(8, 8)

解：(1) 根据式(4-5)计算初始选址点，得

$$
\begin{aligned}
x_0^0 &= \frac{\sum\limits_{i=1}^{n} a_i w_i x_i}{\sum\limits_{i=1}^{n} a_i w_i} \\
&= \frac{2 \times 0.5 \times 3 + 3 \times 0.5 \times 8 + 2.5 \times 0.75 \times 2 + 1 \times 0.75 \times 6 + 1.5 \times 0.75 \times 8}{2 \times 0.5 + 3 \times 0.5 + 2.5 \times 0.75 + 1 \times 0.75 + 1.5 \times 0.75} \\
&= 5.160
\end{aligned}
$$

同理，$y_0^0 = \dfrac{\sum\limits_{i=1}^{n} a_i w_i y_i}{\sum\limits_{i=1}^{n} a_i w_i} = 5.180$

(2) 由步骤(1)得初始选址点为(5.16，5.18)，根据直线距离计算公式得出 d_1 为

$$d_1 = \left[(x^1 - x_0^0)^2 + (y^1 - y_0^0)^2 \right]^{1/2} = \left[(3 - 5.16)^2 + (8 - 5.18)^2 \right]^{1/2} = 3.552$$

同理，得 $d_2 = 4.264$，$d_3 = 3.165$，$d_4 = 1.448$，$d_5 = 4.002$。

(3) 根据式(4-6)修正$(x_0^0，y_0^0)$的坐标值，得

$$x_0^1 = \frac{\sum\limits_{i=1}^{n} a_i w_i \dfrac{x_i}{d_i}}{\sum\limits_{i=1}^{n} a_i \dfrac{w_i}{d_i}}$$

$$= \frac{\dfrac{2 \times 0.5 \times 3}{3.552} + \dfrac{3 \times 0.5 \times 8}{4.264} + \dfrac{2.5 \times 0.75 \times 2}{3.165} + \dfrac{1 \times 0.75 \times 6}{1.448} + \dfrac{1.5 \times 0.75 \times 8}{4.002}}{\dfrac{2 \times 0.5}{3.552} + \dfrac{3 \times 0.5}{4.264} + \dfrac{2.5 \times 0.75}{3.165} + \dfrac{1 \times 0.75}{1478} + \dfrac{1.5 \times 0.75}{4.002}}$$

$$= 5.038$$

同理，$y_0^1 = \dfrac{\sum\limits_{i=1}^{n} a_i w_i \dfrac{y_i}{d_i}}{\sum\limits_{i=1}^{n} a_i \dfrac{w_i}{d_i}} = 5.057$

(4) 重复步骤(2)和步骤(3)，得到选址迭代过程，如表 4-3 所示。

表 4-3　选址迭代过程

迭代次数	x	y
1	5.160	5.180
2	5.038	5.057
3	4.990	5.031
4	4.996	5.032
5	4.951	5.037
……	……	……

当$(x_0^0，y_0^0)$的坐标值在连续迭代过程中都不再变化，或变化很小时，迭代结束。

4. 多重心法

对于需要设立多个物流节点的情形，则需要通过多重心法进行求解。多重心法通过分组后再运用精确重心法来确定多个物流节点的位置与服务分配方案。多重心法的计算步骤如下。

(1) 初步分组。确定分组原则，将需求点按照一定原则分成若干个群组，使分群组数等于拟设立的物流节点数量。每个群组由一个物流节点负责，确立初步分配方案。这样，形成多个单一物流节点选址问题。

(2) 选址计算。针对每个群组的单一物流节点选址问题，运用精确重心法确定该群组新的物流节点的位置。

(3) 调整分组。首先对每个需求点分别计算到所有物流节点的运输费用，并将计算结果列表，其次将每个需求点调整到运输费用最低的那个物流节点负责服务，这样就形成新的分配方案。

(4) 重复步骤(2)，直到群组成员无变化为止。此时的物流节点分配方案为最佳分配方案，物流节点的位置是最佳地址。

对于实际中节点规模较大的选址问题，即便预先将大量客户点分配给很少的几个物流节点，多重心法的计算过程也是一项极其庞杂的工作。因此，解决大规模选址问题还需要使用其他选址方法。

(二)覆盖模型与 P—中值模型

1. 覆盖模型

覆盖模型是一类离散点选址模型，是指对于需求已知的一些需求点，如何确定一组物流节点来满足这些需求点的需求。在这个模型中，需要确定物流节点的最小数量和合理位置。该模型适用于商业物流系统，如零售点选址、加油站选址；公用事业系统，如急救中心、消防中心等；计算机与通信系统，如有线电视网的基站、无线通信网络基站、计算机网络中的集线器设置等。

根据解决问题的方法不同，覆盖模型分为两类：集合覆盖模型和最大覆盖模型。集合覆盖模型，即用最小数量的物流节点去覆盖所有的需求点；最大覆盖模型，即在给定数量的节点下，覆盖尽可能多的需求点。这两类模型的区别在于，集合覆盖模型要满足所有需求点的需求，而最大覆盖模型只覆盖有限的需求点，两种模型的应用情况取决于服务设施的资源是否充足。

1) 集合覆盖模型

集合覆盖模型的目标是用尽可能少的设施去覆盖所有的需求点，相应的目标函数为

$$\min \sum_{j \in N} x_j \tag{4-7}$$

约束条件为

$$\sum_{j \in B(j)} y_{ij} = 1, \ i \in N \tag{4-8}$$

$$\sum_{j \in A(i)} d_j y_{ij} \leqslant C_j x_j, \ j \in N \tag{4-9}$$

$$y_{ij} \geqslant 0, \ i,j \in N \tag{4-10}$$

$$x_j \in \{0,1\} \tag{4-11}$$

式中：N——n 个需求点的集合；

d_i——第 i 个需求点的需求量；

C_j——设施节点 j 的容量；

$A(i)$——设施节点 j 所覆盖的需求点 i 的集合；

$B(j)$——可以覆盖需求点 i 的设施节点 j 的集合；

y_{ij}——节点 i 需求中被分配给设施节点 j 服务的部分，$y_{ij} \leqslant 1$；

x_j——节点 j 是否被选中成为设施，如被选中则为 1，未被选中则为 0。

式(4-7)为目标函数，使被选为设施的节点数最小化；式(4-8)保证每个需求点的需求都得到完全满足；式(4-9)是对每个设施的服务能力的限制；式(4-10)表明允许一个设施为某个需求点提供部分需求；式(4-11)表示节点可能被选中为设施，也有可能不被选中。

在该 0—1 整数规划(integer programming)模型中，决策变量 x_j 和 y_{ij} 分别表示哪些备选节点被选为设施以及如何确定被选为设施的节点为各个需求点提供服务的分配方案。对于此类问题，可以通过两类方法进行求解：一是分支定界法，能够找到小规模问题的最优解，但只适用于小规模问题的求解；二是启发式算法，得到的结果不能保证是最优解，但是可以得到较为满意的可行解，对于大规模问题的分析与求解，应用启发式算法可以显著减少运算量。

2) 最大覆盖模型

最大覆盖模型的目标是对有限个服务设施进行选址，并为尽可能多的需求点提供服务，但可能不能满足所有需求点的需求。最大覆盖模型的数学模型为

$$\max \sum_{j \in N} \sum_{i \in A(j)} d_i y_{ij} \tag{4-12}$$

约束条件为

$$\sum_{j \in B(i)} y_{ij} \leq 1, \quad i \in N \tag{4-13}$$

$$\sum_{j \in A(j)} d_i y_{ij} \leq C_j x_j, \quad j \in N \tag{4-14}$$

$$\sum_{j \in N} x_j = p \tag{4-15}$$

$$y_{ij} \geq 0, \quad i, j \in N \tag{4-16}$$

$$x_j \in \{0,1\} \tag{4-17}$$

式中：N——n 个需求点的集合；

d_i——第 i 个需求点的需求量；

C_j——设施节点 j 的容量；

$A(j)$——设施节点 j 所覆盖的需求点的集合；

$B(i)$——可以覆盖需求点 i 的设施集合；

p——允许投建的设施数；

y_{ij}——节点 i 需求中被分配给设施节点 j 服务的部分，$y_{ij} \leq 1$；

x_j——节点 j 是否被选中成为设施，如被选中则为 1，未被选中则为 0。

式(4-12)为目标函数，表示尽可能多地为需求点提供服务，满足它们的需求；式(4-13)表明需求点的需求有可能得不到满足；式(4-14)是每个设施的服务能力的限制；式(4-15)是设施数的限制，表明设施只能建设有限多个；式(4-16)允许一个设施为某个需求点提供部分需求。该模型同样属于混合 0—1 整数规划模型，决策变量 x_j 和 y_{ij} 为表明哪些节点选为设施节点，并且分配方案如何。

与集合覆盖模型一样，最大覆盖模型也可采用分支定界法与启发式方法求解。启发式方法首先求出可以作为候选点的集合，并以一个空集作为原始解的集合，然后在候选点集合中选择一个具有最大满足能力的候选点进入原始解集合，作为二次解。重复以上步骤，直到设施数目满足要求为止。

2. P—中值模型

P—中值模型是指在一个给定数量和位置的需求集合和一个候选设施位置集合下，分别为 p 个设施找到合适的位置，并指派每个需求点被一个特定的设施服务，以达到在各设施点和需求点之间的运输总费用最低。

基本的 P—中值模型的数学模型表述如下

$$\min \sum_{i \in N} \sum_{j \in M} d_i C_{ij} y_{ij} \tag{4-18}$$

约束条件为

$$\sum_{j \in M} y_{ij} = 1, \ i \in N \tag{4-19}$$

$$y_{ij} \leqslant x_j, \ i \in N, j \in M \tag{4-20}$$

$$\sum_{j \in M} x_j = p \tag{4-21}$$

$$x_j, \ y_{ij} \in \{0,1\}, \ i \in N, j \in M \tag{4-22}$$

式中：N——n 个需求点的集合；

d_i——第 i 个需求点的需求量；

C_{ij}——从需求点 i 到设施 j 的单位运输费用；

M——m 个建设设施节点候选点集合；

p——允许投建的设施总数($p < m$)；

y_{ij}——需求点 i 是否由设施 j 来提供服务，0—1 决策变量；

x_j——设施 j 是否被选中，0—1 决策变量。

式(4-18)是目标函数，表明各需求点到它服务设施的运输总费用最低；式(4-19)保证每个需求点只有一个服务设施来提供服务；式(4-20)有效地保证没有选中的设施候选点不能为需求点提供服务；式(4-21)限制了可以投建的设施总数为 p 个。x_j 和 y_{ij} 是 0—1 决策变量。这是一个 0—1 整数规划问题。

求解 P—中值模型需要解决两个方面的问题：一个是选择合适的设施位置，即模型中的 x 决策变量；另一个是指派需求点到相应的设施中去，即模型中的 y 决策变量。

一旦设施的位置确定之后，由于设施的服务能力在模型中没有限制，因此再确定指派每个需求点到不同的设施中，使总费用最小就十分简单了。若有能力限制，问题就更为复杂。选择设施位置如穷举的话，共有 C_m^p 种可能方案。

与覆盖模型一样，求解一个 P—中值模型问题，主要有两大类方法：精确法和启发式方法。下面介绍一种启发式求解 P—中值模型的算法——贪婪取走启发式算法，其基本步骤如下。

(1) 初始化，令循环参数 $k=m$，将所有的 m 个候选位置都选中，然后将每个客户指派给距离其最近的一个候选位置。

(2) 选择并取走一个位置点，满足以下条件：假设将它取走，并将它的客户重新指派后，总费用增加量最小，然后 $k=k-1$。

(3) 重复(2)，直到 $k=p$。

(三)鲍摩—瓦尔夫模型

1. 问题描述

鲍摩—瓦尔夫模型又称为多节点单品种选址模型,即模型中只考虑一种产品。模型假设有 m 个资源点(如工厂)的单一品种产品,经从候选集选出的物流节点发运给 n 个地区的客户或者直送。问题是如何从 s 个候选的地点集合中选择若干个位置作为物流节点(如配送中心),使得从已知若干个资源点(如工厂),经过这几个选出的物流节点,向若干个客户运送同一种产品时总的物流成本(或运输成本)为最小。模型中也可能存在从工厂直接将产品送往某个客户点的情况。

2. 模型建立

假设 F 是多节点选址方案的总成本,根据中转节点布局的概念,应使总成本降到最低,于是目标函数为

$$\min F = \sum_{i=1}^{m}\sum_{j=1}^{s}c_{ij}x_{ij} + \sum_{j=1}^{s}\sum_{k=1}^{n}d_{jk}y_{jk} + \sum_{i=1}^{m}\sum_{k=1}^{s}e_{ik}z_{ik} + \sum_{j=1}^{s}(v_{j}U_{j}+w_{j}\sum_{i=1}^{m}x_{ij}) \tag{4-23}$$

约束条件为

$$\sum_{j=1}^{m}x_{ij} + \sum_{k=1}^{n}z_{ij} \leqslant S_{i}, i=1,2,\ldots,m \tag{4-24}$$

$$\sum_{j=1}^{s}y_{jk} + \sum_{i=1}^{m}z_{ik} \geqslant D_{k}, k=1,2,\ldots,n \tag{4-25}$$

$$\sum_{i=1}^{m}x_{ij} = \sum_{k=1}^{n}y_{jk}, j=1,2,\ldots,s \tag{4-26}$$

$$\sum_{i=1}^{m}x_{ij} - MU_{j} \leqslant 0, j=1,2,\ldots,s \tag{4-27}$$

$$U_{j} \in \{0,1\}, j=1,2,\ldots,s \tag{4-28}$$

$$x_{ij}, y_{jk}, z_{ik} \geqslant 0, i=1,2,\ldots m, \ k=1,2,\ldots n, \ j=1,2,\ldots s \tag{4-29}$$

式中:S_{i}——供应点 i 的物品供应量;

D_{k}——需求点 k 的物品需求量;

x_{ij}——备选中转节点 j 从供应点 i 进货的数量;

y_{jk}——需求点 k 从备选中转节点 j 中转进货的数量;

z_{ik}——需求点 k 从供应点 i 直接进货的数量;

U_{j}——节点 j 是否被选中,如被选中则为 1,未被选中则为 0;

c_{ij}——备选中转节点 j 从供应点 i 进货的单位物品的运输费;

d_{jk}——备选中转节点 j 向需求点 k 供货的单位物品的运输费;

e_{ik}——需求点 k 从供应点 i 直达进货的单位物品运输费;

v_{j}——备选中转节点 j 选中后的基建投资费用(固定费用,是与规模无关的费用);

w_{j}——备选中转节点 j 中转单位物品的变动费用(如仓库管理或加工费等,与规模相关),即储存费用率。

式(4-23)为目标函数,前三项为运输费用之和,第四项为中转节点的固定费用和运输周转的仓库管理费用。在约束条件中,式(4-24)表明各个供应点调出的货物总量不大于该

供应点的供应能力；式(4-25)表明各个需求点调运进来的货物总量不小于它的需求量；式(4-26)表明对于中转节点，它既不产生货物，也不消耗货物，因此每个节点调进的货物总量应等于调出的货物总量；中转节点的布局经过优化求解后的结果，可能有的备选节点被选中，即 $U_j=1$，而另外一些被淘汰，即 $U_j=0$；在式(4-27)中，M 是一个相当大的正数，当 $U_j=0$ 时，$x_{ij}=0$，不等式成立，当 $U_j=1$ 时，x_{ij} 为一个有限值，而 MU_j 足够大，不等式也成立。

式(4-23)中，$w_j\sum\limits_{i=1}^{m}x_{ij}$ 项是备选中转节点 j 的储存费用项，如果把储存费用看作中转节点吞吐量 $\sum\limits_{i=1}^{m}x_{ij}$ 的线性函数，即储存费用率 w_j 与中转节点的规模大小无关，那么整个模型是一个混合型 0—1 整数规划的数学模型，而实际情况是储存费用率一般与中转节点规模(吞吐量)的大小有关。鲍摩—瓦尔夫模型用非线性函数来描述中转节点的储存费用函数，如图 4-5 所示。

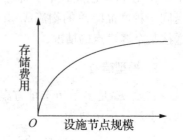

图 4-5　中转节点的储存费用函数

从图 4-5 的曲线可以看出，随着中转节点规模的增大，储存费用曲线变得平坦，即费率下降，这是符合实际情况的。但非线性函数的引入，使计算变得复杂。为使问题简化，鲍摩—瓦尔夫模型在迭代求解过程中对非线性函数采取分段线性化的办法，即在每一次迭代过程中用边际成本表示储存费率。边际成本表示在一定的节点规模下单位货物的储存费用，因此可与单位运输费用直接相加。经过这样的处理后，就可直接利用运输规划的方法计算求解。

通过对物流中转节点的储存成本与规模(吞吐量)的数据拟合，可以得到它们相互关系的计算公式为

$$H_j=\mu_j G_j^p \tag{4-30}$$

式中：H_j——中转节点的储存费用；

μ_j、p——常数；

G_j——中转节点的运输量(吞吐量)。

设物流中转节点在某一规模时的边际成本为 w_j，则 $w_j=\partial H_j/\partial G_j=\mu_j p G_j^{p-1}$，当 $p=0.5$ 时，$H_j=\mu_j\sqrt{G_j}$，$w_j=\mu_j/2\sqrt{G_j}$，因此，如果已经确定了中转节点的规模，那么在此规模下的储存费率就可以按上述边际成本的计算得到。

3. 算法求解步骤

1) 求初始方案

开始时，令各备选地址上设置中转节点的规模均为 0，即 $G_j=0$，则 $w_j=0$。对供应点与需求点间所有组合 (i, k)，求每单位运输成本最小值，即运输成本最低的路径，其运输成本为 $c_{ik}^0=\min\limits_{j}(c_{ij}+d_{jk})$，引入变量 G_{ik}，表示从供应点 i 经某一个备选中转节点 j 到需求点 k 的流通量。解下列线性规划的运输问题，其计算公式为

$$\min f=\sum\limits_{i=1}^{m}\sum\limits_{k=1}^{n}c_{ik}^0 G_{ik} \tag{4-31}$$

约束条件为

$$\sum_{k=1}^{n} G_{ik} = S_i, i = 1, 2, \ldots, m \tag{4-32}$$

$$\sum_{i=1}^{m} G_{ik} = D_k, k = 1, 2, \ldots, n \tag{4-33}$$

求出 G_{ik}。

2) 求二次解

设经过中转节点 j 的所有供货点 $i(i=1, 2, \ldots, m)$ 和需求点 $k(k=1, 2, \ldots, n)$ 的组合 (i, k) 组成的集合为 $G(j)$，则中转节点 j 的吞吐量为 $G_j = \sum_{(i,k) \in G(j)} G_{ik}$。以运输费率和变动储存费用率的合计最小为标准，求最省路线：$c_{ik}^0 = \min_{j}(c_{ij} + d_{jk} + \mu_j p G_j^{p-1})$，用 c_{ik}^1 代替 c_{ik}^0，重新解上一步的运输问题。求出 G_{ik}，并计算 G_j。

3) 求最优解

重复上述计算过程，直到 G_j 不变，即获得满意解。

鲍摩—瓦尔夫模型的启发式算法的每次迭代使系统总成本单调下降的趋势是明显的，它总是在使系统总费用最小的前提下寻求新的更好的布局方案，但对于中转节点的固定费用，此算法在计算过程中没有考虑。

(四)奎汉—哈姆勃兹模型

多设施选址模型

1. 问题描述

奎汉—哈姆勃兹模型是一个多节点、多品种选址模型，从表面上看，只需在单品种选址问题中增加多品种的因素，即可分解成多个单品种选址子问题。但从实际情况看，各个品种都要按照各自的优化方案选择物流节点中转。因此，同一客户可能会需要不同品种的货物，他们将分别从几个不同的物流节点进货，这势必出现运输某些需求量不多的货物的运输工具低效率而运输成本增大的现象。在这种情况下，无论是客户自己提货，还是货物供应部门组织配送，其效果都不是最经济的。为此，有必要将各客户所需的所有货物的供货地点做相对集中的处理，最好由一个物流节点供货。

由此，多节点、多品种选址问题可以描述为：有 m 个供应点(工厂)$A_i(i=1, 2, \ldots, m)$，提供(生产)p 种产品 $p_h(h=1, 2, \ldots, p)$，其中，这些供应点的各种产品的供应量已知；有 n 个需求点 $B_k(k=1, 2, \ldots, n)$，每个需求点对每种产品的需求量也已知。产品经由物流中转节点运往需求点，每个需求点的所有产品都由某一指定的物流节点唯一供货。给定 q 个物流中转节点的候选地 $D_j(j=1, 2, \ldots, q)$，且容量有限。在模型中考虑了运输费、仓库管理费、可变费用、延误损失费等多项费用，其目标是从候选地中选择若干个作为物流中转节点进行产品中转，以达到总费用最小。

2. 模型建立

多节点、多品种选址问题模型的目标函数为

$$\min F = \sum_{h=1}^{p}\sum_{i=1}^{m}\sum_{j=1}^{q}\sum_{k=1}^{n} f_{hijk} x_{hijk} + \sum_{j=1}^{q} F_j Z_j + \sum_{h=1}^{p}\sum_{j=1}^{q} S_{hj}(\sum_{i=1}^{m}\sum_{k=1}^{n} x_{hijk}) + \sum_{h=1}^{p}\sum_{k=1}^{n} D_{hk} T_{hk} \tag{4-34}$$

约束条件为

$$\sum_{i=1}^{m}\sum_{j=1}^{q}x_{hijk} \leqslant Q_{hk}V_{jk}, k=1,2,\ldots n; \quad h=1,2,\ldots,p \tag{4-35}$$

$$\sum_{j=1}^{q}\sum_{k=1}^{n}x_{hijk} \leqslant Y_{hi}, i=1,2,\ldots m; \quad h=1,2,\ldots,p \tag{4-36}$$

$$\sum_{h=1}^{p}\sum_{i=1}^{m}\sum_{k=1}^{n}x_{hijk} \leqslant W_{j}, j=1,2,\ldots,q \tag{4-37}$$

$$\sum_{j=1}^{q}V_{jk}=1, k=1,2,\ldots,n \tag{4-38}$$

$$V_{jk}\in\{0,1\} \tag{4-39}$$

$$x_{hijk}\geqslant 0 \tag{4-40}$$

式中：c_{hij}——从供应点 i 到物流中转节点 j 运输产品 h 每单位运量的运输费；

d_{hjk}——物流中转节点 j 向需求点 k 运输产品 h 每单位运量的运输费；

f_{hijk}——从供应点 i 经过物流中转节点 j 向需求点 k 运输产品 h 每单位运量的运输费，则 $f_{hijk}=c_{hij}+d_{hjk}$；

x_{hijk}——从供应点 i 经过物流中转节点 j 向需求点 k 运输产品 h 每单位运量的数量；

Y_{hi}——供应点 i 对产品 h 的供应能力；

Q_{hk}——需求点 k 对产品 h 的需求量；

W_{j}——物流中转节点 j 的吞吐能力；

F_{j}——物流中转节点 j 的固定费用；

S_{hj}——物流中转节点 j 为保管产品 h 而产生的单位可变费用；

D_{hk}——由于缺货导致需求点 k 对产品 h 的缺货量，则 $D_{hk}=Q_{hk}-\sum_{i=1}^{m}\sum_{j=1}^{q}x_{hijk}$；

T_{hk}——由于需求点 k 对产品 h 的缺货而造成的单位产品损失费；

Z_{j}——当物流中转节点 j 有吞吐量时为 1，否则为 0；

V_{jk}——物流中转节点 j 为需求点 k 供货时取 1，否则为 0。

式(4-34)为目标函数，其中第一项为运输费用，第二项为被选中的物流节点的固定费用，第三项为物流节点的变动成本，第四项为由于缺货延误向需求点供货产生的损失；式(4-35)是产品需求约束；式(4-36)是供应点的供应能力限制；式(4-37)是物流中转节点的吞吐能力限制；式(4-38)表明同一需求地的所有产品必须由同一中转节点供货。

该问题属于混合整数规划问题，对于此模型的小规模问题的求解可用分支定界法求解，可选用现成的优化软件；对于大规模问题可用现代优化技术，如模拟退火算法、禁忌搜索算法、遗传算法、蚁群算法等进行求解。

奎汉—哈姆勃兹模型以供应点的个数及可供应量、备选物流中转节点的个数及最大容量、需求点个数及其需求量为已知参数，考虑多个结构化因素影响：供应点到物流中转节点的运输费用、物流中转节点到需求点的运输费用、物流中转节点的可变费用和固定费用、各物流中转节点的容量限制，更加贴近实际。但其不足之处在于没有考虑建设费用等固定资产所产生的固定费用。

(五)带容量限制的多节点选址问题模型

1. 问题描述

带容量限制的多节点选址问题模型(capacitated facilities location problem，CFLP)的问题描述如下：物流系统中有 n 个需求点，每个需求点的需求量已知，经考察确认物流节点备选地点有 m 个，每个候选地都有容量限制，并且有固定成本(如建造成本或租赁成本)，问题是如何从 m 个候选地点中选择 k 个地点修建物流节点，使物流成本最小。

模型假设货物的各供应地距离规划区域都足够远，因此模型中没有考虑物流节点的进货成本。这是因为当供应地距离规划区域较远时，各物流节点从供应地进货的进货成本的差异与进货成本本身相比，可以忽略不计。当供应地并不是远离规划区域，则必须考虑进货成本，该情形下的模型更接近于鲍摩·瓦尔夫模型。

2. 模型建立

CFLP 模型的目标函数为

$$\min F = \sum_{i=1}^{m}\sum_{j=1}^{n} C_{ij}X_{ij} + \sum_{i=1}^{m} F_i Y_i \tag{4-41}$$

约束条件为

$$\sum_{i=1}^{m} X_{ij} = b_j, j=1,2,\ldots,n \tag{4-42}$$

$$\sum_{j=1}^{n} X_{ij} \leqslant W_i Y_i, i=1,2,\ldots,m \tag{4-43}$$

$$\sum_{i=1}^{m} Y_i \leqslant k \tag{4-44}$$

$$Y_i \in \{0,1\} \tag{4-45}$$

$$x_{ij} \geqslant 0 \tag{4-46}$$

式中：i——物流节点的备选节点，$i=1, 2, \ldots, m$；

j——需求点，$j=1, 2, \ldots, n$；

k——拟建的物流节点数量；

b_j——需求点 j 的需求量；

W_i——物流节点备选节点 i 的供应能力；

C_{ij}——物流节点备选节点 i 到需求点 j 的单位运输费用；

X_{ij}——物流节点备选节点 i 到需求点 j 的运输量；

F_i——物流节点备选节点 i 的固定成本；

Y_i——备选节点 i 被选中为 1，否则为 0。

式(4-41)是目标函数，第一项为运输费用，第二项为物流节点的固定成本；式(4-42)表示所有需求点的需求得到满足；式(4-43)表示被选中的物流节点其实际吞吐量不能超过其容量限制；式(4-44)表示拟建的物流节点的个数不能超过 k 个。

该模型同样属于混合整数规划问题。该模型只考虑了物流节点建造费用和运输费用，忽视了节点选址中库存的影响。

3. 模型求解

关于 CFLP 模型的求解，只要从 m 个候选地点中确定了 k 个物流节点，整个问题就变为运输规划问题。因此，通过穷举法需要求解 C_m^k 个运输规划问题。对于小规模问题可通过分支定界法或优化软件求解；对于大规模问题可通过模拟退火算法、禁忌搜索算法、遗传算法、蚁群算法等智能优化算法求解。

第三节 物流运输路径优化

一、物流运输路径优化概述

(一)物流运输路径优化的含义

在配送运输过程中，配送路径合理与否，对配送速度、成本、效益影响很大。设计合理、高效的配送路径不仅可以减少配送时间，降低作业成本，提高物流配送中心的效益，而且可以更好地为客户服务，提高客户的满意度，维护物流配送中心良好的形象。

配送路径优化是指对一系列的发货点和收货点，组织适当的行车路径使车辆有序地通过它们，在满足一定的约束条件(如车辆载重量和容积限制、行驶里程限制)下，力求实现一定的目标(如行驶里程最短、使用车辆尽可能少)。配送作业情况复杂多变，不仅存在配送点多、货物种类多、路网复杂、路况多变等情况，而且服务区域内需求网点分布不均匀，使该类问题成为一个无确定解的多项式难题，需要利用启发式算法去求得近似最优解。

对物流配送中心来说，配送路径优化具有以下意义：减少配送时间和里程，提高配送效率，增加车辆利用率，降低配送成本；加快物流速度，能准时、快速地把货物送到客户的手中，提高客户满意度；提高物流配送中心作业效率，有利于物流配送中心提高竞争力与效益。

对社会来说，配送路径优化可以节省运输车辆，减小车辆空载率，降低社会物流成本，对整个社会的经济发展具有重要意义。与此同时，配送路径优化还能缓解交通紧张状况，减少噪声、尾气排放等运输污染，对民生和环境也有不容忽视的作用。

(二)物流运输路径的类型

下面介绍几种基本的车辆行驶线路。

1. 往复式行驶线路

往复式行驶线路是指由一个供应点对一个客户进行专门送货的线路。从物流优化的角度来看，其基本条件是客户的需求量接近或大于可用车辆的核定载重量，需专门派一辆或多辆车一次或多次送货。根据运载情况，具体可分为 3 种形式：单程有载往复式线路、回程部分有载往复式线路、双程有载往复式线路。

2. 环形式行驶线路

环形式行驶线路是指配送车辆在由若干物流节点组成的封闭回路上，所做的连续单向运行的行驶线路。车辆在环形式行驶线路上行驶一周时，至少应完成两个运次的货物运送任务。

3. 汇集式行驶线路

汇集式行驶线路是指配送车辆沿分布于运行线路上的各物流节点间，依次完成相应的装卸任务，而且每一运次的货物装卸量均小于该车核定载重量，沿路装或卸，直到整辆车装满或卸空，然后再返回出发点的行驶线路。

4. 星形式行驶线路

星形式行驶线路是指车辆以一个物流节点为中心，向周围多个方向上的一个或多个物流节点行驶而形成的辐射状行驶线路。

二、物流运输路径优化模型

(一)直达运输路径优化模型

多点间直达运输问题是指起始点或终点不唯一的直达运输调配问题。其中，最常见的是产销平衡运输问题。

当产销平衡时，如图4-6所示，对于多点间直达运输问题，描述如下。

设某物资有 m 个产地 A_1，A_2，…，A_m，供应 n 个销售地 B_1，B_2，…，B_n；已知 A_i 的产量为 $a_i(i=1, 2, …, m)$，B_j 的需求量为 $b_j(j=1, 2, …, n)$。由 A_i 到 B_j 的单位运价为 C_{ij}。用 X_{ij} 表示由产地 A_i 运输到销地 B_j 的物资量$(i=1, 2, …, m；j=1, 2, …, n)$。

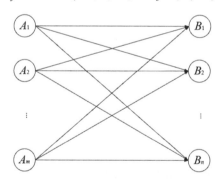

图4-6　多点间直达运输网络

在该问题中，当总产量等于总需求量，即 $\sum a_i = \sum b_j$ 时，就是产销平衡的运输问题，也就是最基本的运输问题。其数学模型为

$$\min Z = \sum_{i=1}^{m} \sum_{j=1}^{n} C_{ij} X_{ij} \tag{4-47}$$

约束条件为

$$\sum_{i=1}^{m} X_{ij} = b_j, \forall j = 1, 2, …, n \tag{4-48}$$

$$\sum_{j=1}^{m} X_{ij} = a_i, \forall i = 1, 2, …, m \tag{4-49}$$

$$X_{ij} \geq 0, \forall i = 1, 2, \ldots, m; \ \forall j = 1, 2, \ldots, n \tag{4-50}$$

$$\sum_{i=1}^{m} a_i = \sum_{j=1}^{n} b_j \tag{4-51}$$

运输问题属于线性规划问题,可通过运筹学中的单纯形法和表上作业法求解。

当产销不平衡时,可通过增加一个假想的产地或销地,转化为产销平衡的运输问题模型后进行求解。

1. 当总产量大于总需求量时

其计算公式为

$$\sum_{i=1}^{m} a_i \geq \sum_{j=1}^{n} b_j \tag{4-52}$$

可增加一个假想的销地 B_{n+1},其需求量的计算公式为

$$b_{n+1} = \sum_{i=1}^{m} a_i - \sum_{j=1}^{n} b_j \tag{4-53}$$

从产地 A_i 运输到销地 B_{n+1} 的物资数量,实际上是停留在原产地没有运出去的物资,因此相应的运价为 0,这样就将不平衡运输问题转化为平衡运输问题。

2. 当总产量小于总需求量时

其计算公式为

$$\sum_{i=1}^{m} a_i < \sum_{j=1}^{n} b_j \tag{4-54}$$

可增加一个假想的产地 A_{m+1},其供应量的计算公式为

$$a_{m+1} = \sum_{j=1}^{n} b_j - \sum_{i=1}^{m} a_i \tag{4-55}$$

假想的产地并不存在,其产量也不可能存在,由假想产地运往某个销地的物资数量实际上就是该销地不能满足的需求量,因此相应的运价为 0,这样就将不平衡运输问题转化为平衡运输问题。

(二)单回路运输路径优化模型

单回路运输问题是指在路径优化中,设存在节点集合 D,选择一条合适的路径遍历所有的节点,并且要求闭合。单回路运输模型在运输决策中,主要用于单一车辆的路径安排,目的在于在该车辆遍历所有的用户的同时,达到所行驶距离最短。这类问题的两个显著特点在于回路的单一性(只有一个回路)和遍历性(不可遗漏)。

TSP 模型是单回路运输问题中最典型的模型。模型可以描述如下:给出一个 n 顶点网络(有向或无向),要求找出一个包含所有 n 个顶点的具有最小耗费的环路。任何一个包含网络中所有 n 个顶点的环路被称作一个回路(Tour)。在 TSP 问题中,要设法找到一条最小耗费的回路。既然回路是包含所有顶点的一个循环,故可以把任意一个点作为起点(因此也是终点),这也是 TSP 模型的一个特点。图4-7为 TSP 基本模型。

TSP 模型的数学描述如下。

∃ 连通图 H,其顶点集 V,满足以下公式

$$\min \sum_{i}^{m} \sum_{j}^{n} c_{ij} x_{ij} \qquad (4\text{-}56)$$

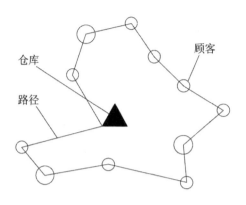

图 4-7　TSP 基本模型

约束条件为

$$\sum_{i \in V} X_{ij} = 1, \forall j = V, i \neq j \qquad (4\text{-}57)$$

$$\sum_{j \in V} X_{ij} = 1, \forall i = V, i \neq j \qquad (4\text{-}58)$$

$$\sum_{i,j \in S} X_{ij} \leqslant |S| - 1, 2 \leqslant |S| \leqslant, n-1, S \subset V \qquad (4\text{-}59)$$

$$x_{ij} \in \{0,1\}, \forall i, j = V \qquad (4\text{-}60)$$

式中：顶点间的距离为 $C = \{c_{ij} | i, j \in N, 1 \leqslant i, j \leqslant n\}$；决策变量 $x_{ij}=1$ 表示从 i 到 j 有通路，$x_{ij}=0$ 表示从 i 到 j 无通路；S 为节点集合 N 的一个真子集。

目标函数式(4-56)表示求回路的最短路径；约束条件式(4-57)表示每个点都仅被离开一次；约束条件式(4-58)表示每个点都被到达一次；约束条件式(4-59)为子回路消除约束，保证得到单环解。

对于现实问题，由于限制条件增加，TSP 可以衍生出 MTSP(Multiple TSP)，就是一个出发点，m 个旅行商的 TSP，可以通过复制若干个出发点，把复制的若干点之间的成本费用定义为无穷。同样，所访问的顾客点没有需求，车辆没有容积限制，目标就是遍历所有的顾客点，达到总旅行距离最短。

TSP 模型属于典型的 NP-Hard 问题。对于小规模问题，可通过枚举法求得精确的最优解。另外，整数规划(integer planning)方法也可以用于解决部分 TSP 模型，其中分支定界法是一种比较实用的算法，但是该算法也是只能对一部分中小规模的 TSP 问题进行求解，对于大多数问题的求解都存在一定的难度。目前，对于大规模的 TSP 问题，一般都采用启发式方法。启发式方法不仅可以用于各种复杂的 TSP 问题，对中小规模问题也同样适用。其不足之处在于，它只能保证得到可行解，而各种不同的启发式方法所得到的结果也不完全一样。当用启发式方法求解时，如何设计算法是对求解结果的精度影响较大的一个因素。

(三)多回路运输路径优化模型

多回路运输问题是现实中十分普遍的一种调配问题，特别是对于有大量服务对象的实体，如一个拥有上千家客户的公司。解决此类调配问题时，核心问题是如何对车辆进行调度。因此，车辆路径问题(vehicle routing problem，VRP)模型也应运而生，成为解决多回路问题的有效模型。

VRP 模型最早是由 Dantzig 和 Ramser 在 1959 年提出的。此后很快引起运筹学、应用数学、组合数学、图论与网络分析、物流科学、计算机应用等学科的专家与运输计划制订者和管理者的极大重视，成为运筹学与组合优化领域的前沿与研究热点问题。

该问题的研究目标是：对一系列顾客需求点设计适当的路线，使车辆有序地通过它们，在满足一定的约束条件(如货物需求量、发送量、交发货时间、车辆容量限制、行驶里程限制、时间限制等)下，达到一定的优化目标(如里程最短、费用最少、时间尽量少、车队规模尽量小、车辆利用率高等)。图 4-8 所示为 VRP 基本模型。VRP 与 TSP 问题的区别在于：顾客群体大，一条路径无法满足顾客的需求。也就是说，它涉及了多辆交通工具的服务对象的选择以及路径(服务顺序)确定两个方面的问题。与 TSP 问题相比，VRP 问题更为复杂，但也更为接近实际情形。

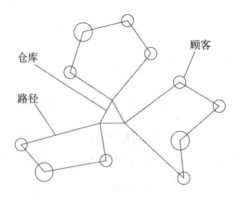

图 4-8　VRP 基本模型

典型的 VRP 基本模型可以表述如下

$$\min \sum_{(i,j)\in A} c_{ij} \sum_{k=1}^{M} x_{ij}^k \tag{4-61}$$

约束条件为

$$\sum_{j\in V}\sum_{k=1}^{M} x_{ij}^k = 1(\forall i \in V_c) \tag{4-62}$$

$$\sum_{i\in V} x_{ij}^k = y_j^k(\forall j \in V_c, k=1,\dots,M) \tag{4-63}$$

$$\sum_{j\in V} x_{ij}^k = y_i^k(\forall i \in V_c, k=1,\dots,M) \tag{4-64}$$

$$\sum_{k=1}^{M} y_i^k = 1(\forall i \in V_c) \tag{4-65}$$

$$\sum_{k=1}^{M}\sum_{i\in V_c} x_{0i}^k = M \tag{4-66}$$

$$\sum_{i,j\in s} x_{ij}^k \leqslant |S|-1, \forall S \subseteq V, |S|\geqslant 2 \tag{4-67}$$

$$\sum_{i\in V_c} q_i y_i^k \leqslant Q(\forall k=1,\dots,M) \tag{4-68}$$

$$x_{ij}^{k} \in \{0,1\}(\forall\{i,j\} \in A, k=1,...,M) \tag{4-69}$$

$$Y_{i}^{k} \in \{0,1\}(\forall i \in V_{c}, k=1,...,M) \tag{4-70}$$

式中：$V=\{v_0,v_1,v_2,...,v_n\}$ 为所有节点的集合，V_0 代表配送中心，$V_c=\{v_1,v_2,...,v_n\}$ 为客户节点；客户 v_i 的需求为 q_i；c_{ij} 代表客户点之间的费用；现有 M 辆车进行配送服务，通过回路内的路径安排和调度，使得运输总费用最小；S 为节点集合 N 的一个真子集；二元决策变量 $x_{ij}^{k}=1$ 表示弧(i,j)由车辆 k 服务，否则 $x_{ij}^{k}=0$；二元决策变量 $y_{i}^{k}=1$ 表示客户点 v_i 由车辆 k 服务，否则 $y_{i}^{k}=0$。

目标函数(4-61)表示总运输费用最小；约束条件(4-62)表示客户点 v_i 在某辆车的服务线路上；约束条件(4-63)和(4-64)表示如果客户点 v_j 和 v_i 在车辆 k 的服务线路上，则由车辆 k 服务；约束条件(4-65)表示每个客户仅被服务一次；约束条件(4-66)表示从配送中心出发的线路有 M 条；约束条件(4-67)为子回路约束条件；约束条件(4-68)为车辆容量限制约束；约束条件(4-69)和(4-70)为决策变量的属性约束。

VRP 问题在实际生产生活中的应用非常广泛，因此按照不同的分类原则可以细分为以下多种子问题，并且针对不同子问题建立了不同的数学模型，便于采用相应的数学算法进行优化，具体如表 4-4 所示。

表 4-4　VRP 问题的分类

分类原则	子问题	分类原则	子问题
按任务特征	纯装问题	按车场数目	单车场问题
	纯卸问题		多车场问题
	装卸混合问题	按车辆种类数目	单车型问题
按任务性质	对弧服务问题(CPP)		多车型问题
	对点服务问题(TSP)	按车辆对车场所属	车辆开放问题
	混合服务问题(交通线路安排问题)		车辆封闭问题
按车辆载货状况	单车单任务问题	按优化目标	单目标问题
	单车多任务问题		多目标问题

VRP 是 MTSP 的普遍化问题。当顾客的需求不仅仅是被访问，而是要求具有一定容积和重量的商品的装载和卸载的时候，涉及不同种类型号或不同容量的运送车辆的调度策略时，TSP 问题就转换为 VRP 问题。

复习思考题

1. 简述物流网络的构成要素。
2. 简述物流网络规划与设计的流程。
3. 物流节点选址规划决策时应考虑哪些因素？
4. 配送路径优化的意义是什么？
5. 单回路运输路径问题与多回路运输路径问题有哪些不同？

第五章　运输设施设备

【学习目标】

- 掌握运输设施设备的基础知识。
- 了解各种运输设施设备的特点。
- 熟悉五种常见的运输设施设备。

运输作为社会经济赖以存在和发展的基础，是整个物流活动的核心，也是调整产业结构、提高劳动生产率、改善人民生活水平的动因。发达的运输活动有利于促进资源开发，带动区域分工和市场专业化，开拓市场空间。

物流运输设施设备是指在运输线路上，可供人们长期使用的，用于组织开展运输活动、装卸货物并使它们发生水平位移的各种系统、建筑、仪器、工具等的总和。按运行方式不同，运输设施设备可分为公路运输设施设备、铁路运输设施设备、水路运输设施设备、航空运输设施设备和管道运输设施设备五大类。本章主要介绍各种运输设施设备的作用、性能、适用领域以及发展趋势等，以帮助经营者科学地选用运输设施设备，在物流工作中充分发挥运输设施设备的作用，提高物流生产效率。

第一节　公路运输设施设备

随着公路设施的改善和高等级公路的迅速发展，公路运输已经成为物流活动的重要组成部分，在国民经济和综合运输体系中的地位及作用越来越显著。广义的公路运输是指利用一定的运载工具(人力车、畜力车、拖拉机和汽车等)沿公路(土路、有路面铺装的道路、高速公路)实现旅客或货物空间位移的过程。而狭义的公路运输是指汽车运输。

一、公路

公路是指按照国家行业标准——《公路工程技术标准》(JTGB01—2014)修建，并经公路主管部门验收认定的城市间、城乡间、乡间主要供汽车行驶的公共道路。公路包括路基、路面、桥梁、涵洞、隧道。截至 2021 年年底，全国公路总里程已达 528.07 万公里，其中高速公路里程达 16.91 万公里。公路可以按以下标准分类。

公路

(一)按行政等级分类

公路按行政等级可分为国家公路、省公路、县公路、乡公路、村公路(简称为国道、省道、县道、乡道、村道)以及专用公路六个等级。一般把国道和省道称为干线，县道和乡道称为支线。

国道是指具有全国性政治、经济意义的主要干线公路，包括重要的国际公路，国防公路，连接首都与各省、自治区、直辖市首府的公路，连接各大经济中心、港站枢纽、商品生产基地和战略要地的公路。国道中跨省的高速公路由交通运输部批准的专门机构负责修建、养护和管理。

省道是指具有全省(自治区、直辖市)政治、经济意义，并由省(自治区、直辖市)公路主管部门负责修建、养护和管理的公路干线。

县道是指具有全县(县级市)政治、经济意义，连接县城和县内主要乡(镇)、主要商品生产和集散地的公路，以及不属于国道、省道的县际间公路。县道由县、市公路主管部门负责修建、养护和管理。

乡道是指主要为乡(镇)村经济、文化、行政服务的公路，以及不属于县道以上公路的乡与乡之间及乡与外部联络的公路。乡道由乡(镇)人民政府负责修建、养护和管理。

村道是指直接为农村生产、生活服务，不属于乡道及以上公路的建制村之间和建制村与乡镇联络的公路。乡(镇)人民政府对乡道、村道建设和养护的具体职责，由县级人民政府确定。

专用公路是指专供或主要供厂矿、林区、农场、油田、旅游区、军事要地等与外部联络的公路。专用公路由专用单位负责修建、养护和管理，也可委托当地公路部门修建、养护和管理。

(二)按技术标准分类

根据中国现行的《公路工程技术标准》，公路按技术标准分为高速公路、一级公路、二级公路、三级公路、四级公路五个等级。

高速公路是能够适应年平均昼夜交通量 25000 辆以上，具有特别重要的政治、经济意义，专供机动车在分隔的车道上高速、连续行驶，全部设置立体交叉和控制出入，并以长途运输为主的公路。时速一般为 100～120 公里。

一级公路是能够适应年平均昼夜交通量 5000～25000 辆，连接重要政治、经济中心，通往重要工矿区、可供机动车在分隔的车道上快速行驶、部分控制出入和部分设置立体交叉的公路。时速一般为 80～100 公里。

二级公路是能够适应年平均昼夜交通量 2000～5000 辆，连接政治、经济中心或大型工矿区以及运输繁重的城郊公路。时速一般为 60～80 公里，道路规模一般为双向四车道。

三级公路是能够适应年平均昼夜交通量 2000 辆以下，沟通县与县或县与城市的一般干线公路。时速一般为 40～60 公里，道路规模一般为双车道，一般地区路宽为 8.5 米，丘陵地区路宽为 7.5 米。

四级公路是能够适应按各种车辆折算成中型载重汽车的年平均昼夜交通量 200 辆以下，沟通县与乡、镇之间的支线公路。时速一般为 20～40 公里，甚至可能更低。

二、公路运输装备

(一)汽车的定义与分类

汽车是指不用轨道、架线，使用自身动力装置驱动的，利用公路设施运送客、货的运输装备，一般有 4 个或 4 个以上的车轮。

汽车是具有独立的动力装置，能够自行驱动且可实现非轨道无架线运行的陆上运输工具，是公路运输装备的核心。按照用途不同，汽车可分为载客汽车、载货汽车和专用汽车三类。

1. 载客汽车

载客汽车又分轿车、微型轿车、微型客车、轻型客车、中型客车、大型客车以及特大型客车(如铰接客车、双层客车)等。

2. 载货汽车

载货汽车按最大载重吨位可分为微型货车、轻型货车、中型货车和重型货车等。表 5-1 所示为不同类型汽车的最大载重量和车长。

表 5-1　载货汽车的分类

类　型	微　型	轻　型	中　型	重　型
最大载重量/吨	≤1.8	<4.5	≥4.5 且<12	≥12
车长/米	≤3.5	<6	≤6	>6

3. 专用汽车

专用汽车是指装有专用设备，用于完成专门运输和作业任务的汽车。根据专用汽车的生产和使用情况，按照服务对象不同，我国的专用汽车分为十大类，即商业服务类、环保卫生类、建设作业类、农林牧副渔类、石油地质类、机场作业类、医药卫生类、公安消防类、林业运输类和普通专用类。按基本结构不同，专用汽车又可分为自卸汽车、厢式车、罐式车、集装箱式车、挂车、作业车和特种运输车等。

(二)汽车的产品型号

根据国家标准规定，汽车的产品型号应能表明汽车的厂牌、类型和主要特征参数等。标准中规定，国家汽车产品型号均应由汉语拼音字母和阿拉伯数字组成。

1. 普通汽车的产品型号

普通汽车的产品型号由企业名称代号、车辆类别代号、主参数代号和产品序号组成，必要时附加企业自定代号。

(1) 第一部分。企业名称代号是识别车辆制造企业的代号，用代表企业名称的两个汉语拼音字母表示。

(2) 第二部分。车辆类别代号是表明车辆所属分类的代号，用数字表示，其含义如表 5-2 所示。

表 5-2　车辆类别代号及含义

数　字	1	2	3	4	5	6	7	9
代表含义	载货汽车	越野汽车	自卸汽车	牵引汽车	专用汽车	客车	轿车	半挂车及专用半挂车

(3) 第三部分。主参数代号是表明车辆主要特性的参数,用两位阿拉伯数字表示。①载货汽车、越野汽车、自卸汽车、牵引汽车、专用汽车与半挂车的主参数代号为车辆的总质量(吨)。当总质量在 100 吨以上时,允许用三位数字表示。②专用汽车的主参数代号,当采用定型的汽车底盘改装时,若其主参数与定型底盘原车的主参数之差不大于原车的10%,则应沿用原车的主参数代号。

(4) 第四部分。产品序号和企业自定代号:产品序号表示产品的升级换代号;企业自定代号是企业按需要自行规定的补充代号。

2. 专用汽车的产品型号

国家标准《汽车产品型号编制规则》(GB9417—88)规定,专用汽车的产品型号结构在普通汽车编号的基础上,增加识别专用汽车结构特征的代号——专用汽车分类代号,专用汽车的分类代号及含义如表 5-3 所示。

表 5-3 专用汽车的分类代号及含义

厢式汽车	罐式汽车	自卸汽车	特种结构汽车	起重举升汽车
X	G	Z	T	J

例如,济南汽车改装厂生产的第一代油罐车,采用 EQ1090 汽车底盘改装时,其油罐车的产品型号为 JG5090G,JG 表示济南汽车改装厂,5 表示专用汽车的车辆类别代号,09表示该车的总质量为 9 吨,最后 1 个数字 0 表示该车为第一代产品,G 表示罐式汽车。

(三)常见的公路货运设备

1. 挂车结构汽车

1) 半挂结构汽车

半挂结构的汽车是由半挂牵引车与一辆或一辆以上的半挂车组合而成的汽车列车。

货车的分类

(1) 半挂牵引车。半挂牵引车是用来牵引半挂车的汽车,其结构与普通载货汽车的区别是车架上无货厢,而装有鞍式牵引座(又称第五轮联结器),通过鞍式牵引座承受半挂车的部分载重量,并且锁住牵引销,带动半挂车行驶,如图 5-1 所示。按用途分类,牵引车可分为高速牵引车和运输重型货物用牵引车。高速牵引车用来牵引厢式半挂车、平板式半挂车和集装箱半挂车。运输重型货物用牵引车主要用来牵引阶梯式半挂车、凹

图 5-1 半挂牵引车

架式半挂车,它具有牵引座载重量和被牵引的总重量都很大的特点。

(2) 半挂车。半挂车是承载货物的平台或容器,本身没有动力,通过与牵引车连接后形成一个整体,应用在各种货物运输中。半挂车相对独立,因此在货物运输抵达目的地或转运时可通过直接交付或交换半挂车完成,减少了传统的装卸货工序,显著提高了运输效率。例如,用一辆牵引车轮流牵引多辆半挂车,实现"甩挂运输";半挂车到达指定区段

站后，换上另外的牵引车继续向目的地行驶，而原来的牵引车牵引其他半挂车返回原地，实现"区段运输"；集装箱半挂车直接装船及卸下运输，实现"滚装运输"；等等。

按照半挂车的结构和用途，半挂车主要有以下几种类型。

① 平板式半挂车。此半挂车整个货台是平直的，既无顶也无侧厢板，适用于运输集装箱钢材、木材及大型设备等，如图 5-2 所示。

② 栏板式半挂车。此半挂车货台四周通过栏板保护，既可运输大型设备，又可运输散件货物，如图 5-3 所示。

图 5-2　平板式半挂车　　　　　　　　　　图 5-3　栏板式半挂车

③ 阶梯式半挂车。半挂车车架呈阶梯形，货台平面在鹅颈之后，如图 5-4 所示。由于阶梯式结构货台主平面降低，因此适合运输各种大型设备、钢材等。

④ 凹梁式半挂车。此半挂车货台平面呈凹形，具有最低的承载平面，如图 5-5 所示。凹形货台平面离地高度一般根据用户要求确定，适合超高货物的运输。

图 5-4　阶梯式半挂车　　　　　　　　　　图 5-5　凹梁式半挂车

⑤ 集装箱专用半挂车。此半挂车的货台为骨架结构，专门用于运输国际标准的 6.096m 集装箱、12.192 m 集装箱，如图 5-6 所示。

⑥ 厢式半挂车。此半挂车车身由普通金属、复合材料或帘布等材料制造的全封闭厢体构成(有便于装卸作业的门)，以达到防腐蚀、防串味、防雨、防晒的目的，通常用于精密仪器、饮料、干货、生鲜食品等货物的运输，如图 5-7 所示。

⑦ 罐式半挂车。此半挂车车身由罐体构成，可运输各类粉粒物料、液体等，既可节省包装，又可提高卸料速度，载货后剩余率低，如图 5-8 所示。

⑧ 车辆运输半挂车。其专门用于运输轿车、面包车、吉普车、小型货车等车辆，如图 5-9 所示。

⑨ 自卸式半挂车。半挂车上设有液压举升装置，适用于各种物料的自卸运输，如图 5-10 所示。

图 5-6 集装箱专用半挂车

图 5-7 厢式半挂车

图 5-8 罐式半挂车

图 5-9 车辆运输半挂车

2) 全挂结构汽车

全挂结构汽车是在货车后面拖带 2～3 辆挂车，两者之间用挂钩连接。全挂车的载荷由自身全部承担，机车无须承担挂车载荷，只提供驱动力协助挂车摆脱路面摩擦力，如图 5-11 所示。

图 5-10 自卸式半挂车

图 5-11 全挂结构汽车

3) 双挂结构汽车

双挂结构汽车是指牵引车后面既拖带半挂车又拖带全挂车的形式。通常是在标准的牵引车后方连续牵引两辆标准半挂车，或者是牵引一辆标准半挂车和一辆中置轴车厢。其中，将前面一辆半挂车的车尾进行相应的改造，用于牵引后面的半挂车厢或中置轴车厢。

2. 厢式汽车

1) 普通厢式货车

厢式货车是在普通货车的基础上，将货厢封闭而成，具有防尘、防雨、防盗、清洁卫生的特点，通常适用于没有温度要求的运输，如零担快运、电子产品、家用电器、服装、商业服务、银行运输及贵重商品的运输等，如图 5-12 所示。

2) 厢式保温车

厢式保温车是运输低温物品的专用车辆，具有防尘、防雨、防盗、隔热的特点，广泛应用于卫生、化工、商场、科研、食品、厂矿等行业部门，是肉类、海鲜、蛋类、瓜果蔬菜冷饮、食品、医药等保质运输的理想工具，如图 5-13 所示。

图 5-12　普通厢式货车

图 5-13　厢式保温车

3) 厢式冷藏车

厢式冷藏车是在厢式保温车的基础上添加制冷设备而成，常用于运输冷冻食品(冷冻车)、奶制品(奶品运输车)、蔬菜水果(鲜货运输车)、疫苗药品(疫苗运输车)等，如图 5-14 所示。

4) 厢式邮政车

厢式邮政车是在厢式运输车的基础上增添了邮政车的特有部件而成，具有防尘、防雨、防盗、清洁卫生的特点，并设有通风换气装置，适用于邮政行业的运输，如图 5-15 所示。

图 5-14　厢式冷藏车

图 5-15　厢式邮政车

3. 普通载货汽车

普通载货汽车是指载货部位的结构为栏板的车辆，不包括具有自动倾卸装置的载货汽车，可按照载重量和车长的不同进行类别划分。

其中，重型货车的汽车总质量在 12 吨以上，车长 6 米以上；中型货车的汽车总质量大于 4.5 吨、小于 12 吨，车长小于 6 米；轻型货车的汽车总质量小于等于 4.5 吨，车长小于 6 米；微型货车的汽车总质量小于 1.8 吨，车长小于等于 3.5 米。

三、公路运输设施设备的发展趋势

(一)专业化

随着我国国民经济的发展、社会分工的进一步细化,许多行业对相关专用汽车技术性能的需求更加多元化,对具有特殊功能的专用车的要求也越来越高。国内大部分专用车企业开发能力较弱,市场供给能力不足,致使市场需求不得不大量依靠进口来满足,如机场专用摆渡车、高速公路维护管理专用车、高级医疗急救车等。

即使是需求量很大的专用车,如运输煤炭、散装粮食、电器产品、玻璃器皿的专用车,对其技术含量和水平的需求也在不断提高,除要求安全性高、封闭性强、减震性好之外,还要求产品具备系列化、附加值高等特点。例如,运钞车,国内市场虽然需求量很大(年需近万辆),但国内企业的产品却很少有达到 C 级防弹要求的。

未来的货运市场对专用车产品技术含量和附加值的要求将不断提升,高新技术在专用汽车上将得到更加广泛的应用,能够满足特殊功能要求的专用车底盘也将被开发研制。不论是液压举升装置、排料卸料装置、计量测量装置、机械作业装置,还是制冷保温装置、安全防护装置、自动控制装置、作业监视装置;不论是各类缸、泵、阀、仪表等总成,还是各种厢体、罐体等车身结构,均应在一定程度上满足新形势下用户对专用车产品的多样化需求。

(二)重型化

随着区域经济的发展、一级公路基础设施的完善和车辆的不断改进,中长距离公路运输需求增加。大吨位、重型专用运输车凭借高速、安全、单位运输成本低等特点,将成为我国未来公路运输车辆的主力。专用车产品向重型化、专用功能强、技术含量高的方向发展。厢式运输车、罐式运输车、半挂汽车列车、集装箱专用运输车、大吨位柴油车以及危险品运输车、鲜活产品运输车、冷藏车等专用运输车辆将围绕实现提高运输效率、降低能耗、确保运输安全这些目标发展。

受公路条件和专用车底盘生产的限制,我国专用汽车一直以中型车为主,重型专用车生产量的比例明显偏低。今后重型化、技术含量高的自卸车、散装水泥车、混凝土搅拌车、高空消防车、压缩式垃圾车、洒水车、市政用车、油田专用车等势必逐渐成为需求热点。

(三)无人化

近年来,随着电商及外贸行业的持续发展,运输市场对货运的需求日益加大。从目前公路货运行业的情况来看,顾客不断追求时效的提升,货运企业只有最大限度地利用车辆和人员才能拥有行业竞争力。然而,对于司机而言,超载运输、长时间驾驶是一件很危险的事情。面对人力成本不断上涨和市场竞争愈加激烈的环境,无人驾驶技术向落地应用的每一步推进都牵动着货运企业的神经。

用于高速公路、港口、矿山等封闭性强的干线运输的无人重卡,具备自动紧急制动、自动保持车道和车道偏离警报等功能,因为来往车流更容易判别,遇到的干扰较少,量产商用难度更低。无人驾驶卡车可解决传统劳动力短缺、工作条件恶劣、燃油消耗等难题,使得货运成本下降 45%。同时,借助于感知系统或智能传感器等智能化技术,降低事故率,增强公路运输的安全性,缓解交通拥堵,减少空气污染。

(四)低碳化

在碳减排的大背景下,新能源货车的渗透成为公路货运低碳化的核心和大势所趋,也是目前实现低碳化成本最低、最为成熟的技术路径。

随着电池技术的进步,公路货运低碳化水平提升,将逐渐替代化石能源的消耗,减少排放。新能源货车运营成本低、能耗低、环保绿色,满电后续航里程完全能够满足满载行驶需要。新能源货车的科学推广与应用,需要强化市场化导向,因地制宜,共同协作推动技术进步。在城市新能源配送车辆快速发展的基础上,积极出台扶持政策,支持、鼓励车企和货运企业推广和使用新能源货车,加快完善落实动力电池回收体系,提高新能源货车使用的便捷性;进一步降低新能源货车及其附属装备的制造、购置、使用和处置等全生命周期成本;商业化量产使用氢能货车,特别是新能源重型货车,促进公路货运领域低碳、零碳新能源车辆的全面普及。

第二节　铁路运输设施设备

铁路运输是现代化货物运输的方式之一,适用于担负远距离的大宗客、货运输,在我国国民经济中占有重要地位,在我国对外贸易中也起着非常重要的作用。我国地域辽阔,人口众多,不论在目前还是在未来,铁路运输都是综合交通运输网络中的骨干和中坚力量。铁路交通运输是指由内燃机、电力或蒸汽机车牵引的列车在固定的重型或轻型钢轨上行驶的系统,可分为城市间的铁路交通运输系统及区域内和城市内的有轨交通运输系统两种主要类型。

一、铁路运输设施设备概述

(一)中国铁路网

铁路是中国境内的一种交通运输形式,作为国家的重要基础设施、大众化的交通工具,在国家综合交通运输体系中处于骨干地位。截至 2021 年年底,中国铁路网覆盖 99%的 20 万人口以上城市,铁路营业里程达到 15.07 万公里,其中高速铁路(以下简称高铁)营业里程超过 4 万公里,位居世界第一。全国铁路电气化率和复线率分别达到 74.9%和60%,分别位居世界第一、世界第二。

2022 年 1 月,国务院发布《“十四五”现代综合交通运输体系发展规划》(以下简称《规划》)提出,到 2025 年,铁路营业里程将达到 16.5 万公里,其中高铁营业里程将达到5 万公里。此外,主要采用 250 公里及以上时速标准的高铁网对 50 万人口以上城市覆盖率达到 95%以上,普速铁路瓶颈路段基本消除。

在优化综合立体交通网络方面,《规划》提出,建设现代化铁路网,加快普速铁路建设和既有铁路扩能改造,着力消除干线瓶颈,推进既有铁路运能紧张路段能力补强,加快提高中西部地区铁路网覆盖水平。加强资源富集区、人口相对密集脱贫地区的开发性铁路和支线铁路建设。推进高铁主通道建设,提升沿江、沿海、呼南、京昆等重要通道以及京沪高铁辅助通道运输能力，有序建设区域连接线。综合运用新技术手段，改革创新经营管理模式，提高铁路网整体运营效率。统筹考虑运输需求和效益，合理规划建设铁路项目，严控高铁平行线路建设。

在构建高效货运服务系统方面，有序发展铁路双层集装箱运输，探索开行定制化的铁路直达货运班列，充分利用富余运力和设施能力发展高铁快运等铁路快捷货运产品。

在推动先进交通装备应用方面，推广先进适用运输装备，推广铁路重载运输技术装备。提高装备标准化水平。推动车载快速安检设备研发。巩固提升高铁领域全产业链竞争力，创建中国标准、中国品牌。

(二)铁路基础设施

1. 铁路集装箱中心站

铁路集装箱中心站是指具有先进的技术装备和仓储设施，是集装箱铁路集散地和班列到发地，具有整列编解、装卸、日处理 1000 标准箱(TEU)能力，具有物流配套服务和洗箱、修箱条件和进出口报关、报验等口岸综合功能。

1) 成都铁路集装箱物流中心

成都铁路集装箱物流中心是铁道部规划的 18 个集装箱中心站之一，地处宝成、成渝、成昆、达成四条铁路干线交会点，东距重庆中心站 333 公里，南距昆明中心站 1100 公里，北距西安中心站 846 公里，地理位置十分优越，是整个西南地区的集装箱物流中枢，在我国集装箱运输网络中占据重要位置。成都铁路集装箱物流中心占地 2140 亩，主要工程内容为城厢车站改扩建、大弯至城厢联络线工程、货物运输设施三大部分，工程总投资约 7.59 亿元。

2020 年 7 月，成都入选首批全国中欧班列集结中心示范工程建设节点城市，成都国际铁路港成为其主要承载地。中欧班列(成都)集结中心对推动形成设施完善、便捷高效、安全畅通的中欧班列综合服务体系，对打造国际物流枢纽、促进产业结构调整、推动城市转型具有重要意义。

截至 2022 年 7 月，成都国际班列开行量超 1.8 万列，成都中欧班列累计开行量超 1 万列，约占全国中欧班列累计开行量的 40%，成为全国开行量最多、开行最均衡、运输货值最高、货源结构最优的中欧班列。上海、广州、罗兹、杜伊斯堡等百余个城市出现在成都铁路集装箱物流中心连接境内外的城市名单中。作为中欧班列始发地之一，成都国际铁路港正全力打造泛欧泛亚陆港主枢纽和对外开放高地，加快中欧班列集结能力提升和西部陆海新通道建设，未来致力于进一步提高国际通道运输组织和物流效率，聚焦国际供应链、国际贸易、临港智能制造三大主导产业，打造共建"一带一路"(The Belt and Road)国际供应链经济核心功能区。

2) 新疆乌鲁木齐铁路集装箱中心站

新疆乌鲁木齐铁路集装箱中心站位于乌鲁木齐市铁路枢纽三坪车站，是铁道部规划的全国 18 个铁路集装箱中心站之一。站区东西长 1800 米，南北宽 700 米，占地 1890 亩。中心站采用北侧横列式方案，根据规划运量，集装箱中心站最终规模为到发线 8 条(含正线)，调车线(兼存车线)6 条，机待线 2 条，整列牵出线 2 条，集装箱装卸线 8 条，特货装卸线 3 条，快运装卸线 4 条。

乌鲁木齐铁路集装箱中心站紧邻中亚，具有发展国际集装箱运输的潜在条件，有利于我国铁路集装箱运输向亚欧腹地纵深扩展。中心站建设为新疆建设陆港型自由贸易港奠定了坚实的基础，对于完善国际陆港区基础设施建设、提升陆港区核心功能、共建新疆"大陆港"体系、促进全路集装箱运输网络的完善、提高铁路货运服务水平等具有十分重要的意义。通过持续优化设计方案，该中心已具备列车编组、装卸、海关监管、转运通关等"一站式"功能，可以为商贸客户提供报关报检、整列运输一体的全程国际货运物流服务。

3) 广州国际港

广州国际港的前身是广州大田铁路物流基地，是铁道部规划的全国 18 个铁路集装箱中心站之一。广州国际港位于白云区江高镇，紧邻江村编组站，分为南北两大片区。南区布置到发场、综合货场和冷链作业区，北区布置集装箱作业区、特货作业区和海关监管区，占地 2 717 亩。项目于 2018 年动工建设，经过广州和广州局集团的共同努力，2021年 12 月 31 日达到开通条件。

广州国际港的头号"国际"服务功能是作为"一带一路"物流的桥头堡，预计项目至2025 年集装箱货物发运量将达 1040 万吨/年，同时开行中欧、中老等专列，显著改善广州乃至粤港澳大湾区与"一带一路"沿线国家和地区的铁路货运质量。此外，作为珠三角新型一体化综合服务型物流园区的核心平台，该项目以多功能铁路货运为基础，配套多式联运、仓储、电商分拨、冷链、展示、口岸等多种综合性铁路物流服务。同时，作为一级铁路货运枢纽广州国际港站的建成，优化了广州铁路枢纽货运布局，极大提升了广州铁路货运水平。

2. 中欧班列路线

2013 年 9 月和 10 月由中国国家主席习近平分别提出建设"丝绸之路经济带"和"21世纪海上丝绸之路"的合作倡议，简称"一带一路"。依靠中国与有关国家既有的双多边机制，借助既有的、行之有效的区域合作平台，借用古代丝绸之路的历史符号，高举和平发展的旗帜，积极发展与沿线国家的经济合作伙伴关系，共同打造政治互信、经济融合、文化包容的利益共同体、命运共同体和责任共同体。

"一带一路"是巩固中国同中亚和东南亚的合作基础。不仅加强同中亚和东南亚国家的经贸合作，还加强互联互通，优势互补，为打造好同西部邻邦及东南亚邻国的友好合作关系奠定坚实的基础。另外，"一带一路"还逐步形成两个辐射作用。一是海上丝绸之路经济带和丝绸之路经济带以中国加强与周边国家的合作为基础，扩大了中国的影响力。二是带动了中西部加快改革开放，使"一带一路"成为扩大中西部开放、打造中西部经济升级版的主引擎。除此之外，"一带一路"的发展还促进东部地区的转型升级和对外投资，加快同东南亚的互联互通，加快企业产品结构的升级。

中欧班列是指按照固定车次、线路等条件开行，往来于中国与欧洲及"一带一路"沿线各国的集装箱国际铁路联运班列。中欧班列在我国共有西、中、东三条主要运行线路，西部通道由我国中西部经阿拉山口(霍尔果斯)出境，途经哈萨克斯坦、俄罗斯等国家向西开行；中部通道由我国华北地区经二连浩特出境；东部通道由我国东南部沿海地区经满洲里(绥芬河)出境。2011 年 3 月，首趟中欧班列从重庆发出开往德国杜伊斯堡，开启了中欧班列创新发展的序章。截至 2021 年年底，中欧班列铺画运行线 73 条，连通 174 座城市，通达欧洲 23 个国家，连续 20 个月单月开行 1000 列以上，2021 年度开行班列 1.52 万列，发送货物 146 万标准箱，历年累计开行 4.88 万列，运送货物 443.2 万标准箱，综合重箱率达 98.4%。

中欧班列已经逐渐成为连接"一带一路"的重要纽带，特别是 2020 年至 2022 年末疫情仍肆虐全球，中欧班列开行数量逆势增长，成为贯通中欧、中亚供应链的重要运输方式，有力、高效地促进了中欧及沿线国家的抗疫合作，成为各国携手抗击疫情的"生命通道"和"命运纽带"。随着中国的影响力提升，国际间的合作日益密切，中欧班列沿途国家经贸交往日益活跃，国家间铁路、口岸、海关等部门的合作日趋密切，这些有利条件为"一带一路"倡议中将丝绸之路从原先的"商贸路"变成产业和人口集聚的"经济带"起到重要作用。

二、铁路运输装备

铁路运输装备是指通过铁路轨道运行的各种机车与车辆。铁路运输装备以铁路轨道进行导向，车辆通过带凸缘的钢轮沿钢轨内侧行驶，轨道起着支撑车辆和导向的作用，而驾驶员的作用仅是控制车辆的行驶速度。

铁路机车和铁路车辆

(一)铁路机车

铁路机车是铁路运输的基本动力。由于铁路车辆大都不具备动力装置，列车的运行和车辆在车站内有目的地移动均需机车牵引或推送。根据动力来源不同，机车可分为以下三种。

1. 蒸汽机车

蒸汽机车(见图 5-16)是利用蒸汽机把燃料的热能转变成机械能，而使机车运行的一种火车机车。它主要由锅炉、蒸汽机、车架走行部和煤水车四大部分组成。蒸汽机车的结构比较简单，造价也相对低廉。实践证明，在现代铁路运输中，随着科学技术的发展和能源的不可再生，运用蒸汽机车作为牵引动力已不能满足高效率的要求。蒸汽机车将逐渐被其他新型牵引机车取代。

图 5-16 蒸汽机车

2. 内燃机车

内燃机车(见图 5-17)是利用内燃机带动发电机产生电能作为动力来驱动机车运行的。其准备时间比蒸汽机车短，启动、加速快，单位功率的重量轻，劳动条件好，因而装备数量较多，曾经是我国铁路运输的主力机型。根据机车上内燃机的种类，可分为柴油机车和燃气轮机车。燃气轮机车的效率低于柴油机车，且耐高温材料成本高、噪声大，其发展落后于柴油机车。因此，在中国，内燃机车通常是指柴油机车。

内燃机车按用途可分为客运、货运、调车内燃机车；按走行部形式可分为车架式和转向架式；按传动方式可分为机械传动、液力传动、电力传动。现代机车多采用电力传动和液力传动。电力传动又可分为直流电力传动、交—直流电力传动和交—直—交流电力传动内燃机车。

与蒸汽机车相比，内燃机车的热交换效率较高，一般情况下，内燃机车的热效率可达到 20%～30%。而且内燃机车的独立性很强，其准备时间比蒸汽机车短，启动快，通过能力大。在每次加足燃料后，内燃机车工作持续的时间和运行路线都相对较长，特别适合在缺水或水质不良的地区运行，并可实现多机连挂牵引。此外，内燃机车单位功率的重量较轻，乘务员工作环境相对舒适，因此内燃机车的发展很快。其缺点是机车构造复杂，制造、运营以及维修费用较大，环境污染比较严重。

图 5-17 内燃机车

3. 电力机车

电力机车(见图 5-18)是非自带能源的机车，本身不带原动机，依靠其顶部升起的受电弓从接触网上获取电能并以此作为牵引动力的机车。电力机车具有功率大、热效率高、速度快、过载能力强和运行可靠等主要优点，而且不污染环境，特别适用于运输繁忙的铁路干线和隧道多、坡度大的山区铁路。依据电流制不同，所用的电力机车也不一样，基本上可以分为直—直流电力机车、交—直流电力机车、交—直—交流电力机车三类。

电力机车功率大，获得的能量不受限制，因此其热效率比蒸汽机车高一倍以上。它启动加速快，爬坡能力强，可作为大功率机车使用。但电气化铁路受限于创建一套完整的供电系统，故其基建投资要比采用蒸汽机车或内燃机车大得多。目前，我国铁路运输以电力机车为主。

图 5-18 电力机车

(二)铁路车辆

铁路车辆是运送旅客和货物的工具，它自身不具备动力，是需要连挂成列车后由机车牵引运行的铁道运输装备。按照铁路运输任务的不同，铁路车辆可分为客车和货车两大类。其中，货车是指以运输货物为主要目的的铁路车辆。有些铁路车辆并不直接参加货物运输，而是用于铁路线路施工、桥架架设及轨道检测等作业，但这些车辆也归入货车类。

1. 根据运输货物分类

根据运输货物的类型，货车可分为通用货车和专用货车两大类。通用货车包括棚车、敞车和平车，能够装运多种货物；专用货车只能装运某些特定种类的货物，包括罐车、保温车、漏斗车、长大货物车等。

1) 通用货车

(1) 棚车是铁路运输中主要的封闭式车型，设有窗和滑门。它主要承运食品、粮食、日用工业品及其他怕晒、怕湿的货物和贵重物品等。在某些特殊的情形下，还可运送人员和牲畜，如图 5-19 所示。

(2) 敞车是铁路运输中使用的主要车型，是无车厢顶、设有车厢挡板的货车。它主要承运矿、砂、木材和钢材等不怕日晒及雨淋的货物。若货物上盖有防水篷布还可替代棚车的功用来运送要求不是太高的货物，如图 5-20 所示。

图 5-19 棚车

图 5-20 敞车

(3) 平车是铁路运输中大量使用的主要车型，无车厢顶和车厢挡板，主要装运大型机械、集装箱、建筑材料、钢材、大型车辆及军用装备等，如图5-21所示。

2) 专用货车

(1) 罐车是指专门用于装运液体、液化气或粉末状货物的车辆。其外形为一个卧放的圆筒体。从结构上来讲，罐车可分为有底架和无底架两种。而从载运货物的类型上来看，其可分为沥青罐车、粘油罐车、轻油罐车、水泥罐车、酸碱罐车和液化气罐车等。沥青罐车主要用于装运液态沥青；粘油罐车主要用于装运原油、重质润滑油、燃料油等需要加热卸车的油料；轻油罐车主要装运汽油、柴油、煤油和其他不需要加热的轻质油料及化工产品；水泥罐车主要运输散装水泥、石英砂等粉状货物；液化气罐车主要用于装运常温下经过加热液化的石油烃类，如丙烯、正丁烷、异丁烯、丁烯及其混合物，如图5-22所示。

图 5-21　平车

图 5-22　罐车

(2) 保温车又叫冷藏车，外形结构类似棚车，也是整体承载结构，车体设有隔热层，加装有冷冻设备可以控制温度，用于装运新鲜易腐败货物。保温车具有车体隔热、气密性好的特点。在温热季节能通过车内冷却装置保持比外界气温低的温度；在寒冷季节，还可用来不制冷保温运送或用电热器加温运送，使车厢内保持比外界气温高的温度，如图5-23所示。

(3) 漏斗车的车体下部设有一个或多个漏斗形卸货口用来卸货。漏斗车可分为无盖漏斗车和有盖漏斗车两类，其主要特点是卸货方便，打开漏斗口处的挡板，货物靠重力自行卸下。漏斗车主要用于装运煤、石渣、粮食、石灰石等散粒货物，如图5-24所示。

图 5-23　保温车

图 5-24　漏斗车

(4) 长大货物车主要用于装运大型或重型货物，如电力、冶金、化工及重型机械等行业的发电机定子、变压器、轧钢机牌坊、核电站压力壳等。长大货物车一般采用多轴转向架或多层底架结构，以方便运输重型货物，如图5-25所示。

图 5-25　长大货物车

除了上述几种货车外，还有附挂于货车头尾搭载随行人员的守车、在公路和铁路上均可进行作业的公铁两用车、专门运输木材的木材专用车，以及电站列车、检衡车、工程宿营车、架桥车、除雪车及铺轨机车等。

2. 根据制作材料分类

按照制作材料的不同，铁路车辆分为钢骨车和全钢车。钢骨车的车底架及梁柱等主要受力部分用钢材构成，而其他部分用木材构成。这种车辆自重轻、成本低。全钢车适用于高速运行，坚固耐用，检修费用低。我国新造货车大都采用全钢车。

3. 根据轴数分类

按照轴数的不同，铁路车辆分为二轴车、四轴车和多轴车。二轴车是小型车，无转向架，在我国铁路系统中已逐渐被淘汰。四轴车的四根车轴组成两个转向架，缩短了固定轴距，便于通过曲线。目前，我国铁路车辆大部分为四轴车。对于载重较大的车辆，为使轴重不超过线路强度规定的吨数，故有六轴车和多轴车。轴数越多，车轮也越多，载重量就越大。

4. 根据载重量分类

按照载重量的不同，货车分为 30 吨、50 吨、60 吨和 90 吨等多种类型。在货车方面，除能生产 50 吨和 60 吨等大吨位敞、平、棚、罐车，还能制造各种用途的专用车辆和 350 吨以上的特种车辆。为适应我国货物运量大的客观需要，有利于多装快运和降低货运成本，我国目前以制造 60 吨车辆为主。

(三)铁路车站

铁路车站，也称火车站，是供铁路部门办理客、货运输业务和列车技术作业的场所。早期的车站通常是客货两用。但是现在，货运一般已集中在主要的车站。大部分的铁路车站都是在铁路的旁边，或者是路线的终点。部分铁路车站除了供乘客上下及货物装卸外，也有供机车及车辆维修或添加燃料的设施。多家铁路公司一起使用的车站一般称为联合车站或转车站。

铁路车站

铁路车站按照作业性质，一般可分为客运站、货运站和客货运站。按照技术作业，可分为编组站、区段站和中间站。一般车站以一项业务和一项作业为主，兼办其他业务和作业。有的车站同时办理若干项主要业务和作业。下面介绍几种主要类型的铁路车站。

1. 货运站

货运站是主要办理货物承运、交付、装卸以及货物列车到发、车辆取送等作业的车站。主要设备有货物列车到发线、编组线、牵出线和货场(铁路货场)等。货运站的布置图形有通过式和尽头式。一般中小型货运站多采用通过式，大型货运站多采用尽头式。

2. 编组站

编组站是专门办理大量货物列车编组、解体和列车、车辆技术作业的车站。其主要设备有到发线(场)、调车线(场)、驼峰、牵出线以及机务段和车辆段等。

3. 区段站

区段站是设在铁路牵引区段分界处的车站，主要办理列车机车换挂、技术检查以及区段零担摘挂列车、小运转列车的改编等作业。其主要设备有到发线、调车线、牵出线、机务段、车辆段以及其他有关设备。布置图形按上、下行到发场相互位置可分为横列式和纵列式两种。

4. 中间站

中间站是主要办理列车会让(单线铁路)和越行(双线铁路)作业的车站。其技术作业有列车到发、会让和零担摘挂列车调车等。其主要设备有到发线、货物线、牵出线和旅客乘降设备等。

此外，还有专为工矿企业服务的工业站，铁路与专用铁道衔接的联轨站，为港口水陆联运服务的港湾站，本国铁路与外国铁路衔接的国境站，在不同轨距铁路联结处办理旅客换乘、货物换装或客、货车辆换轮的换装站等。

(四)铁路调度通信网

铁路调度通信网的网络结构根据铁路运输调度体制来安排，按照干线、局线、区段三级调度，可分为以下三层网络结构。

1. 铁路干线调度通信系统

铁路干线调度通信网络由一套 Hicom382 调度交换机，10 多套 Hicom372 调度交换机，以及外围设备调度功能模块、调度台、多媒体终端、网络管理和调度管理系统等组成。纳入调度台的用户，调度员无须拨号，就可单键直呼所属调度分机，如果遇到分机忙碌，调度员可强行插入通话，调度员还可进行全呼、组呼。

2. 局线调度通信系统

铁路局的局线调度通信网络，由铁路局汇接中心利用干调 Hicom372 调度交换机或另设数字调度交换机与设在各铁路调度区段的数字专用通信系统组成，还可利用区段数字调度通信或专线延伸至区段站、编组站和中间站，构成星形网络结构的局线调度通信网。

3. 区段调度通信系统

区段调度通信系统的主系统放置于调度区段中心调度所或大型调度指挥中心,主要用于接入各调度操作台和各种调度电路,是整个系统的核心。主系统由数字调度主机、调度操作台、集中维护管理系统、录音系统等组成。分系统放置于调度区段管辖范围内各车站,通过数字传输通道与主系统相连,主要用于接入车站操作台、远端调度分机、站间电话、区间电话、站场电话等。分系统由数字调度主机、车站操作台等组成。

区段调度通信系统可以全面实现各项专用通信业务,包括区段调度通信、站场通信、站间通信、区间通信、专用通信等,完成列车调度、货运调度、电力调度、无线列车调度等区段内调度通信业务。

三、铁路运输技术装备的现代化发展模式

铁路运输技术装备的现代化发展模式是指铁路运输技术装备在实现现代化过程中相应所采用的战略、方案、技术路线的组合。铁路运输技术装备的典型发展模式有以下四种。

(一)自主研发模式

自主研发模式是指在已有的技术基础上,以自身努力为主,攻破技术难关,并依靠自身能力完成创新的后续环节,实现工程化、商品化,获取商业利润,达到预期的目标。

(二)技术引进模式

技术引进模式是指由政府牵线,国内企业与拥有成熟可靠的设计、制造技术的国外企业联合,通过一次技术引进、消化吸收,逐步形成自主创新能力,积极有序地推进国产化进程,最终实现生产出拥有自主知识产权的高技术含量的装备的目标。

(三)合资生产模式

合资生产模式是指国内企业和国外制造企业在中国境内建立合资企业,通过合资经营方式引进技术,各方以不同的形式投资参股,由外方提供成熟可靠的设计、制造技术,并对技术总负责,授权由合资企业研发、制造相关设备,中方负责组织生产。

(四)国际采购(租赁)模式

国际采购(租赁)模式是指运输企业根据自身需要,以实现本企业利润最大化为目标,直接从国际市场上采购或租赁自己所需的装备。

第三节　水路运输设施设备

水路运输是指利用船舶以及其他航运工具,在江、河、湖、海以及人工水道上运送旅客和货物的一种运输方式。水路运输量占全球总运输量的 70%以上,可见水路运输是交通运输的重要组成部分,其具有点多、面广和运输线长的特点,也是国际间货物运输的主要手段。

一、水路运输的分类

按照贸易种类不同，水路运输可以分为外贸运输和内贸运输。外贸运输是指本国同其他国家和地区之间的贸易运输；而内贸运输是指本国内部各地区之间的贸易运输。

按照船舶的航行区域不同，水路运输可以分为内河运输、沿海运输和远洋运输。内河运输是指利用船舶或其他浮运工具，在江、河、湖泊、水库以及人工水道上从事的运输；沿海运输是指利用船舶在国内沿海区域各港口之间的运输；远洋运输是指国际各港口之间的海上运输。

按照运输对象不同，水路运输可以分为货物运输和旅客运输两大类。其中，货物运输又分为散货运输和杂货运输两大类。散货运输是指无包装的大宗货物，如石油、煤炭、粮食等的运输；杂货运输是指批量小、件数多的零星货物运输，现在逐渐被集装箱运输替代。

按照船舶营运组织形式不同，水路运输可以分为定期船运输、不定期船运输和专用船运输。定期船运输是指选配适合具体营运条件的船舶，在规定的航线上，定期停靠若干固定港口的运输；不定期船运输是指船舶的运行没有固定航线，按照运输任务或租船合同所组织的运输；专用船运输是指企业自置或租赁船舶从事本企业自有物资的运输。

二、港口

港湾是指具有天然掩护的，可供船舶停泊或临时避风之用的水域，通常是天然形成的。港口则通常是由人工建筑而成的，具有完备的船舶航行、靠泊条件和一定的客货运设施的区域。港口是水路运输的重要设施，具有水路联运设备和条件，是供船舶安全进出和停泊的运输枢纽。

港口

(一)港口的功能

港口作为船舶停泊、装卸货物、补充给养的场所，是联系内陆和海洋运输的天然界面。港口的功能主要包括以下几个方面。

1. 物流服务功能

港口为船舶、汽车、火车、飞机、货物、集装箱提供中转、装卸和仓储等综合物流服务，尤其是提供多式联运和流通加工的物流服务。

2. 信息服务功能

现代国际物流具有流程长、中间环节多、风险大和销售市场覆盖面广等特点，现代信息技术可以保证物流各环节的紧密配合和协调，并为用户提供市场决策和信息咨询服务。其采用电子数据交换(EDI)系统及附加贸易网络，构筑支撑陆、海、空国际物流需求的物流管理网络，提供包括贸易情报基础在内的订单管理、供应链控制等相关服务。

3. 商业功能

在商品流通过程中，货物的集散、转运和一部分储存都发生在港口。港口介于远洋航运业和本港腹地客货的运输机构之间，便于客货的运送和交接。港口的存在既是商品交流和内外贸存在的前提，又能促进它们的发展。现代港口为用户提供方便的运输、商贸和金融服务，如代理、保险、融资、货代、船代、通关等。

4．产业功能

建立现代物流需要具有整合生产力要素功能的平台，港口作为国内市场与国际市场的接轨点，已经实现从传统货流到人流、货流、商流、资金流、技术流的全面大流通，是货物、资金、技术、人才、信息的聚集点。通过港口，由船舶输入供应工业生产的原料，再由船舶输出加工制造的产品，前者使工业生产得以进行，后者使工业产品的价值得以实现。港口的存在是工业存在和发展的前提，许多城市的港口和工业已融为一体。

(二)港口的分类

1．按照用途分类

(1) 商港：主要供旅客上下和货物装卸转运的港口，又分为一般商港和专业商港。一般商港用于旅客运输和装卸转运各种货物；专业商港是指专门进行某种货物的装卸，或以某种货物为主的商港。

(2) 渔港：专为渔船服务的港口。渔船在这里停靠，并卸下捕获物，同时进行淡水、冰块、燃料及其他物资的补给。渔获易腐烂变质，一经卸港必须迅速处理，因此渔港一般都设有鱼产品加工厂、鱼粉厂、网具厂、渔轮修造厂、冷藏库和收购转运站等设施。

(3) 工业港：为邻近江、河、湖、海的大型工矿企业直接运输原材料、燃料和产成品而设置的港口。一般设在某个工业基地或加工业的中心，也可称为货主码头或业主码头。有的工业港只是在商港范围内划分一定的区域专门为某企业服务，港口业务由该企业负责经营，如大连地区的甘井子大化码头、上海的宝山钢铁总厂码头、日本的川崎港等。

(4) 军港：专供海军舰船补给、停泊、训练使用的港口。其有天然防浪屏幕或人工防浪设施，并可建造和修理舰船。军港是海军基地的组成部分，是为国家的军事和国防目的而建造的。军港常位于海湾等地势险要的战略要地，如俄罗斯的海参崴、美国的珍珠港、中国的旅顺港等。

(5) 避风港：供船舶在航行途中或在海上作业过程中躲避风浪和取得少量补给的港口。一般是为抗风浪能力低的小型船舶、渔船和各种海上作业船而设置的。

2．按照地理位置分类

(1) 海港：在自然地理条件和水文气象方面具有海洋性质，而且是为海船服务的港口。海港包括海湾港、海峡港、河口港。海湾港位于海湾内，常有岛心等天然屏障作为保护，不需要或只需要较少的人工防护即可防御风浪的侵袭；海峡港处于大陆和岛屿或岛屿和岛屿之间的海峡地段；河口港位于河流入海口或受潮汐影响的河口段内，可兼为海船和河船服务，一般有大城市做依托，水陆交通便利，内河水道往往深入内地广阔的经济腹地，承担大量的货流量，故世界上许多大港都建在河口附近。河口港码头设施沿河岸布置，离海不远而又不需建防波堤，若岸线长度不够，可增设挖入式港池。

(2) 河港：位于天然河流或人工运河沿河两岸，具有河流水文特性的港口。有时风浪较大，因此同海港有许多相似之处，如往往需修建防波堤等。

(3) 湖泊港和水库港：位于湖泊和水库岸边的港口。湖泊港和水库港水面宽阔，有时风浪较大，因此，同海港有许多相似之处，如往往需修建防波堤等。

3．按照潮汐的影响分类

(1) 开敞港：不设栏潮闸门的港池，水面直接与海洋或河流相通，水位直接随海面、河流水位升降而涨落，港内水位潮汐变化与港外相同的港口。我国的港口大都属于此类。

(2) 闭合港：在港口入口处设置闸门，将港内水域与外海隔开，使港内水位不随潮汐变化而升降，保证在低潮时港内仍有足够水深的港口。例如英国的伦敦港。

(3) 混合港：兼有开敞港池和闭合港池的港口。例如比利时的安特卫普港。

4．按照地位分类

(1) 国际性港：靠泊来自世界各国船舶的港口。
(2) 国家性港：主要靠泊往来于国内船舶的港口。
(3) 地区性港：主要靠泊往来于国内某一地区船舶的港口。

(三)港口的组成

港口由水域、陆域以及水工建筑物等组成。港口水域包括港外水域和港内水域；港口陆域包括码头与泊位、仓库与堆场、铁路与道路、起重机械与运输机械等。

1．港口水域

港口水域是指港口边界内的水域面积，供船舶进出港，以及在港内运转、锚泊和装卸作业使用，通常要求有足够的水深和面积，水面基本平静，流速和缓，以便船舶的安全操作。

1) 港外水域

港外水域主要是进港航道和港外锚地。进港航道为保证船舶安全方便地进出港口，要求有足够的深度和宽度、适当的位置、方向及弯道曲率半径，避免强烈的横风、横流和严重淤积。当港口位于深水岸段，低潮或低水位时，天然水深能满足船舶航行需要，则无须人工开挖航道，但要标志出船舶出入港口的最安全方便路线。如果不能满足上述条件并要求船舶随时都能进出港口，则须开挖人工航道。人工航道分为单向航道和双向航道两种。大型船舶航道宽度为 80～300m，小型船舶为 50～60m。

港外锚地是提供进出港口船舶抛锚停泊使用的。船舶在这里接受边防检查、卫生检疫等，引水员也在这里上下海港，内河驳船船队可在此进行船舶编队、船舶解队和换拖(轮)作业。进出港航道和港外锚地均需用航标加以标示。

2) 港内水域

港内水域包括港内航道、船舶掉头区、码头前沿水域和港内锚地等。港内航道与码头之间有供船舶进行回转的掉头区，该段水域要有足够的宽度。大型海轮在港内靠离码头时常有拖轮协助，而内河船靠泊时为便于控制，需要将船首面对着水流的方向，船舶掉头区正是供其使用的。码头前沿水域要求有足够的深度和宽度，以使船舶能方便地靠离。不仅要保证船舶靠码头的一侧能进行装卸作业，有时还要考虑另一侧同时进行水上(船过船)装卸作业需要。港内锚地主要供船舶等待泊位，或是进行水上装卸用。在气候恶劣情况下，还可供船舶避风停泊。而河港锚地主要用于船舶编队、船舶解队和进行水上作业，水上装卸作业是内河港、河口港的主要作业方式之一，并设置有"水上作业平台"，配备有浮式起重机等。

2. 港口陆域

凡是在港口范围的陆地面积，统称为陆域。陆域是供旅客上下船，以及货物的装卸、堆存和转运使用。陆域必须有适当的高程、岸线长度和纵深，以便安置装卸设备、仓库和堆场、铁路、公路，以及各种必要的生产、生活设施。

1) 码头与泊位

码头是供船舶停靠，以便旅客上下、货物装卸的水工建筑物。码头前沿线通常即为港口的生产线，是港口水域和陆域的交接线。码头线的布置有多种形式，与岸线平行的称为顺岸码头，与岸线正交或斜交的称为凸堤码头。前者多用于河港，后者多出现在海港。码头前沿的水深一定要满足船舶吃水，并考虑船舶装卸和潮汐变化的影响，留有足够富余的水深。

泊位即供船舶停泊的位置。一个泊位即可供一艘船舶停泊。不同的船型的长度是不一样的，因此泊位的长度依船型的大小而有差异，同时还要留出两船之间的距离，以便于船舶系、解绳缆。一个码头往往同时要停泊几艘船，即要有几个泊位，因此码头线长度是由泊位数和每个泊位的长度来确定的。

2) 仓库与堆场

仓库与堆场是供货物装船前和卸船后短期存放使用的。多数较贵重的件杂货都在仓库内堆放保管；不怕风吹雨淋的货物，如矿石、建材等可放在露天堆场或货棚内，一般散堆装货物的堆场设在远离市区和其他码头处，以免环境污染。

从港口货场到码头前沿为码头前方场地，即码头前沿作业区。码头前沿作业区设置装卸机械和火车或汽车的通道，使货物方便转运，或能进入货场或直接运往港外。码头前方场地通常是港口最繁忙的区域。

3) 铁路与道路

货物在港口的集散除了充分利用水路外，主要依靠陆路交通，因此铁路和公路系统是港口陆域上的重要设施。当有大量货物用铁路运输时，需设置专门的港口车站。货物列车可以进行编组或解体，并配有专门的机车，将车辆直接送往码头前沿或库场的装卸线；装卸完毕后，再由机车取回送往港口车站编组。在没有内河的海港，铁路是主要的转运方式。

港口道路与港外公路应很好地连接，对于有集装箱运输的港口，道路系统尤为重要，港区内的道路要能通往码头前沿和各库场，回路要畅通，进口与出口常常分开设置，并尽可能减少与铁路线或装卸线的平面交叉，以减少相互间的干扰。

4) 起重机械与运输机械

现代港口装卸工作基本是由各式各样的机械来完成的。起重、运输机械主要包括用来起吊货物机械的起重机械和用于搬运货物的运输机械。起重、运输机械在港口对船舶可实行装卸作业，在船舱内可进行各种搬运、堆码和拆垛等作业，在库场上可进行起重、搬运、堆码、拆垛等作业。

港口机械通常分为起重机械、输送机械、装卸搬运机械、专用机械四大类。对于专业化的码头，通常都设有专门的装卸机械，如煤炭装船码头设有装船机、散粮卸船码头设有吸粮机。集装箱码头前方设有集装箱装卸桥，后方设有跨运车、重型叉车等。在港口经常看到的比较典型的机械有门式起重机(简称门吊、门机)、浮式起重机(简称起重船、浮吊)、装卸桥、带式输送机、带斗提升机、叉式装卸车(简称叉车、铲车，又称万能装卸机)等。

图 5-26 所示为轨道式龙门起重机；图 5-27 所示为岸壁集装箱起重机；图 5-28 所示为浮式起重机；图 5-29 所示为集装箱正面吊；图 5-30 所示为集装箱堆高机。

图 5-26　轨道式龙门起重机

图 5-27　岸壁集装箱起重机

图 5-28　浮式起重机

图 5-29　集装箱正面吊

图 5-30　集装箱堆高机

三、航道

航道是指在内河、湖泊、港湾等水域内供船舶安全航行的通道，由可通航水域、助航设施和水域条件组成。现代水上航道已不仅仅是天然航道，而是包括人工水道、运河、进出港航道以及保证航行安全的航行标志系统和现代通信导航设备系统在内的工程综合体。

(一)航道的分类

1. 按照形成原因分类

(1) 天然航道：自然形成的江、河、湖、海等水域中的航道，包括水网地区在原有较小通道上拓宽加深的那一部分航道等。

(2) 人工航道：在陆地上人工开发的航道，包括人工开辟或开凿的运河和其他通航渠道，如平原地区开挖的运河，山区、丘陵地区开凿的沟通水系的越岭运河，可供船舶航行的排灌渠道或其他输水渠道等。

2. 按照使用性质分类

(1) 公用航道：由国家各级政府部门建设和维护，供社会使用的航道。以广州港环大虎岛公用航道工程为例，该航道位于珠江口伶仃洋—狮子洋，南起广州港南沙港区，北至大虎岛附近，航道全长约为 33.3 千米，建成后有效缓解广州港南沙港区南沙作业区以北航道建设制约港口发展局面，发挥大型泊位通过能力优势，大幅降低海运物流成本，为提高广州港综合竞争力、广州构建国际一流营商环境提供硬核支撑。

(2) 专用航道：由军事、水利电力、林业、水产等部门以及其他企事业单位自行建设、使用的航道。专用航道及其航道设施由专用部门管理。除军事专用航道外，其他专用航道应当接受当地航道管理机构的业务监督和指导。

3. 按照管理归属分类

(1) 国家航道。国家航道及其航道设施由交通运输部按照海区和内河水系设置的航道管理机构或者交通运输部委托的省、自治区、直辖市交通运输主管部门设置的航道管理机构负责管理。国家航道具体是指：①构成国家航道网、可以通航 500t 级以上船舶的内河干线航道；②跨省、自治区、直辖市，常年(不包括封冻期)通航 300t 级以上(含 300t 级)船舶的内河干线航道；③可通航 3000t 级以上(含 3000t 级)海船的沿海干线航道；④对外开放的海港航道；⑤国家指定的重要航道。

(2) 地方航道。国家航道和专用航道以外的航道。地方航道及其航道设施，由省、自治区、直辖市交通运输主管部门设置的航道管理机构负责管理；一般分为省和地、市两级管理，也可由省级统一管理，水运发达地区，可增加县一级管理。地方航道具体是指：①可以常年通航 300t 级以下(含不跨省可通航 300t 级)船舶的内河航道；②可通航 3000t 级以下的沿海航道及地方沿海中小港口间的短程航道；③非对外开放的海港航道；④其他属于地方航道主管部门管理的航道。

4. 按照所处地域分类

(1) 内河航道：在江、河、湖、水库、人工运河和渠道等内陆水域中用于船舶航行的通道。内河航道可分为天然航道和人工航道。天然航道是利用天然水域提供的航道尺度行驶相应尺度的船舶。如果局部河段尺度不足，则通过整治与疏浚的手段使之达到要求的尺度。人工航道包括渠化河流航道和人工开挖的运河、渠道。渠化河流是在天然河流上分段筑坝，壅高水位，以提高航道水深，并在坝址处兴建过船建筑物。

(2) 沿海航道：原则上是指位于海岸线附近，具有一定边界可供海船航行的航道。

5. 按照通航条件分类

(1) 常年通航航道：可供船舶全年通航的航道，又称常年航道。

(2) 季节通航航道：只能在一定季节(如非封冻季节)和水位期(如中洪水期或中枯水期)

内通航的航道，又称季节性航道。

6. 按照通航限制条件分类

(1) 单行航道：同一时间内只能供船舶沿一个方向行驶，不得追越或在行进中会让的航道，又称单线航道。

(2) 双行航道：同一时间内，允许船舶对驶、并行或追越的航道，又称双线航道或双向航道。

(3) 限制性航道：因水面狭窄、航道断面系数小等而对船舶航行有明显限制的航道，包括运河、通航渠道、狭窄的设闸航道、水网地区的狭窄航道以及滩险航道等。

7. 按照通航船舶类别分类

(1) 内河船航道：只能供内河船舶或船队通航的内河航道。

(2) 海船进江航道：内河航道中可供进江海船航行的航道。

(3) 主航道：供多数尺度较大的标准船舶或船队航行的航道。

(4) 副航道：为分流部分尺度较小的船舶或船队而另行增辟的航道。

(5) 缓流航道：为使上行船舶能利用缓流航行而开辟的航道，一般靠近凸岸边滩。

(6) 短捷航道：分汊河道上开辟的较主航道航程短的航道，一般位于支汊内。

除上述分类方法外，航道还可按照所处特殊部位分别命名，如桥区航道、港区航道、坝区航道、内河进港航道、海港进港航道等。

(二)航道的等级

国际上划分航道等级的技术指标有两种：一种是以航道水深作为分级指标，结合选定相应的船型；另一种是以标准驳船的吨位及船型作为分级指标。我国航道分级采用后一种。根据《内河通航标准》的规定，我国航道等级由高到低分为Ⅰ、Ⅱ、Ⅲ、Ⅳ、Ⅴ、Ⅵ、Ⅶ级航道，这七级航道均可称为等级航道，如长江口航道属于国家一级航道。通航标准低于Ⅶ级的航道可称为等外级航道(见表5-4)。

表5-4　航道的等级划分

单位：吨

级别	可通航船舶吨位
Ⅰ级航道	3000
Ⅱ级航道	2000
Ⅲ级航道	1000
Ⅳ级航道	500
Ⅴ级航道	300
Ⅵ级航道	100
Ⅶ级航道	50
等外级航道	50 以下

(三)航道的航行条件

航道的航行条件通常指内河航道的航行条件。影响航道通行能力的主要因素包括航道深度、航道宽度、航道转弯半径、航道许可流速、水上外廓等。

1. 航道深度

航道水深是河流通航的基本条件之一，航道深浅是选用船舶吃水量和载重量的主要因素。航道深度是指全航线中所具有的最小通航保证深度，是限制船舶吨位和通过能力的关键指标。航道水深取决于航道上关键性的区段和浅滩上的水深。航道深度增加，可以航行吃水深、载重量大的船舶，但增加航道深度，必然会使整治和维护航道的费用增高。因此，航道深度应满足以下公式

最小通航深度＝船舶满载吃水量＋富余水深

式中：富余水深应根据河床土质、船舶类型、航道等级来确定。一般沙质河床可取0.2～0.3m，砾石河床则取0.3～0.5m。

2. 航道宽度

航道宽度视航道等级而定。通常，单线航行的情况极少，双线航行最普遍，在运输繁忙的航道上还应考虑三线航行。航道宽度应满足以下公式

所需航道宽度＝同时交错的船队或船舶宽度之和＋富余宽度

式中：富余宽度一般采用"同时交错的船队或船舶宽度总和"的1.5～2.5倍。

3. 航道转弯半径

航道转弯半径是指航道中心线上的最小曲率半径。航道弯弯曲曲，船舶在航道上航行，需有适宜的航道转弯半径。一般要求航道转弯半径不得小于最大航行船舶长度的4～5倍。若河流转弯半径过小，将造成航行困难。受自然条件限制，航道转弯半径最低不得小于船舶长度的3倍。

4. 航道许可流速

航道许可流速是指航线上的最大水流速度。航道上的流速不宜过大，否则不经济。比较经济的船舶静水速度，一般为9～13km/h，即2.5～3.6m/s。因此，航道上的流速以3m/s之内为宜。

5. 水上外廓

水上外廓是保证船舶水面以上部分通过所需要的高度和宽度。水上外廓的尺度按航道等级来确定，通常Ⅰ、Ⅱ、Ⅲ、Ⅳ级航道上的桥梁等建筑物的净空高度，取20年一遇的洪水期最高水位来确定；Ⅴ、Ⅵ级航道则取10年一遇的洪水期最高水位来确定。

四、船舶

(一)船舶的分类

货船是专门运输各种货物的船只，是物流运载的工具。货船有干货

水运货船

船和液货船之分。

1. 杂货船

杂货船是干货船的一种，它是装载一般包装、袋装、箱装和桶装的普通货物船，如图 5-31 所示。杂货船在运输船中占有较大比重。万吨级货船是指其载重量在 10000t 或 10000t 以上，而其总重量和满载排水量还要大很多。在内陆水域中航行的杂货船吨位有数百吨、上千吨，而在远洋运输中的杂货船吨位可达 20000t 以上。

图 5-31 杂货船

杂货船通常根据货源具体情况及货运需要航行于各港口，设有固定的船期和航线。杂货船有较强的纵向结构，船体的底多为双层结构，船首和船尾设有前、后尖舱，可用作储存淡水或装载压舱水以调节船舶纵倾，受碰撞时可防止海水进入大舱，起到安全作用。船体以上设有 2～3 层甲板，并设置多个货舱，舱口以水密舱盖封盖住以免进水。机舱或布置在中部或布置在艉部，两种方式各有利弊，布置在中部可调整船体纵倾，在艉部则有利于载货空间的布置。在舱口两侧设有吊货扒杆。为装卸重大件，通常还装备有重型吊杆。

为提高杂货船对各种货物运输的良好适应性，能载运大件货、集装箱、件杂货，以及某些散货，现代新建杂货船常设计成多用途船。

2. 散货船

散货船是专门用来装运煤、矿砂、盐、谷物等散装货物的船舶，如图 5-32 所示。与杂货船装载包装或箱装等杂货、规格大小不一、理货时间长、运输效率低等特点不同，散货船运输的货物品种单一，货源充足，装载量大。依照不同的散货品种，装卸时可采用大抓斗、吸粮机、装煤机、皮带输送机等专门的机械。因此，散货船比杂货船的运输效率高，装卸速度快。

散货船驾驶室和机舱一般设在艉部；货舱口比杂货船的货舱口大；内底板和舷侧用斜边板连接，使货物能顺利地向舱中央集中；有较多的压载水舱，作为空载返航时压载之用。散货船一般为单甲板船，甲板下面两舷与舱口边做成倾斜的顶边舱，以限制散货向左右两舷移动，防止船的稳定性变差。为避免运输货物单一、空载返航的损失，多数散货船采取独特设计以适应运输不同货物的需要。

图 5-32　散货船

3. 集装箱船

集装箱船是用来专门装运规格统一的标准货箱的船舶。根据国际标准化组织(ISO)公布的规格，集装箱一般都使用 20ft 和 40ft 两种尺寸，20ft 集装箱被定义为统一标准箱。各种货物装船前已装入标准货箱内，在装卸作业过程中不再出现单件货物，便于装卸。

集装箱船的结构和形状与常规货船有明显不同，如图 5-33 所示，一般采用球鼻艏船型，外形狭长，单甲板，上甲板平直，货舱口达船宽的 70%～80%，便于装卸；上层建筑位于船艉或中部靠后，以让出更多的甲板堆放集装箱，甲板上一般堆放 2～4 层集装箱，舱内可堆放 3～9 层集装箱；船上一般不设装卸设备，由码头上的专用机械操作，以提高装卸效率。集装箱船装卸速度快，停港时间短，航行大都采用高航速，每小时 20 海里以上，但为节能会采用经济航速，每小时 18 海里左右。在沿海短途航行的集装箱船，航速仅每小时 10 海里左右。

图 5-33　集装箱船

集装箱船的机舱设在艉部或中部偏后。集装箱船可分为全集装箱船、半集装箱船、兼用集装箱船三大类。

(1) 全集装箱船：全部货舱和甲板上均可装载集装箱，舱内装有格栅式货架，以便于集装箱的堆放，适用于货源充足而平衡的航线。

(2) 半集装箱船：这种船舶一部分货舱设计成专供装载集装箱，另一部分货舱可供装载一般杂货，适用于集装箱联运业务不太多或货源不甚稳定的航线。

(3) 兼用集装箱船：又称集装箱两用船，既可装载集装箱也可装载其他包装货物、汽车等。这种船舶在舱内备有简易可拆装的设备，当不装运集装箱而要装运一般杂货时，可将其拆下。

4. 载驳船

载驳船也称子母船，是专门装运以载货驳船为货物单元的运输驳船，如图 5-34 所示。其运输方式是先将货物或集装箱装载在规格统一的驳船(子船)上，再把驳船装上载驳船(母船)。到达目的港后，将驳船卸到水中，由拖船或推船将其分送内河各地，载驳船则再装载另一批等候在锚地的满载货驳开航驶向新的目的港。

图 5-34　载驳船

载驳船装卸效率高，运载成本低。载驳船不受港口水深影响，无须占用码头泊位，无须装卸机械。采用载驳船装运货驳的运输方式是海河直达运输的有效方法。

5. 滚装船

滚装船是专门装运以载货车辆为货物单元的运输船舶，如图 5-35 所示。装船或卸船时，类似于汽车与火车渡船，载货车辆从岸上通过滚装船的跳板开到船上，到港口再从船上经跳板开到岸上。

图 5-35　滚装船

滚装船具有贯通全船的主甲板和多层车辆甲板，不设舱口和装卸设备，主甲板下通常是贯通结构的无横向舱壁的甲板间舱，甲板间舱高度较大，适用于装车；各层甲板之间用斜坡道或升降平台连通，便于车辆在多层甲板间行驶；上层建筑位于船首或船尾，且首尾设有跳板，供车辆上下船使用；机舱设在艉部甲板下面，多采用封闭式；主甲板以下两舷多设双层船壳；主甲板两侧还有许多通风筒来排放车辆产生的废气。

6. 油船

油船是专门运载石油类液货的船只，如图 5-36 所示。其在外形和布置上很容易与一般的干货船区别开来。油船上层建筑和机舱设在艉部，上甲板纵中部位，布置贯通全船的输油管和步桥。石油分别装在各个密封的油舱内，装卸石油用油泵或输油管输送，油船无须起货吊杆和起货机，甲板上也无须大货舱开口。油船的干舷很小，满载航行时，甲板离水面很近。油船的机舱多设在艉部，可以避免桨轴通过油舱时可能引起的轴隧漏油和挥发出可燃气体，引起爆炸的危险，防止烟囱排烟时带出的火星往后吹，落入油舱的通气管内而引起火灾。油船各油舱内装有蒸汽加热管路，当温度低时石油的黏度增加，不容易流动，有了加热管路加温舱内的石油，就可使石油流动，便于装卸。

图 5-36　油船

7. 冷藏船

冷藏船是使鱼、肉、水果、蔬菜等易腐食品处于冻结状态或某种低温条件下进行载运的专用运输船舶，如图 5-37 所示。冷藏船上设置有制冷装置，根据货物所需温度，制冷装置一般可控制冷藏舱温度为 15℃～20℃。

图 5-37　冷藏船

(二)船舶的主要技术指标

1. 船舶吨位

船舶吨位是船舶大小和运输能力的计量单位，分为重量吨位和容积吨位两种。

1) 船舶的重量吨位

船舶的重量吨位是指船舶在水中排开同体积水的重量，可表示船舶的载重运输能力，分为排水量吨位和载重吨位两种。

(1) 排水量吨位。

排水量吨位是指船舶在水中所排开水的吨数，也是船舶自身重量的吨数。排水量吨位可以用来计算船舶的载重吨，在造船时，依据排水量吨位可以知道该船的重量。排水量吨位又可分为轻排水量、重排水量和实际排水量三种。轻排水量又称空船排水量，是船舶本身加上船员和必要的给养物品三者重量的总和，是船舶最小限度的重量。重排水量又称满载排水量，是船舶载客、载货后吃水达到最高载重线时的重量，即船舶最大限度的重量。实际排水量是船舶每个航次载货后实际的排水量。

(2) 载重吨位。

载重吨位表示船舶在营运中能够提供的载重能力，分为总载重吨和净载重吨两种。

总载重吨是指船舶根据载重线标记规定所能装载的最大限度的重量，它包括船舶所载运的货物、船上所需的燃料、淡水和其他储备物料重量的总和，即

$$总载重吨＝满载排水量－空船排水量$$

净载重吨是指船舶所能装运货物的最大限度重量，又称载货重吨，即从船舶的总载重量中减去船舶航行期间需要储备的燃料、淡水以及其他物品的重量所得的差数。

2) 船舶的容积吨位

船舶的容积吨位是表示船舶容积的单位，又称注册吨，是各海运国家为船舶注册而规定的一种以吨为计算和丈量的单位，以 $100ft^3$ 或 $2.83m^3$ 为一注册吨。容积吨又分为容积总吨和容积净吨。

容积总吨又称注册总吨，是指船舱内及甲板上所有关闭的场所的内部空间(或体积)的总和，是以 $100ft^3$ 或 $2.83m^3$ 为 1t 折合所得的商数。容积总吨用于表明船舶的大小，用于船舶登记，用于政府确定对航运业的补贴或造船津贴，用于计算保险费用、造船费用以及船舶的赔偿等。

容积净吨又称注册净吨，是指从容积总吨中扣除那些不供营业用的空间后所剩余的吨位，也就是船舶可以用来装载货物的容积折合成的吨数。容积净吨主要用于船舶的报关、结关，或作为船舶向港口缴纳各种税收和费用的依据，以及船舶通过航道时缴纳费用的依据。

2. 船舶的航速与载重线

1) 船舶的航速

船舶的航速以"节(kn)"表示，1kn=1.852km/h。船舶的航速依船型不同而不同，其中干散货船和油船的航速较慢，一般为 13～17kn；集装箱船的航速较快，可达 20kn 以上。

2) 船舶的载重线

为确定船舶干舷，保证船舶具有足够的储备浮力和航行安全，船级社根据船舶尺度和结构强度，为每艘船舶勘定了船舶在不同航行区带、区域和季节应具备的最小干舷，并用

载重线标志的形式勘画在船中的两舷外侧，以限制船舶的装载量。

(三)船舶的动力装置

船舶动力装置是保证船舶推进及其他需要提供各种能源的全部动力设备的总称。船舶动力装置由推进装置、辅助装置、船舶管系、甲板机械以及自动化设备组成。

1. 推进装置

推进装置也称主动力装置，是船舶动力装置中最主要的部分。推进装置包括主机、传动设备、轴系和推进器。

主机发出动力，通过传动设备及轴系驱动推进器产生推力，使船舶克服阻力航行;再通过改变主机的转数和轴系的转动方向，来控制船舶航行的快、慢和进、退。船舶动力装置由于工作条件的特殊性，要求可靠、经济、机动性好、续航能力大等。根据主机形式不同，船舶动力装置可分为蒸汽机动力装置、燃气机动力装置、柴油机动力装置以及核动力装置等几种。

2. 辅助装置

辅助装置是产生除推进装置所需能量以外的其他各种能量的设备，包括船舶发电站、辅助锅炉装置和压缩空气系统，它们分别产生电能、蒸汽和压缩空气供全船使用。

3. 船舶管系

船舶管系是为某一专门用途而设置的运输流体(液体或气体)的成套设备。

(1) 动力系统。动力系统是指为主、辅机安全运转服务的管系，包括燃油、润滑油、海水、淡水、蒸汽、压缩空气系统等。

(2) 船舶系统。船舶系统又称为辅助系统，是为船舶航行安全与人员生活服务的系统，如压缩、舱底、消防、生活供水、施救、冷藏、空调、通风和取暖等系统。

4. 甲板机械

甲板机械是为保证船舶航向、停泊以及装卸货物所设置的机械设备，如锚泊机械、操舵机械和起重机械等。

5. 自动化设备

自动化设备用于实现动力装置的远距离操纵与集中控制，主要由对主、辅机及其他机械装置进行遥控、自动调节、监测、报警等的设备组成。

五、航标

(一)航标的功能

航标是航行标志的简称，是标示航道方向、界限与碍航物的标志，是帮助引导船舶航行、船舶定位和标示碍航物与表示警告的人工标志。航标包括过河标、沿岸标、导标、过渡导标、首尾导标、侧面标、左右通航标、示位标、泛滥标和桥涵标等，如图5-38所示。

航标设置在通航水域及其附近，用于表示航道、锚地、碍航物、浅滩等，或作为定位、转向的标志等。航标也用于传送信号，如标示水深、预告风情、指挥狭窄水道交通等。永久性航标的位置、特征、灯质、信号等都已载入各国出版的航标表和海图中。

图 5-38　航标

航标的主要功能包括四项：船舶定位，是指为航行船舶提供定位信息；表示警告，即提供碍航物及其他航行警告信息；交通指示，是指根据交通规则指示航行方向；指示特殊区域，如锚地、测量作业区、禁区等。

(二)航标的种类

1. 海区航标

海区航标是指在海上的某些岛屿、沿岸以及港内重要地点所设的航标。按照工作原理，其分为视觉航标、音响航标、无线电航标三种。

1) 视觉航标

视觉航标，又称为目视航标。白天以形状、颜色和外形，夜间以灯光颜色、发光时间间隔、次数、射程以及高度来显示，能使驾驶员通过直接观测迅速辨明水域，确定船位，安全航行。目视航标常常颜色鲜明，以便白天观测；发光的目视航标可供日夜使用。常见的视觉航标有灯塔、灯船、立标、灯桩、浮标、系碇设备和各种导标。

(1) 灯塔是设置在重要航道附近的塔形发光固定航标，是海上航行的重要航标，一般设在港口附近和海上某些岛屿的高处。大的灯塔夜间射程为 20～30 海里，小的灯塔射程为 5～6 海里。

(2) 灯船是作为航标使用的专用船舶，装有发光设备，灯光射程一般为 10 海里。灯船的作用与灯塔相同，锚碇于难以建立灯塔而又很重要的航道进出口附近。

(3) 立标是设置在岸边或浅滩上的固定航标，标身为杆形、柱形或桁架形。发光的立标称为灯桩，发光射程比灯塔近得多。

(4) 浮标是用锚碇泊于水中的航标，设在港口附近及进出港航道上，用于标示航道、浅滩和碍航物等，发光的称为浮标，主要有方位标志、侧面标志、中线标志和专用标志。

方位标志用来直接标示各种危险物的所在地或危险物以及危险区的界限，分为北界标、南界标、东界标、西界标以及孤立障碍标五种。侧面标志用来标示航道一侧界限，一般在进出港的狭窄航道上使用，分为左侧标、右侧标以及分支汇合标三种。航道左侧设左侧标，右侧设右侧标，水道的分支汇合处则设分支汇合标。中线标志设于航道或荐用航道的中央入口处，示意船舶可靠近标志的任何一侧驶过。专用标志包括沉船标、检疫标、测量标以及捕鱼作业标等。

(5) 导标主要用于引导船舶进出港口，通过狭窄航道，进入锚地以及转向、避险、测速和校正罗经等。

(6) 系碇设备是用来固定浮动标志在指定位置的设备，一般由锚链和沉块两部分组成。系碇设备是浮动标志不可缺少的重要组成部分，选择配置适当的系碇设备对浮动标志的正常率是非常重要的。

2) 音响航标

音响航标是指以音响传送信息，引起航海人员注意的助航标志。音响航标可在雾、雪等能见度不良的天气中向附近船舶表示有碍航物或危险，包括雾号、雾笛、雾钟、雾锣、雾哨、雾炮等。

空中音响航标以空气作为传播介质，是使用最早、最普遍的音响航标。空中音响航标包括雾钟、雾锣、雾角、雾哨、雾炮和雾号。

水中音响航标以水为传播介质，常用的有水中钟、水中定位系统和水中振荡器。水中音响航标使用极少。

常用音响航标是雾号，即下雾时按照规定的识别特征发出的音响信号。一般听程仅为几海里。根据工作原理分为气雾号、电雾号和雾情探测器三种。气雾号用压缩空气驱动发声，电雾号以电能驱动发声，雾情探测器能自动测量能见度和开启电雾号。

3) 无线电航标

无线电航标是利用无线电波的传播特性向船舶提供定位导航信息的助航设施，包括无线电指向标、无线电导航台、雷达应答标、雷达指向标、雷达反射器、卫星导航系统和全球定位系统等。

(1) 无线电指向标：供船舶测向用的无线电发射台，有全向无线电指向标和定向无线电指向标两种。

(2) 无线电导航台：船舶无线电定位和导航系统的地面设备。

(3) 雷达应答标：在被船用雷达波触发时，能发回编码信号，在船用雷达荧光屏上显示该标方位、距离和识别信息。

(4) 雷达指向标：一种连续发射无方向信号的雷达信标。船用雷达接收机收到这种信号，荧光屏上便显示出一条通过该标的径向方位线。

雷达应答标和雷达指向标安装于需要与周围物标回波区别开的航标上。

(5) 雷达反射器：反射能力很强并能向原发射方向反射雷达波的无源工具，安装在灯船或浮标上，可以增加作用的距离。

(6) 卫星导航系统一般指全球导航卫星系统(global navigation satellite system，GNSS)，又称全球卫星导航系统，是能在地球表面或近地空间的任何地点为用户提供全天候的三维坐标和速度以及时间信息的空基无线电导航定位系统。

(7) 全球定位系统(global positioning system,GPS),是一种以人造地球卫星为基础的高精度无线电导航的定位系统,它在全球任何地方以及近地空间都能够提供准确的地理位置、车行速度及精确的时间信息。

2. 内河航标

内河航标是准确标出江河航道的方向、界限、水深和水中障碍物,预告洪汛、指挥狭窄和急转弯水道的水上交通,引导船舶安全航行的助航标志。

内河航标一般分为三等。在航运发达的河道上设置一等航标,由岸杆和浮标交相组成,夜间全部发光,保证船舶昼夜都能从一个航标处看到下一个航标。在航运较为发达的河段上设置二等航标,它的密度较一等航标稀疏,夜间只有主航道上的航标发光,亮度也较弱。在航运不甚发达的河段上设置三等航标,密度稀疏,夜间不发光,船舶只能利用航标和天然参照物在白天航行。内河航标的种类很多,各国不尽相同。我国目前分为三类,即航行标志、信号标志和专用标志,共计19种。

1) 航行标志

航行标志用于标示内河安全航道的方向和位置等,有过河标、接岸标、导标、过河导标、首尾导标、桥涵标6种。

2) 信号标志

信号标志用于标示航道深度、架空电线和水底管线位置,预告风讯,指挥弯曲狭窄航道的水上交通,有水深信号杆、通行信号杆、鸣笛标、界限标、电缆标、横流浮标、风讯信号杆7种。下面主要介绍水深信号杆和通行信号杆。

(1) 水深信号杆:在浅滩两端航道附近的江河岸上,一般设有水深信号杆,以指示该航道当时的水深。信号杆由直立标杆和水平横梁组成。

(2) 通行信号杆:设在船舶对驶或同向并驶有危险的狭窄航道、单孔通行的桥梁、急弯、船闸以及其他临时封锁河段的两端,利用信号指挥上行或下行船舶安全通过。

3) 专用标志

专用标志用于指示内河中有妨碍航行安全的障碍物,有三角浮标、浮鼓、棒形浮标、灯船、左右通航浮标、泛滥标6种。

我国规定,江河左岸、右岸的原则是按水流的方向确定河流的上、下游,面向河流下游,左手一侧为左岸,右手一侧为右岸。港口的左、右岸以面向进港为准。左岸的航标,标顶漆成白色,标杆漆成黑白相间的横纹,夜间灯标发白光或绿光;右岸的航标,标顶漆成红色,标杆漆成红白相间的横纹,夜间灯标发红光。

六、水运通信导航系统

(一)船舶自动识别系统

1. 船舶自动识别系统的组成

船舶自动识别系统(automatic identification system,AIS)是一个在海上移动通信频段甚高频(VHF)上工作的广播转发器系统,由岸基(基站)设施和船载设备共同组成,是一个集网络技术、现代通信技术、计算机技术、电子信息显示技术于一体的新型数字助航系统和设备。AIS 还包括利用和使用 AIS 信息的各种应用系统。

船舶 AIS 由舰船飞机敌我识别器发展而成，配合全球定位系统(GPS)将船位、船速、改变航向率以及航向等船舶动态结合船名、呼号、吃水以及危险货物等船舶静态资料，由甚高频频道向附近水域船舶及岸台广播，使邻近船舶及岸台能及时掌握附近海面所有船舶的动态及静态资讯，得以立刻互相通话协调，采取必要避让行动，对船舶安全有很大帮助。

2. 船舶自动识别系统的基本功能

船舶 AIS 最基本的功能是船对船、船对岸的信息交换。它能把船舶信息诸如识别码、位置、航向、速度等发送到其他船舶或岸上，并能以快速的更新频率处理多路通信。

岸基 AIS 则可以通过接收船载 AIS 广播发射的识别码、船位、航向、航速、船舶长度、船型和货物信息，使用适当的标绘显示系统，标绘海上交通状况，同时可以建立航行船舶数据库，以利于日后跟踪查询船舶航行信息。

船载 AIS 在无须船员干预的情况下，连续、自动地发射识别码、船位、航向、航速、船舶长度、船型和货物信息，同时连续、自动接收其他船舶或岸基台站发射的信息。船载 AIS 使用适当的标绘显示系统时，通过接收目标船发射的位置信息、航速、航向信息，可以计算两船会遇的最近点和到达最近点的时间，因此可以快速、自动和准确地提供有关碰撞危险信息，同时也接收岸基 AIS 台站发射的航行通告、警告信息。

船舶 AIS 信息服务的目的主要包括：识别船舶，帮助跟踪目标，简化和促进信息交换，为避免碰撞提供辅助信息，减少口头的强制船舶报告，实现交通运输管理信息化。

利用 AIS 可设置虚拟航标、为事故调查取证提供证据、完成航路分析、向港口提供船舶流量统计图表等。从功能方面来看，AIS 已逐渐成为保障航行安全的主要基础设施和系统，是实现海事航标快速发展和水路运输可持续发展的重要保障。

(二)航标遥测遥控系统

1. 航标遥测遥控系统结构

航标遥测遥控系统利用现代网络技术、电子海图技术、GPS 技术、通信技术和数据处理技术来实现。航标遥测遥控系统主要分为航标监测和航标控制两部分。航标终端采用 GPRS 无线移动数据传输方式，通过虚拟专网(VPN)和航道分局的数据库服务器建立连接，数据传输采用传输控制协议/网际协议(TCP/IP)模式；航道分局的服务器通过数传专网和航道局的服务器进行互联，数据通过数据库同步的方式进行传输。

2. 航标遥测遥控系统的基本功能

1) 监测功能

基于 AIS 航标，将采集到的航标健康状态数据，以二进制电文格式，周期性或按要求发送给航标管理部门。航标健康状态参数主要有航标设备运行参数、主副电机工作状态、供电系统参数、环境参数等。

2) 控制功能

航标管理中心通过航标遥测遥控系统界面，向指定航标发布相关数据信息。管理中心通过设置航标的健康状态参数，控制航标的运行状态，并可实时获取航标的相关信息。

(三)船舶远程识别和跟踪系统

船舶远程识别与跟踪系统(long range identification and tracking of ships，LRIT)通过从船载自动识别系统提取船舶识别码、船位和时间等数据，并利用全球海上遇险和安全系统(GMDSS)的 Inmarsat-C 或高频(HF)设备以固定的时间间隔发送 LRIT 数据，经计算机对数据处理，实现船舶的远程识别与跟踪。

1. 船舶远程识别和跟踪系统的组成

LRIT 由船载终端设备、通信服务提供商(CSP)、应用服务提供商(ASP)、数据中心(DC)、国际数据交换(IDE)和数据分配计划(DDP)等组成。其基本原理是航行船舶通过卫星通信把 LRIT 信息发送到陆地地球站，地球站再通过 ASP 和 LRIT 分配网络转发到经国际海事组织(IMO)授权的用户终端——IMO 缔约国政府，后者就可以实现对航行船舶进行全球性识别和跟踪。

LRIT 还可以把 LRIT 信息(预先设定发送时间的船位报告、被要求发送的船位报告和事件报告)发送给其他经授权的用户。

2. 船舶远程识别和跟踪系统的基本服务功能

海上保安主要包括加强船舶的保安和沿岸国、港口国的保安，为海上搜寻救助提供信息支持。环境保护主要为调查海上非法排放、溢油事故等方面提供信息支持。其他用途包括：通过与 AIS 数据的整合，建立船舶监控系统，应用于卫生防疫、海关等相关管理部门，应用于全球航运生产和管理等。

LRIT 信息内容主要包括：船舶身份、船舶位置(经度和纬度)、提供位置的日期和时间[协调世界时(UTC)时间]。在 LRIT 中，对于船舶有三种身份：船旗国、港口国和沿岸国。船旗国主管当局有权接收悬挂其国旗的船舶位置信息；港口国政府有权接收表明意图进入该缔约国港口设施或地点的船舶的信息，只要这些船舶不位于根据国际法规定的另一缔约国政府的基线近陆水域内；沿岸国政府有权接收在其沿岸不超过 1000 海里距离内航行的其他国家的船舶信息，只要该船舶不位于根据国际法规定的另一缔约国政府的基线近陆水域内或者船舶悬挂其国旗的缔约国政府领水内。

(四)海事卫星

海事卫星是一个提供各类通信服务的综合系统，服务包括：电话、传真、数据(IP 和电路)、图像和图片、遇险安全通信等。海事卫星经历了四代发展。第一代：inmarsat—A 站，可以为水上交通通信提供模拟话音、传真、数据服务。第二代：inmarsat—B 站、inmarsat—C 站，可以为水上交通通信提供数字话音、传真、低速数据服务。第三代：inmarsat M，mini—M，F 站，可以为水上交通通信提供话音、传真、综合业务数字网(ISDN)、移动包交换数据业务(MPDS)服务。第四代 BGAN、卫星手机，可提供 500Kbit/s 的 IP 数据服务，为水上交通通信提供高速数据传输网络。

第四节 航空运输设施设备

航空运输是指利用航空器及航空港进行空中客、货运输的一种方式。作为交通运输体系的重要组成部分之一，航空运输与其他运输方式分工协作，相辅相成，共同满足社会对运输的各种需求。航空运输因其突出的高速直达性，在整个交通运输体系中具有特殊的地位，促进了全球经济、文化的交流和发展，拥有很大的发展潜力。在各种航空器中，飞机是主要的运输工具，因此航空运输主要指的是飞机运输。

航空运输体系不仅包括飞机、机场、空中交通管理系统和飞行航线，而且包括商务运行机务维护、航空供应、油料供应、地面辅助及保障系统等。这些组成部分有机结合、分工协作，共同完成航空运输的各项业务活动。

一、航空运输的发展历程和现状

(一)航空运输发展历程

航空运输开始于第一次世界大战的后期，当时主要是进行航空邮件的传递。电子和信息技术的发展，使航空运输飞行安全保障能力不断提高。1920 年，第一代空中交通管制员只能站在跑道两端，用小旗和信号枪进行指挥。1930 年，美国 Cleveland 机场建成了世界上第一座装备无线电台的塔台。1935 年，世界上第一个用于仪表飞行的空中交通管制中心在美国 Newark 机场建成。20 世纪 40 年代，能够监视飞行动态的雷达投入使用。20 世纪 50 年代，用于导航的全向信标和测距仪投产。20 世纪 60 年代，出现计算机雷达数据和飞行计划处理系统以及自动转报网。20 世纪 70 年代，出现空地数据通信和卫星导航。20 世纪 80 年代，国际民航组织提出新一代航行系统方案。20 世纪 90 年代，开始进入系统方案的实施阶段。

航空运输的国际化使航空运输业的运行和管理模式日趋成熟、完善。在国际民航组织(International Civil Aviation Organization，ICAO)成立后的 50 多年里，随着科学技术的不断进步和标准规范的逐步完善，全世界的航空运输事业得到了迅猛的发展。

(二)我国航空货运现状

我国于 1949 年 11 月成立中国民用航空局，揭开民航事业发展的新篇章。从那时开始，我国民航事业在航空运输、通用航空、机群更新、机场建设、航线布局、航行保障、飞行安全、人才培训等方面都保持了快速发展的势头，取得了举世瞩目的成就。

2021 年，我国民航业完成运输总周转量为 856.75 亿吨公里，比上年增长 7.3%。其中，国内航线完成运输总周转量为 641.14 亿吨公里，国际航线完成运输总周转量为 215.61 亿吨公里。完成货邮运输量为 732 万吨，全行业保障国际货运航班 20 万班，同比增长 8.2%，其中，"客改货"航班 6.9 万班。2021 年，我国与 52 个国家的 122 个境外航点保持定期货运航班飞行，包括定期全货运航班和定期"客改货"航班，计划每周航班量同比增长 34.2%和 66.2%。

为了推动全球，特别是中国经济的快速发展及供应链的安全运行，中国航空货运行业积极拓展货运运营模式，提升客机腹舱装载率、增加临时货运包机、开展"客改货"业务，提高整体运行效率。同时，多家货运公司增加服务范围，拓展发展领域；推出网上订舱和包机平台，加快货运数字化转型；巩固与公路、铁路的衔接，推进多式联运服务；加强与供应链各方的合作，整合供应链。疫情期间，中国航空货运行业齐心协力克万难，争分夺秒抢机遇，为国内、国际双循环提供航空货运保障。根据海关总署公布数据，2021年，中国一般贸易进出口为 24.08 万亿元，同比增长 24.7%。其中，出口为 13.24 万亿元，增长 24.4%；进口为 10.84 万亿元，增长 25%。航空运输占较大比重的机电产品，出口增长了 20.4%，进口增长了 12.2%；笔记本电脑、平板电脑、家用电器等宅经济相关产品出口合计增长了 13.2%；出口汽车零配件和纺织品分别增长了 26.7% 和 14.1%。

机场

二、机场

(一)机场的功能

机场是供飞机起飞、着陆、停驻、维护、补充给养及组织飞行保障活动所用的场所，包括相应的空域及相关的建筑物、设施与装置。它是民航运输网络中的节点，是航空运输的起点、终点和经停点。从交通运输角度来看，民航运输机场是空中运输和地面运输的转接点。它一方面要面向空中，送走起飞的飞机，迎来着陆的飞机；另一方面要面向陆地，供客、货和邮件进出。机场实现运输方式的转换，因此也可以称作航空站(简称为航站)。

(二)机场的分类与等级划分

1. 机场类别

(1) 按航线性质，机场可划分为国际航线机场(国际机场)和国内航线机场。国际机场有国际航班进出，设有海关、边防检查、卫生检疫和动植物检疫、商品检验等政府联检机构。国内航线机场是供国内航班使用的机场，在我国还包括地区航线机场(指在内地与香港、澳门等地区之间航班飞行使用的机场，设有类似国际机场的政府联检机构)。

(2) 按机场在民航运输网络系统中所起的作用，机场可划分为枢纽机场、干线机场和支线机场。航线密集且中转比例较高的机场称为枢纽机场。干线机场通过骨干航线连接枢纽机场，空运量较为集中。而支线机场则空运量较少，航线多为本省区内航线或邻近省区支线。

(3) 按机场所在城市的性质、地位，机场可划分为Ⅰ、Ⅱ、Ⅲ、Ⅳ类。

Ⅰ类机场，即全国经济、政治、文化中心(大城市)的机场，是全国航空运输网络和国际航线的枢纽，运输业务繁忙，除承担直达客货运输外，还具有中转功能。北京、上海、广州三个城市的机场均属于此类机场，亦为枢纽机场。

Ⅱ类机场，即省会、自治区首府、直辖市和重要的经济特区、对外开放城市，或经济发达、人口密集城市的机场，亦为干线机场。

Ⅲ类机场，即国内经济比较发达的中小城市，或一般对外开放城市的机场，也可称为次干线机场。

Ⅳ类机场，即省区内经济较发达的中小城市，或经济欠发达但地面交通不便的城市的机场，也称为支线机场。

2. 机场等级

(1) 飞行区等级。飞行区等级由第一要素代码(飞行区指标Ⅰ)和第二要素代字(飞行区指标Ⅱ)的基准代号划分,用来确定跑道长度或所需道面强度,即能起降机型的种类。表5-5中的代码表示飞机基准飞行场地长度。它是指某型飞机以最大批准起飞质量,在海平面、标准大气条件(15℃、1个大气压)、无风、无坡度情况下起飞所需的最小平衡场地长度。表5-5所示的代字应选择翼展或主起落架外轮外侧边的间距两者中要求较高者。

表5-5 飞行区等级划分表(飞行区基准代号表)

第一要素		第二要素		
代码	飞行基准飞行场地长度/m	代字	翼展	主起落架外轮外侧边的间距/m
Ⅰ	<800	A	<15	<4.5
Ⅱ	800(含)~1200	B	15(含)~24	4.5(含)~6
Ⅲ	1200(含)~1800	C	24(含)~36	6(含)~9
Ⅳ	≥1800	D	36(含)~52	9(含)~14
		E	52(含)~65	9(含)~14
		F	65(含)~80	14(含)~16

(2) 跑道导航设施等级。跑道导航设施等级按照配置的导航设施能提供飞机以何种进近(又叫进场,指飞机在机场上空由地面管制人员指挥对准跑道下降的阶段,飞机需要按规则绕机场飞行后直接对准跑道、减速、放下襟翼和起落架)程序飞行来划分。其中非仪表跑道是供飞机用目视进近程序飞行的跑道,代字为V。仪表跑道是供飞机用仪表进近程序飞行的跑道,可分为以下几种。①非精密进近跑道装备相应的目视助航设备和非目视助航设备的仪表跑道,能足以对直接进近提供方向性引导,代字为NP。②Ⅰ类精密进近跑道装备仪表着陆系统和(或)微波着陆系统以及目视助航设备,能供飞机在决断高度低至60m和跑道视程低至800m时着陆的仪表跑道,代字为CATⅠ。③Ⅱ类精密进近跑道装备仪表着陆系统和(或)微波着陆系统以及目视助航设备,能供飞机在决断高度低至30m和跑道视程低至400m时着陆的仪表跑道,代字为CATⅡ。④Ⅲ类精密进近跑道装备仪表着陆系统和(或)微波着陆系统的仪表跑道,引导飞机直至跑道,并沿道面着陆及滑跑。

目前,我国民用机场尚无Ⅲ类精密进近跑道,Ⅱ类精密进近跑道也不多(如北京首都机场、上海浦东机场),大都是Ⅰ类精密进近跑道。

(3) 机场的救援和消防等级。救援和消防勤务的首要目标是在飞机失事或事故发生的情况下拯救人员的生命。为此,必须要有足够救援和消防的手段。机场的救援和消防等级以计划正常使用该机场的飞机外形尺寸(飞机机身全长和最大机身宽度)最大者为依据。

(三)机场的构成

机场主要由三部分构成,即飞行区、航站区及进出机场的地面交通系统。飞行区是机场内用于飞机起飞、着陆和滑行的区域,通常还包括用于飞机起降和盘旋的空域在内。飞行区由跑道系统、滑行道系统和机场净空区构成。

航站区是飞行区与机场其他部分的交接部。航站区包括旅客航站楼、站坪、车道边、站前停车设施等。进出机场的地面交通系统通常是公路,也包括铁路、地铁(或轻轨)和水运码头等。其功能是把机场和附近城市连接起来,将旅客和货邮及时运进或运出航站楼。

机场的设施包括目视助航设施、通信导航设施、空中交通管制设施以及航空气象设施、供油设施、应急救援设施、动力与电信系统、环保设施、旅客服务设施、安检设施、保安设施、货运区及航空公司区等。

其中,空中交通管制设施是为了保证航空器飞行安全及提高空域和机场飞行区的利用效率而设置的各种助航设备和空中交通管制机构及规则。助航设备分为仪表助航设备和目视助航设备。仪表助航设备是指用于航路、进近、机场的管制飞行的装置,包括通信、导航、监视设备(雷达)等。目视助航设备是指用于引导飞机降落、滑行的装置,包括灯光、信号、标志等。

空中交通管制机构通常按区域、进近、塔台设置。空中交通管制规则包括飞行高度层配备,垂直间隔、水平间隔(侧向、纵向)的控制等。管制方式分为程序管制和雷达管制。

三、飞机

(一)系统构成

飞机系统主要有飞机操纵系统、液压传动系统、燃油系统、空气调节系统、防冰系统等。飞机操纵系统用于传递驾驶员的操纵动作,驱动舵面或其他有关装置,改变和控制飞行姿态。飞机采用液压传动系统控制操纵系统、起落架系统等。燃油系统用于贮存飞机所需的燃油,并保证飞机在各种飞行姿态和工作条件下,按照要求的压力和流量连续可靠地向发动机供油。此外,燃油还可以用来冷却飞机上的有关设备和平衡飞机等。

飞机在高空飞行气象条件较好,风速与风向稳定,保持相对空速时,发动机消耗的燃料比低空时少,航程与续航时间可相应增大,经济性提高。因此,现代大、中型旅客运输机的巡航高度都在7000~10000米。但高空飞行时的低压、缺氧和低温使人体难以承受,因此现代飞机都采用了气密座舱和座舱空气调节系统。座舱空气调节系统能在飞行高度范围内,向座舱供给一定压力、温度的空气,并按照需要调节,保证飞机上人员的舒适与安全。

飞机在高空飞行时,大气温度都在0℃以下。飞机防冰系统,是指防止飞机表面某些凸出部位结冰或在结冰时能有效地除去冰层的设备。机翼和尾翼前缘,或在螺旋桨前缘、进气道前缘以及驾驶舱风挡玻璃上结冰,严重时会使飞行发生危险,例如,机翼和尾翼前缘结冰可能改变翼剖面形状,使升力降低,阻力加大,甚至使飞行操纵困难和飞行不稳定,其他部位结冰也都会带来各种各样的困难。为此,在易于结冰的部位应安装防冰设备。根据防冰所采用能量形式的不同,可分为机械除冰系统、电脉冲防冰系统、液体防冰系统、热空气防冰系统和电热防冰系统。

(二)航空集装设备

飞机载货时,由于起降过程倾角大、空中气流频繁变化、飞机颠簸,舱内货物若任意放置、不加约束,容易四处飘散甚至互相冲撞,不但会造成货物损坏,而且会对飞行安全造成威胁。因此,货物通常放置在集装设备内,舱内设有固定集装设备的设施。

航空集装设备主要是指为提高运输效率而采用的集装箱、集装板等成组装载设备。航空集装箱是根据飞机货舱的形状设计的，以保证货舱有限空间的最大装载率，所以空运集装箱有部分是截角或圆角设计。为使用这些设施，飞机甲板和货舱都设置了与之相应的固定系统。由于航空运输的特殊性，这些集装设备无论是从外形构造还是从技术性能指标方面来看，都具有其自身的特点。

1. 航空集装箱

(1) 航空集装箱的特点。航空集装箱与国际标准集装箱在箱体结构、使用材料方面都存在巨大的差异，主要特点包括：①必须尽量降低空运集装箱的自身质量，因而构成箱体的材料以铝合金为主，并符合 GB/T15140 的规定；②在符合强度和刚度要求的前提下，应尽可能减少其自身质量；③箱体本身及其内部结构均应考虑限动装置，其中包括货物在箱内的限动和箱体在机舱内的限动；④当机舱内出现快速失压时，箱体的内压要能够与机舱压力相适应，要求箱体至少有 $5cm^2/m^3$ 的通气面积；⑤箱体的内、外表面要避免出现尖角和棱边以及过于粗糙的表面；⑥对于设有叉槽的箱体，进叉口和支承座应能将其承受的载荷传至下底座，但下底座所承受的压力不可超过 9.55kPa；⑦在箱体外部的适当位置要装有供人力移箱的拉手，每处拉手在任何方向均应当能够承受 4449N 的拉力。

(2) 航空集装箱的种类。根据放置在飞机机舱的位置，航空集装箱分为主货舱用的集装箱和下部货舱用的集装箱。根据适用的联运方式，其分为空陆集装箱和空陆水集装箱。根据装运的货物，其分为普通货物集装箱和特殊货物集装箱(如冷冻集装箱)，其中，冷冻集装箱主要用于运送鲜活物品，如水果、蔬菜、海鲜等，内设干冰箱恒温。根据制造材料，其分为硬体集装箱和软体集装箱。

(3) 航空集装箱常用型号。普通货物集装箱一般用于运载一般货物、行李和邮件等。目前常用的普通货物航空集装箱主要有 AKE 集装箱、AMF 集装箱、AAU 集装箱和 AMA 集装箱四种。

2. 航空集装板

航空集装板是一块平面的铝板。货件放置在板上，由绳网固定。根据集装板尺寸、重量、最高可容重量、适载机型的不同，主要分为 PGA、PMC、PQP、P6P、PEB、P1P、PAG、PLA 八种。

(三)航空货物尺寸规定

(1) 货物重量按毛重计算，计量单位为 kg。重量不足 1kg 的尾数四舍五入。每张航空货运单的货物重量不足 1kg 时，按 1kg 计算。贵重物品按实际毛重计算，计算单位为 0.1kg。

(2) 非宽体飞机载运的货物，每件货物重量一般不超过 80kg，体积一般不超过 40cm×60cm×100cm。宽体飞机载运的货物，每件货物重量一般不超过 250kg，体积一般不超过 100cm×100cm×140cm。超过以上重量和体积的货物，承运人可依据机型及出发地和目的地机场的装卸设备条件，确定收运货物的最大重量和体积。

(3) 每件货物的长、宽、高之和不得小于 40cm。

(4) 每公斤货物体积超过 $6000cm^3$ 的，为轻泡货物。轻泡货物以每 $6000cm^3$ 折合 1kg 计重。

(四)空中交通运行与管控

航路与航班

1. 航路

空中航路是指根据地面导航设施建立的供飞机作航线飞行之用的具有一定宽度的空域。该空域以连接各导航设施的直线为中心线,规定有上限和下限高度及宽度。民航航路是由民航主管当局批准建立的一条由导航系统划定的空域构成的空中通道,在这个航路上空中交通管理机构要提供必要的空中交通管制和航行情报服务。

航路的宽度取决于飞机能保持按指定航迹飞行的准确度、飞机飞越导航设施的准确度、飞机在不同高度和速度飞行的转弯半径,并需增加必要的缓冲区。因此空中航路的宽度不是固定不变的。按照《国际民用航空公约》规定,当两个全向信标台之间的航段距离在 50 海里以内时,航路的基本宽度为航路中心线两侧各 4 海里;如果距离在 50 海里以上时,根据导航设施提供飞机航迹引导的准确度进行计算,可以扩大航路宽度。

2. 航线

飞机飞行的路线称为航线,航线确定了飞机飞行的具体方向、起讫地点和经停地点。开辟航线实际上是有一定技术要求和含义的,因此需要按照飞机性能等要求选定飞行的航路,对高度、宽度、路线都有严格的规定,偏离这条安全通道,就有可能存在失去联络、迷航、与高山等障碍物相撞的危险。同时,必须确保飞机在航路上飞行的整个过程中,能时时刻刻与地面保持联系。

航线按照运营模式不同,分为固定航线与非固定航线两种。固定航线用于定期航班运行;非固定航线用于临时性的航空运输或通用航空运行。航线按照起讫地点的归属不同,分为国际航线、地区航线和国内航线三大类。

(1) 国际航线:飞行的路线连接两个国家或两个以上国家的航线。在国际航线上进行的运输是国际运输,如果一个航班的始发站、经停站、终点站中的任意一点在外国领土上,都叫作国际运输。

(2) 地区航线:在一国之内,各地区与有特殊地位地区之间的航线。

(3) 国内航线:在一个国家内部的航线,又可以分为干线、支线和地方航线三大类。

3. 航班

航班是指飞机由始发站按规定的航线起飞,经过经停站至终点站或不经经停站直达终点站的运输飞行。在国际航线上飞行的航班称为国际航班,在国内航线上飞行的航班称为国内航班。

为方便运输和旅客,每个航班均编有航班号。一般规律如下:中国国际航班的航班号是由执行该航班任务的航空公司的两字代码和三个阿拉伯数字组成。其中,最后一个数字为奇数者,表示由基地出发的去程航班;最后一个数字为偶数者,表示返回基地的回程航班,如 MF851 指厦门航空公司承担的自厦门飞往首尔的国际航班。

中国国内航班的航班号由执行航班任务的航空公司的两字代码和三个或四个阿拉伯数字组成,如有四个阿拉伯数字,则其中第一位数字表示执行该航班任务的航空公司或该公司基地所在地区。第二位数字表示该航班终点站所在地区(1 为华北,2 为西北,3 为华南，4 为西南，5 为华东，6 为东北，8 为福建，9 为新疆)。第三、四位数字表示班次，即该航班的具体编号。其中，第四位数字若为奇数，则表示该航班为去程航班；若为偶数，则为回程航班。表 5-6 所示为中国部分航空公司的两字代码及常用代号。

表 5-6　中国部分航空公司的两字代码及常用代号

航空公司名称	两字代码及常用代号	航空公司名称	两字代码及常用代号
中国国际航空公司	CA1	中国东方航空公司	MU5
中国西南航空公司	SZ4	中国南方航空公司	CZ3
中国西北航空公司	WH2	中国北方航空公司	CJ6
海南航空公司	HU7	厦门航空公司	MF8
云南航空公司	3Q	上海航空公司	FM
中航浙江航空公司	F6	四川航空公司	3U
深圳航空公司	ZH	中国新华航空公司	HU
新疆航空公司	XO9	山东航空公司	SC
武汉航空公司	WU	长安航空公司	9H

4. 空中交通管制

1) 程序管制

程序管制是依照空中交通管制规则、机场和航路的有关规定，依靠通信手段进行管制的方法。它要求机长报告飞行中的位置和状态，管制员依据飞行时间和机长的报告，通过精确的计算，掌握飞机的位置和航迹。程序管制的主要职责是为飞机配备安全间隔。部分间隔规定如下。

机场放行仪表飞行的时间间隔规定：相同速度、相同航迹、相同巡航高度时，前一架飞机起飞后 10 分钟，放行后一架飞机；跨海洋飞行时，为 20 分钟。相同速度、相同航迹、不同巡航高度时，前一架飞机起飞后 5 分钟，放行后一架飞机。不同速度、相同航迹时，速度较快飞机起飞后 2 分钟，放行速度较慢飞机。

航路仪表飞行穿越航线的时间间隔规定：当穿越处无导航设备，在穿越航线中心线时，保持与其他飞机时间间隔不少于 15 分钟；当穿越处有导航设备，在穿越航线中心线时，保持与其他飞机时间间隔不少于 10 分钟。

2) 雷达管制

雷达管制是依照空中交通管制规则，依靠雷达监视的手段进行管制的方法。它对飞行中的飞机进行雷达跟踪监视，随时掌握飞机的航迹位置和有关的飞行数据，并主动引导飞机运行。

(1) 雷达识别。在向飞机提供雷达管制服务前，管制员必须对飞机进行识别确认，识别方法如下。

二次雷达的识别：从雷达标牌上认出该飞机的识别标志；直接认出具有 S 模式设备航空器的识别标志；通过雷达识别的移交；通过使用应答机识别。

一次雷达的识别：飞机起飞后，其雷达目标在起飞跑道端 2km 以内被发现；飞机在某定位点或目视飞行报告点的位置显示与机组报告的一致，并且其航迹也与报告的航向和飞行的航线一致；转弯识别；通过识别移交。

(2) 雷达引导。雷达管制员通过指定飞机的应飞航向实施雷达引导，应引导航空器尽可能沿便于驾驶员利用地面设备检查自身位置及恢复自主领航的路线飞行，避开已知的危险天气。

(3) 雷达间隔。雷达管制员通过综合考虑航空器的航向、速度、雷达限制、工作负荷等各种因素来确定航空器之间的最小安全间隔，并保证不能低于此安全间隔。

第五节　管道运输设施设备

我国的管道网建设始于 20 世纪 50 年代末期新疆建成的全长为 147km、管径为 150mm的克拉玛依—独山子输油管道。截至 2021 年，我国油气管道总里程超过 18 万公里，覆盖全国 30 多个省份和香港特别行政区，四大油气进口战略通道全面建成，油气骨干管网保障体系基本形成，干线管道互联互通基本实现。管道运输(pipeline transport)已成为我国继铁路、公路、水路、航空运输之后的第五大运输行业，在保障国家能源安全方面发挥了巨大作用。

一、管道运输设施设备概述

(一)管道运输的定义及原理

管道运输是指用加压设施加压流体(液体或气体)或流体与固体混合物，通过管道将其输送到使用地点的一种运输方式。所输送的货物主要是油品(原油和成品油)、天然气(包括油田伴生气)、煤浆以及其他矿浆。其运输形式是靠物体在管道内顺着压力方向循序移动实现的，和其他运输方式的重要区别在于管道设备是静止不动的。管道运输是大宗流体货物运输最有效的方式。在当今世界，大部分的石油、绝大部分的天然气是通过管道来运输的。虽然石油的远洋运输以大型油轮运输最为经济，但是在石油开发到成品油交付用户的整个生产、销售链中，管道运输几乎是不可缺少的环节。

管道运输的原理是通过压力差，使管内的流体从高压处向低压处流动。输送过程中，由于摩擦损失及高程差，流体的压力逐渐下降。为了给流体加压，长距离管道中需要设置中间泵站(液体管道)或压缩机站(气体管道)。

(二)管道的分类

1. 按照敷设方式分类

1) 埋地管道

陆地上大多数输送管道都采用埋地方式敷设。埋地管道作为油气的传输载体，地面工程的重要设施之一，是连接上游资源和下游用户的纽带。管道长期埋在地下，随着时间的推移，外界土壤特性及地形沉降等因素的影响，会发生腐蚀、穿孔、泄漏，带来严重的损失。除了考虑更换设备和构件费、修理费、防腐费、停产损失、产品流失损失等严重经济损失外，管道腐蚀还会引起有害物质的泄漏，对环境造成污染，甚至还会引起突发的灾难事故，危及人身安全。对于输送天然气的长输管道和集输管网，管道外防腐技术的采用和施工质量直接关系到管道的安全运行和使用寿命。由于管道穿越地区地形复杂、土壤性质千差万别，埋地钢质管道需要采取不同的外防腐措施。

2) 架空管道

架空管道是指架设在地面或水面上空的用于输送气体、液体或松散固体的管道。其一般由跨越结构、支撑结构和基础三部分组成。

3) 水下管道

水下管道是敷设在江、河、湖、海的水下用来输送液体、气体或松散固体的管道。水下管道不受水深、地形等条件限制，输送效率高，耗能少。大多数埋于水下土层中，因而检查和维修较困难。登陆部分常处于潮差段或波浪破碎区，易受风浪、潮流、冰凌等影响，在规划和设计时要考虑预防措施。

2. 按照输送介质分类

1) 输油管道

输油管道又可分为原油管道和成品油管道。原油运输主要是自油田将原油输送给炼油厂，或输送给转运原油的港口，或铁路车站，或两者兼而有之。世界上的原油因其输送量大、运距长、收油点和交油点少等特点，特别适宜用管道输送，85%以上的原油是用管道输送的。成品油管道输送汽油、煤油、柴油、航空煤油和燃料油，以及从油气中分离出来的液化石油气等。每种成品油在商业上有多种牌号，常采用在同一条管道中按一定顺序输送多种油品的工艺，这种工艺能保证油品的质量和准确地分批运到交油点。

成品油管道的任务是将炼油厂生产的大宗成品油输送到各大城镇附近的成品油库，然后用油罐汽车转运给城镇的加油站或用户。有的燃料油直接用管道输送给大型电厂，或用铁路油罐车外运。其运输特点是：批量多，交油点多。因此，管道的起点段管径大，输油量大，经过多处交油点分散输送以后，输油量减少，管径亦随之变小，从而形成成品油管道多级变径的特点。

2) 输气管道

输气管道是输送天然气和油田伴生气的管道，包括集气管道、输气干线和供配气管道。就长距离运输而言，输气管道是指高压、大口径的输气干线。这种输气管道的总长约占全世界管道总长的一半。

3) 固体料浆管道

固体料浆管道主要用于输送煤、铁矿石、磷矿石、铜矿石、铝矾土和石灰石等矿物，配置浆液主要用水，还有少数采用燃料油或甲醇等液体作载体。其输送方法是将固体粉碎，与适量的液体配置成可用泵输送的浆液，再用泵按液体管道输送工艺进行输送。到达目的地后，将固体与液体分离后送给用户。

3. 按照用途分类

1) 集输管道

集输管道(或集气管道)是指从油(气)田井口装置经集油(气)站到起点压力站的管道，主要用于收集从地层中开采出来的未经处理的原油(天然气)。

2) 输油(气)管道

以输气管道为例,是指从气源的气体处理厂或起点压气站到各大城市的配气中心、大型用户或储气库的管道,以及气源之间相互连通的管道,输送经过处理、符合管道输送质量标准的天然气,是整个输气系统的主体部分。

3) 配油(气)管道

对于配油品管道来说,它是指在炼油厂、油库和用户之间的管道。对于配气管道来说,它是指从城市调压计量站到用户支线的管道。该类管道压力低、分支多、管网稠密、管径小,除大量使用钢管外,低压配气管道口也可用塑料管或其他材质的管道。

二、输油管道运输设备

(一)输油管道的组成

1. 输油站

沿管道干线为输送油品而建立的各种作业场站统称为输油站。按照其所处的位置不同,可分为首站(起点站)、中间站和末站(终点站)。

1) 首站(起点站)

输油首站通常位于油田、炼油厂或港口附近,是长距离输油管道的起点。其主要任务是接收来自油田、炼油厂或港口的油品并经计量、加压(或加热)后输送到下一站。有的起点站兼有油品预处理(如原油稳定、脱盐、脱水、脱杂质;柴油、汽油脱水;顺序输送的成品油着色等)、清管器发送、污油的收集处理等功能。首站主要由泵组、阀门组、油品计量和标定装置、油罐区、油品加热装置以及水、电、燃料供给和消防等辅助设备组成。

2) 中间站

输送过程中由于摩擦、地形高差等,油品压力不断下降,因此在长距离管道中途需要设置中间输油泵站,给油品增压。中间站按照其任务的不同,又可分为中间泵站、加热站、热泵站、分(合)输站等。

中间泵站的主要设备有输油泵、加热炉、阀门等。中间输油站与上一站来的管道衔接的方式有开式旁接油罐方式和密闭从泵到泵输送方式两种。后一种方式是现有输油管道所普遍采用的。密闭输送的中间站,一般只进行正向输油和越站两种作业。

正常运行时,上一站来油先经过换热器进行加热,再经过输油泵加压后输往下一站。当需要越站输送时,可以关闭进出站网门,由上一站将油品直接输往下一站。通过站内阀门的控制,也可进行只加热而不加压的越站运行或只加压而不加热的越站运行。

油品先加热后进泵,可降低进泵油品的黏度,以提高泵的效率。加热装置在低压下工作,既安全又节约钢材。站内设有辅助增压泵时,油品加热装置应设在辅助增压泵之后和输油主泵之前,这样不但保持先加热后进泵的优点,而且使油流有足够压力进入主泵。

3) 末站(终点站)

管道终点的输油站称为末站,接收管道来油,将合格的油品输送给收油单位,或改换运输方式,如铁路、公路或水路运输。其主要任务是解决管道运输和其他运输方式之间的不均衡问题。末站除了设有庞大的油罐区,还有用于油品交接的较准确的计量系统以及油品传输设备,如铁路装油栈桥、水运装油码头及与之配套的泵机组等。

输油站包括生产区和生活区两部分。生产区内又分为主要作业区与辅助作业区。

(1) 输油站的主要作业区包括输油泵房、加热系统、站控室、油罐区、阀组间、计量间和清管器收发装置等。站控室是输油站的监控中心，是站控系统与中央控制室联系的枢纽。阀组间由管汇和阀门组成，用于改变输油站的流程。计量间用于管理输油品的交接计量。输油管道上常用的是容积式流量计，如原油管道上一般用腰轮流量计、刮板流量计，对黏度较小的油品多用涡轮流量计。清管器收发装置由清管器发放、接收筒及相应的控制系统组成。清管器用于清除施工过程中遗留在管内的机械杂质等堆积物，以及清除输油过程中沉积在管内壁上的石蜡、油砂等沉积物。检测管子变形和腐蚀状况的内检测器也通过清管器收发装置发送及接收。

油罐区容量的大小要根据转运方式的转运周期、一次运量、运输条件及管道输量等因素综合考虑，如转换为海运，则一次装油量大、周转期长，又要受台风等气候条件的影响，故需较大的储油罐区。输送单一油品的首末站罐区容量一般不小于 3 天的管道最大输量。

(2) 输油站的辅助作业区包括供电系统、输油管道的自控与生产调度，以及日常运行管理等所需的通信系统、供热系统、供排水系统、消防系统、机修间、油品化验室、办公室等。

2. 管线

输油管道的线路(即管线)部分包括管道，沿线阀室，穿越江河、山谷等的设施和管道阴极防腐保护设施等。为保证长距离输油管道的正常运营，还设有供电和通信设施。

输送轻质油或低凝点原油的管道无须加热，油品经一定距离后，管道内的油温等于管线埋在深处的地温，这种管道称为等温输油管，它无须考虑管内油流与周围介质的热交换。对易凝固、高黏度的油品，不能采用这种方法输送，因为当油品黏度极高或其凝固点远高于管路周围环境温度时，每公里管道的压强将高达几个甚至几十个大气压，这种情况下，加热输送是最有效的办法。因此，热油输送管道不仅要考虑摩阻的损失，还要考虑散热损失，输送工艺更为复杂。

(二)输油管道的主要设备

1. 输油泵

泵是一种将机械能(或其他能)转化为液体能的液力机械，也是国内外输油管线广泛采用的原动力设备，是输油管线的心脏。离心泵通过离心力作用完成介质的输送任务。用于长输管道的输油泵有离心泵和往复泵两种，往复泵只在特殊条件下才使用。

离心泵的扬程随排量增大而减小，出口阀门关闭时，流量为零，扬程达到最大值。离心泵自吸能力低，大排量的离心泵要求油流正压进罐。离心泵的工作特性和效率受油品黏度影响较大，因此，离心泵适用于大量输送低黏度油品。离心泵可用电动机或燃气轮机等高转速动力机直接驱动，效率可达 80%～86%，是输油管道的主要泵型。图 5-39 所示为离心泵。

2. 输油泵站

输油泵站设于首站和中间站，它的基本任务是供给油流一定的能量(压力能或热能)，将油品输送到终点站(末站)。输油泵站包括生产区和生活区两部分。生产区又可分为主要作业区和辅助作业区。主要作业区的设备或设施包括输油泵房、总阀室、清管器收发装置、计量间、油罐区、油品预处理装置(多设于首站)、加热炉或换热器组等;辅助作业区包括供电系统、供热系统、供水系统、排污与净化系统、车间与材料库、机修间、调度及监控中心、油品化验室与微波通信设备等。生活区指供泵站工作人员及家属居住的区域。

图 5-39　离心泵

3. 加热装置

加热装置是热泵站的主要设备之一。在原油输送过程中对原油采用加热输送的目的是使原油温度升高,防止输送过程中原油在输油管道中凝结,减少结蜡,降低动能损耗。

常用的加热方法有以下几种。① 直接加热方法,是使原油在加热炉炉管内直接加热,即低温原油先经过对流室炉管被加热,再经过辐射室炉管被加热到所需要的温度。油品在加热炉炉管内受火焰直接加热,当输油中断时,油品在炉管中有结焦的可能,易造成事故。②用蒸汽或其他热媒作中间热载体,在换热器中给油品间接加热。间接加热炉的优点是安全、可靠,缺点是系统复杂,不易操作,造价也较高。③利用驱动泵的柴油机或燃气轮机的排气余热或循环冷却水加热油品。

4. 储油罐

油罐是终点站和起点站的重要设备,主要用于储存石油及其产品。油罐按照建造方式可分为地下油罐(罐内油品最高液面比邻近自然地面低 0.2m 以上者)、半地下油罐(油罐高度的 2/3 左右在地下)和地上油罐(油罐底部在地面或高于地面者)三种。按照建造材料分为金属油罐、非金属油罐两种。按照罐体结构形式分为立式圆柱形油罐、卧式油罐、双曲率形油罐三种。

5. 管道系统

输油系统一般采用有缝或无缝钢管,大口径者可采用螺旋焊接钢管。无缝钢管壁薄、质轻、安全可靠,但造价高,多用于工作压力高、作业频繁的主要输油管线上。焊接钢管又称有缝钢管,是目前输油管路的主要用管,制造材料多为普通碳素钢和合金钢。

6. 清管设备

油品在运输过程中,管道结蜡使管径缩小,造成输油阻力增加,能力下降,严重时可使原油丧失流动性，导致凝管事故。处理管道结蜡有效而经济的方法是机械清蜡，即从泵站收发装置处放入清蜡球或其他类型的刮蜡器械，利用泵输送原油在管道内顶、挤清蜡工具，使蜡被清除并随原油输送。

7. 计量及标定装置

为保证输油计划的完成，需要加强输油生产管理，长输管线上必须对油品进行计量，以及时刻掌握油品的收发量、库存量及损耗量。现代管道运输系统中，流量计已不仅是一个油品计量器，还是监测输油管道运行的中枢，如通过流量计调整全线运行状态、校正输油压力与流速、发现泄漏等。

8. 监控与数据采集系统

现代输油管道通过计算机监控与数据采集(SCADA)系统实现全线的集中控制。SCADA 系统主要由控制中心计算机系统、远程终端装置(RTU)、数据传输及网络系统和应用软件组成。控制中心的计算机通过数据传输系统对设在泵站、计量站或远控阀室的 RTU 定期进行查询，连续采集各站的操作数据和状态信息，并向 RTU 发出操作和调整设定值的指令，从而实现对整条管道的统一监视、控制和调度管理。

三、输气管道运输设备

(一)输气管道的组成

输气管道系统主要由矿场集气网、干线输气管道(网)、城市配气管网以及与此相关的站、场等设备组成。这些设备从气田的井口装置开始，经矿场集气、净化及干线输送，再经配气管网输送给用户，形成一个统一的、密闭的输气系统。

(二)输气管道的主要设备

1. 矿场集气设备

集气过程从井口开始，经分离、计量、调压净化和集中等一系列过程，到向干线输送为止。集气设备包括井场、集气管网、集气站、天然气处理厂、外输总站等。

2. 压气站

压气站是输气管道的主要工艺站、场，其核心功能是给天然气增压。此外，压气站通常还具有清管器收/发、越站旁通输送、安全放空、管路紧急截断等功能。如果压气站位于管道起点或分支点，则还应该具有计量和调压功能。

3. 干线输气

干线是指从矿场附近的输气首站开始到终点配气站为止。输气管道输送的介质是可压缩的，其输送量与流速、压力有关。压气机站与管路是一个统一的动力系统。输气管线可以有一个或多个压气机站。

4. 城市配气系统

城市配气指从配气站(即干线终点)开始，通过各级配气管网和气体调压所按照用户要求直接向用户供气的过程。配气站是干线的终点,也是城市配气的起点与枢纽。气体在配气站内经分离、调压和添味后输入城市配气管网。城市一般均设有储气库,可调节输气与供气之间的不平衡。

复习思考题

1. 公路运输设施设备的发展趋势是什么?
2. 什么是铁路集装箱中心站?
3. 港口的功能包括哪些?
4. 空中交通管制包括哪些类型?
5. 输油管道的主要设备有哪些?

第六章　集装物流器具

【学习目标】

● 　了解集装单元化技术的意义。

● 　理解集装单元器具选用的注意事项。

● 　了解托盘和集装箱的概念、分类及特点。

● 　掌握托盘和集装箱的合理选用及其管理技术。

借助于各种不同的方法和器具，把有包装或无包装的物料，整齐地汇集成一个便于装卸和搬运，并且在整个物流运输过程中保持一定形状的单元被称为集装单元，集装单元是物流活动中的重要组成部分，采用集装单元可以提高整个物流系统的运作效率。以集装单元为基础来进行装卸、运输、保管等作业，统称为"集装单元化运输"。本章主要介绍周转箱、托盘(pallet)、集装箱(container)、集装袋等集装单元器具的特点以及集装箱吊具的使用要点等内容。

第一节　集装单元器具

一、集装与集装单元

集装单元就是把各式各样的物料集装成一个便于储存和运输的单元。不能把集装单元器具单纯地看作一个容器，它是物料的载体，是物流自动化、机械化作业的基础。标准化后的单元化容器作为物流设施设备、物流系统设计的基础，同时也是高效联运、多式联运的必要条件。因此有人称集装单元化是物料装卸、搬运作业的革命性改革。

集装单元器具是指便于物料集装成为一个完整、统一的重量或体积单元并在结构上便于机械搬运和储存的器具。集装单元器具包括箱盒、周转箱、平托盘、托盘箱(笼)、集装袋、集装箱等。

二、采用集装单元的优点、缺点

采用集装单元是集装化的基础，集装化是物流技术进步和物流系统结构创新的过程，在一体化物流过程中具有重要的地位。集装单元的主要特点是集小为大，并按通用化、标准化的要求而进行的，这就使中、小件散杂货以一定规模进入市场、进入流通领域，形成了物流系统规模运作优势。

(一)优点

1. 促进包装规格的标准化

集装单元要求货物按照一定的规格尺寸，装放在集装箱或托盘等集装单元上，继而组成同一规格的货组，以保证杂件货物运输和装卸的合理化，从而促进包装规格的标准化。

2. 便于实现产品装卸、运输的自动化和机械化

集装单元把零散货物集合成大的包装单元，便于在物流过程的各环节采用自动化和机械化操作，不仅提高了装卸效率，而且缩短了货物送达时间，加速了运输工具的周转，大大节省了劳动力，减轻了劳动强度。

3. 提高储运工具载重量与容积的利用率

集装单元便于进行堆码等作业，提高仓库或货场的储存能力。有些集装单元包装件还可以露天堆放，节省仓库容积，从而减少仓库储存费用。同时，集装单元减少了单件货物重复搬运的次数，从而减少了物流作业中的货损和货差，有利于提高运输质量。

4. 节约包装材料和费用，降低物流成本

集装箱和托盘等集装器具均可以反复周转使用；大多数产品改用集装单元后，原来的外包装可以降低用料标准；采用集装单元还可以减少包装的操作程序，减轻劳动强度，降低包装费用。

5. 便于货物的保护、清点与交接

集装单元把货物密封在包装容器内，外包装对货物与运输工具均具有保护作用，从而减轻或完全避免污秽货物对运输工具和作业场所的污染，改善环境状态。

采用集装单元的产品能从发货单位仓库直接运到收货单位仓库，无论途中经过陆路或水路运输，都不用搬动集装单元内的货物，简化了物流过程中各个环节、不同运输方式间的交接手续。随着经济全球化、跨境电商等概念的不断发展，物流活动的空间跨度越来越大。集装单元可以促进物流过程一体化，简化联运过程中的运输手续，提高运输工具的运载率，从而提高物流管理水平。

(二)缺点

采用集装单元器具的缺点在于：作业有间歇；需要宽阔的道路和良好的路面，需要配备相应的装卸、搬运机械和运输机械；托盘和集装箱的管理烦琐，设备费一般较高；托盘和集装箱自身的体积及重量，使物品的有效装载减少；集装单元器具需要回空。

三、集装化

我国国家标准《物流术语》(GB/T 18354—2021)把集装化定义为：用集装器具或采用捆扎的方法，把物品组成标准规格的货物单元，以便进行装卸、搬运、储存、运输等物流活动的作业方式。简单来说，集装化就是将两个或两个以上重量轻、体积小的同种或异种货物组成重量和外形都一致的组合体的过程，也称单元化。

(一)集装单元化技术

集装单元化的实质就是要形成集装单元化系统，集装单元化系统是指由单元货物、集装器具、装卸搬运设备以及输送设备等组成的可以快速、高效地进行物流服务的系统。

集装单元化技术是物流管理硬技术(物流设备、器具等)与软技术(完成物流作业的系列方法、程序和系统等)的有机结合。集装单元化技术的应用,大幅降低了物流费用,同时也使传统的包装方法和装卸搬运工具发生了很大变革。集装单元本身就可作为包装物和运输工具,因此,采用集装单元化技术可改变以往对包装、装卸、储存、运输等分散管理的做法,从而降低物流成本,加速货物流通。

(二)集装单元化技术的意义

总体而言,集装单元化技术可以实现简化物流环节,提高物流效率的效果。

运输方面,有利于开展多式联运,简化运输手续,加快运输工具周转,降低运输费用;装卸搬运方面,便于实现装卸搬运作业机械化和自动化,提高装卸搬运效率,节省劳动力,减轻劳动强度;包装方面,集装单元起到了外包装的作用,可以保护产品,减少破损,节约包装材料,减少包装操作程序,降低包装费用,同时还能防止产品被盗和丢失;仓储方面,便于堆码,提高仓库和货场的储存能力,有些集装单元包装件还可以露天堆放,从而节省仓库容积,减少仓储费用;环境方面,污秽货物集装后,减轻或完全避免了对运输工具和作业场所的污染,改善了物流运输环境。

(三)集装单元化原则

1. 集装单元器具标准化原则

集装单元的尺寸要符合一定的标准模数,仓库货架、运输车辆、运输机械也要根据标准模数决定其主要性能参数。通过协调物品尺寸、包装尺寸、物流集装器具尺寸以及运输车辆尺寸的关系,使物品、包装、物流集装器具以及运输车辆之间有机结合,更好地实现物流装卸、运输、堆码和储存等活动一体化。

2. 集装单元化的通用化、系统化、配套化原则

集装单元应适应各个物流环节的工艺和设备,才能最大限度实现物流功能作业的机械化、自动化,提高效率和管理水平。

3. 集装单元化的集散化、直达化,装满化原则

集装单元化有助于改善劳动条件、降低劳动强度,增强物流各环节的衔接性,同时,还可以提高运输载体的利用率。

第二节 物流周转箱

物流周转箱作为国际标准物流容器之一,广泛用于机械、汽车、电工、家电、食品等行业,零件周转便捷,堆放整齐,便于管理。同时,它具有耐酸碱、耐油污、清洁方便等特点。其合理的设计,优良的品质,适用于工厂物流中的运输、配送、储存、流通加工等各环节。

一、物流周转箱的分类

物流周转箱可从不同角度进行分类，按照结构的不同，可分为标准、可堆叠式、可斜插式和可折叠式四种。

(一)标准物流周转箱

标准物流周转箱的结构是密封型箱体，通用颜色一般是蓝色，也可根据客户需求定做其他颜色。材质选用 HDPE 全新料，符合 ISO9002 质量体系及 GB/T5737—1995 国家标准要求，如图 6-1 所示。

(二)可堆叠式周转箱

可堆叠式周转箱的承重比较大，可以很整齐地堆放，规格比较整齐划一，结构设计合理，箱体四面均有新型一体化无障碍把手，符合人体工程学原理，便于操作人员更有效、更安全地抓取箱体(见图 6-2)。可堆叠式周转箱占用空间较大，被广泛应用于汽车、医药、烟草、家电等行业物流中的运输、储存、流通加工等闭环回路配送系统。

图 6-1　标准物流周转箱

图 6-2　可堆叠式周转箱

(三)可斜插式周转箱

可斜插式周转箱，一般采用改良 PP 材质，防潮、耐用、易清洗，空箱可互相插入堆放，节省空间，能有效减少运输成本，满载时可堆垛四层，可机械化搬运，实现流通合理化，提高了工作效率，便于管理。该种物流周转箱常用于物流配送过程，特别适合烟草、图书等行业使用(见图 6-3)。

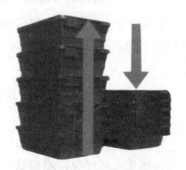

图 6-3　可斜插式周转箱

(四)可折叠式周转箱

可折叠式周转箱，折叠后的体积只有组立时体积的 1/4，具有占地少，组合方便等优点；能耐酸碱、耐油污，无毒无味，可用于盛放食品等；清洁方便，周转便捷，空箱可折叠，堆放整齐，便于管理，节省空间。该种结构的周转箱广泛用于机械、汽车、家电、轻工、电子等行业(见图6-4)。

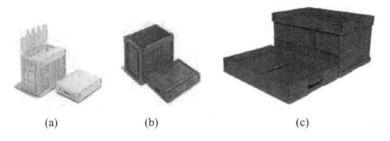

(a)　　　　　　　(b)　　　　　　　(c)

图6-4　可折叠式周转箱

二、物流周转箱的优势及功能

(一)物流周转箱的优势

物流周转箱具有以下优势。

(1) 重量轻，便于人工搬运，并降低运输成本。

(2) 抗压性好。周转箱在使用、流转过程中，经常会受到各种外力的作用，包括正常使用情况下承受的负荷和受到意外的撞击、破坏。为使箱体不受损坏或产生较大的变形，箱体应有良好的拉伸强度、压缩强度、冲击强度、蠕变强度、弯曲刚性及表面硬度等。

(3) 对内装物的适应性好，既能对商品起到足够的保护作用，又不影响周转箱的使用性能。盛装食品一类商品的周转箱，产品的卫生性应符合有关的卫生法规。

(4) 受污染后容易清洗，不妨碍周转箱的重复使用。

(5) 便于堆垛，有良好的堆垛稳定性。

(二)周转箱的功能

在生鲜产品物流中，周转箱使用频率较高，主要具有以下功能：提高生鲜产品的流通率，降低生鲜产品的损耗，降低生鲜产品包装和物流成本，提高产品卫生水平，减少资源消耗和环境污染。

三、物流周转箱的循环共用模式

循环共用是为了实现物流高效和资源有效循环，在区域或全国范围内保障托盘、物流周转箱等运输包装物循环共用的网络及运营模式，是单元化物流器具合理的应用模式。以生鲜农产品为例，在物流周转箱循环共用模式下，从为农户提供生鲜周转箱开始，生鲜周转箱循环共用服务商将这些装满生鲜产品的周转箱从田间地头直接运送到零售终端。待终端使用完毕，服务商会对这些回收的周转箱进行清洗、维修、检查，以便下次循环利用。据统计，从田间地头到消费者的餐桌这个过程中转环节过多，我国果蔬产品损耗率约 25%，物流周转箱的使用可以降低果蔬在流通过程中的损耗，同时也响应了绿色发展的理念。

目前物流周转箱的循环共用模式主要有三种：租赁模式、交换模式和押金(借用)模式。

(一)租赁模式

租赁模式是物流周转箱循环共用的主流模式,在该模式下,物流周转箱可贯穿于供应链全流程,大大降低了物流装卸成本,减少了包装费用,同时降低了货损。

(二)交换模式

交换模式主要运用于"农超对接"的流通渠道中,对上下游企业的协同要求较高。农业专业合作社或蔬果经销商与超市共同购买同一个公司生产的同种规格的物流周转箱,农业专业合作社或蔬果经销商用该物流周转箱盛装蔬果后送到超市配送中心,然后交换回同样数量的空箱。

(三)押金(借用)模式

押金(借用)模式主要用于蔬果批发市场中,蔬果流通渠道中某个主体 (超市/农业专业合作社/蔬果经销商)购买一批物流周转箱,当向上游采购或向下游销售蔬果时,通过收取押金或办理借用手续的方式,将一定数量的物流周转箱空箱或满箱转移到上下游使用,当物流周转箱归还时再退还押金或办理退还手续。

第三节　托　　盘

一、托盘的定义、尺寸与分类

托盘的功能与分类

(一)托盘定义

根据我国国家标准《物流术语》(GB/T 18354—2021),托盘被定义为"在运输、搬运和储存过程中,将物品规整为货物单元时,作为承载面并包括承载面上辅助结构件的装置"。托盘的基本结构是由两层铺板中间夹以纵梁(或垫块),或单层铺板下设纵梁(或垫块、支腿)或单层铺板上面加装立柱、挡板而成。托盘的最小高度应能方便地使用叉车或托盘搬运车。

托盘具有自重小、装盘容易、保护性较好、易堆垛保管货物、可节省包装材料、降低包装成本、节省运输费用等优点。但托盘有自重和体积,减少了仓库的有效载重和空间,增加了空托盘回收、保管、整理的麻烦,且需要较宽的通道。

托盘作为重要的物流器具,是使静态货物转变为动态货物的载体,有"活动的货台""可移动的地面"之称,它贯穿于集成物流的各个环节。托盘的推广应用与否,直接关系到物流机械化、自动化程度的高低,关系到物流系统现代化水平的高低。可以说,如果不实现托盘化物流,就没有快速、高效和低成本的一体化物流。

(二)托盘的结构以及参数

托盘的结构参数
与应用

根据《联运通用平托盘—主要尺寸及公差》(GB/T2934—2007)规定,现有托盘有以下 4 个系列。

(1) 1200 系列(1200mm×800mm 和 1200mm×1000mm):1200mm×

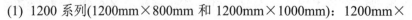

800mm 托盘也称为欧洲托盘，它的应用最广；1200mm×1000mm 托盘多用于化学工业。

（2）1100 系列(1100mm×1100mm)：这个尺寸系列是由发展较晚的国际集装箱最小内部宽度尺寸 2330mm 确定形成的。

（3）1140 系列(1140mm×1140mm)：1140 系列托盘是对 1100 系列的改进，目的是充分利用集装箱内部空间。

（4）1219 系列(1219mm×1016mm)(48in×40in)：这个尺寸系列是考虑北美国家习惯，以英寸为单位制定的系列。

平托盘的高度一般为 100～150mm，单面取 140mm，双面取 150mm。一般要求托盘的宽度和长度的制造误差小于 3mm，两对角线误差小于 8mm。

此外，关于托盘标准，我国还有：GB/T 3716—2000 托盘术语、GB/T 16470—1996 托盘包装、GB/T 15234—1994 塑料平托盘、GB/T 4996—1996 联运通用平托盘—试验方法、GB/T 4995—1996 联运通用平托盘—性能要求等国家标准。托盘的基本尺寸如表 6-1 所示。

表 6-1　托盘的基本尺寸

单位：mm

宽度	长度	高度	宽度	长度	高度	宽度	长度	高度
800	1000	144、160	900	1000	144、160	1000	1000*	144、160
	1100	144、160		1100	144、160		1200*	144、160
	1200	144、160		1200	144、160		1300	144、160
1100	800	144、160	1200	800	144、160	1300	1100	144、160
	900	144、160		1000	144、160		1100	144、160
	1100*	144、160		1100	144、160		1300	144、160
	1200	144、160		1200	144、160		1500	
	1300	144、160		1400	144、160			
	1400*	144、160						
1400	1100	144、160	1500	1300	144、160	1150	1150	144、160
	1200	144、160						

注：*为常用托盘。

(三)托盘的分类

1. 平托盘

通常人们所说的托盘主要是指平托盘，是一种通用托盘，平托盘是指承开面和支撑面间夹以纵梁，构成可集装物料，可使用叉车或搬运车等进行作业的托盘。按照使用材料可分为木制、塑制、钢制、竹制、塑木复合等。其中木制平托盘的基本构造如图 6-5 所示。

平托盘又可以按照以下方式分类。

1) 按照台面分类

平托盘按照台面可分为单面使用型、双面使用型、翼型等。对于占地面积小的高位货架，以垂直搬送为主的场合，以叉车装卸为主，两面、单面都可以；对于占地面积大的货场，以水平运输为主的场合，若用手动托盘车则用单面的，若用可自行的机动托盘搬运车则用下面没有板条的缺口型托盘；还有用托盘码垛机进行多段堆放的场合，托盘的下面和下部货物的上面相重合，用下面间隙小的两面规格托盘较好。

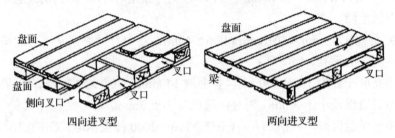

图6-5　木制平托盘的基本构造

2) 按照叉车叉入方式分类

按照叉车叉入方式可分为单向叉入型、双向叉入型、四向叉入型三种。单向叉入型只能从一个方向叉入，因而在叉车操作时较为困难；四向叉入型，叉车可以从四个方向进叉，因而叉车操作较为灵活。

各种平托盘的形状构造如图6-6所示。

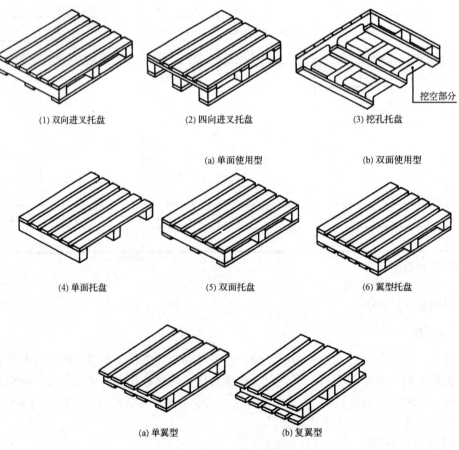

图6-6　各种平托盘的形状构造

3) 按照制造材料分类

按照制造材料可分为纸制托盘、木制托盘、塑料制托盘、木塑复合托盘、钢制托盘等。

(1) 纸制托盘。纸制托盘由高强度蜂窝纸、高强度瓦楞纸、纤维板以及其他非木质材料制成。纸制托盘具有重量轻、成本低、出口免检、环保可回收等优点，多为一次性托盘，但其承重量相对较小，防水防潮性能较差。

(2) 木制托盘。木制托盘是托盘中最传统和最普及的类型，木材具有价格低廉、易于加工、成品适应性强、便于维修、本体较轻等特点，因此被绝大多数用户采用。木制托盘的主要问题在于卫生和生产稳定性等方面，木材易受潮、发霉、虫蛀，而又无法清洗。

(3) 塑料制托盘。与木制托盘相比，它整体性好，并且洁净卫生，在使用中又具有质量轻、无钉刺、耐酸碱、无质变、易清洗等特点，其使用寿命为木制托盘的 3~8 倍，加之废旧托盘材料可以回收，因此单次使用成本低于木制托盘。在我国，虽然塑料制托盘的生产及使用均滞后于西方发达国家，但其发展迅速，正被越来越多的用户认可。塑料制托盘一般有双面使用型、双向叉入型或四向叉入型三种形式，塑料强度有限，因此很少有翼型的平托盘。

(4) 木塑复合托盘。木塑复合托盘是一种最新的复合材料托盘，它主要采用挤出机挤出的木塑复合型材组装而成，综合了木制托盘、塑料托盘和钢制托盘的优点。机械化的生产，高密度、高强度、耐腐蚀、不吸水的型材，解决了木制托盘洁净度差、生产质量无法规范化和寿命短的问题，又具有塑料托盘的优点，还解决了塑料托盘在结构适应性及维修维护方面的问题，同时其承载性比塑料托盘也大为提高，在重量及成本上又远远低于钢制托盘。其缺点在于自重较大，约为木制、塑料托盘重量的 2 倍，人工搬运略有不便，由此导致成本优势不大。

(5) 钢制托盘。钢制托盘是用角钢等异型钢材焊接制成的托盘，和木制托盘一样，也有叉入型和单面使用型、双面使用型等各种形式，钢制托盘比木制托盘重，人力搬运较为困难。最近采用轻钢结构，可制成最低重量为 35 千克的 1100 mm×1100mm 的钢制托盘，可使用人力搬运。钢制托盘的最大特点是强度高，不易损坏和变形，维修工作量较小。钢制托盘制成翼型平托盘有较大优势，这种托盘不但可使用叉车装卸，而且可利用两翼套吊器具进行吊装作业。

2. 柱式托盘

柱式托盘的四个角有用于固定或可卸式的柱子，如果从对角的柱子上端用横梁连接，那么可使柱子成为门框架，主要用于无货架多层堆码的场合。其特点是在不压到货物的情况下可进行码垛(一般为四层)，多用于包装材料、桶装货物、棒料管材等的集装。柱式托盘可以防止托盘上所放置的物品在运输、装卸等过程中发生塌垛而损坏。同时利用柱子支撑承重，可以将托盘堆高叠放，而不用担心会压坏下面托盘的货物。另外柱式托盘还可以作为可移动的货架、货位，不用时可叠套存放，以节约空间。柱式托盘如图6-7所示。

3. 箱式托盘

箱式托盘是指托盘上面带有箱式容器的托盘，即在托盘四个边上有板式、栅式、网式等各种栏板，从而组成一个箱体。箱式托盘的面上具有上层结构，其四周至少有三个侧面固定，一个侧面是可折叠的垂直面。各侧面可以是平板、条状板和网状板。箱式结构可有盖和无盖，有盖的板壁箱式托盘与小型集装箱无严格区别，适用于装载贵重货物；无盖的板壁箱式托盘适用于企业内装载各种零件、元器件；网格壁箱式托盘适用于装载蔬菜、瓜果等农产品及副食品。金属箱式托盘还可用于热加工车间集装热料，一般下部可叉装，上部可吊装，可使用托盘搬运车、叉车、起重机等作业，并可进行码垛(一般为四层)。箱板有固定式、折叠式和可卸式三种。

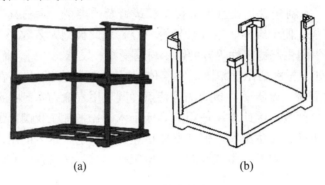

(a)   (b)

图 6-7　柱式托盘

由于四周栏板不同，箱式托盘又有不同名称，如四周栏板为栅栏式的也称笼式托盘或集装笼。箱式托盘的防护能力强，可有效防止塌垛，防止货损，同时，由于四周有护板护栏，这种托盘装运范围较大，不但能装运可码垛的整齐形状的包装货物，而且可装运各种形状不规则的散件。箱式托盘如图 6-8 所示。

4. 轮式托盘

轮式托盘的基本结构是在柱式托盘、箱式托盘下部装有小型轮子，这种托盘具有柱式托盘、箱式托盘的优点，多用于一般杂货的运送。轮式托盘可利用轮子做滚上滚下的装卸，也有利于将货物装放车内、舱内后移动其位置，所以轮式托盘有很强的搬运性，不需搬运机械即可实现搬运。此外，轮式托盘在生产物流系统中，还可以兼做作业车辆，利用轮子做短距离运输。轮式托盘如图 6-9 所示。

图 6-8　箱式托盘

图 6-9　轮式托盘

5. 滑片托盘

滑片托盘是一种新型托盘，是由瓦楞纸、板纸或塑料简单地折曲而成的板状托盘，也叫薄板托盘。它在操作方向上有凸出的折翼，以便进行推拉操作。按照折翼的个数不同，其可分为单折翼型滑片、双折翼型滑片、三折翼型滑片和四折翼型滑片。滑片托盘与木制托盘相比，有重量轻、保管空间利用充分、价格低等优点。滑片托盘如图 6-10 所示。

(a) 牛皮纸滑片托盘　　(b) 塑料滑片托盘

图 6-10　滑片托盘

6. 特种专用托盘

托盘制作简单、造价低，因此对于某些运输数量较大的货物，可根据其特殊要求制造出装载效率高、装运方便的特种专用托盘。

1) 航空托盘

航空托盘是航空货运或行李托运用的托盘，一般采用铝合金制造，为适应各种飞机货舱及舱门的限制，一般制成平托盘，托盘上所载物品用网罩来固定。

2) 油桶专用托盘

油桶专用托盘是专门用来装运标准油桶的异型平托盘。托盘为双面型，两个面有稳固油桶的波形表面或侧挡板。油桶竖放于托盘上面，由于波形槽或挡板的作用，不会发生滚动位移。同时其还可多层堆垛，解决了桶形物难以堆高码放的问题，也方便了储存。

3) 轮胎专用托盘

轮胎本身有一定的耐水、耐蚀性，因而在物流过程中无须密闭，且轮胎本身很轻，装放于集装箱中不能充分发挥集装箱的载重能力，采用轮胎专用托盘是一种很好的选择。

4) 货架式托盘

货架式托盘是一种框架式托盘，框架正面尺寸比平托盘稍宽，以保证托盘能放入架内，架的深度比托盘宽度窄，以保证托盘能搭放在架上。架子下部有四个支脚，形成叉车进叉的空间。如果将这种货架式托盘叠高组合，便成了托盘货架。这种货架式托盘也是托盘货架的一种，是货架与托盘的结合物。

5) 长尺寸物托盘

长尺寸物托盘是专门用于装放长尺寸材料的托盘，这种托盘堆高码放后便形成了组装式长尺寸货架。

二、托盘的集装方法

(一)托盘货物的码垛方式

在托盘上装放各种形状的包装货物,必须采用不同的组合码垛方式,这对于保证作业的安全性、稳定性起着至关重要的作用。在托盘上码放货物的方式非常多,其中主要的方式有以下几种。

1. 重叠式码垛

托盘上各层货物以相同的方式码放,上下完全相对,各层之间不会出现交错的现象。使用这种码垛方式的优点是作业方式简单,便于人工操作,作业速度快,而且包装货物的四个角和边垂直相重叠,承载能力大,这种码垛方式在货体底面积较大的情况下,能承受较大荷重,可以保证足够的稳定性。但其也有一些缺点,各层面之间只是简单的码放,缺少咬合,在货体底面积不大的情况下,稳定性不够,容易发生塌垛。因此,使用这一方式时,一般再配以各种紧固方式,这样不仅能保持稳固,而且能保留装卸操作省力的优点。重叠式码垛如图6-11所示。

2. 纵横交错式码垛

纵横交错式码垛是将摆放好的相邻两层货物旋转90°,一层横向放置,另一层纵向放置,层间纵横交错堆码。使用这种方式码垛的层间有一定的咬合效果,但咬合强度不高。纵横交错式较适合自动装盘操作,如果配以托盘转向器装完一层货物后,利用转向器旋转90°,那么只要用同一装盘方式就可以实现纵横交错装盘,其劳动强度和重叠式相同。纵横交错式码垛如图6-12所示。

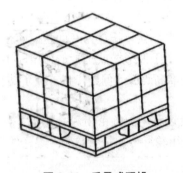

图6-11　重叠式码垛

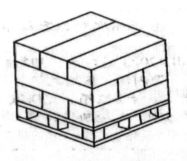

图6-12　纵横交错式码垛

3. 正反交错式码垛

正反交错式码垛是指同一层中,不同列的货物成90°垂直码放,相邻两层货物之间旋转180°码放。使用这种方式码垛的不同层间咬合强度较高,相邻层之间不重缝,因而码放后稳定性很高,但操作较为麻烦,而且包装体之间并不垂直,无法避免互相承受荷载,所以下部货物容易被压坏。正反交错式码垛如图6-13所示。

4. 旋转交错式码垛

旋转交错式码垛是指第一层相邻的两个包装体互成90°,两层间的码放又相差180°,

这样相邻两层之间咬合交叉，托盘货体稳定性较高，不容易塌垛。但这样码放的缺点是码放难度比较大，而且中间形成中空，会降低托盘装载能力。旋转交错式码垛如图 6-14 所示。

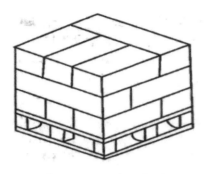

图 6-13　正反交错式码垛

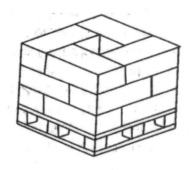

图 6-14　旋转交错式码垛

(二)防止托盘货物散垛的方式

防止货物在装卸、搬运和运输过程中的散垛、损坏是使用托盘作业时需要考虑的重要问题，因此必须采用有效的防塌措施。防止托盘货物散垛、损坏主要采用货物紧固方法，托盘货物紧固方法主要有以下几种：

(1) 用绳带捆扎；

(2) 用网罩包裹；

(3) 加抗滑夹层；

(4) 用框架紧固；

(5) 楔入加固法；

(6) 黏合加固法；

(7) 使用塑料薄膜紧固。

三、托盘设计和选择要点

(1) 通用托盘和专用托盘应尽可能采用标准托盘。在制定本企业或本行业的标准时，应该采用国内相应的标准或参照国际标准。在托盘作业普及的基础上逐步实现托盘交换制，进而实现托盘联营制。

(2) 通用托盘的种类和尺寸应尽量少，以便于维修和管理。

(3) 能用通用托盘装载时，就不用专用托盘。必须使用专用托盘时，应尽可能在全企业通用的标准平托盘、柱式托盘或箱式托盘的基础上，按物料(或工件)的特点和要求决定工件装载形式。

(4) 托盘选用必须考虑物料的性质、尺寸、强度，托盘的搬运方式、使用方式、使用范围，搬运设备、运输工具和装卸机具的规格与性能以及作业场地的具体条件。

(5) 在储运过程中，应能适应工艺和生产批量的要求，使托盘既是生产过程中的工位器具又是储运器具。

(6) 托盘应保证结构简单、刚性好、重量轻和维修方便，必要时可采用异型薄壁型钢。注意实现主要构件标准化，以利于专业厂大量生产。

(7) 同托盘配套使用的包装盒的尺寸与托盘尺寸应有模数关系，以利于码盘和使用安全，提高托盘的满载率。

(8) 考虑专用托盘的构件(脚、立柱或侧栏板、框架等)标准化，托盘尺寸模数化。支撑结构实现组装化，以减少类型，扩大托盘的使用范围。

(9) 随着绿色物流概念的提出，托盘应尽量少使用木材，而使用塑料复合材料或再生材料，最大限度地保护自然环境。

四、采用托盘运输应注意的事项

(1) 已包装的件杂货物适宜于托盘运输，而散装、裸装、超重、超长或冷藏货物不能用托盘运输。每一托盘货载必须采用捆扎、胶合束缚、拉伸包装等方式捆扎牢固。

(2) 必须符合托盘积载的规定。例如每个托盘的装载质量应小于或等于 2 吨。为了保证运输过程中的安全，货物重心高度不应超过托盘宽度的2/3。

(3) 根据货物的类型、托盘所载货物的质量和托盘的尺寸，合理确定货物在托盘上的码放方式。托盘的承载表面积利用率一般应不低于80%。

(4) 托盘承载的货物进行固定后，仍不能满足运输要求时，应根据需要选择加固防护附件。加固防护附件由纸质、木质、塑料、金属或者其他材料制成。

五、托盘的维修管理

在托盘保养管理中，最重要的一点是不使用破损的托盘。如果破损托盘不经修理而照常使用，不仅会缩短托盘的寿命，而且有可能造成货物的破损和人身事故。托盘的破损大都有下列原因：叉车驾驶员野蛮驾驶操作，货叉将盘面或桁架损伤；人工装卸空托盘时因托盘跌落造成损伤。

为了加强管理，企业应对操作人员上岗进行必要的培训，指定专人负责托盘的管理、维修和废弃，制定衰老托盘操作规范。储存货物时注意环境的整洁，托盘更换和破损率要及时汇总，发现不良操作方式要及时改正。

第四节 集 装 箱

一、集装箱的定义、分类以及标准

集装箱的产生与发展

(一)集装箱的定义

不同的国家、地区、组织在相应的标准、公约和文件中对集装箱都有具体的规定，但是其表述都具有一定的差异。目前，包括中国在内的许多国家基本上都采用国际标准化组织对集装箱的定义。

该定义如下：集装箱是一种运输设备，它应具备以下条件。

(1) 具有足够的强度，可长期反复使用。

(2) 便于一种或多种运输方式的运送，途中转运时箱内货物不需要换装。

(3) 设有快速装卸和搬运的装置,特别便于从一种运输方式转移到另一种运输方式。

(4) 便于货物装满或卸空。

(5) 具有 1m³ 及 1 m³ 以上的内容积。

但集装箱这一术语并不包括车辆和一般包装。总而言之,集装箱是一种具有足够强度和一定的规格,可以在一种或多种运输方式运送货物时,无须中途换装,可直接在发货人的仓库装货,运到收货人的仓库卸货,并能反复使用,不包括车辆和一般包装在内的一种运输设备。

(二)集装箱的分类

为了适应装载不同种类货物的需要,根据不同的标准、不同的用途、不同的尺寸出现了不同类型的集装箱。

集装箱的类型

1. 按照标准分类

1) 国际标准集装箱

国际标准集装箱是指按照国际标准化组织第 104 技术委员会的标准而制造的集装箱。国际标准化组织 ISO/TC104 技术委员会自 1961 年成立以来,对集装箱国际标准做过多次补充和修改,现行的国际标准为第Ⅰ系列,共 13 种,具体如表 6-2 所示。

表 6-2 国际集装箱标准

规 格	箱 型	长 度	宽 度	高 度	最大总重量(kg)
3m(10ft)	ⅠD	2.99m (9ft9.75in)	2.44m (8ft0in)	2.44m(8ft0in)	10 160
	ⅠDX			<2.44m(8ft0in)	
6.1m(20ft)	ⅠCC	6.05m (19ft10.25in)	2.44 (8ft0in)	2.59m(8ft6in)	24 000
	ⅠC			2.44m(8ft0in)	
	ⅠCX			<2.44m(8ft0in)	
9.1m(30ft)	Ⅰ BBB	9.12m (29ft11.25in)	2.44 (8ft0in)	2.9m(9ft6in)	28 400
	ⅠBB			2.59m(8ft6in)	
	ⅠB			2.44m(8ft0in)	
	ⅠBX			<2.44m(8ft0in)	
12.2m(40ft)	Ⅰ AAA	12.2m (40ft0in)	2.44m (8ft0in)	2.9m(9ft6in)	30 480
	ⅠAA			2.59m(8ft6in)	
	ⅠA			2.44m(8ft0in)	
	ⅠAX			<2.44m(8ft0in)	

2) 国家标准集装箱

国家标准集装箱是指按照各国政府的标准制造的集装箱。各国政府的标准一般是按照国际标准的参数,考虑到本国的具体技术条件而制定的。我国现行国家标准集装箱GB/T1413—1998 如表 6-3 所示。

表 6-3 我国现行集装箱标准

型号	高度H		宽度W		长度L		最大总重量(kg)
	尺寸(mm)	极限偏差(mm)	尺寸(mm)	极限偏差(mm)	尺寸(mm)	极限偏差(mm)	
I AA	2591	0/-5	2438	0/-5	12192	0/-10	30 480
I A	2438	0/-5	2438	0/-5	12192	0/-10	30 480
I AX	<2438	0/-5	2438	0/-5	12192	0/-10	30 480
I CC	2591	0/-5	2438	0/-5	6058	0/-6	20 320
I C	2438	0/-5	2438	0/-5	6058	0/-6	20 320
I CX	<2438	0/-5	2438	0/-5	6058	0/-6	20 320
10D	2438	0/-5	2438	0/-5	4012	0/-5	10 000
5D	2438	0/-5	2438	0/-5	1968	0/-5	5 000

3) 地区标准集装箱

地区标准集装箱是指按照地区标准制造的集装箱。地区标准一般是由地区组织根据该地区的特殊情况制定，如欧洲国际铁路联盟(UIC)所制定的集装箱标准适用于欧洲地区。

4) 公司标准集装箱

公司标准集装箱是指按照某公司标准制造的集装箱。某些公司根据本公司的具体情况和条件制定的集装箱标准，如美国麦逊公司的 7.32m(24ft)长的集装箱和美国海陆联运公司的 10.67m(35ft)长的集装箱。

2. 按照用途分类

1) 干货集装箱

干货集装箱也称为杂货集装箱，用来运输无须控制温度的件杂货，使用范围很广，常用的有 6.1m(20ft)和 12.2m(40ft)两种。其结构特点是常为封闭式，一般在一端或侧面设有箱门，箱内设有一定的固货装置，这种箱子在使用时一般要求清洁、水密性好，对装入这种集装箱的货物要求有适当的包装，以便充分利用集装箱的容积。

2) 开顶集装箱

开顶集装箱的箱顶可以方便地取下、装上，箱顶有硬顶和软顶两种。这种集装箱适用于装载大型货物和重货，如钢铁、木材，特别是像玻璃板等易碎的重货，利用吊车从顶部吊入箱内不易损坏，而且也便于在箱内固定。

3) 通风集装箱

通风集装箱一般在其侧壁或顶壁上设有若干供通风用的窗口，适用于装运有一定通风和防汗湿要求的杂货，如水果、蔬菜等。如果将通风窗口关闭，可作为杂货集装箱使用。

4) 台架式集装箱

台架式集装箱没有箱顶和侧壁，甚至连端壁也去掉而只有底板和四个角柱，这种集装箱可以从前后、左右及上方进行装卸作业，适合装载长大件和重货件，如重型机械、钢材、钢管、木材、钢锭等。

5) 冷藏集装箱

冷藏集装箱是以运输冷冻食品为主。目前国际上采用的冷藏集装箱主要有两种，一种是箱内带有冷冻机的机械式冷藏集装箱，另一种是箱内没有冷冻机而只有隔热结构的离合式冷藏集装箱。

6) 平台式集装箱

平台式集装箱是在台架式集装箱基础上进行简化而只保留底板的一种特殊结构集装箱。其主要用于装卸长大件和重大件货物，如重型机械、钢材、整件设备等。其长度与宽度与国际标准集装箱的箱底尺寸相同，可使用与其他集装箱相同的紧固件和起吊装置。

7) 罐式集装箱

罐式集装箱专门用来装运液体货物，如酒类、油类、化学品等。它由罐体和框架两部分组成，罐体用于装运液体货物，框架用来支撑和固定罐体。一般罐体的外壁采用保温材料以使罐体隔热，内壁一般要研磨抛光以避免液体残留于壁面。

8) 汽车集装箱

汽车集装箱专门用来装运小型汽车。其结构特点是无侧壁，仅设有框架和箱底，为了防止汽车在箱内滑动，箱底专门设有绑扎设备和防滑钢板。这种集装箱一般不是国际标准集装箱。

9) 动物集装箱

动物集装箱是一种专门用来装运鸡、鸭、猪等活牲畜的集装箱。为了避免阳光照射，动物集装箱的箱顶和侧壁是用玻璃纤维加强塑料制成的。另外，为了保证箱内有较新鲜的空气，侧面和端面都有用铝丝网制成的窗，以便有良好的通风效果。

10) 组合式集装箱

组合式集装箱又称"子母箱"，它的结构是在独立的底盘上，箱顶、侧壁和端壁可以分解和组合，既可以单独运输货物，也可以紧密地装在 20ft 和 40ft 的集装箱内，作为辅助集装箱使用。

11) 服装集装箱

服装集装箱是杂货集装箱的一种变型，是在集装箱内侧梁上装有许多横杆，每根横杆垂下若干绳扣。这种集装箱和普通杂货集装箱的区别在于内侧上梁的强度需要稍微加强。如果将横杆上的绳扣收起，这类集装箱就能作为普通杂货集装箱使用。

12) 散货集装箱

散货集装箱主要用于装运粉状或粒状货物，如麦芽、谷物和粒状化学品等。它的外形与杂货集装箱相近，在一端有箱门，同时顶部有 2～3 个装货口，在箱门的下部设有卸货口。

13) 其他用途集装箱

集装箱现在的应用范围越来越广，不但用于装运货物，而且广泛用于其他用途，如"流动电站集装箱""流动舱室集装箱""流动办公室集装箱"等。

3. 按照制造材料分类

按照集装箱的主体制造材料进行分类，分为钢制集装箱、铝合金集装箱、不锈钢集装箱和玻璃钢集装箱等。

1) 钢制集装箱

钢制集装箱的优点是强度大，结构牢固，水密性好，能反复使用，价格低廉。主要缺点是防腐能力差，箱体笨重，相应地降低了装货能力。

2) 铝合金集装箱

铝合金集装箱的优点是自重轻，因此提高了集装箱的装载能力，具有较强的防腐能力，弹性好。主要缺点是铝合金集装箱的造价相当高，焊接性也不如钢制集装箱，受碰撞时易损坏。

3) 不锈钢集装箱

一般多用不锈钢制作罐式集装箱，其主要优点是不生锈，耐腐性好，强度高。主要缺点是价格高，投资大。

4) 玻璃钢集装箱

用玻璃钢做成的集装箱主要优点是强度大，刚性好，具有较高的隔热、防腐和耐化学侵蚀能力，易于清洗，修理简便，维修费较低。缺点是自重大，造价高。

二、集装箱运输的特点

(1) 快速实现不同运输工具之间的换装，便于开展"门—门"(制造商的门—销售市场的门)运输。

(2) 通常会使用两种或两种以上不同的运输方式，由一个承运人负责全程运输，对特定货物进行接运，是一种多式联运。

(3) 是一种高效的运输方式(时间上的高效率：与之配合的装卸机具、运输工具均为标准化工具，因此在各工具之间换装与紧固极为方便，大大减少了运输时间；经济上的高效率：可节约装卸搬运费、包装费、理货费用、保险费用等)。

(4) 以集装箱为运输单位，消除了所运货物外形差异，装卸与搬运时不需要搬动箱内货物，减少了货损货差，确保了货物质量。

三、集装箱用途及选用因素

集装箱主要是用来装载货物，以便使用不同的运输方式运送货物时方便转运。但不同种类的货物对集装箱的要求有所不同，因此，在选用集装箱时必须综合考虑多个因素，争取做到货物的合理装载、集装箱的合理利用、运输过程的安全和便利等。正确选用集装箱应考虑以下因素。

1. 货物特性对集装箱有无特殊要求

货物的尺寸、重量、包装等都与集装箱的尺寸、最大载重量、强度等有密切关系，货物是否为危险品，对汗湿、通风等有无特殊要求也是选用集装箱的重要考虑因素。

2. 装载量、运输线路及其通过能力

选择装载量与货物相适应的箱型，其目的在于使集装箱载重量得到充分利用。根据运输道路通过能力及有关规定选择相应的运输路线或选择与其相适应的箱型，可以防止运输途中出现问题。

3. 货物密度与集装箱的容重是否适应

货物密度是指货物单位容积的重量，单位容积一般是指货物单位包装的容积。集装箱

的容重是指集装箱单位容积的重量，是集装箱的最大载货重量与集装箱容积之比。为使集装箱的容积和载重量得到充分利用，应选择单位容重与货物密度相接近的集装箱。

装箱运输的货物品种较多，货物形态各异，按照货物种类选择集装箱可以充分利用集装箱容重，减少货损。因此，按货物的种类、性质、体积、重量、形状来选择合适的集装箱是十分必要的。普通货物适用的集装箱有杂货集装箱、开顶集装箱、台架式集装箱、散货集装箱、通风集装箱等。难以从箱门进行装卸而需要由箱顶上进行装卸作业的货物、超高货物、玻璃板、胶合板、一般机械和长尺寸货物等适用开顶集装箱。可从集装箱对货物的适应性角度，表明不同种类货物对集装箱的适用性，如表6-4所示。

表6-4 不同种类货物适用集装箱一览表

集装箱种类	货物种类
杂货集装箱	清洁货、污货、箱装货、危险货、滚筒货、卷盘货等
开顶集装箱	超高货、超重货、清洁货、长件货、易腐货、污货等
台架式集装箱	超高货、超重货、袋装货、捆装货、长件货、箱装货等
散货集装箱	散货、污货、易腐货等
平台式集装箱	超重货、超宽货、长件货、散件货、托盘货等
通风集装箱	冷藏货、动植物检疫货、易腐货、托盘货等
动物集装箱	动植物检疫货
罐式集装箱	液体货、气体货等
冷藏集装箱	冷藏货、危险货、污货等

四、集装箱运输的优点和缺点

(一)优点

1. 扩大成组单元，提高装卸效率，降低劳动强度

在装卸作业中，托盘成组化比单件装卸单元提高了 20～40 倍，集装箱与托盘相比，装卸单元又扩大了15～30倍。

2. 减少货损货差，提高货物运输的安全和质量水平

集装箱运输减少了传统运输方式中人力装卸、搬运的次数，可以避免人为和自然因素造成的货物破损、湿损、丢失等货运事故，减少经济损失。据统计，用火车装运玻璃器皿，一般破损率在30%左右，改为集装箱运输后，破损率下降到5%以下。

3. 缩短货物在途时间，降低物流成本

集装箱运输在不同运输方式之间换装时，无须搬运箱内货物，只要换装集装箱即可，大大提高了换装作业效率，缩短了物流时间。此外，集装箱在运输过程中，能简化包装，大量节约包装费用，降低运输成本。

4. 简化理货工作

集装箱是一种规格化货物运输单元，采取集装箱运输方式为自动化管理创造了便利条

件。以集装箱作为货物的运输单元，减少了繁杂的作业环节，简化了货运作业手续，适用于不同运输方式之间的联合运输和管理。

(二)缺点

需要大量的初始投资，容易使企业产生资金困难；受货载的限制，航线上的货物流向并不平衡，在一些支线运输中，可能出现空载回航或箱量大幅减少的情况，影响经济效益。集装箱转运如果不协调，反而造成运输时间延长，增加不必要的费用支出，因此，需要建立新的管理体制，形成新的管理队伍。各国集装箱运输方面的法律、规章、手续及单证不统一，阻碍国际多式联运的开展，也容易让企业经营面临潜在的不安全因素。

五、集装箱运输的基本要素

(一)适箱货源

从是否适合集装箱运输的角度，货物可分为以下几种。

(1) 最佳装箱货：物理与化学属性适合于集装箱运输，且货物本身价值高，对运费的承受能力大的货物。

(2) 适于装箱货：物理与化学属性适合于集装箱运输，且货物本身价值较高，对运费的承受能力较大的货物。

(3) 可装箱但不经济的装箱货：物理与化学属性上可以装箱，但货物本身价值较低，对运费的承受能力较差的货物。

(4) 不适于装箱货：物理与化学属性不适合装箱，或对运费的承受能力很差，从经济上不适合集装箱运输的货物。

(二)标准集装箱

除了国际标准集装箱外，各国还有一些国内和地区标准集装箱，如我国国家标准中，就有两种适合于国内使用的标准集装箱(5D 和 10D)。

(三)集装箱船舶

集装箱船舶经历了一个由非专业到专业转化的过程。最早的集装箱船舶是件杂货与集装箱混装的，没有专门的装载集装箱的结构。现在，在国际海上集装箱运输使用的集装箱船舶均已专业化，且装载量越来越大。

(四)集装箱码头

集装箱水路运输的两端必须有码头，以便装卸船。早期的集装箱码头是与件杂货码头交叉使用的，是在件杂货码头的基础上配备少量用于装卸集装箱的机械。现代化的集装箱码头已高度专业化，码头前沿岸机配置、场地机械配置、堆场和栈场结构与装卸工艺配置均完全与装卸集装箱配套。

(五)集装箱货运站

集装箱货运站在整个集装箱运输系统中起着"承上启下"的作用。按照其所处的地理位置和不同的职能，可分为设在集装箱码头内的货运站、设在集装箱码头附近的货运站和内陆货运站三种。集装箱货运站的主要职责和任务：集装箱货物承运、验收、保管与交付；拼箱货的装箱和拆箱作业；整箱货的中转；实箱和空箱的堆存和保管；票据单证的处理；运费、堆存费的结算；等等。

(六)集装箱卡车

集装箱卡车主要用于集装箱公路长途运输、陆上各节点(如码头与码头、码头与集装箱货运站、码头与铁路办理站)之间的短驳以及集装箱的"末端运输"。

(七)集装箱铁路专用车

随着世界铁路集装箱运输的快速发展，集装箱箱型逐渐趋于大型化和标准化，传统车辆在结构、性能方面已不能满足集装箱的运输要求，必须要研制集装箱专用车辆。集装箱铁路专用车是根据铁路运输、多式联运的特点和需要，为了运送国内和国际标准集装箱而专门设计和制造的铁路车辆，具有降低能耗、提高速度、简化结构、加长车体等方面的特点。

第五节　集　装　袋

一、集装袋的定义

集装袋，其变形体有集装网、集装罐、集装筒等。集装袋是一种大容积的运输包装袋，盛装重量可在 1 吨以上。集装袋的顶部一般装有金属吊架或吊环等，便于铲车或起重机的吊装、搬运。卸货时可打开袋底的卸货孔，即行卸货，非常方便。其适用于装运颗粒状、粉粒状的货物。

柔性集装袋(FIBC)，以下简称集装袋，采用聚烯烃树脂制造，再经涂膜后作基材，它具有塑料的轻便、柔软、强度高、耐酸碱腐蚀及防潮、不渗漏的优异性能。它不仅能装载颗粒状、粉粒状物质，还能作为含水矿料的包装容器，特别适用于包装化工和五矿产品，是一种理想的集装化包装容器，配以起重机和叉车就可以实现集装单元化运输，它适用于大型散状、粉粒状物料，如石墨、膨润土、纯碱、水泥、合成树脂、化肥、粮食、饲料、砂糖、盐等。在液体物品方面，适用于装运液体肥料、表面活性剂、动植物油、酱油、醋等。随着仓储条件的改善、装卸机械化程度的提高，运输包装向大型化方向发展，集装袋作为中型散装容器的一种，已在世界范围内得到广泛使用。

集装袋具有结构简单、制造容易、重量轻、强度高、装载量大、防潮、防腐、无毒、可以折叠、回空所占空间小、价格低廉、形式多样等特点，是国家鼓励发展的新技术产品。在一定条件下比使用托盘更为经济实用。集装袋广泛用作矿产炉料、有色金属、化工建材及粮食产品的集装化运输包装。集装袋如图6-15所示。

图6-15　集装袋

二、集装袋的优点

集装袋占用空间少。空袋可折叠、体积小，满袋虽然容量大，但是比小袋包装节省空间。

与传统的麻袋、纸袋搬运散装物料相比，集装袋容量大，袋上有专用吊环，便于起重设备吊运，装料和卸料速度快，可以减少搬运次数，提高装卸效率 2～4 倍。减少搬运工人的劳动强度，节省人力。

集装袋由强度很高的材料制成，经久耐用，可以重复多次使用，防水性好，填满后置于室外也能防潮。其可节省包装材料费 15%～30%，有效地保护货物，减少运输中的损耗，降低货损货差率。

三、集装袋的分类

(1) 按照集装袋形状，集装袋可分为圆筒形和方形两种，一般以圆筒形居多。

(2) 按照适装物品形状，集装袋可分为粉粒体集装袋和液体集装袋两种。两种集装袋在构造及材质的选择上均有区别。

(3) 按照吊带设置方式不同，集装袋有顶部吊带、底部托带和无吊带三种。顶部吊带在顶部袋口处；底部托带是指四根吊带从底部托过，从上部吊运。顶部吊带集装袋、底部托带集装袋在装卸时均可叉可吊，而无吊带集装袋只能依靠叉车装卸。

(4) 按照装卸料方式不同，集装袋可分为上部装料下部卸料两个口、上部装料并卸料一个口两种。

(5) 按照集装袋的材质不同，集装袋可分为涂胶布袋、涂塑布袋、复合材料集装袋等。

(6) 按照制作方法不同，集装袋可分为使用黏合剂粘制的集装袋和使用工业缝纫机缝制的集装袋等。

(7) 按照使用次数不同，集装袋可分为一次性使用的集装袋和反复使用的集装袋等。

集装袋的容积规格大都是由用户按要求向生产厂家定制的，因此其规格、品种繁多。按日本工业标准(JIS)规定只有八种容积：500 升、640 升、840 升、1000 升、1200 升、1500 升、1700 升、2000 升。装料量一般分为四种：0.5 吨、1 吨、1.5 吨和 2 吨。集装袋的容积以 1 立方米(1000 升)为多，其载重量为 0.5～1 吨，主要用于装运粉粒状、颗粒状物品。

四、集装袋使用注意事项

(一)灌装

灌装时，将集装袋的袋口对准灌装漏斗口后扎紧，以免粉尘或颗粒漏出。集装袋通常吊起来灌装，下面放托盘，以便装满后运走。灌装时先将袋身拉直后再灌装。若使用带有卸料口的集装袋，灌装前应查看底部是否扎好。

(二)起吊和运输

根据集装袋的类型及装载重量，可选用叉车、起重机、吊车等。如果用叉车来吊集装袋，应将铲板调整到恰当的位置，集装袋应紧贴叉车，不要向前倾斜。

(三)卸料

卸料时，用叉车或吊车将集装袋吊起，对准料槽或其他容器的口，打开卸料口的绳索，对于一次性使用的集装袋可用一个合适的工具远距离地将袋底扎破即可卸料。在吊卸作业中，不要站在集装袋的下面。

第六节　集装箱吊具

集装箱吊具是一种装卸集装箱的专用吊具，它通过其端部横梁四角的旋锁与集装箱的角配件连接，由司机操作控制旋锁的开闭，进行集装箱装卸作业。集装箱吊具是按照 ISO 标准设计和制造的。按照集装箱吊具的结构特点，集装箱吊具可分为以下五种形式。

一、固定式吊具

(一)直接吊装式吊具

直接吊装式吊具将起吊 20 英尺(6.096 米)或者 40 英尺(12.192 米)集装箱的专用吊具直接悬挂在起升钢丝绳上，液压装置则装设在吊具上，通过旋锁机构转动旋锁，与集装箱的角配件连接或者松脱。这种吊具结构简单，重量最轻，但只适用于起吊一定尺寸的集装箱，更换吊具需要花费较长的时间，使用起来不够方便。

(二)吊梁式吊具

吊梁式吊具将专门制作的吊梁悬挂在起升钢丝绳上，起吊不同规格的集装箱，则与不同规格的集装箱专用吊具相连，液压装置分别装设在专用吊具上。这种吊具更换起来比直接吊装式吊具容易一些，但重量较重。

二、主从式吊具

主从式吊具的基本吊具为 20 英尺集装箱专用吊具，可起吊 20 英尺集装箱，液压装置装设在基本吊具上，通过旋锁机构转动旋锁。当需要起吊 40 英尺集装箱时，则将 40 英尺集装箱专用吊具的角配件(与集装箱角配件相同)与 20 英尺集装箱专用吊具的旋锁连接。40 英尺专用吊具的旋锁机构由装设在 20 英尺专用吊具上的液压装置驱动。主从式吊具更换吊具比直接吊装式吊具更为方便，但重量仍然较重，达 8～9 吨。

三、子母式吊具

子母式吊具将专门制作的吊梁悬挂在起升钢丝绳上，吊梁上装有液压装置，用于驱动吊具上的旋锁机构。当需要起吊 20 英尺集装箱时，则将 20 英尺专用吊具与吊梁连接；当需要起吊 40 英尺集装箱时，则将 40 英尺专用吊具与吊梁连接。连接方式不是采用旋锁机构转动旋锁与角配件连接，因此这种吊具比主从式吊具轻，为 8 吨左右。

四、双吊式吊具

双吊式吊具由悬挂在起升钢丝绳上的直接吊装式吊具组成，相互之间采用自动连接装置连接，可同时起吊两个 20 英尺集装箱，因此大大提高了集装箱起重机的装卸效率，但集装箱必须放置在一定的位置，且只能起吊 20 英尺集装箱，作业条件受到局限，所以只适用于特定的作业条件。

五、伸缩式吊具

伸缩式吊具是近年来出现的一种新型吊具，具有伸缩吊架，当收缩到最小尺寸时可起吊 20 英尺集装箱，而当伸开到最大尺寸时则可起吊 40 英尺集装箱。吊具的伸缩在司机室内操作，变换吊具的时间只要 20 秒左右，但重量仍然较重，为 10～11 吨。伸缩式吊具是目前集装箱起重机采用最为广泛的一种吊具。

复习思考题

1. 采用集装单元的优势是什么？
2. 托盘的设计和选用要点有哪些？
3. 简述集装箱的主要类型。
4. 简述集装箱运输的优缺点。
5. 简述物流周转箱的循环共用模式。

第七章　装卸系统与机械选择

【学习目标】

● 掌握物料装卸的定义，了解装卸机械选择时要考虑的要素以及装卸机械的选型步骤。
● 掌握装卸机械的定义，熟知装卸机械的主要性能。
● 了解不同场景装卸机械的选用方法和选用依据。
● 了解常见类型的起重机的工作原理、特点以及适用场景。

装卸系统是将物流系统中各环节连接为一体的重要部分，物流环节中装卸系统的优劣直接关系到整个物流系统的运转质量和效率，同时装卸系统又是缩短物流周转时间、节约流通费用的重要组成部分，一旦装卸系统出现问题，物流其他环节就会受到影响。本章主要介绍完成装卸工作必备的系统要素与条件，装卸机械的性能与工作原理，以及不同场景下装卸器械的选用等内容。

第一节　装　卸　系　统

一、装卸系统概述

(一)物料装卸的定义和作用

装卸是指物品在指定地点以人力或机械装入运输设备或从运输设备上卸下的过程。

物料装卸是指在同一场所范围内进行的、以改变物料的存放状态和空间位置为主要目的的活动，即对物料、产品、零部件或其他物品进行搬上、卸下、移动的活动。

无论是商品的运输、储存和保管，还是商品的配送、包装和流通加工，都离不开物料装卸。物料装卸在物流系统运转的各个环节中起着承上启下，相互联结的作用。因此，合理、有效地开展物料装卸工作，对于促进物流活动的顺利进行、提高企业经济效益有着十分重要的作用。

(二)装卸系统的要素及条件

1. 装卸系统的要素

(1) 劳动力：包括装卸、操作人员等。
(2) 装卸设施设备：包括机械设备、附属工具等，是完成装卸搬运工作的重要手段。
(3) 货物：装卸搬运工作的对象，不同的货物会对应不同的装卸工艺。
(4) 装卸工艺：装卸搬运的工作方法，装卸工艺的优劣会直接影响到装卸工作的效率。
(5) 信息管理：指导装卸工作安全高效完成的重要保障。

劳动力、装卸设施设备和货物等属于装卸系统的"硬"要素；装卸工艺、信息管理等属于装卸系统的"软"要素。

2．决定装卸方法的条件

(1) 货物：所装卸货物的形状、重量、尺寸、数量、形态等。

(2) 装卸工作种类：堆装、拆装、分拣、配送、搬运等。

(3) 装卸机械：机械的结构、尺寸、功能、使用条件、配套器具、适用场景等。

(4) 装卸设施：装卸设施的配置、规模、构造、尺寸等。

(5) 工作人员：工作人员的时间、勤务、负荷、密度、技能等。

(三)装卸系统的分类

从不同的角度可以将装卸系统划分成不同的种类，不同种类的装卸系统在运转过程中所需要的装卸设备以及装卸流程等都是不同的。

(1) 按照装卸作业场所划分，装卸系统可分为港口装卸系统、货场装卸系统、车站装卸系统、仓库装卸系统、车间装卸系统等。

(2) 按照装卸物品的属性划分，装卸系统可分为集装物品的装卸系统、散装物品的装卸系统、液体物品的装卸系统、危险品的装卸系统等。

(四)装卸搬运的发展历史

从技术发展的角度来看，物流中心物品装卸搬运的发展过程主要经历了以下几个阶段。

1．手工物品搬运

早期的物流中心由于包装形式和机械手段的缺乏，多数以手工搬运的形式进行车辆的装卸货物作业。

2．机械化物品搬运

随着搬运设备技术的发展，物流中心开始采用机械设备代替人工搬运，从而节省了大量的劳动力。

3．自动化物品搬运

计算机技术的发展为物流中心实现自动化装卸及搬运提供了可能，如自动化仓库或自动存取系统(AS/RS)、自动导向小车(AGV)、电眼以及条形码、机器人等的使用，大大加快了物流中心的货品装卸速度。

4．集成化物品搬运系统

物流中心主要完成装卸货物、储存上架、拆垛补货、单件分拣等作业，集成化物品搬运系统是通过计算机使若干自动化搬运设备协调动作组成一个集成系统，并能与生产系统相协调，取得更好的效益。

5．智能型物品搬运系统

智能型物品搬运系统是结合与物流中心相关联的信息来源，将计划自动分解成人员、物品需求计划并对物品搬运进行优化和实施，达到物流中心智能化管理的目的。

目前，我国多数物流中心采用的是手工物品搬运和机械化物品搬运相结合的手段。以信息化为前提的智能型物品搬运系统和集成化物品搬运系统是物流中心搬运作业的发展方向。

二、装卸机械的选择

合理选择装卸机械的机型、性能等是正确使用装卸机械的重要条件，是高效、安全完成装卸搬运工作的前提，对充分发挥装卸机械效用、降低使用成本、提高装卸搬运效益、确保工作安全都有着重要的意义。

(一)装卸机械选择时要考虑的要素

1. 装卸机械的类型选择

装卸机械的类型要根据装卸作业的环境、物料种类、作业性质等进行选择。例如，工作场所为仓库、车间，应主要选择桥式起重机；货场、车站、造船生产线，应选择龙门起重机；港口、码头，则应根据货种和港口码头专业化程度，选择专用和多用起重机，如货种为散货，港口码头前沿可选用抓斗装卸桥和抓斗门座起重机，后方堆场可选用龙门起重机，件杂货码头可选用吊钩式起重机，集装箱专用码头应选择岸边集装箱起重机、多用途装卸桥或多用途门座起重机。

2. 装卸机械的结构形式选择

根据特定的安装尺寸和作业方式选择合适的装卸机械的结构形式。选择时必须要考虑到装卸机械的主体结构，主体结构的选择一般遵循两个原则：一是经济性原则；二是性能和标准化原则。例如，性能方面要求有合适的工作速度和动作平稳性等，标准化方面要求部件通用化、标准化程度等。之后根据装卸机械应用场合、装卸货物种类，合理选择工作机构、取物装置和操作方式。

3. 装卸机械的技术性能参数选择

根据装卸机械的使用场合和作业性质进行装卸机械的技术性能参数选择。一般应以装卸机械可能遇到的最大起吊物来确定起重量，同时考虑转载工作的条件或工艺工程的要求。装卸机械不允许超载使用，因此在装卸物料经常变化的场合，在选用装卸机械的时候要留有富余量来规避起重物料多变可能带来的风险；在工艺流程固定，装卸物料重量不变，机械满载的场合，可以不留装卸机械富余量，简化其结构来降低成本；装卸机械的起升高度要考虑到越过障碍物高度和吊具本身所占高度，与室内和厂房高度有关；装卸机械的跨度按厂房跨度或工作需要选择；装卸机械的运转幅度按工作范围等因素选择；起重机工作级别是一个综合参数，要根据起重的利用等级和载荷状况选择合适的工作级别。

4. 装卸机械的数量确定

装卸机械台数确定的依据是企业经营规划和目标、货物年流通量、生产作业任务、现场起重机械布置和配置方案。

5. 装卸机械的价格与功能评价

价格因素是选择装卸机械的重要依据之一。价格的选择不仅是装卸机械本身的价格，还应包括装卸机械的全寿命周期成本，这其中包括装卸机械本身的成本和装卸机械的使用成本，如机械运行费用、维修费用、装卸机械因故障产生的维修费用以及对生产装卸作业产生的直接或间接损失的费用等。起重机的功能、性能和可靠性应作为价格的重要组成部分，选型时，尽量追求具有最佳性价比的机械。价格比较的实质不是对机械种类进行评估，而是对功能进行价值评价。

(二)装卸机械的选型步骤

经过科学合理的选择和评估，得到高效率、低成本且满足装卸作业要求的科学化装卸器械配置方案。选型的一般步骤如下。

1. 行业信息收集，预选

广泛收集装卸机械行业的市场货源、技术、经济信息，对需要的机型进行预选，挑选出部分机型和生产厂家。

2. 详细了解机械信息

对预选的机型、厂家进行调查联系和询问，详细了解装卸机械的结构、技术性能、使用单位的评价、货源、供货情况、适应性、技术性、备件、订货方式等，经过评估、分析、比较，确定较为理想的机型和厂商。

3. 进一步了解总体情况，确定机型和厂商

进一步联系、专题研究，必要时进行实地考察，全面了解装卸机械的总体情况，选定理想的机型和厂商进行配置。

第二节　装卸机械的性能及技术

一、装卸机械概述

(一)装卸机械的定义

装卸机械通常是指起重机械，它是一种循环、间歇、运动的机械，用来垂直升降货物或兼作货物的水平运动，以满足货物的装卸、转载等作业要求。

(二)装卸机械的作用

装卸机械是现代企业实现生产过程和物流作业机械化、自动化，改善物料搬运条件，减轻劳动强度，降低运输成本，提高生产效率，保证作业质量，加快车、船等运载设备周转必不可少的重要机械设备。

(三)装卸机械的特点

完整的装卸机械作业流程包括取物、提升、平移、下降、卸载，然后返回到装载位置等环节，此后进行往复循环。因此，工作内容重复循环是装卸机械的基本特点；装卸机械以装卸为主要功能，搬运能力差，搬运距离短；装卸机械移动困难，通用性不强，多为固定设备；装卸机械的作业方式均为从货物上方起吊，因此在作业过程中对作业空间的高度要求较高。

(四)装卸机械的分类

(1) 根据结构性能不同，划分为轻小型起重设备、桥架式起重机、臂架式起重机和升降机。

(2) 根据运行方式不同，可划分为固定式起重机(如缆索起重机、固定塔式起重机等)、托运式起重机(如托运塔式起重机等)和运行式起重机(如汽车起重机、轮胎起重机、履带式起重机、桥式起重机、龙门起重机等)。

(3) 根据使用范围不同，划分为通用起重机和专用起重机。

(4) 根据使用场合不同，划分为货场起重机、港口起重机、仓库起重机、船上起重机、随车起重机、车间起重机、建筑起重机和其他场合起重机。

(5) 根据起升机构不同，划分为小车式起重机和牵引式起重机。

(6) 根据器械自身特殊条件不同，可划分为防腐起重机、防爆起重机和绝缘起重机等。

二、装卸机械的主要性能

装卸机械的技术性能指标和经济性能指标是设计及选用装卸机械的主要依据，其中技术性能指标主要包括起重量、幅度、起升高度、工作速度、生产率、轨距(或跨度)和基距、工作级别等；经济性能指标主要有比功率、比重量。

(一)技术性能指标

1) 起重量

起重量通常是指最大额定起重量，它表示起重机正常工作时允许起升的最大质量(t)。若使用吊钩，它指吊钩能吊起的最大质量；若使用吊钩以外各种吊具的起重机，则指起重机允许起升的最大质量与吊具质量之和。在决定起重量时，无论是其重量偏大还是偏小，都会造成损伤机械或资源浪费等情况。因此在起重量的选取上应该严格遵循国家对不同起重机械的限定标准。

2) 幅度

幅度是指起重机吊具伸出起重机支点以外的水平距离(m)。对于回转臂架起重机，其幅度是指回转中心线与吊具中心线之间的水平距离；对于非回转臂架起重机，其幅度一般是指臂架下铰点至吊具中心线的水平距离。幅度的选择主要依据装卸对象的尺寸参数和工艺要求而定。

3) 起升高度

起升高度是指起重机将额定起重量起升的最大垂直距离(m)。对于在岸上工作的起重机，起升高度是指自地面或轨面升至最高位置(采用吊钩的起重机取吊钩钩口中心计算，采用抓斗或其他吊具时取其最低点计算)的垂直距离。对于以装卸船舶为主的门座起重机，起升高度为轨面以上的上升高度与轨面以下的下降深度之和。起升高度应保证在洪水位和船舱空载吃水的条件下，吊具能将长钢材、外形高大的设备等吊出舱口；在枯水位和船舶满载吃水的条件下，吊具能下降到舱底。此外，还应注意吊具本身高度和悬挂吊具的钢丝绳长度对起升高度的影响。

4) 工作速度

工作速度是指起重机的起升速度、变幅速度、回转速度和运行速度四种。起升速度是指起重机械起升额定起重量时，货物匀速上升的速度(m/min)；变幅速度是指起重机吊具从最大幅度运转至最小幅度沿水平方向运动的平均速度(m/min)；回转速度是指回转起重机的转动部分在匀速转动状态下每分钟回转的圈数(r/min)；运行速度是指起重机械或起重小车匀速运行时的速度(m/min)，对无轨运行机械常称行驶速度(km/h)。

在实际运转过程中，起重机械各个机构的运转速度是由实际工作环境与要求决定的。比如，在码头、车站等中转场地，为了提高货物周转效率，降低运输工具的停留时间，对起重机械运转速度的要求就会偏快。对于大吨位的起重机、运转距离短的装卸工作或者装卸工作环境复杂的情况，为确保安全运转，对装卸机械的运转速度要求就会偏慢。

5) 生产率

生产率是指在单位时间内吊运货物的总吨数(t/h)。它综合了起重量、工作行程和工作速度等基本参数以及操作技能、作业组织等因素来表明起重机的工作能力。它与起重机本身的性能参数、货物种类、工作条件、生产组织以及司机操作机械的熟练程度等因素有关。一般可以通过改善机械机构性能、提高运转速度、采用大型或轻型起重设备、培训提高操作人员的操作技能等方法来提高起重机的生产率。

6) 轨距(或跨度)和基距

轨距是指有轨运行的起重机或其小车行走轨道中心线之间的水平距离(m)。跨度是指桥架类起重机的运行轨道中心线之间的水平距离或固定式起重机的支腿之间的水平距离(m)。基距是沿轨道方向起重机两条支腿中心线的间距(m)。对于无轨运行的起重机，通常称为轮距或轴距。轮距是左右两组行走轮中心线的间距(m)，分为前轮距和后轮距；轴距是前、后轮轴中心线的间距(m)。

7) 工作级别

工作级别是反映起重机及其各机构的载荷状态和工作繁忙程度的指标，可以分为轻、中、重、特重四级，起重机的工作级别可分为 A1～A8 八个级别。级别数越大表明该起重机械以及其各机构的载荷程度和工作繁忙程度越大。在设计和选用起重机械时，要考虑工作量和机械工作级别的对应程度，避免出现因工作量与工作级别不匹配造成的资源浪费或者损伤机械的情况。

(二)经济性能指标

1) 比功率

比功率是指起重机在单位起重量下所耗能量的多少，用比功率系数 K 表示，其计算公式为

$$K=N/Q$$

式中：N——起重机发动机的总功率(kW)；

Q——起重机的额定起重量(t)。

起重机的比功率系数 K 越小，表明该起重机工作时，能量消耗越低，经济性能越高。

2）比重量

比重量表示起重机在单位载荷力矩下，机器所需的自重，用 W 表示，其计算公式为

$$W=G/(QL)(适用于桥式类型的起重机)$$
$$W=G/(QR)(适用于旋转类型的起重机)$$

式中：G——起重机的自重(t)；

$\qquad$ L——桥式类型起重机外伸距；

$\qquad$ R——旋转类型起重机的工作幅度。

起重机的比重量系数 K 越小，说明与相同起重量的起重机相比，该起重机的自重越轻，原料就使用得越少，机器本身所消耗的动能就越少，经济效益就越高。

三、装卸机械的技术要求

装卸机械(这里指起重机械)是通过起重吊钩或其他装置进行起重、起重加移动重物等操作。起重机械的工作过程一般包括起升、运行、下降及返回原位等步骤。起升机构通过取物装置从取物地点把重物提起，经运行、回转或变幅机构把重物移位，在指定地点放下重物后返回到原位。

(一)装卸机械的组成机构

装卸机械的组成机构主要包括起升机构、运行机构、变幅机构和旋转机构。起重机通过利用单一机构或者多种机构组合使用来达到在空间中搬运货物的目的。

1. 起升机构

起升机构是用来实现物料的垂直升降的机构，是所有起重机不可缺少的部分，是起重机最主要、最基本的机构。

2. 运行机构

运行机构是通过起重机或起重小车运行来实现水平搬运货物的机构，有无轨运行和有轨运行之分，按照其驱动方式不同分为自行式和牵引式两种。

3. 变幅机构

变幅机构是臂架式起重机特有的工作机构。变幅机构通过改变臂架的长度和仰角来改变作业幅度。

4. 旋转机构

旋转机构能够使臂架绕着起重机的垂直轴线作回转运动，在环形空间移动货物。

(二)装卸机械的驱动装置

装卸机械的驱动装置是用来驱动各个组成机构发挥作用的动力设备。常见的驱动装置有电力驱动、内燃机驱动和人力驱动等。电力能源是清洁环保的能源，因此电力驱动成了现代起重机的主要驱动形式。对于可以远距离移动的流动式起重机(如轮胎起重机和履带起

重机)多采用内燃机驱动。人力驱动适用于一些轻小起重设备，也用作某些设备的辅助、备用驱动和意外情况(或事故状态)的临时动力。

(三)装卸机械的取物装置

取物装置是通过吊、抓、吸、夹、托等方式，将物料与起重机联结起来进行物料搬运的装置。种类、形态、体积大小等具有不同特征的物料对应采取不同类型的取物装置。例如，集装搬运的物料常用的取物装置为吊钩、吊环；散装搬运的物料(如粮食、矿石等)常用的取物装置为抓斗、料斗；液体物料则使用盛筒、料罐；等等。针对特殊物料也会有特殊的吊具，如吊运导磁性物料的起重电磁吸盘，专门为冶金等部门使用的旋转吊钩，以及集装箱专用吊具等。合适的取物装置可以减轻作业人员和装卸机械的劳动强度，提高工作效率。

(四)金属结构

金属结构是以金属材料轧制的型钢(如角钢、槽钢、工字钢、钢管等)和钢板作为基本构件，通过焊接、铆接、螺栓连接等方法，按一定的组合规则连接，用来承受起重机的自重和载荷重量的钢结构。对于一般的起重机，金属结构的重量占整机重量的 40%～70%，重型起重机可达 90%；金属结构的成本约占整机成本的 30%以上。各种金属构件的不同组合形成功能各异的起重机。受力复杂、自重大、耗材多和整体可移动性是起重机金属结构的工作特点。

(五)操纵系统

起重机操纵系统是指通过电气、液压系统控制操纵起重机各机构及整机进行各种起重作业的系统。控制操纵系统包括各种操纵器、显示器及相关元件和线路，是人机对话的接口。操纵系统的状态直接关系到起重作业的质量、效率和安全。

第三节　货场装卸机械选用

货场用装卸机械

一、集装箱正面吊运机

1. 集装箱正面吊运机简介

集装箱正面吊运机，俗称"集装箱正面吊"，是一种具有较高灵活性的集装箱堆码和搬运机械。其结构特点是在自行轮胎底盘上装有可伸缩、俯仰的臂架，配备有能伸缩和旋转的国际标准集装箱专用吊具，能在整车荷载并行进中进行臂架伸缩、俯仰和吊具回转。

2. 集装箱正面吊运机的特点

集装箱正面吊运机配有多功能伸缩式吊具，起重范围较大，能够左右回转、横移、倾斜，便于对箱和通过较狭窄的通道；机身带有可以俯仰的伸缩式臂架，可以实现整车行驶和臂架伸缩的联合动作；集装箱正面吊运机造价低，机动性能好，运作范围大，能堆码多层集装箱进行跨箱作业；同时，集装箱正面吊运机可以换装吊钩，增加吊装物料的多样性。

3. 集装箱正面吊运机结构形式与分类

1) 结构形式

集装箱正面吊运机主要有以下两种结构形式。

(1) 单臂架集装箱正面吊运机。单臂架集装箱正面吊运机的臂架为两级伸缩式单起重臂，臂架由两只俯仰液压缸支撑，结构简单，制造方便，操作灵活，是应用最多的集装箱正面吊运机形式。

图 7-1 单臂架集装箱正面吊运机

(2) 双臂架集装箱正面吊运机。双臂架集装箱正面吊运机采用双起重臂，每个臂架分别由一只俯仰液压缸支撑，两组臂架既可分别动作，也可同步动作，臂架载荷分布合理，吊具工作稳定性提高，但其结构复杂，机动性能差，较少应用。

图 7-2 双臂架集装箱正面吊运机

2) 分类

集装箱正面吊运机按照作业对象的不同可以分为以下两类。

(1) 重箱正面吊运机。其主要对重载货物的集装箱进行作业，一般可以堆码 4~5 层集装箱。

(2) 空箱正面吊运机。其仅对空集装箱进行作业，一般可以堆码 7~8 层集装箱，最高可以到 10 层。

4. 集装箱正面吊运机主要技术参数

1) 起重量

集装箱正面吊运机的起重量根据额定起重量和吊具的重量来确定。额定起重量一般按所吊运的集装箱最大总重量确定,对于国际标准 40ft 集装箱的最大总重量取 30.5t。

2) 起升高度

起升高度即堆码高度,一般为 4 层箱高,如按 8ft*6in(即 2.591m)箱高考虑,还要加上一定的安全间隙,起升高度一般为 11m 左右。如要求堆五层箱高时,起升高度应不小于 12.955m,一般为 13m 左右。

3) 工作幅度

集装箱正面吊运机通常能跨一排箱作业。一般要求在对第一排箱作业时,前轮外沿离集装箱的距离为 700mm 左右,工作幅度最小应距前轮外沿 2m。在对第二排箱作业时,前轮离第一排集装箱的距离为 500mm 左右,工作幅度最小应距前轮外沿 4.1m。

4) 车身外形尺寸

集装箱正面吊运机主要用在货场作业,要求能适应狭小的场地条件,因此对通过性能要求较高,需要控制车身宽度和长度。另外,还要考虑整机的稳定性和车架受力情况。一般要求正面吊运机能在 7.5m 左右的直角通道上转弯,在 9.5m 左右的通道内能 90° 转向。因此,要求其最小转弯半径在 8.5m 左右,最大轴距 5500mm 左右,车体带臂架时长度为 5000~8000mm,车身宽度一般为 3500~4000mm。

5) 行走速度

集装箱正面吊运机的运行距离一般在 40~50m 较为合理。若距离太远,则应在前沿机械与堆场间用拖挂车来完成水平运输。集装箱正面吊运机在满载时只允许低速行驶,因其自重较大,在吊运 40t 时,整机总重达 110t,若行驶速度过快,则对爬坡、制动、整机稳定性以及发动机功率都有较大影响,故满载时最高速度一般不超过 10km/h。空载时可高速行驶,一般为 25km/h 左右。

5. 集装箱正面吊运机的适用场景

集装箱正面吊运机广泛应用于集装箱码头、铁路货运站、公路集装箱枢纽站、中小型堆场等,也可以用于码头前沿与堆场间的短距离搬运作业。换装吊钩后,其可作为轮胎式起重机使用,在个别场合,也可换装木材抓斗,作为木材装卸机械使用。

二、悬臂式起重机

1. 悬臂式起重机简介

悬臂式起重机主要利用臂架的边幅(俯仰)绕垂直轴线回转配合升降货物,使用动作灵活,满足装卸要求,其形式有固定式、移动式和浮式。固定式悬臂式起重机直接安装在码头或库场的墩座上,只能原地工作。其中有的臂架只能俯仰不能回转,有的既可俯仰又可回转。移动式臂架起重机可沿轨道或地面上运行,主要有汽车起重机、轮胎起重机、履带起重机和门座起重机等。其中,轮胎起重机和门座起重机在港口用得很普遍。汽车、轮胎、履带等移动式起重机又称为自动式起重机。浮式起重机是安装在专用平底船上的悬臂式起重机，广泛用于海、河港口的装卸及建港等工作。具体如表 7-1 所示。

表 7-1　悬臂式起重机简介

类　型	分　类		特　点	适用场景
悬臂式起重机	固定式悬臂式起重机		固定安装在使用场地，只能原地使用，有的臂架只能俯仰不能回转，有的既能俯仰也能回转	适用于码头、库场等不需要起重机自身移动作业的场景
	移动式臂架起重机	轮胎起重机	轴距和轮距配合合适，稳定性高，行进速度较慢，采用专用底盘，车身短，作业移动灵活	适用于对起重机械自身移动速度要求不高、工作灵活的货场、仓库等场景
		门座起重机	额定起重范围宽，工作效率高，占地面积小，起升高度和工作幅度大，造价高，轮压较大，需要坚固的地基	港口、车站、货场都适用
		汽车起重机	起重作业部分安装在汽车底盘上，车身较长，具有载重汽车的行驶性能，可单机快速转移或与汽车编队行驶	适用于流动性大，工作场所不固定，对起重机械自身移动速度和运转灵活度要求较高的场景
		履带起重机	起重能力强，接地比压小，转弯半径小，爬坡能力大，不需支腿，带载行驶，作业稳定性好，桁架组合高度可自由更换，维修操作复杂，不易解决	只适用于建筑、建设工地等固定场所
	浮式起重机	装卸型浮式起重机	起重量不大，运转速度较快，臂架系统构造复杂，可 360°回转	适用于内河港口，完成散货如件货、煤、砂等货物的装卸
		吊装型浮式起重机	起重质量大，高度高，运转速度慢	适用于完成重件、大件、起升高度大或起吊物件水下深度大等特殊工况下的起吊工作

2. 悬臂式起重机的工作级别

悬臂式起重机的工作级别是由其载荷状态和使用等级决定的。载荷状态分为 4 种(分别是 Q1~Q4)，使用等级分为 10 种(分别是 U0~U9)，两者共同构成了起重机的工作级别，共分为 8 种(分别是 A1~A8)，其中，A1 工作级别最低，A8 工作级别最高(见表 7-2)。

各类起重机如图 7-3 所示。

3. 千斤顶和绞车

1) 千斤顶

千斤顶是一种用钢性顶举件作为工作装置，通过顶部托座或底部托爪在行程内顶升重物的轻小起重设备。千斤顶主要用于厂矿、交通运输等部门作为车辆修理及其他起重、支撑等工作。其结构轻巧坚固、灵活可靠，一人即可携带和操作。

表 7-2 悬臂式起重机工作级别

| 载荷状态 | 起重机的等级划分 | | | | | | | | | |
级别	U0	U1	U2	U3	U4	U5	U6	U7	U8	U9
Q1	Al	Al	Al	A2	A3	A4	A5	A6	A7	A8
Q2	Al	Al	A2	A3	A4	A5	A6	A7	A8	A8
Q3	Al	A2	A3	A4	A5	A6	A7	A8	A8	A8
Q4	A2	A3	A4	A5	A6	A7	A8	A8	A8	A8

(a) 梁式起重机

(b) 浮式起重机

(c) 吊装式起重机

(d) 汽车起重机

图 7-3 各类起重机

千斤顶分为机械千斤顶和液压千斤顶两种(见图 7-4)，原理各有不同。从原理上来说，液压千斤顶所基于的原理为帕斯卡原理，即液体各处的压强是一致的，这样，在平衡的系统中，比较小的活塞上面施加的压力比较小，而大的活塞上施加的压力也比较大，这样能够保持液体的静止。因此通过液体的传递，可以得到不同端上的不同的压力，这样就可以达到一个变换的目的。我们通常见到的液压千斤顶就是利用了这个原理来达到力的传递。机械千斤顶采用机械原理，如往复扳动手柄，拔爪即推动棘轮间隙回转，小伞齿轮带动大伞齿轮，使举重螺杆旋转，从而使升降套筒获得起升或下降，达到起重拉力的功能。

(a) 机械千斤顶

(b) 液压千斤顶

图 7-4　千斤顶

2) 绞车

绞车又称为卷扬机，主要运用于建筑、水利工程、林业、矿山、码头等的物料升降或平拖。

绞车具有以下特点：通用性高，结构紧凑，体积小，重量轻，起重大，使用转移方便。其被广泛应用于建筑、水利工程、林业、矿山、码头等的物料升降或平拖，还可作为现代化电控自动作业线的配套设备。目前常见的绞车分为快速和慢速两种。绞车既可以单独使用，也可以作为起重、筑路和矿井提升等机械中的组成部件，因操作简单、绕绳量大、移置方便而被广泛应用。绞车主要技术指标有额定负载、支持负载、绳速、容绳量等。

绞车按照动力可以分为手动、电动、液压三类；按照功能可以分为船用绞车、工程绞车、矿用绞车、电缆绞车等；按照卷筒形式可以分为单卷筒和双卷筒。

三、港口装卸机械选用

1. 门式起重机简介

港口用装卸机械

门式起重机又称龙门起重机，是桥架通过两侧支腿支撑在地面轨道上的桥架型起重机。在结构上由门架、大车运行机构、起重小车和电气部分等组成。有的门式起重机只在一侧有支腿，另一侧支撑在厂房或栈桥上运行，称作半门式起重机。为了扩大起重机作业范围，主梁可以向一侧或两侧伸出支腿以外，形成悬臂。另外也可采用带臂架的起重小车，通过臂架的俯仰和旋转扩大起重机作业范围。

门式起重机按照其通用程度可分为通用门式起重机和专用门式起重机，通用门式起重机常见的有手动葫芦门式起重机、电动葫芦单梁门式起重机、电动葫芦桁架门式起重机等；专用门式起重机常见的有水电站门式起重机、造船用门式起重机、轮胎集装箱门式起重机等。

1) 门式起重机的类型、分类、特点及适用场景如表 7-3 所示

2) 门式起重机选用时的注意事项

一般情况下，起重量在 50t 以下，跨度在 35m 以内，无特殊使用要求，宜选用单主梁门式起重机。如果要求门腿宽度大，工作速度较快，或经常吊运重件、长大件，则宜选用双梁门式起重机。门式起重机的跨度是影响起重机自身质量的重要因素。选择中，在满足

设备使用条件和符合跨度系列标准的前提下，应尽量减小跨度。

表 7-3　门式起重机简介

类　型	分　类	特　点	适用场景
通用门式起重机	手动葫芦门式起重机	结构简单，操作方便，成本低	适用于工作速度要求不高，电力不便的场景
	电动葫芦单梁门式起重机	自重轻，原理简单，成本低	适用于跨度偏小、运转速度要求不高的场景
	单梁桁架门式起重机	自重轻，体积较小，成本低	适用于跨度要求偏大的场景
	电动葫芦桁架门式起重机	结构简单，自重轻，刚性好，成本低	适用于各种跨度要求偏小、工作速度要求不高的场景
	双梁桁架门式起重机	自重小，迎风面积小，成本低	适用于起重质量小、跨度较大的场景
	单主梁门式起重机	结构简单，安装方便，自重轻	适用于起重质量≤32t，跨度≤35m 的场景
	双梁箱形门式起重机	箱形结构，维修方便	适用于起重质量大、运转频率要求高的场景
专用门式起重机	水电站门式起重机	分为单吊点和双吊点两种，可带回转起重机	适用于水电站启闭闸门、起重检修设备等
	造船用门式起重机	一般有上、下两个起重小车，对应两个起升机构	适用于造船厂吊运、装配船体和主机
	轮胎集装箱门式起重机	旋转灵活，有自动直线旋转系统	适用于集装箱码头后方堆场和铁路集装箱中转
	轨道式集装箱门式起重机	配有集装箱专用吊具，旋转灵活	

2. 岸边集装箱起重机

岸边集装箱起重机(简称岸桥或吊桥)是专门用于集装箱码头对集装箱船进行装卸作业的专业设备，一般安装在港口码头岸边。个别码头还利用岸桥的大跨距和大后伸距直接进行堆场作业。岸桥的装卸能力和速度直接决定码头作业生产率，因此岸桥是港口集装箱装卸的主力设备。岸桥伴随着集装箱运输船舶大型化的蓬勃发展和技术进步而在不断更新换代，科技含量越来越高，正朝着大型化、高速化、自动化和智能化，以及高可靠性、长寿命、低能耗、环保型方向发展。其主要技术参数如表 7-4 所示。

表 7-4　岸边集装箱起重机主要技术参数

技术参数	内　容
起重量	吊具下起重量常用的为 30.5t、35.5t 和 40.5t，个别达 60t。不用吊具作业时的最大起重量一般比吊具下起重量大，最大的达到 85 t

技术参数	内　　容
起升高度	原则上是保证船轻载高水位时，能装卸三层集装箱并能堆高到四层；在船满载低水位时，能起吊船底最下层集装箱。起升高度一般为轨面上 25 m，轨面下 12 m。但对于装载 4000TEU(20 ft 当量箱)以上的船，起升高度均应大于 30 m
外伸距	根据船宽并考虑四层集装箱向外倾斜 3° 时，能起吊船甲板最外层集装箱的要求，对于装载 3000TEU 以下的船只取 35～38 m，对于超巴拿马船，一般在 44 m 以上
跨度 (轨距)	根据码头前沿的装卸工艺方式和起重机设计要求来确定，一般为 16～25 m，有的可达 30 m 以上
轮距	一般为 14～16 m
工作速度	通常起升速度满载时为 50 m/min，空载时为 120 m/min 左右；小车运行速度一般较快，为 120～180 m/min，最高达 210 m/min；大车运行速度较慢，一般为 45 m/min。臂架俯仰循环时间一般为 5～10 min

3. 抓斗卸船机

抓斗卸船机是抓取物料的卸船设备。抓斗卸船机由前后门架、前后大梁、前后水平桁架、前后拉杆、小门架、斜撑杆、侧桁架、机台、料斗及支架等金属结构以及起升、开闭、小车运行机构(三者合而为一，简称四卷筒机构)、变幅机构、大车运行机构、抓斗和料斗接料系统、水喷雾防尘系统、移动式司机室、检修设施以及防爬器、锚定、系缆、保险钩、限位装置等安全辅助设施和电气系统等部件组成，如图 7-5 所示。

图 7-5　抓斗卸船机

抓斗卸船机的卸船能力是设备最重要的技术指标之一，对设备的参数选型、设备的设计都会产生极大的影响。为此，在设备选型和设备设计中应当严格明确，并确定合理的设计与验收的方式、方法。抓斗卸船机的卸船能力的大小除会直接影响到设备起重量参数外，还会直接影响到设备的制造成本和采购成本。

四、其他场景散装装卸机械选用

(一)手推车和爬楼机

二轮杠杆式手推车是最古老的、最实用的人力搬运车，它轻巧、灵活、转向方便，但因靠体力装卸、保持平衡和移动，所以仅适合装载物料较轻、搬运距离较短的场合。为适合作业需要，目前还采用自重轻的型钢和铝型材作为车体，阻力小的耐磨的车轮，还有可折叠、便携的车体。

手推车是一种以人力为主，在路面上水平输送物料的搬运车(见图 7-6)。在物流作业过程中，人力车辆的作业也占有一定的比重，尤其在设施外的偶发的物流活动，难以实现机械化作业时常会采用。此外，由于物流活动的复杂性和用户需要的多样性，常会以人力作业来衔接，以补充机械化的工艺流程。手推车是有手推扶手的四轮车，它的类型较多。根据手柄的不同，手推车可分为单手柄、双手柄、带挡板手柄、固定手柄式和折叠手柄式等；根据层数不同，手推车可分为单层、双层和三层等；根据车底部的不同，手推车可分为平底式和骨架底式。

手推车的特点是轻巧灵活、易操作、回转半径小，适于短距离搬运轻型物料，可广泛应用于车间、仓库、超市、食堂、办公室等，是短距离、轻小物品运输的一种方便而经济的搬运工具。手推车一般每次搬运量为 5～500kg，水平移动 30m 以下，搬运速度为 30 m/min 以下。

在选择和使用手推车时，首先，应考虑运件的形状及性质。当搬运多品种货物时，应考虑选用通用型的手推车；当搬运单一品种货物时，则应尽量选用专用手推车，以提高作业效率。其次，还要考虑输送量及运距，由于手推车是以人力为动力的搬运工具，当运距较远时，载重量不宜太大。此外，货物的体积、放置方式、通道条件及路面状况等，在选择手推车时也要加以考虑。

爬楼机是新型的载物(载人)爬楼工具，它利用本身配备的动作执行机构，来实现上下楼动作，进而达到上下楼的目的(见图 7-7)。其广泛适用于物流、送水、搬家、家具家电等行业，以及工厂、办公室、居民楼、户外台阶等场所。

图 7-6　手推车　　　　　　　　图 7-7　爬楼机

爬楼机有多种分类方式，按照动力源，可以分为手动爬楼机和电动爬楼机；按照载重能力，可以分为轻载、中载、重载爬楼机；按照用途，可以分为载人爬楼机和载物爬楼机；按照驱动原理，可以分为星轮式爬楼机、履带式爬楼机、支腿式爬楼机、推臂式爬楼机和其他类型爬楼机。

(二)搬运坦克车

搬运坦克车又称搬运小坦克，是重物移运器，是一种可以替代传统滚杠的搬运设备(见图 7-8)。当搬运大型设备、路途较远时，与撬棒或爪式千斤顶配合使用于重型货物的移动，可以节省大量的人力和时间。其使用方便，省时省力，是搬运重型设备的理想工具，适用于各种小型、中型、大型、重型设备集装箱等重物的搬运。

图 7-8　搬运坦克车

搬运坦克车可以单独使用，也可以多个一起使用，单个搬运小坦克可搬运 2~100t 的设备，多个搬运小坦克组合可以搬运重达 400~600t 的大型设备。搬运小坦克在有些设备进行就位安装时还可代替龙门架使用。另外其还具有体积小、载重量大、稳定性强、耐磨损、操作方便等特点。

(三)散装装载机和卸载机

装载机是以装载、运输货物为主要目的，将货物由货场取出，通过运输系统装车或装船等的机械。典型的装载机有装车机、装船机等。卸载机是以卸载、运输为主，将货物从船或车中取出，运往货场或仓库的机械。装载机和卸载机一般由以下几种输送机组合而成，具有作业效率高、节省人力等优点。

1. 散货卸车机

散货舱快速卸车是加快车船周转，保证高速转运和装卸的重要环节。目前国际上卸车主要采用翻车机和自卸车等卸车设备。

翻车机是一种用来翻卸铁路敞车散料的大型机械设备，它一般通过设置重车推入和空车牵出等辅助机械配合使用来将有轨车辆翻转或倾斜使之卸料的装卸机械。翻车机的形式主要有转子式和侧倾式。其中，使用最多的是转子式翻车机。转子式翻车机的特点是自重轻，尺寸小，但地面土建费用比较高。侧倾式翻车机使用的比较少，其特点是自重比较大，消耗功率大，土建的费用相对要少一些。最新的翻车机带旋转车钩，为不解体两车或三车串联式。翻车机具有卸车效率高、生产能力大、机械化程度高等特点，适用于大型专业化散货码头或货场。

自卸车又称翻斗车，是指通过液压或机械举升而自行卸载货物的车辆，由汽车底盘、液压举升机构、货厢和取力装置等部件组成。自卸车的装载车厢能自动倾翻一定角度卸料，大大节省卸料时间和劳动力，缩短运输周期，提高生产效率，降低运输成本，是常用的运输专用车。

2. 散货装船机

散货装船机是用于散料码头装船时使用的大型散料机械。大型港口散料装船设备，在能源、电力、冶金、港口等行业特别是一些大宗散料集散中心的高速、稳定、集效、滚动式发展中，发挥着重要作用。

现代化的装船机主要有移动式、弧线式和直线式三种类型。移动式装船机可沿泊位全长行走，可在任意舱门和落点装船，适用于多泊位、各种船型的装船作业；弧线式装船机一端固定，另一端沿弧线形轨道摆动，适用于多方位泊位，装船机不沿岸线移动，降低了水工建筑投资；直线式装船机除了具有弧线式装船机的优点之外，它的投资更节省，能缩短码头岸线长度，增加作业面积。

(a) 散货卸车机　　　　　　　　　　　(b) 散货装船机

图 7-9　装卸船

3. 散货卸船机

散货卸船机作业一直是装卸作业中的薄弱环节。目前，国际上仍普遍采用间歇式抓斗卸船机或桥式抓斗卸船机，近年来，许多国家都在积极研制各种类型的连续式卸船机。散货卸船机如图 7-10 所示。

图 7-10　散货卸船机

复习思考题

1. 简述物料装卸的定义和作用。
2. 装卸机械选择时要考虑哪些要素？
3. 装卸机械的主要性能有哪些？
4. 简述装卸机械的组成机构。
5. 货场、港口常见的装卸机械分别有哪些？

第八章 仓储系统及设备选用

【学习目标】

- 了解仓储的基本概念、功能及结构，掌握仓储分类。
- 了解搬运及仓储设备的不同类型及作用。
- 熟练掌握叉车及货架的选用，包括二者的具体参数、设计原则及选择的方法。
- 熟练掌握仓储系统规划设计的方法，包括仓储系统规划的流程及主要不同区域的设计方法。

仓储系统是物流工程中极其重要的一环，布置合理的仓储系统可以有效地提升物流运作效率及降低物流运作成本，而搬运及仓储设备的选用则直接关系到仓储系统布局的合理性。本章主要介绍仓储的基本类型、功能、结构，着重讲解搬运及仓储设备的选用及设计，在此基础上，阐述仓储系统常用的规划与设计方法，以帮助企业对仓储系统形成更为全面的认识。

第一节 仓 库

一、仓库概述

仓库在中国可以追溯到 5000 多年前的母系氏族社会，那时就出现了"窖穴库"。在西安半坡村的仰韶遗址可以看到仓库的雏形。《诗经·小雅》也有"乃求千斯仓"之句，可知仓库建筑源远流长。与旧式仓库不同，现代仓库更多考虑经营上的收益而不仅仅是为了储存。现代仓库从运输周转、储存方式和建筑设施等方面都重视通道的合理布置、货物的分布方式和堆积的最大高度，并配置经济有效的机械化、自动化存取设施，以提高储存能力和工作效率，降低运营成本。

二、仓库分类

现代仓库一般由装卸搬运及仓库设备，辅之以消防设备及管理用房等构成，仓库是物流运作过程中的基础设施，同时按照不同的分类标准其有不同的类型，如表 8-1 所示。

表 8-1 仓库的主要分类标准以及类型

分类标准	类 型
物品特性	普通仓库、恒温仓库、冷藏仓库、危险品仓库、气调仓库及特种仓库
仓库形式	单层仓库、多层仓库、立体仓库、简易仓库及罐装仓库
仓库结构	封闭式仓库、半封闭式仓库及露天式仓库
仓库建筑材料	钢筋混凝土仓库、钢质仓库、砖石仓库及木板仓库等

续表

分类标准	类 型
仓库位置	码头仓库、内陆仓库、工厂仓库、车站仓库及城市仓库
仓库适用范围	自用仓库、公共仓库、营业仓库及出口监管仓库
仓库功能	集货中心仓库、分货中心仓库、转运中心仓库、加工中心仓库及物流中心仓库等
仓库在物品流通过程中所起的作用	采购供应仓库、批发仓库、零售仓库、储备仓库、加工仓库及保税仓库等

三、仓库功能

仓库作为物流运作过程中的基础，在物流作业中发挥着重要作用。现代仓库不仅有储存功能，而且具有分拣、集货及增值等功能，同时依靠信息技术，仓库对各种类型的物品进行再加工处理。图 8-1 所示的流程图直观地反映了仓库的实际运作功能及相互之间的关系。仓库的各功能环节的含义和主要活动说明如下。

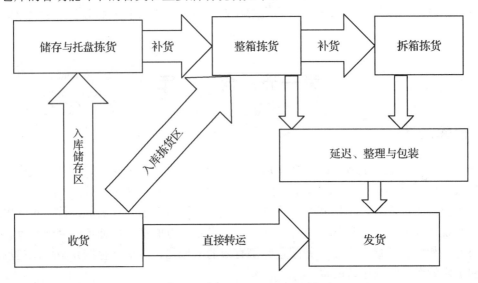

图 8-1 仓库各功能之间的关系

(1) 收货。收货的主要活动包括：①依照计划接收物品；②检查核对物品的数量和质量是否与订单要求一致；③将物品交存或按要求交付给其他需要的部门。

(2) 检验和质量控制。检验物品并对其进行质量控制，是仓库作业必备项目。简单的检验采用目检形式，复杂的检验则需要通过专业的检测设备测试。

(3) 重新包装。重新包装是在接收大批量物品后，需要搭配的情况下进行此流程。整批接收的物品可能需要马上进行重新包装，当包装显著增加储存体积或同一种零件有几种不同大小的套包时，可留待以后处理。当物品在接收时没有人工标记或机读标记时，需要重新贴标签。

(4) 入库。入库是指将物品放入储存区，发挥仓库的空间及时间效用。

(5) 储存。储存就是将物品在仓库中存放，不同形式的物品要采取不同的储存方式。

(6) 拣货。拣货是将特定需求的物品从储存区取出,其作业成本占仓库作业成本的40%~50%。拣货是满足客户服务的基础,是大多数仓库设计的基本功能。

(7) 延迟。延迟是拣货之后的可选步骤。通过延迟,使单件或套装物品更加符合市场需求,提高仓库弹性。

(8) 整理。整理是将批量拣货的物品按单个订单分开,此场景适用于拣货时没有汇集多物品订单,就需要通过整理将同一订单的物品汇集在一起,以便于按订单配送。

(9) 发货。发货的主要活动包括:①核对订单;②将物品进行相应的包装分拣后,装入运输容器;③准备相关单据,包括装箱单、地址标签和提货单;④订单物品称重以确定发货费用;⑤为发货车辆汇集订单;⑥将物品装入货车(这在大多数情况下为承运商的责任)。

(10) 直接转运。直接转运是指将物品从收货区域"直接流动"到发货区域,也称为越库。越库压缩了收货到发货的时间,也减少了货物从收货到发货之间的搬运。

(11) 补货。补货是指从储存区域直接将物品补充到刚取走物品的分拣区域。

四、仓库结构

按照仓库主体结构分类,仓库通常分为单层仓库与多层仓库。单层仓库多采用门式刚架结构。随着对用地效率要求的提高,多层仓库开始成为主流。由于楼面的荷载较大,因此多层仓库通常采用钢筋混凝土框架结构或钢框架结构。

(一)单层仓库

单层仓库(见图 8-2)采用门式刚架结构,门式刚架作为一个成熟的结构体系,结构合理,受力清晰,尤其在工业建筑领域得到了广泛运用。在仓库项目中,主要需要设计考虑的是选择合理的刚架跨度,以保证建筑的使用效果和建设费用的经济性。

图 8-2 单层仓库

(二)多层仓库

近年来,为了节约土地,提高用地效率,多层仓库(见图 8-3)越来越普及。现在常见的是双层仓库,但在用地更为紧张的香港等地已经出现了高层仓库,这可能是未来物流园区项目建设的方向。

图 8-3　多层仓库

　　由于楼面的荷载较大，因此多层仓库一般采用框架结构。至于是采用混凝土框架，还是钢框架，则需要考虑建筑材料供应、造价、工期、有无超过规范限高、是否有装配式要求等不同设计条件进行综合考虑。

第二节　物料搬运与仓储设备

一、概述

　　物料(包括原材料、燃料、动力、工具、半成品、零配件和成品等)的实体流动过程是物流运作的基础，也是仓储流程的重要组成部分。对物料实体进行移动和储存的功能主要是由物料搬运与仓储设备完成的，不同的物料搬运与仓储设备系统都配有不同的机械部件，用于完成相应的具体作业功能。因此，物料搬运与仓储设备是物流运作的技术基础，是物流运作的具体实施工作单元，也是顺利完成仓储作业的基础。

二、物料搬运与仓储设备分类

(一)输送和分拣设备

　　输送和分拣设备是指用于搬移、升降、装卸、短距离运输和分拣货物或物料的机械。它是物流系统中使用频率最高、使用量最多的一类机械设备。它既可以用于车辆货物的装卸，也可以用于仓储与堆场的装卸运输，同时还可以用于生产线的物料流动及短距离输送。输送和分拣设备是实现装卸搬运机械化作业的物质技术基础，也是实现装卸搬运合理化的重要途径。

(二)起重机械和工业用车辆

　　起重机械是现代企业实现物流作业机械化、自动化，改善物料搬运效率，减轻劳动强度，提高生产率的必不可少的重要机械设备，在港口、仓储、车站、工厂和建筑工地等场所都得到了广泛的运用。工业用车辆是指在生产过程中用于搬运货物的车辆，主要包括叉车和 AGV 等。

(三)集装化机械设备

集装化机械设备是指用集装单元化的形式进行储存、运输、装卸搬运作业的物流设备与器具。它是集装单元系统的主要组成部分，主要有集装箱、托盘和滑板等。使用集装化机械设备能把离散货物集装成集装单元，有利于组织联运，加速货物周转，并保证货物安全。

(四)仓储设备

仓储设备是指在仓储作业过程中，对其进行运作、管理以及保证作业安全的必备的各种机械设施的总称。仓储设备有很多种，仓储物品的不同，如尺寸、重量、材质等性质的不同，使用的设备也不同，如液体需要用筒状包装，而木材等长条形物品需要用悬臂式货架。

叉车的功能、特点及分类

三、叉车与自动导引搬运车

(一)叉车

叉车(见图 8-4)是装卸搬运设备中最常见的一种，由自行的轮胎底盘及垂直升降、前后倾斜的货叉、门架组成。它可以进行短距离水平搬运，也可以堆码货物，更可以对散货及不同规格的货物进行装卸作业。

1. 叉车的特点

(1) 与大型起重设备相比，其成本较低，投资较少。

(2) 机动性强。由于叉车尺寸较小，因此可以在作业区域内任意活动，也可以根据货物流动方向而加以调整。

(3) 可以一机多用。其可以灵活地配置结构件，如货叉、铲斗、串杆等，以便适用于不同规格及类型的货物。

(4) 有利于与其他物流作业环节结合，开展托盘成组运输以及集装箱运输。

2. 叉车的分类

叉车按照驱动装置不同，可以分为内燃叉车与蓄电池叉车。按照构成结构以及适用场景不同，可以分为平衡重式、插腿式、前移式、侧叉式及特种车辆。

平衡重式叉车是一种最为常见的类型，其特点是货叉可以伸长在车自身的正前方，货物重心处在车轮轮廓外。为了保持叉车稳定，一般会在车尾配置平衡重。综合以上便导致了平衡重式叉车具有自重大、轮距大以及转弯半径大等特点。

插腿式叉车的特点是叉车前面自带有小轮子的支腿可以与货叉一同伸入货板来进行叉货，并以此来提升货物。这种类型的叉车通常采用蓄电池作为能源，稳定性较好，其起重量在 2t 以下。与平衡重式叉车相比，插腿式叉车构造更为简单，但速度较低，对场地要求较高。

前移式叉车在其前方有两条前伸的支腿，支腿高度较高，前端设置有两个轮子，货叉可以沿着叉车纵向前后进行移动。货叉可以前后伸缩，所以在日常运行中其稳定性较好。

通常平衡重式叉车及电动堆垛机的特征前移式叉车也有，这就使其具有操作灵活与高载荷的优点，可以节约空间，适用于通道较窄的室内作业。

侧叉式叉车(见图 8-5)的门架、升降结构以及货叉不在车体前侧，而是位于叉车的中央，这样可以沿着导轨移动。侧叉式叉车可以使驾驶员视野宽阔，主要适用于搬运长大件货物。

图 8-4　普通叉车

图 8-5　侧叉式叉车

(二)自动导引搬运车

自动导引搬运车(见图 8-6)是一种装备电磁或者光学导引装备，可以依照特定导引路线行进，并拥有运行及停车装置、安全装置的多功能型搬运小车，发展到今天其已经成为物流运作过程中的重要的搬运设备。

AGV 小车通过电力驱动，以非接触式的导向装置控制车辆，在计算机系统的操作下，依照相应的规划与作业要求，精确地移动并停泊在指定的地点。AGV 小车通过底部轮毂移动，与步行和爬行的机器人相比，其具有灵活、便捷、不受场地以及空间限制的优势。

图 8-6　自动导引搬运车

AGV 小车具有多种导引方式，如直接坐标导引、光学导引、电磁导引、磁带导引、激光导引、GPS 导引以及自动导引等。

直接坐标导引是指将定位块按照特定的方式分成若干坐标区域，然后根据对小区域的计数来实现导引，一般分为光电式和电磁式两种形式。其优点是导引效果良好，对环境无要求并可以对路径进行修改；缺点是前期工作量大，定位精度较低，无法满足复杂路径的要求。

光学导引是通过对 AGV 小车行驶路径上涂漆或者粘贴色带，然后将漆面或者色带录入系统而实现导引。其优点是灵活性好，地面路线容易设置。但如果色带磨损严重，就很难实现精确的定位。

电磁导引是通过对 AGV 小车行驶通道上埋设金属线，并且在金属线上加载导引频率，通过识别频率，来实现对 AGV 小车的导引。其优点是引线在地下较为隐蔽，不易破损污染，并且前期造价较低；缺点是已经铺设好的路面无法更改，灵活性较差。

磁带导引同样也是通过贴磁带的方式在地下埋入金属线，通过磁感应来实现导引。其优点是灵活度较大，可以根据业务要求调整；缺点是如果周围有金属物质，那么受外界影响较大。

激光导引是在 AGV 小车周围安置位置精确的激光反射板，AGV 小车通过发射激光，并收集反射回来的激光束，从而确定当前位置与方向，导引过程中通过不断地运算来实现导引。激光导引的优势是它是由 AGV 小车通过激光自动定位，无须其他设施，行驶路线也可以多变，适用于多种环境作业。

四、仓储设备

(一)概论

仓储设备是仓储在进行生产及辅助性生产作业以及保证仓储作业安全所需要的各种机械设备的总称。如果想要仓储的仓储业务顺利进行，则企业应该根据仓储的实际情况，综合考量货物周转率、储备时间、储备货物种类等条件，选择恰当的仓储设备。

仓储设备一般按照功能可以分为储存设备、装卸搬运设备及计量设备等。其中，储存设备是指存放货物并且不改变其形态与功能的设备；装卸搬运设备是指改变货物空间位置的设备；计量设备是指确定货物长度、重量等的设备。同时，还有商品检验、商品保管及仓储养护设备。

仓储设备也可以按照使用范围来进行分类，通常分为专用机械设备和通用机械设备。近几年随着作业效率的提高，专用机械设备被人们广泛使用，如自动化堆垛机等。

仓储设备具有以下特点。

(1) 标准化程度高。在现代社会，商品标准化是商品有效流通的基础，而与此同时这也带动了仓储设备标准化。标准化设计不仅可以降低日常维修养护的成本，而且可以提高作业的效率。

(2) 专业化程度高。在仓储作业过程中，各个作业环节的专业性较强，如搬运、储存及分拣等，因此工序之间所使用的设备差异化较大，这就要求仓储设备具有较强的专业化水平，以便完成各个作业环节。

(3) 搬运质量较高。仓储管理中一般对货损都有严格的把握，因此要求仓储设备应该对货物有相应的保护措施，以减少货物损失。

(4) 环境要求高。仓储出于对人员与货物的保护，一般设置有严格的仓储环境控制标准，如对噪声、废气的控制等。

(5) 机械化与自动化程度较高。随着条形码技术、自动识别技术、自动认证技术、计数技术等的广泛使用，仓储设备智能化程度已经大幅提升。

(6) 经济性要求高。为了控制仓储作业成本，仓储设备通常要考虑其经济性特点。

(7) 安全性原则。由于在仓储这一狭窄的空间作业，且货物较多，仓储设备势必要保证人员、设备及货物的安全。

(二)货架

货架是专门存放仓储中成件货品的管理设备。货架是仓储管理中的重要设备。在现代社会，随着工业及商品化的发展，物流量剧增，货架也随着新形势而不断发展。

货架分类及典型
货架系统

货架主要有以下功能：将仓储空间充分利用，进而提升库存利用率，扩大仓储容量；可以有效采取防潮、防盗、防火等防御措施，从而减少货损；有利于货物储存，易于清点计量；充分保护货物，避免货物无序堆放造成的积压而形成货损。

同时，货架有较多的种类，如层架、层格架、抽屉式货架、橱柜式货架、托盘式货架、悬臂式货架、阁楼式货架、U 形架、重力式货架、进车式货架、移动式货架、装配式货架、后推式货架、旋转式货架等。下面介绍几种常用的货架。

1. 层架

层架(见图 8-7)存在于各种类型的仓储中，属于流通极为广泛的货架类型，通常是由主柱、横梁以及层板构成。轻型、中型以及重型层架的尺寸差别较大，轻型层架总高度在 2.4m 以下，每层高度在 0.5m 以下；中型及重型层架往往高度可达 4.5m，每层高度可以到 1.2m，宽度则可达 3m。

按照不同的分类标准，层架可以进一步划分为以下类型。

(1) 根据层架存放物资的重量，可以分为轻型层架、中型层架与重型层架三种。轻型层架每层载货重量为 150kg 以下，中型层架每层载货重量为 150～500kg，重型层架每层载货重量在 500kg 以上。

(2) 按照结构划分，可以分为固定式、半固定式以及装配式三种。固定式的优点是结构牢固，结实，承载力强；装配式由轻型材料组配而成，灵活性较强；半固定式兼顾以上两者的优势。

(3) 按照层架封闭程度，可以分为开放型、半开放型、金属网型以及前挡板型等。

层架之所以是最为常见的货架，是因为其用料简单，适应多种环境，便于货物的收发等。但是受自身容积与架构限制，其存放货物的数量有限，因此限制了仓储的储存潜力。

2. 托盘式货架

托盘式货架(见图 8-8)是一种安置货物托盘的货架，它一般由钢材或钢筋混凝土结构构成。托盘高度的不同也会导致存取作业的不同。较高的托盘货架一般使用堆垛机存取货物，较低的托盘货架一般使用叉车存取货物。托盘货架的结构设计，可以很好地与机械化设备适配，从而有利于提高劳动生产率，也有利于实现计算机的管理控制。

图 8-7　层架

图 8-8　托盘货架

3. 悬臂式货架

悬臂式货架(见图 8-9)是由 3～4 个塔形悬臂与纵梁结合而成，这一类型的货架通常用于储存长条形的货物。其特点为：只可以存放长条状或长卷状物品；与搬运设备的结合较为单一，只适合叉距较宽的搬运设备；空间利用率较低，只能利用空间的 35%～50%。

4. 阁楼式货架

阁楼式货架(见图 8-10)是基于仓储场地，在场地上建造楼阁，并将货架放置在楼阁上，从而使只有一层的仓储变为两层。这种类型的货架可以充分利用仓储空间，进而提升货物储存容量，但是存取货物的效率较低。

图 8-9 悬臂式货架

图 8-10 阁楼式货架

5. 重力式货架

重力式货架(见图 8-11)在现代仓储运作中应用十分广泛，又称流动式货架。其运作原理是利用货物的自重，使货物通过具有一定高度差的通道从上到下地运动。重力式货架的前后深度要比一般货架更深，每层都会有一个倾斜的隔板形成一定坡度，从而促使货物运动。

重力式货架的特点如下。

(1) 单位储存量较大。重力式货架的前后深度较深，可以在单位面积内存放更多的货物，同时其货物适应性也较强，小到 1kg 以下的轻小货物，大到小型集装箱，都可以用重力式货架完成，并且其密度较高，可以减少通道数量，进而提升仓储面积利用率。据估算，采用重力式货架的仓储，其面积利用率可提高近 50%。

(2) 将货物出入库位置固定，因此减少了二者之间的距离。如果使用一般货架，那么出入库过程中叉车等作业车辆会在通道内来回穿行，降低出入库效率，且运行距离也较长。但如果采用重力式货架，其运行距离可以缩短 1/3。

(3) 可以保证货物的先进先出，从而保证仓储的运行效率。

(4) 缩短了作业面积，可以提高拣选活动的效率。

重力式货架一般用于大量储存或是用于配送、转运中心的拣货作业中。其中大型重力式货架一般用于储存货物，小型重力式货架一般用于拣选。

6. 移动式货架

移动式货架(见图 8-12)在下面装有滚轮，且会沿着仓储地坪上的导轨移动。驱动方式通常分为人力摇动式与电力驱动式。移动式货架可以提升货物储存密度，需要开辟通道时，会通过移动货架的方式进行。这样操作可以提升仓储空间的利用率。

移动式货架通常存放小型、轻体的货物。若搭配良好的管理方式与现代科学技术，则可以存取重量较大的货物，譬如钢管、阀门和电动机托盘等。

图 8-11　重力式货架

图 8-12　移动式货架

7. 装配式货架

装配式货架其各个部件都是标准件，如柱、梁及层板等，同时在支撑部位钻有椭圆、心形或其他形状的孔穴，通过这些孔穴可以进行相应装配。在如今越来越强调柔性化的操作原则下，装配式货架可以通过改变货架的容积充满系数，以增加其存放货物的能力，从而更好地适应市场。

8. 旋转式货架

旋转式货架(见图 8-13)又称为回转式货架，是为了迎合生产和生活物品从少品种、大批量向多品种、小批量发展的趋势而发展起来的现代化保管储存货架。这种货架适用于劳动强度大且仓储运作系统日益复杂的情况。

旋转式货架的基本原理是货物随着货架转动送到拣选者面前，进而提升了拣选效率。对于旋转式货架，可由计算机控制，也可由控制盘控制。旋转式货架储存密度较大，货道之间也不设通道，与固定式货架相比，其可以节省作业面积 30%～50%。同时它也可以降低拣货出错率，提高拣货效率。

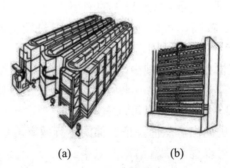

(a)　　　　　(b)

图 8-13　旋转式货架

(三)站台

站台(见图 8-14)是仓储与运输线路之间的连接点，货物如果要发货，则必须经过站台。其作用是使运输车辆停靠、装卸货物以及暂存货物等，站台可以有效地衔接拣货后发货的仓储作业流程。

通常情况下站台分为低站台与高站台。低站台较矮，因此与车辆衔接不方便，但是如果利用传送装置，则可以弥补这一缺陷，使用低站台是因为方便叉车作业。而高站台与车辆货台一样高，有利于使用作业车辆进行水平装卸。一般情况下，普通货车及载重车与

1.17m 的货台较为匹配，集装箱拖车与 1.40m 的货台较为匹配，长途挂车与 1.22m 的货台较为匹配，平板车及冷藏车与 1.32m 的站台较为匹配。

(a)

(b)

图 8-14 站台

一般进出货站台的设计原则是使货物能够顺利进出仓储，因此二者的相对位置的安排就很重要。通常有以下几种方法。

(1) 进出货时用一个站台。这种方法的优点是可以提高空间及设备利用率，但较难管理，特别是在进出货高峰期时，容易引发混乱。

(2) 进出货各自使用站台，但双方相邻。此方法的优点是可进行设备公用，且双方分隔，可解决进出货相互牵制的问题。缺点是进出货空间不能够互相使用，会使空间利用率降低。

(3) 进出货各自使用站台，二者不相邻。这一方法会使进出货作业完全分开，优点是会使进出货迅速顺畅，缺点是空间及设备利用率会降低。

(4) 多个进出货站台。如果仓储空间足够大，则可以按照实际情况安排多个站台。

站台设计时也要考虑周边设计形式，即车辆与站台间的连接设计。通常有以下三种形式。

(1) 内围式，即站台被厂房包裹起来，车辆可以直接开进厂房，这种形式可以避免冷气或暖气泄漏，也避免了风吹雨打损害货物。

(2) 平式，即站台与仓库刚好平齐。平式是目前库房所采用最多的形式，虽然不如内围式安全，但避免了资源浪费，较为经济。

(3) 开放式，即站台全部暴露于厂房之外，货物不受任何保护。

(四)堆垛机

堆垛机常常出现在自动化立体仓储之中，是立体仓储中重要的起重设备。堆垛机一般主要进行出入库及盘库作业，特点是作业效率高、稳定性好及专业性强等，可以快速地对仓储的货物进行作业，不但可以在较小的巷道内运作，而且适用于高层货架。

堆垛机按照高度分类，可以分为低层型、中层型以及高层型三种。低层型堆垛机起升高度在 5m 以下，通常较多使用于高层货架仓储与简易的立体仓储；中层型堆垛机起升高度为 5～15m；高层型堆垛机起升高度为 15m 以上，通常用于一体式高层货架仓储中。按照自动化程度，可以分为手动式、半自动式和自动式堆垛机。按照用途，可以分为桥式堆垛机和巷道式堆垛机。下面主要介绍桥式堆垛机和巷道式堆垛机。

1. 桥式堆垛机

桥式堆垛机(见图 8-15)的结构类似于起重机和叉车的结合,具有二者的双重结构,可以同时完成货物存取和搬运工作。桥式堆垛机是在导轨配合下运行的,小车可以沿着桥架行走,实现巷道内的位移。同时它具有固定式或可伸缩式的立柱,通过立柱上的货叉或者其他取货装置,实现两侧货架上货物的存取工作。

桥式堆垛机正常运作很大程度上依靠立柱,受到其高度限制,通常只存在于 12m 以下的中等跨度仓储中,并且巷道宽度也应该设置较大,进而适用对长大件货物的搬运。

桥式堆垛机的主要参数是运行最大速度、起升最大高度、起升最大速度、额定起重量、最大回转速度、巷道宽度及货叉下挠度等。其中,起升最大高度是指在额定起重量下,货物被堆垛机举起在最高位置时,货叉水平上表面与地面的垂直距离。起升最大速度是指在额定起重量下,货物起升的最大速度。最大回转速度是指在额定起重量下,回转平台在回转时所达到的最大速度。货叉下挠度与货物运行过程中的稳定性有关,主要影响因素是货叉材料、结构形式及货叉的热处理工艺。

2. 巷道式堆垛机

巷道式堆垛机(见图 8-16)主要是有轨巷道式起重机,通过对运行机构、起升机构以及货叉的协调工作,可以完成货物三维立体存取。其具体工作原理是通过电机驱动,使堆垛机沿轨道做水平移动,也使载货台做竖直移动,并将货叉做伸缩活动。

巷道式堆垛机根据结构分类,可以分为单立柱巷道式堆垛机和双立柱巷道式堆垛机两种。单立柱巷道式堆垛机由于结构简单,只由一根立柱与上下横梁构成,所以适用于高度不高、重量不大的场合。双立柱巷道式堆垛机有左右两根立柱支撑,结构牢固,适用于任何高度重量的货物堆垛。

图 8-15　桥式堆垛机

图 8-16　巷道式堆垛机

巷道式堆垛机根据支撑方式,也可以分为地面支撑型、悬挂型以及货架支撑型三种。地面支撑型巷道式堆垛机在轨道上,通过车轮移动,上部安置有导轮防止倾倒,通常作用于起重量较大的立体仓储。悬挂型巷道式堆垛机通常悬挂于仓库上方,在货架下方铺设导轨,应用于起重量和起升高度较小的小型仓储。货架支撑型巷道式堆垛机通常支撑在货架顶部铺设的轨道上,也应用于小型仓储。

同时巷道式堆垛机也可以按照用途,分为单元型与拣选型两种。单元型巷道式堆垛机通过将托盘或者货箱作为单元,从而进行出入库作业。拣选型巷道式堆垛机一般是由工作人员利用起重机来进行拣选货物的作业,分为手动式和半自动式。

第三节　搬运与仓储设备设计选用

一、概述

物料搬运与仓储设备的选用，直接关系到仓储系统能否有效运行，关系到仓储的建设成本以及运营成本，更关系到仓储的生产效率和效益，因此需要引起仓储管理者的高度重视。

二、设备选择原则

在选择设备的过程中，不应该仅仅关注设备的先进性，经济性及适应性也应该考虑其中，因此对于搬运及仓储设备而言，其选择应该符合以下原则。

1. 合理化原则

不同的设备，其特性与结构都不相同，这便导致设备用法也不一致。因此在选择设备时，要从系统的角度出发，以科学合理的方法为基础，认真研究各个设备的特点，制定符合仓储实际需要的设备计划方案，以获得设备配置的最优化效果。

2. 经济性原则

仓储作业本质上是要降低成本，提升经济效益。因此，在设备配置上也要注意经济性原则，一方面不要过分追求高科技；另一方面也要兼顾成本原则。

3. 标准化原则

在设备配置中，应该以标准化为基础，一方面可以提升物流作业的灵活性；另一方面可以降低设备配置费用，提高物流系统运作效率。

4. 配套原则

在设备配置中，既要注重机械设备的单机选择，也要利用系统整体的思维，将仓储作业的各个环节衔接匹配，保证物流设备在动力、尺寸、性能等方面进行配套，同时也要保证机械设备和人力操作的有机结合。

5. 适应性原则

在设备配置中，物流机械设备应该与不同的环境相适应，满足气候、经济、人文、地理及管理各个方面的要求。

三、叉车的设计选用

(一)叉车的主要参数

叉车的主要参数包含型号、结构特征及工作性能等。通过对叉车参数的了解，可以选择适合仓储使用的叉车类型。

1. 叉车型号的含义

叉车型号标注由七项内容组成：厂牌、叉车代号、结构形式代号、动力类型代号(用燃料代号表示)、传动形式代号、主参数代号和改进代号(见图 8-17)。

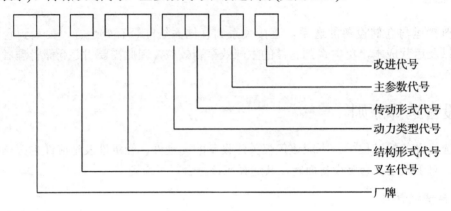

图 8-17　叉车型号标准

各个参数的具体表现形式如下。

(1) 厂牌：用汉语拼音字母或用两个汉字表示，具体由厂家决定。

(2) 叉车代号：我国一般用 C 表示。

(3) 结构形式代号：P 表示平衡重式，C 表示侧叉式，Q 表示前移式，B 表示低起升高度插腿式，T 表示插入插腿式，Z 表示跨入插腿式，X 表示集装箱叉车，K 表示通用跨车，KX 表示集装箱跨车，KM 表示龙门跨车。

(4) 动力类型代号：汽油机标字母 Q，柴油机标字母 C，液态石油机标字母 Y。

(5) 传动形式代号：机械传动不标字母，动液传动标字母 D，静液传动标字母 J。

(6) 主参数代号：以额定起重量(t)×10 表示。

(7) 改进代号：按汉语拼音字母顺序表示。

2. 叉车的主要技术参数

叉车的技术参数用来说明和反映叉车的结构特征和工作性能，是选择叉车的主要依据。它主要包括以下内容。

(1) 额定起重量和载荷中心距。

(2) 最大起升高度和自由起升高度。

(3) 最高行驶速度。

(4) 最大牵引力。

(二)叉车数量选择

对于叉车的数量选择，往往是根据仓储作业所需要的物料类别、装卸量大小、仓储作业的操作过程及对作业质量要求计算确定，计算公式为

$$N = \sum \frac{Q \times K_b}{A \times H \times n \times G \times K_h \times K_w} \tag{8-1}$$

如果在出入库频率一定的情况下，叉车数量的计算公式为

$$N_i = \frac{Q \times K_b}{G} \tag{8-2}$$

式中：N——叉车总数；

A——年工作日；

H——台班作业时间；

Q——各种叉车作业的年装卸量；

K_b——仓储作业的不均衡系数，通常 K_b=1.1～1.15；

n——工作班次；

G——各种叉车作业效率，单位为 t/台时；

K_h——台班时间利用系数，在每台班工作时间内，可进行连续作业时，取 0.85；

K_w——各种叉车的完好率，一般取 0.75～0.85；

P——出入库频率，单位为 t/h。

四、储存货架系统的设计选择

(一)影响因素

货架是仓储中存放、保管货物的基础设备，在现代仓储管理过程中，货架的合理选择对仓储作业起着至关重要的作用。货架选择综合分析因素如图 8-18 所示。

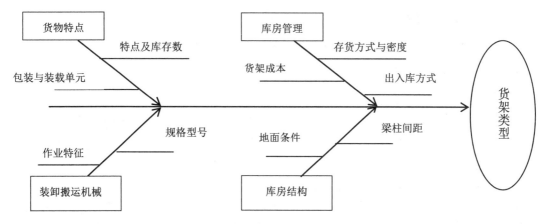

图 8-18　货架选择综合分析因素

(二)基本原则

1. 安全可靠原则

货架强度与刚度需要满足载重量的订单要求，并且要设计一定的安全余量以应对突发情况。

2. 经济性原则

要根据储存物品的品种、数量、载重要求选择适合材质的货架，并且根据仓储的管理

方法采取传统或新型货架，充分考虑货架的成本以及经济效益。

3. 实用性原则

货架要与所储存的货物相搭配，满足货物先进先出原则。

4. 技术性原则

在满足仓储实际要求的情况下，应该尽量采用具有先进技术的货架，以实现机械化和现代化作业，提高货架利用率。

5. "五距原则"

货物利用货架储存时，应该分垛码放，每垛占地面积应该不大于 100 m²，且任何货架在库房内排列布置时，应该遵循"五距"原则，具体内容如下。

(1) 垛距：垛与垛之间应该要保持 100cm 距离。

(2) 灯距：货垛顶部距灯要保持 50cm。同时仓库内不准使用碘钨灯及超过 60 瓦以上的白炽灯等高温照明灯具。

(3) 顶距：货垛距屋顶要保持 50cm。

(4) 墙距：货垛与库房内墙的距离要保持 50～80cm。

(5) 柱距：货垛与柱子的距离要保持 10～20cm。

这"五距"是仓储必须遵守的规范，可以防止外部火灾的燃烧以及内部火灾所造成的损失。

(三)货架基本参数设计

对于普通托盘式货架而言，其基本设计参数主要指货格尺寸、货架尺寸、货架层数及货架强度。

1. 货格尺寸

货格是货架内储存货物的单元空间，货位是货格内寄存一个单元货物的位置，每个货格内可以有一个或者多个货位。一般情况下，需要先确定好货物尺寸，再确定货格尺寸，货格尺寸在货架设计中起着极其重要的作用，直接关系到仓储面积与空间利用率，也关系到仓储能否顺利地存取货物。在确定好货物尺寸后，货格尺寸主要由货物单元周围需要留出的间隙大小和货架构件的有关尺寸决定。如果间隙太大，会造成空间的损失，影响仓储的库容量；如果间隙太小，会无法留出足够的空间容纳误差，影响存取作业的顺利完成。具体货格尺寸如图 8-19 所示。

图 8-19 中各类型参数代号及对应名称如表 8-2 所示。

各类型间隙主要通过表中不同间隙尺寸来确定，下面一一进行介绍。

1) 正面间隙

正面间隙可以决定给货格留下多少安全余量，正面间隙主要通过侧向间隙 a_3 来确定，通常侧向间隙 a_3 普遍取值为 50～100mm。如果是高度低于 5m 的低层货架，则 $a_3<50$mm；如果是高度为 5～12m 的中高层货架，则 $a_3<75$mm；如果是高度为 12m 以上的高层货架，则 $a_3\leqslant100$mm。

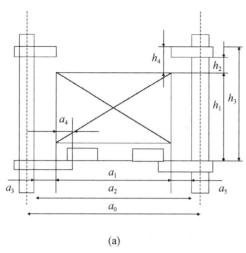

(a)

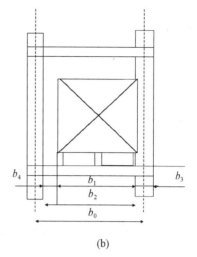

(b)

图 8-19　货格尺寸

表 8-2　参数代号及对应名称

代　号	名　　称	代　号	名　　称
a_0	货格长度	b_2	货格有效宽度
a_1	货物长度	b_3	前面间隙
a_2	货格有效长度	b_4	后面间隙
a_3	侧向间隙	h_1	货物高度
a_4	支撑货物的宽度	h_2	单元货物上部垂直间隙
a_5	货物之间水平间隙	h_3	层高
b_0	货格宽度	h_4	单元货物下部垂直间隙
b_1	货物宽度		

2) 垂直间隙

垂直间隙主要由 h_2 与 h_4 确定，其中 $h_2 \geqslant$ 货叉厚度+叉车货叉上浮动行程+误差，$h_4 \geqslant$ 货叉厚度+叉车货叉下浮动行程+误差，再结合所要储存的货物高度，即可得出想要设计的货格高度。

3) 单元货格跨度

单元货格跨度主要由货架总高、立柱厚度及货物与货架间隙等因素决定，不同规格的货架，其货格跨度也不同，以货物与货架间隙为 50mm 为例，设货物长度为 L，则具体计算如表 8-3 所示。

表 8-3　单元货格跨度计算

货架总高/m	6	6～9	9～12	12～15
立柱厚度/mm	60	75	100	100
货物与货架间隙/mm	50	50	50	50
货格跨度/mm	$L+160$	$L+175$	$L+200$	$L+200$
货架最大层数	7	11	15	15

2. 货架尺寸

货架尺寸主要受到仓储容量和托盘尺寸的影响,具体参数包括开间宽度、横梁尺寸、横梁长度等(见图 8-20),下面依次介绍各个参数的具体计算公式,单位统一为 mm。

(1) 开间宽度=横梁长度+立柱宽度。

(2) 横梁尺寸主要由托盘尺寸决定,一般分为 2300mm、2500mm 及 2700mm 三种。

(3) 横梁长度=托盘宽度×托盘数+托盘之间间隙×间隔数。

(4) 立柱宽度通常与承载能力相关,承载能力越大,立柱宽度也越大。

(5) 进深=托盘宽度-100。

(6) 货架长度=横梁长度×开间数+立柱宽度×3。

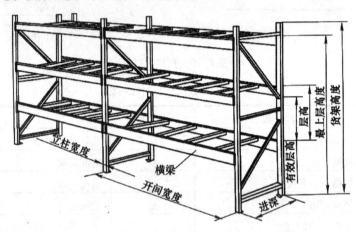

图 8-20 货架尺寸的各项参数

3. 货架层数

普通货架的层数具体由每层最大装载质量决定。当每层最大装载质量为 2.5t 时,最多设计 4 层;每层最大装载质量为 2.0t 时,设计 5～6 层;每层最大装载质量为 1.5t 时,设计 5～6 层;每层最大装载质量为 1.0t 时,最多设计 6 层。

4. 货架强度

为了保证仓储作业过程中的安全性,通常在设计货架时需要考虑货架强度这一因素,货架强度通常由支柱断面特性、耐震强度、支柱轴向力和应力等要素来判断,具体计算结果需要通过相关物理公式及参数确定。

(四)货架的选取

本部分将主要介绍在人工取货及叉车取货情况下不同货架的相关参数,以帮助企业选取适合的货架类型,具体如表 8-4 与表 8-5 所示。

表 8-4　人工取货的货架相关参数

类型	特点	储存货物类型	货架尺寸(mm)	通道尺寸(mm)	每层均载重	标配、选配件	仓储利用率	优点	缺点
角钢货架	角钢立柱配层板	较轻物品	1000×500×2 000 1200×500×2 000	600～900	50kg	角钢立柱，木或钢板	30%～40%	价格低	承载轻，档次低
轻型货架	中B缩小版	较轻物品	1200×500×2 000 1500×500×2 000	600～900	100kg	柱片、横梁、层板	30%～40%	性价比高	承载轻
中A货架	可加侧板及背板	较轻物品	1500×500×2 000 2 000×500×2 000	600～900	100～150kg	柱片、中托、层板(侧背板)	30%～40%	易安装侧板及背板	价格较贵
中B货架	蝴蝶孔货架	一般物品	1500×600×2 000 2 000×600×2 000	700～1000	200～500kg	柱片、横梁、层板(分隔板)	40%～45%	性价比高	高度受限制
中C货架	承载较好	较重物品	定制	700～1000	500～800kg	柱片、横梁、层板(分隔板)	40%～50%	承载好	性价比低
流利式货架	货物经流利条从后端至前端	零件等装盒物品	定制	根据产线布局	根据储存物品确定	柱片、横梁、流利条	30%～40%	先进先出	普及率受限
阁楼式货架	在原有货架上加一层	品种较多的物品	定制	根据货物及取货车设计	根据要求设计	货架、地板及地板梁结构	50%～70%	有效利用空间	价格较高

表 8-5　叉车取货的货架相关参数

类型	特点	储存货物类型	货架尺寸(mm)	通道尺寸(mm)	每层均载重	标配、选配件	仓储利用率
托盘式货架	结构简单、承载好	任何适合托盘储存的货物	根据托盘尺寸	根据叉车转弯半径设计	根据承载	立柱、横梁(跨梁、层板、中纤板)	30%～40%

续表

类型	特点	储存货物类型	货架尺寸（mm）	通道尺寸（mm）	每层均载重	标配、选配件	仓储利用率
贯通式货架	每个巷道单独存货	品种少、数量多、保质期长	根据托盘尺寸	根据叉车设计，一般为6m以下	每托1.5t左右	柱片、横梁、牛腿、导轨等	60%～70%
窄巷道货架	通道窄、配专用叉车	任意物品	根据托盘尺寸	1.5m左右	每托1.5t左右	柱片、横梁、地导轨	50%
后推式货架	配合小车轨道使用	冷库使用	根据托盘尺寸	只有主通道		柱片、横梁、小车、轨道	60%～65%
重力式货架	配合滚筒	先进先出类货物	根据托盘尺寸	只有主通道		柱片、横梁、滚筒	55%～60%
双深位货架	货架按照双深度存取	内侧货物存取时，需将外侧货物取出	根据托盘尺寸	3.5m左右		柱片、横梁、后挡、导轨	40%～45%
悬臂式货架	伸出悬臂	长直杆类				立柱、底座、悬臂	30%～40%
重型移动式货架	货架可移动	周转率低的货物	根据托盘尺寸	只有一条货架通道		柱片、横梁、电机、导轨	60%～70%

第四节　仓储系统规划设计

仓储系统规划是对仓储的空间及作业时间进行全面系统的规划，包括对仓储库内空间的布局规划、储存系统布局以及第三节所涉及的仓储设备的设计选用。仓储系统规划设计会对仓储作业及供应链整体效率的提升起到积极作用。

一、仓储系统规划设计目标

随着商品经济的迅速发展，对仓储作业的运营提出了巨大的挑战。为了能够快速地核对订单、对货物进行出入库管理及高效拣货，仓储系统规划设计的目标主要包括空间利用最大化、成本最小化、设备效率最大化、物料管理科学化。

但是正如效益悖反定律一样，这些目标无法全部实现，故权衡(tradeoff)这一理念便在系统规划中十分重要。

二、仓储系统布局规划

仓储系统布局规划是以设计目标为导向，在对场地、业务性质与规模、物品储存要求及设备特点等因素分析的基础上，对仓储的作业区域、设备、各项功能区以及道路等要素进行布置。

仓库的布局与储存
区域空间规划

(一)规划原则

仓储系统布局是否合理直接与作业效率与安全挂钩，合理的布局可以提高仓储空间利用率，提高作业效率，提升服务水平以及保证安全。一般来说，对仓储系统规划的原则如下。

1. 符合工艺过程要求

物流仓储内每个功能区都有自己的基本功能，看似孤立，但每个功能区都需要紧密联系才能使仓储作业顺利实施，因此需要各个功能区内部流动顺畅，避免工序间往返交错，进而保证各个分系统有序配合。

2. 有效利用空间

在规划仓储设施中，不仅需要合理规划仓储内的各个作业功能区，对于库外的非作业功能区如停车场、绿化带等设施也应该进行规划，确保仓储空间的合理利用。

3. 物料搬运经济性

保证物料搬运线路的最优化，避免运输线路往返交错，从而提升整体的物料搬运经济性。

4. 柔性原则

在瞬息多变的市场环境下，人们的需求不断变化，所以现代仓储管理中都要考虑到柔性因素，在设计仓储时也应该留出发展空间，提升仓储的弹性能力。

(二)规划流程

通过对仓储规划流程的梳理，可以更加科学、全面地对仓储进行规划设计。具体规划流程如图 8-21 所示。

(三)仓储作业区域规划

仓储作业区域规划直接影响着仓储的作业效率与经济效益，因此这一规划起着至关重要的作用。在进行作业区域规划时，应该考虑作业流量、货物特征、设备型号、建筑物特性及经济相关因素等。一般规划流程是首先根据货物特性及仓储作业流程设计仓储作业程序；其次根据仓储特性进行仓储作业区域的划分，确定各个作业区域的具体内容；最后结合计算机信息技术，设置合适的仓储区域规划方案。

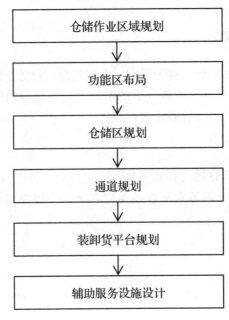

图 8-21 仓储规划流程

一般仓储的作业区域可以分为收发货区、仓储区、分拣区、集货区、行政区、劳务性活动区及相关活动区。

1. 收发货区作业空间规划

收发货区分为收货区和发货区，在货物进库时需要拆货、理货、检验等作业，因此一般的收发货区需要预留平台作为缓冲区。与此同时，收发货区一般会专门划出一片区域用来链接外部设备。收发货区域的面积规划如表 8-6 所示。

表 8-6　收发货区域的面积规划

影响因素	面积规划
单次收发货批量大小	在设计收发货区域的面积时应该按照最大通过批量来设计，如与专用线结合，则收发货区应该容纳 1~2 节车皮的货物
物品特性与数量	特性复杂、数量多的物品，其占用的收发货区域的面积也较大
供给方与需求方数量	供给方和需求方的货物要分开码放，避免出错
收发作业效率	效率越高，则货物运转速度越快，这样就可以节省收发货区域面积
设备配置	越合理的设备配置，越可以节省收发货区域面积
发货方式	若采用送货制，则需要留有足够的场地来进行送货前的备货、包装；若采用提货制，则发货区面积可以缩小

2. 仓储区作业空间规划

仓储区作为存放货物的作业区域，在进行规划时应该首要考虑货物的外观、尺寸及特性，还要考虑货架空间、通道空间、进出库方式、柱间距离、尺寸与旋转半径等因素。要针对不同的货物类型设计不同的仓储区作业空间，表 8-7 表明了货物的不同储存方式对仓储区作业空间规划的要求。

表 8-7　不同储存方式的作业空间规划要求

货物储存方式	作业空间规划
小量、轻型、多品种货物一般使用轻型货架，以箱为单位	考虑货架层数及特性、物品尺寸及数量等
常规物品，采用托盘货架储存	考虑物品尺寸和数量、托盘特性及货架特性。托盘货架通常具有区块特性，而区块又是由两排货架和通道组成，因此仓储空间实际包括存取通道和仓储区块空间
大量发货物品用托盘平放堆放在地上	考虑托盘尺寸及数量，叉车存取所需要的空间及通道预留空间，主干道要占据 30%～35%

3. 分拣区作业空间规划

分拣作业对仓储作业起着至关重要的作用，提升分拣效率，就可以有效地提升仓储作业效率。下面介绍一些常用的分拣策略。

1) 储存区与拣货区共同使用的货箱与托盘

这类方法适用于体积大、发货量大的分拣。通常情况下会将托盘货架第一层设为拣货区，其余层为储存区。在拣货区货物缺货后，会由储存区向拣货区补货。其空间规划会按照品项总数与库存量需求的托盘数决定，通常库存空间会比实际需求大，一般为实际需求的 1.3 倍。

2) 储存区与拣货区共同使用的零星拣货

这类方法适用于进出货量小、货物规格不大或者外形不规则的物品。此外，货架有流动式、一般货架及积层式货架。对于流动式货架，人员只需在拣货通道上即可完成拣货，一般使用出库输送机提高效率；一般货架如果想要提升效率，可以共同用一条输送机来完成补货与拣货作业；采用积层式货架作业，则拣货作业的拣取位置不能超过 1.8m。

3) 储存区与拣货区分开的零星拣货

这类方法是指储存区与拣货区不是同一个货架，一般是在进出货量中等的情况下展开。如果货物品项过多，则可以使用接力棒式的分段拣货。如果需要减少拣货人员，则可以采用 U 形拣货路径与输送方式。

4. 集货区作业空间规划

货物经过分拣出库后，接下来需要进行集货、清点、检查和准备装车作业。在出库与发货之前，通常设置有一定的集货空间。集货作业方式通常有单一订单拣货、订单批量拣货及订单分区拣货三种。

单一订单拣货方式，是针对单一订单用户进行的拣货。具体方法是以单一订单为主，根据拣货单把储存区分为好几个区，其发货单位可能同时包含储位箱、台车、笼车或托盘等的组合。因此需要进行再拼装、组合、贴标或者标记作业，这样是为了使装车送货员识别单一订单。单一订单拣取需要较大集货空间，也需要对普通用户与重点用户进行分类管理。

订单批量拣货方式是多张订单批量拣货的作业方式。其优点是效率提升，但在拣货后需要进行分类作业,所以需要预留分类空间或对输送设备分类。在使用分类输送设备进行分类作业批量拣货时,集货区的空间设计与单一订单拣货方式一致;对于人工分类,则需要暂时储存空间。

订单分区拣货方式是集货区通常还需要考虑每天平均发货订单、发货车次、出车路线等,因此需要分不同区域对订单进行处理。如果集货区和发货暂存区有时可以设计规划到一起;如果货物分拣时需要等待较长时间装车,则需要把发货码头与发货暂存区分开。

5. 行政区作业空间规划

行政区包括办公室、档案室、休息室、娱乐室及食堂等,由于不直接参与仓储运行,因此设计规划较为灵活,但通常是设立在仓库外面,以使仓库可以存放更多物品。

6. 劳务性活动区及相关活动区作业空间规划

劳务性活动区及相关活动区包括停车场、警卫室、会客室等空间。通常根据进出货车辆、职员车辆数量及类型来规划停车场,并且需要设计车辆回车空间;根据仓储规划和大门设计设置警卫室、会客室等。

(四)功能区布局

功能区的合理布局与否关系着仓储规划的成败,通常结果体现在仓储区域的平面布置图中,具体如图 8-22 所示。在功能区规划中,通常使用的是动线布局法和关联线图法两大方法。

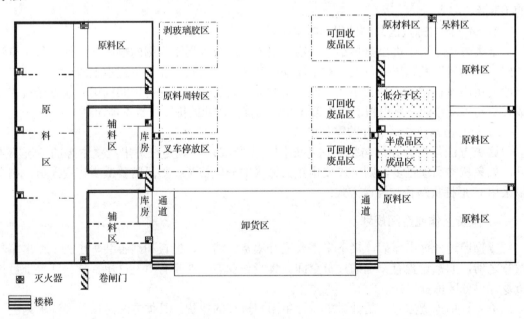

图 8-22 仓储区域的平面布置图

1. 动线布局法

动线布局法充分考虑到作业流程与物理场所,充分体现功能区之间的物流关系。此种方法将不同功能区的物流关系作为布局核心要点,将非物流关系作为次要点。图 8-23 所示为物流动线类型。

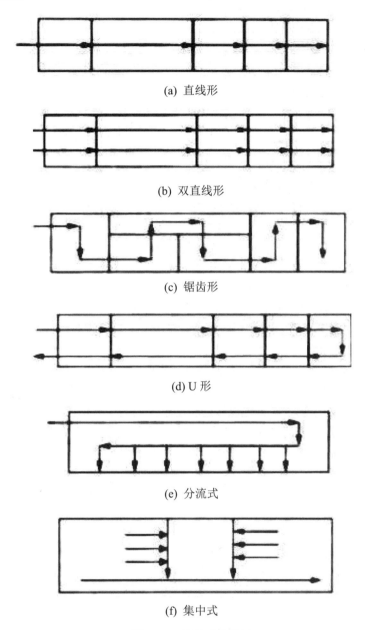

(a) 直线形

(b) 双直线形

(c) 锯齿形

(d) U 形

(e) 分流式

(f) 集中式

图 8-23 物流动线类型

各个物流动线出入口分布及适用范围如表 8-8 所示。

2. 关联线图法

关联线图法借鉴的是 SLP 理论的设计思路，它最大限度地吸纳了仓储已有的作业情况，进而得出各个功能区的相关性，从而得出仓储功能区布局。使用 SLP 理论得出仓储功能区相关性的步骤如下。

表 8-8　物流动线出入口分布及适用范围

类　型	出入口分布	物流作业特征
直线形	厂房异侧	流程简单且规模小
双直线形	厂房异侧	流程相似,但具有不同的作业形式
锯齿形	厂房异侧	多用于设置多排并列的仓储货架区的仓储
U 形	厂房同侧	不同区域货物出入库频率差异明显
分流式	厂房异侧	多用于需要进行批量拣取的仓储
集中式	厂房异侧	多用于采取订单分割方式的仓储

1) 对相互关系的定性与定量分析

功能区之间的关系,包括定量的物流关系及定性的非物流关系。通过定量的物流关系,可以准确地确定必要工序之间有效的顺序、强度与数量。定性的物流关系按照紧密程度由强到弱通常分为五个等级。

2) 绘制作业单位关系表与相关关系图

关系表通常由物流与非物流关系得出,得到作业单位的综合接近程度,并依据此程度得出关系表。相关关系图依据关系表的作业单位程度,根据关系表可以确定不同作业单位的接近程度,其中接近程度评分最高的需要放在中心区域,之后依次布置 A、B、C 级等部门。

3) 方案评价与修正

方案评价通常需要确定加权值,而加权值则需要通过实际对仓储的影响因素得出,对于不符合实际的方案细节需作出修正,最后确定最终仓储平面布置图。

对于位置相关图的绘制,应该先以接近程度最大的为中心依次绘制。如图 8-24 所示,综合接近程度最大的是代号为 7 的功能区,因此应以 7 号为中心依次画图,最后得出仓储各个功能区的相对位置。

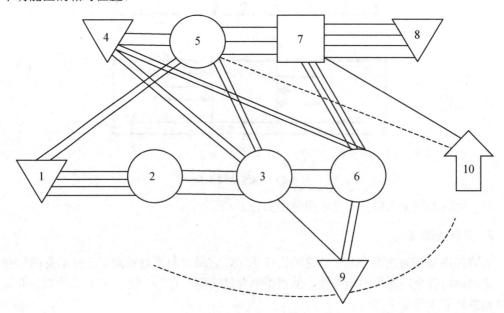

图 8-24　作业单位位置相关图

(五)仓储区规划

仓储布置规划目标是：提升作业流程；充分合理利用仓储各种设施；缩短货物与人员移动距离，节约仓储空间；保证仓储安全，符合防火、防盗、防水等各种要求。

仓储最核心的功能是储存，因此对于仓储区的规划尤为重要，仓储区规划主要包括仓储货区布置、货物储存方式规划、仓储区面积规划和仓储设备规划等。

1. 仓储货区布置

仓储货区布置目的是提高空间利用率，以及提高物品保管质量方便出库。仓储货区布置通常有两种形式：垂直式布置及倾斜式布置。不同的仓储结构、物料特性及设备选择适用于不同的布置形式。

1) 垂直式布置

垂直式布置是指货架或者货垛排列与两侧墙壁互相垂直或平行。其具体包括横列式布置、纵列式布置以及混合式布置。

(1) 横列式布置。横列式布置是指货架以及货垛方向与仓库两侧墙壁垂直，此种方法的优点是：主通道空间较大，整齐美观，物料存取方便，采光、通风较好。我国大多数仓储都采用此种布置方法，但其缺点是通道占用面积较大，面积利用率较低，具体如图 8-25 所示。

(2) 纵列式布置。纵列式布置是指货架或货垛方向与仓库两侧墙壁平行。此种方法的优点是：可根据库存物品在库时间不同及进出频繁程度安排货位，进出频繁且在库时间短的物品在主通道两侧；进出不频繁且在库时间长的物品放置在里侧。其缺点是无法展开机械化作业，如叉车对货物的存取作业，具体如图 8-26 所示。

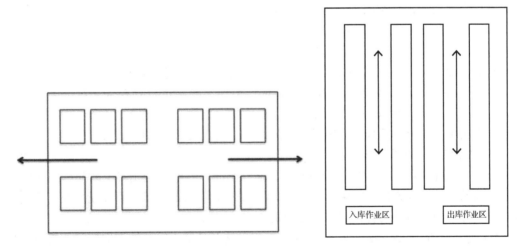

图 8-25　横列式布置　　　　　　　图 8-26　纵列式布置

(3) 混合式布置。混合式布置是指在同一个库房内，货架或者货垛排列既有横列式，又有纵列式，可以兼顾上述两种方法的优点。

2) 倾斜式布置

倾斜式布置是指货架或者货垛与仓库侧墙或者主通道成 30°、45° 或者 60° 夹角，即成斜式布置。通常来说，倾斜式布置可以充分利用仓储面积，但提升多少要根据货架、货垛或者物品特性及设备使用情况来决定。通常倾斜式布置分为两种：货垛倾斜式布置与通道倾斜式布置。

(1) 货垛倾斜式布置。货垛的布置与库墙形成一个锐角，主要是为了方便叉车作业、缩小叉车回转角度、提高作业效率而采用的布置，具体如图 8-27 所示。

(2) 通道倾斜式布置。通过将通道倾斜布置，可以将仓储划分成不同作业特点的区域，如大量储存和少量储存的保管区域等。一般而言，仓储结构越复杂，则货位和进出库路径就越多，具体如图 8-28 所示。

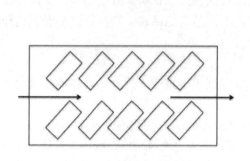

图 8-27 货垛倾斜式布置

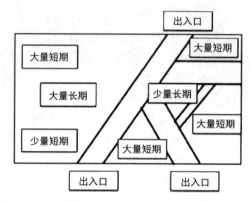

图 8-28 通道倾斜式布置

2. 仓储货物储存方式规划

货物储存方式规划通常要实现以下目标：①储存空间大小是否合理；②具体物品如何进行拣货和储存；③如何分配储位；④成本增加是否合理。需要强调的一点是，上述目标并不是孤立存在的，如空间规划与货物储存及拣货方法有关，与储位分配也有关系，所以应该从系统的角度考虑。

1) 储存空间大小规划

仓储储存空间大小又称为库容量，库容量是仓储设计和使用的主要参数之一，库容量过大会对仓储空间及成本造成浪费，库容量过小则不能满足货物要求。对于储存空间规划，一般是要求每一个最小存货单位(SKU)能够被分配到足够的储存空间，为了达到此种目的，需要用储存分析表来对指定具体空间的大小进行要求。

2) 物品储存的分配方式

分配问题往往需要平衡货物的吞吐量及储存空间，吞吐量是指单位时间内完成储存与拣取次数的一种计数方式，如某一仓储在 8 小时内存取 256 次等。吞吐量一般有随机储存和指定储存两种。另外还有根据二八法则确定的级别储存。

(1) 随机储存(randomized storage，RS)。随机储存是最为简单的存取策略，其原理是任何物品可以被安排在任何储位之中。但在实际操作中，进货物品往往会被分配在离货物卸货点较近的空位中，因此随机储存并非"单纯的随机"，同时为了保持储存单元储存的灵活性，往往会采取先进先出的原则。

(2) 指定储存(dedicated storage，DS)。指定储存是将需要储存的物品根据其类型储存在预定的位置中。通常确定储存的方法是根据活动水平与库存水平。活动水平是指吞吐量对分配的储存位置数的比值。一般快速周转的货物有较大的活动水平比值，反之有较小的活动水平比值。活动水平与每分钟时间存取的次数有关，而与搬运物品数量无关。

随机储存与指定储存优缺点对比如表 8-9 所示。

表 8-9　随机储存与指定储存优缺点对比

类　型	空间需要	优缺点
随机储存	最大总库存水平低于各物品最大库存之和	可以保持仓储周转率，提升空间利用率，但会使仓储杂乱无章
指定储存	库存空间与最大库存水平持平	库存利用率较低，但会提升操作效率

（3）级别储存。由二八法则可知，仓储中 20% 的物品占用了 80% 的存取作业，因此 ABC 分类法即根据此原理展开。通过将物品分为 A、B、C 三类，A 类物品价值最高，需要重点储存，所以需要紧靠进出货点；B 类物品次之；C 类物品最远。这样可以做到储存有的放矢，对重点货物重点管理。级别储存可以使库存作业井然有序，并充分利用仓储面积，如图 8-29 所示。

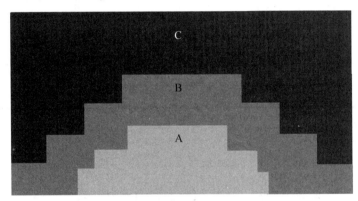

图 8-29　ABC 分类法下物品基于级别储存的空间占用

对比上述三种方法，级别储存可以是随机储存，也可以是指定储存。如果将所有物品等级归为一类，其则会变为随机储存；如果将物品分成更为详细的多类，其则为指定储存。

3）物品储存位置的分配原则

物品储存分配的核心原则是以物品特性为出发点，主要分配原则包括常用性原则、相似性原则、物品尺寸原则及物品特性原则。

（1）常用性原则。在只有一个出入口的仓储运作过程中，会将出入库频繁的物料或常用物料储存于与出入库口较近的地方，以方便拣取，图 8-30 所示为此种物品储存分配图。如果是收发货物出入口不在同一个位置，则需要根据收发货物的次数进行储存位置的分配。每一种货物的储存分配位置的计算公式为

$$\eta = \frac{收货次数}{发货次数} \tag{8-3}$$

式中，当 $\eta > 1$ 时，该货物应该靠近入口储存；当 $\eta < 1$ 时，货物应该靠近出口储存；但当 $\eta \approx 1$ 时，被频繁搬运的货物应该靠近通道储存。

表 8-10 所示为物品收货往返运输次数和出货往返运输次数的比值，而根据其结果，六种物品储存分布如图 8-31 所示。

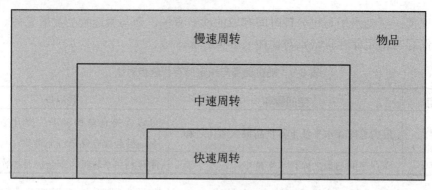

图 8-30　物品储存分配

表 8-10　物品收货往返运输次数和出货往返运输次数的比值

物品	收货往返运输次数	出货往返运输次数	比值
A	20	10	2
B	3	16	0.19
C	10	12	0.8
D	7	14	0.5
E	18	5	3.6
F	2	16	0.13

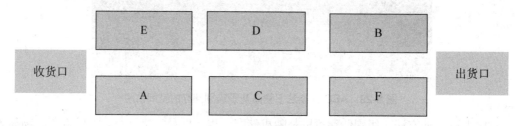

图 8-31　六种物品储存分布

(2) 相似性原则。一般仓储作业中，会将产品关联度较大的货物存放在一起，这样可以提升仓储作业运作效率，如在储存奶粉的仓储中，往往其会与奶瓶等相关货物储存在一起。

(3) 物品尺寸原则。尺寸往往匹配存放场所，如果挑选小尺寸的货物而用原本设计给大尺寸物品的存放场所，那么会极大浪费仓储空间使用率。因此应该根据物品尺寸，提供合适的储存场所。

(4) 物品特性原则。下面介绍几种常用的特殊货物存放特性。

① 危险物品。化学制品、丙烷及腐蚀性物品等，需要和普通货物分开存放。

② 易腐烂货物。应该严格把控温度及储存材料。

③ 形状怪异及易碎物品。形状怪异的物品通常会存在搬运与储存困难的情况，因此应该以易于搬运为原则储存；对于易碎物品，应该采用加固货架、调整单元载荷尺寸等方法。

④ 货物兼容性。一些货物存放在一起可能会出现化学反应等情况，有的会损害货物化学与物理特性，如黄油和鱼类都需要冷藏，但是放在一间冷藏库内黄油就会吸收鱼腥而产生异味。

4）储存空间的利用

仓储系统中空间的利用是至关重要的，因为无论采用何种设备，通道及蜂窝空缺也会产生空间的损失。所以在仓储区布置时，应该充分考虑空间的保持、限制及易接近性，从而最大限度地利用空间。

（1）空间损失。仓储系统中往往因为对货物进行分类堆放造成一定的空间损失，具体如图 8-32 所示，一条通道两侧各有一排物品，每排物品为四层四列排放。如果在一列货堆上取走一层或者几层货物，但未被取尽，加之未能及时补货或无法被其他物品填满，由于这种储存形态与蜂窝相似，因此称为蜂窝空缺。同时，仓储都要设立通道，而无论通道设置有多大，都会造成储存空间的占用，因此称之为通道损失。

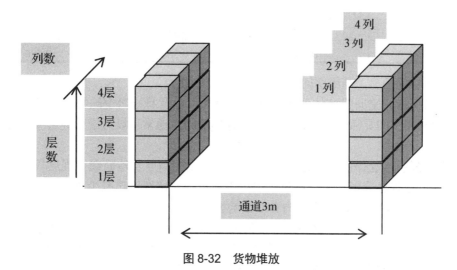

图 8-32　货物堆放

蜂窝损失空缺系数的计算公式为

$$E(H) = \frac{1}{n} \sum_{i=0}^{n-1} \frac{i}{n} \tag{8-4}$$

式中：n——一列货位堆码的货物件数。

如图 8-32 所示，为四列四排货物，所以只会出现四种状态，即分别在 1、2、3、4 层堆放了货物，按照公式，其相应空缺数分别为 3/4、2/4、1/4 与 0。所以根据公式(8-4)可计算出空缺系数 H_1 的期望值

$$E(H) = \frac{1}{n} \sum_{i=0}^{n-1} \frac{i}{n} = \frac{1}{4} \times \left(\frac{3}{4} + \frac{2}{4} + \frac{1}{4} + 0 \right) = 0.375$$

如果不考虑通道深度方向，通道损失的计算公式为

$$L_a = W_a / (W_a + 2d) \tag{8-5}$$

式中：W_a——通道宽度；

　　　d——货位深度。

假设托盘深度为 1m，那么图 8-32 中的通道损失 L_{a1} 应该是

$$L_{a1} = W_{a1} / (W_{a1} + 2d) = 3 / 3 + 2 \times 1 = 0.600$$

已知空缺系数期望值 H_1 及通道损失 L_{a1}，所以可得蜂窝空缺损失为

$$L_{H1} = E(H_1) \times (1 - L_{a1}) = 0.375 \times (1 - 0.6) = 0.150$$

总空间损失=蜂窝空缺损失＋通道损失，所以总空间损失为 0.750。

同时，如果增加货位深度，则蜂窝空缺损失会增加，但通道损失和空间损失会减少。利用上述公式的计算，可以得出增加货位深度后的通道损失、蜂窝空缺损失及仓储总空间损失的具体数值。具体如表 8-11 所示。

表 8-11　仓储空间损失

货位深度(m)	通道损失(m)	蜂窝空缺损失(m)	总空间损失(m)
1	0.600	0.150	0.750
2	0.429	0.249	0.678
3	0.333	0.305	0.638
4	0.273	0.340	0.613
5	0.230	0.366	0.596

(2) 利用空间因素。利用空间因素主要考虑以下几点。

① 空间保持。空间保持体现在充分利用空间，以及将蜂窝空缺损失降到最低。空间保持会有效利用空间灵活性，并提高搬运大订单能力。通常可以考虑升高货架高度及增加深度等方法。

② 空间限制。仓储的钢架结构、消防装置、顶棚高度及地面载荷强度等因素都会限制仓储空间。这种客观限制无法避免，但可以通过调整储存策略减少负面影响，如围绕立柱紧凑地堆放货物，从而降低立柱的负面影响。

③ 易接近性。在仓储布置中，不仅需要考虑空间利用率，而且需要考虑是否容易搬运货物，过分利用空间很可能导致不易接近货物。因此具体方法有：主要通道笔直通向门口；通道应该设计宽阔，便于物料搬运；通道方向应该可以使大多数物料沿储存区最长轴线存放；等等。如图 8-33 所示，图 8-33(a)中通道没有沿着建筑物长轴设计，因此不合理；而图 8-33(b)则设计合理，提升了货物储存空间利用率。

3. 仓储区面积规划

1) 一般情况下面积计算

在对仓储要求不高的情况下，可以通过平均储存量与区域面积利用情况来计算仓储区作业面积。

$$A = \sum M_i / \lambda_i \tag{8-6}$$

式中：A——仓储区作业面积，单位为 m²；

　　　M_i——第 i 类货物平均储存量，单位为 d；

　　　λ_i——第 i 类货物在该区域的面积利用系数，单位为 d/m²。

2) 堆码时仓储面积计算

一般在货物堆码时，需要考虑单层堆码与多层堆码的面积计算。

(1) 单层堆码面积计算。

当货物堆码形式为单层时，其仓储区面积的计算公式为

$$A = \lambda \sum \frac{M_i}{N_i} (p \times p) \tag{8-7}$$

式中： M_i ——第 i 类货物平均储存量；

N_i ——单位托盘下平均可堆放的第 i 类商品的数量；

$p \times p$ ——托盘尺寸；

λ ——放宽比，根据通道占仓储区面积比例进行确定，如通道占仓储面积的 35%，则 $\lambda = \dfrac{1}{1-35\%} \approx 1.5$ 。

(2) 多层堆码面积计算。

在多层堆放时，应该根据货物的特性，确定适当的堆码层数。多层堆码时仓储区面积的计算公式为

$$A = \lambda \sum \frac{M_i}{L \times N_i}(p \times p) \tag{8-8}$$

式中：L——商品堆放层数。

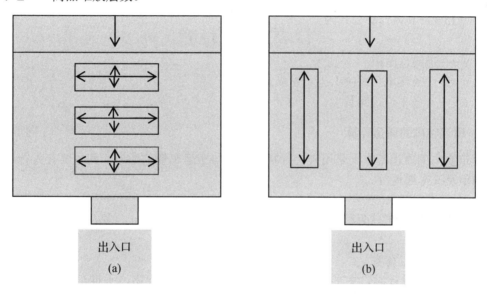

图 8-33 通道设计图例

4. 仓储设备规划

仓储设备规划在前文中已提及，在此不再赘述。

(六)通道规划设计

通道的正确安排与设计关系到仓储运作效率的高低，同时合理的通道设计可以减少货物在仓储内部迂回搬运而带来的物流成本。同时，仓储通道也有不同类型，不同类型通道其宽度指标也不一样，具体如表 8-12 所示。

表 8-12 路面宽度指标

类　型	宽　度
主干道	7.0～9.0
次干道	6.0～7.0

类　型	宽　度
支道	3.5～4.0
引道	根据实际情况确定
人行道	1.0～2.0

同时，仓储通道还可以分为建筑物之间的通道和建筑物内的通道两类，对于每种类型的通道，其计算宽度也不一样。

1. 建筑物之间的通道计算

建筑物之间的通道指的是仓储内部通道，一般此类通道有流量较大、车型较多等特点，所以一般多采用"单向行驶、多门出入"的原则。一般主干道有四车道、六车道等多种类型，但无论哪种类型，其转弯半径不宜小于 15 米。道路占地面积一般为仓储总面积的 12%～15%，具体计算公式为

$$S = \sum L_i(n_i \times 3.5 + 1) \tag{8-9}$$

式中：S——道路总面积；

n_i——i 条车道道路(i=1，2，4 或 6)；

L_i——i 条车道道路长度。

2. 建筑物内的通道计算

建筑物内的通道基本上是用来进行货物装卸与搬运车辆的通道。其主要有人行道、手推车通道及叉车通道等。

1) 人行道宽度

一般人行道宽度有两种标准，单人通道宽度为 0.8～0.9m，多人通道宽度为 1.2～1.5m。

2) 手推车通道宽度

手推车通道设计时，主要针对的是一些零散、轻巧的货物，手推车设计构造较为简单，所以一般不用来搬运大型货物，且其转弯较为乏力，所以在通道设计时只需考虑手推车直行时的宽度即可。一般情况下，单行道宽度为 0.9～1.0m；双行道宽度为 1.8～2.0m。

3) 叉车通道宽度

叉车是仓储系统中最为重要的装卸搬运设备，叉车通道设计一方面要考虑叉车类型、规格，另一方面也要考虑托盘的规格及叉车搬运过程中的富余空间。具体如图 8-34 与图 8-35 所示。

当托盘宽度大于叉车宽度时，其计算公式为

$$W = W_P + 2C_o \tag{8-10}$$

当托盘宽度小于叉车宽度时，其计算公式为

$$W = W_B + 2C_o \tag{8-11}$$

式中：W——直线通道宽度；

W_P——托盘宽度；

W_B——叉车宽度；

C_o——侧面富余宽度。

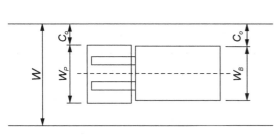

图 8-34　单行通道宽度

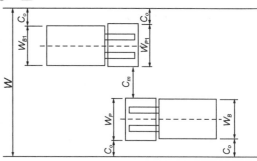

图 8-35　双行通道宽度

同时，除了上述两种直线形通道，还有丁字形通道的设计，丁字形通道是为了适应拐角、弯度等以便叉车能够顺利通过而设计的通道形式，具体如图 8-36 所示。

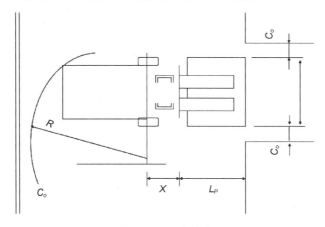

图 8-36　叉车转弯

丁字形通道宽度的计算公式为

$$W_L = (R \times X \times L_P) + C_o \tag{8-12}$$

式中：　W_L——丁字形通道宽度；

R——最小转弯半径；

X——旋转中心到托盘距离；

L_P——托盘长度。

(七)装卸货平台规划

装卸货平台又叫收发货站台，其作用是供车辆停靠、货物装卸时的暂存，以及方便货物的装进装出。装卸货平台的规划原则是使货物装卸作业达到省力、高效及有序的目的。通常装卸货平台的设计内容包括站台布置形式、站台布置方向、站台尺寸(宽度、深度及高度等)、门的类型、大小与数量等。

1. 站台布置形式

站台在布置时通常可以按照三种布置形式分类，分别是按照出入口配置、按照码头与仓储的位置及按照站台与作业方式的关系分类。

站台的设计

1) 按照出入口配置分类

按照出入口配置分类的具体内容如表 8-13 所示。

表 8-13　按照出入口配置分类

示意图	收发货站台位置说明	优点与缺点
进货口 出货口　仓储区	进货与出货共用一个出入口	优点：提高设备及空间利用率 缺点：在高峰时会造成进出口的互相干扰
进货口　出货口　仓储区	进货区与出货区分开但相邻管理	优点：避免互相干扰，设备可共享 缺点：空间利用率变低
进货口　仓储区　出货口	进货口与出货口分别使用，不相邻	优点：使进货动线更为顺畅 缺点：空间及设备使用率变低
进货口　进货口　仓储区　出货口　出货口	多个进货口与出货口	优点：适用于厂房空间足够多且货品进出复杂的情况 缺点：容易互相干扰

2) 按照码头与仓储的位置分类

这种分类参考的是装卸货平台与仓储的相对位置，具体由齐平式布局(见图 8-37)及内围式布局(见图 8-38)两种结构构成。

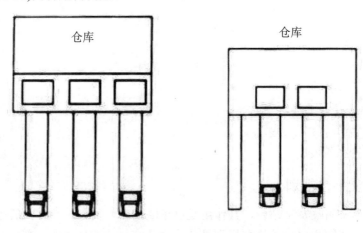

图 8-37　齐平式布局　　　　图 8-38　内围式布局

齐平式布局的月台与仓库的外缘刚好齐平，虽然与内围式相比不如后者安全，但至少可以使整个月台在仓库的保护范围内，减少能源浪费的情况是目前采用最为广泛的形式。

内围式布局可以将码头围在厂房内，进出货车辆可以直接开进厂房装卸货物，这种设计是最为安全的设计，但所付出的成本较高。

3) 按照站台与作业方式的关系分类

站台与作业方式的关系分为三类，即尾部装卸(见图 8-39)、侧面装卸及锯齿状月台三类。

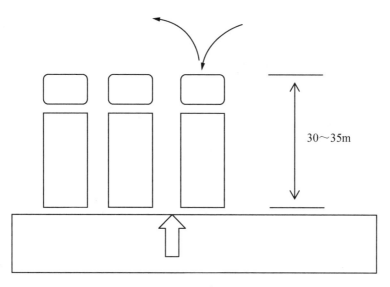

图 8-39 尾部装卸

尾部装卸是目前使用最广泛的站台设计类型，其优点是泊位多，占用空间大。最大好处是码头外侧平齐，可以完全包围码头内部的区域，并可以提供良好的密闭作业空间，不易受到天气的干扰。

侧面装卸(见图 8-40)的特点是占用空间少，泊位少，不需要码头高度调节板和驶入装卸设备就可以实现托盘装载，装卸货物的宽度可以比车辆门宽，而且可以同时从车辆两边卸货。

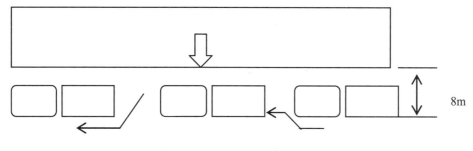

图 8-40 侧面装卸

锯齿状月台(见图 8-41)是一种综合考虑的方案，适用于货车回转空间较小的情况，在这种形状下货车由尾部或者侧端装卸货，缺点是空间占用较大，且这种形状下车辆采用的是单线循环。

2. 站台具体参数设计规划

通常站台具体参数是依据货车的类型与尺寸确定的，常见的货车类型及尺寸如表 8-14所示。

大多数仓储的常用运输车辆的宽度是 2.4～2.6m，货运车辆垂直停靠在站台需要的停车位最小宽度为 3.5～4m。为了防止装卸区域由于作业量过大造成拥挤，同时也为了满足叉车的回转需要，一般要保证站台宽度不小于 4.5m。以 40ft 的集装箱为例，具体站台参数如图 8-42 所示。

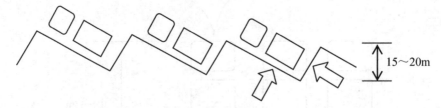

图 8-41　锯齿状月台

表 8-14　常见的货车类型及尺寸

单位：m

货车类型	尺寸			
	总　长	底板高	总　高	总　宽
货柜车	16.4～21.3	1.4～1.6	3.7～4.3	2.4
短途半拖车	9.1～10.7	1.1～1.2	3.4～4.0	2.4
标准货车	4.6～10.7	0.9～1.2	3.4～3.7	2.1～2.5
冷藏车	12.2～16.8	1.3～1.5	3.7～4.3	2.4～2.6
平板车	16.8～21.3	1.2～1.5		2.4～2.7
长途半拖车	16.8～21.4	1.2～1.3	3.7～4.3	2.4～2.8

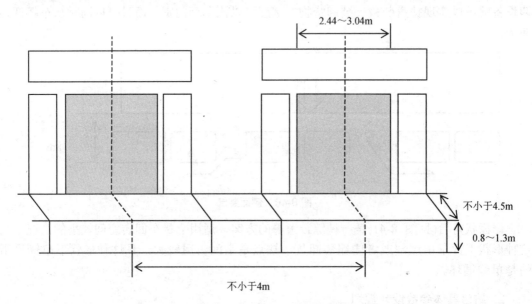

图 8-42　货车停靠站台参数

同时，站台设计应该留有一定的回旋纵深，以便让运输车辆安全地进入及离开站台，仍以 40ft 的集装箱作业车为例，具体回旋纵深如图 8-43 所示。

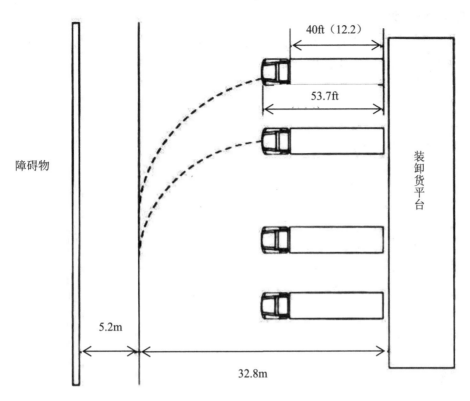

图 8-43　40ft 集装箱货车作业回旋纵深

通常回旋纵深是依照货位中心距(站台出货门之间的中心距离)来判断的，具体如表 8-15 所示。

表 8-15　回旋纵深参照表

货位中心距	直线停靠回旋纵深	锯齿形停靠回旋纵深			
		15°	30°	45°	60°
3.5	36.5	33.4	28.9	23.2	16.7
4	35.5	32.4	27.9	22.4	16.1
4.5	34.5	31.5	27.1	21.7	15.6
5	33.6	30.6	26.3	21	15.2
5.5	32.8	29.8	25.6	20.5	14.8

(八)辅助服务设施规划设计

辅助服务设施包含各个工作类型的设施，如仓储管理、运营、信息处理及美化环境等方面。不同类型的仓储对辅助服务设施的要求也不同，在规划中应该根据实际情况进行判断。通常情况下的辅助服务设施包括停车场、办公区、档案室、会客室、餐厅、休息室、会议室及绿化区域等。下面介绍较为常见的辅助服务设施的规划设计方法。

1. 停车场规划设计

仓储中需要运输车辆进行货物的流转，因此停车场设计的合理与否将关乎车辆高效率调配，具体的停车场面积的计算公式为

$$T = K \times S \times N \tag{8-13}$$

式中：T——停车场面积；

K——车辆换算系数，一般取 2～3；

S——单车投影面积；

N——停车场容量。

同时，停车场设计的形式也有多种，如平行式、垂直式、交叉式等，应该根据车辆的面积、地面承载力及仓储容量综合判断。

2. 办公区规划设计

办公区通常要设置在远离仓储作业区的地方，并且占地面积不能太大，其具体规模的计算公式为

$$B = M \times S \tag{8-14}$$

式中：M——仓储行政办公人员数量；

S——办公人员平均所需办公面积，单位为 $\text{m}^2/\text{人}$。

3. 其他区域

其他区域主要包括档案室、会议室、会客室、餐厅等。

档案室是保管文件的重要区域，主要由档案架或者拉柜构成，通常档案室通道为 1.2～1.5m，具体视情况而定。

会议室可以设计为长方形、U 形或者环形。通常设置办公桌的会议室，按照 15～20 人设计，为 80～90 平方米；对于无办公桌的会议室，按照 50 人设计，面积为 90～100 平方米。

会客室通常设置为 28～38 平方米；餐厅通常按高峰时期人员考虑，每人为 0.8～1.5 平方米；其余区域依照仓储实际情况设置即可。

复习思考题

1. 仓储的功能包括哪些？

2. 常见的仓储设备包括哪些，以及其各自的作用是什么？

3. 假定叉车出入库频率为每小时 10t，其作业效率为 5t/(台·小时)，则该仓储需要配备多少辆叉车最为合理？(仓储作业不均衡系数取 1.1)

4. 仓储系统布局规划需要注意哪些原则？

5. 请简要概述仓储系统布局规划应该主要包括哪些方面。

第九章　输送系统及设备选用

【学习目标】

- 了解各输送设备的主要种类及选用。
- 掌握带式输送机、辊道式输送机、链式输送机的分类以及应用。
- 了解其他输送机的特点以及应用。

输送设备是以连续的方式沿着一定的路径从装货点到卸货点输送散装货物和成件货物的机械设备。输送设备可以进行水平、倾斜输送，也可以组成空间输送线路，输送线路一般是固定的。输送设备不仅具有输送能力强、运距长等特点，而且可以在输送过程中完成若干工艺操作，因此应用十分广泛。本章主要从工厂和仓储的角度对物料输送系统进行分析，主要介绍物料输送系统、带式输送机、辊道式输送机、链式输送机的分类及使用要点等内容。

第一节　物料输送系统

一、物料输送系统的含义

物料输送可以理解为物料的运输与传送。物料输送系统是由一系列的相关设施和装置组成的，用于一个过程或者逻辑动作系统当中，合理并协调地将物料进行移动、储存或控制的系统。输送机在一个区间内能连续搬运大量货物，搬运成本非常低廉，搬运时间比较准确，货流稳定。因此，被广泛用于现代物流系统中。从国内外大量的自动化立体仓库、物流配送中心、大型货场来看，其设备除起重机械以外，大部分都是连续输送机组成的搬运系统，如进出库输送机系统、自动分拣输送机系统、自动装卸输送机系统等。在现代化货物搬运系统中，输送机承担着重要的作用。整个搬运系统均由中央计算机控制，形成了一整套复杂完整的货物输送、搬运系统，大量货物或物料的进出库、装卸、分类、分拣、识别、计量等工作均由输送机系统来完成。林立千教授认为，"物料输送系统是移动、储存、保护、控制物料等与科学的结合"，其具体内容包括，"通过机械来移动大量未包装或者已包装的半固态或固态产品的所有基本作业"，其目的是，"在适当的成本下，采用正确的方法、顺序、方向、时机，在正确的位置提供正确数量、正确条件的正确物料"。

二、物料输送系统设计要点

物料输送系统的设备、容器的性质取决于物料的特性和流动的种类。根据不同企业的生产以及物流系统的要求，输送系统需要专门设计，并服务于特定物流系统环境和规定的物料。具体设计要点如表 9-1 所示。

表 9-1　物料输送系统设计要点

考虑因素	设计要点
流向方面	合理布置整个输送路线。确保使用最短输送路径，与此同时，确保不要出现线路交叉、相互干扰的情况
设备选用方面	考虑到整个输送过程中所需的所有输送设备，确保输送任务全部顺利完成
流量方面	保证物料的畅通。针对物料的特点设计合适的输送系统，并对规划期内的变化设定备用方案
整体方面	对物料输送系统的作业对象、物料的移动方式以及物料的输送方式进行分析确定

三、物料输送设备概述

(一)物料输送设备定义

输送设备是指以连续的方式沿着一定的路径，从装货点到卸货点输送散料或成件包装货物的机械，也称输送机械。输送设备与起重设备相比，其输送货物是沿着一定的线路连续进行输送的；工作构件的装载和卸载都是在运动过程中进行的，无须停机，启动、制动少；被输送的散料以连续形式分布于承载构件上，输送的成件货物也同样按照一定的次序以连续的方式移动。

(二)输送设备的特点

输送设备可水平或垂直输送物料，输送货物多为成件物品或散状物料，其工作特点如下。

1. 输送物料范围广泛

现代输送设备一般具有抗磨、耐腐蚀、耐高低温等多种特性，可以输送散料、块料和成品等各种性质的物料。

2. 输送距离长，输送量大

输送设备可以连续不断地输送重量很大的货物，有的大型输送设备甚至可以输送重达几千吨以上的重物，最长的输送距离甚至可以达到几千米。

3. 速度快，生产率高

输送设备可采用较高的运动速度，速度稳定，同时，其也具有较高的生产率，并且在同样生产率下，具有自重轻、外形尺寸小、驱动功率小等特点。

4. 装卸物料方便、简单

输送设备结构简单，可根据工艺流程在需要的地方进行物料装卸，同时货物输送的线路固定单一，便于实现自动控制。

5. 能耗低、效率高

输送设备的运行部分一般具有自重轻、运行方便、无效运量少的特点，因此能耗比较低，具有很高的效率。

(三)输送设备的分类

1. 按照安装方式分类

按照安装方式的不同，输送设备可分为固定式输送机和移动式输送机两类。

1) 固定式输送机

固定式输送机是指整个设备固定安装在一个地方，之后便不能再移动。它主要用于固定的运输场合，如专用码头、仓库、工厂生产工序之间的输送等。

2) 移动式输送机

移动式输送机安装有轮子，可以移动。它具有机动性强、利用率高、能及时布置输送作业并达到装卸要求的优点。

2. 按照结构特点分类

按照结构特点的不同，输送机可分为有挠性牵引构件的输送机和无挠性牵引构件的输送机两类。

1) 有挠性牵引构件的输送机

有挠性牵引构件的输送机的工作特点：物料或货物在牵引构件的作用下，利用车引构件的连续运动使货物向一定方向输送，如皮带输送机。

2) 无挠性牵引构件的输送机

无挠性牵引构件的输送机中的牵引构件是循环往复的一个封闭系统。该输送机通常是一部分输送货物，另一部分牵引构件返回，如气力输送机、螺旋输送机等。

3. 按照输送货物力的形式分类

按照输送货物力的形式不同，输送机可分为机械式输送机、惯性式输送机、气力式输送机和液力式输送机等。

1) 机械式输送机

机械式输送机是指通过机械带动传送带运转，从而带动物料输送的输送机。

2) 惯性式输送机

惯性式输送机是指通过物料自重惯性，或者通过振动使物料朝惯性方向运输的输送机。其适用于输送各种粒状、中等块度以正反非黏性物料(含水量小于 5%)，如水泥熟料、烘干矿渣、砂等。

3) 气力式输送机

气力式输送机以压力空气作为输送介质，沿管道输送，适用于大型粮库的补仓、出仓、翻仓、倒垛，粮食加工，啤酒酿造等行业在生产工艺中的散装、散运等机械化作业。

4) 液力式输送机

液力式输送机是指借助于具有一定能量的液体输送物料的输送机。

4. 按照被输送货物运动的连续程度分类

按照被输送货物运动的连续程度的不同，输送机可分为连续性输送机和间歇性输送机两类。其中，连续性输送机主要用于散装货物 (颗粒、粉末物料)的输送装卸；间歇性输送机主要用于集装单元货物(成件、包装件物品)的输送，输送的单元负载包括托盘、纸箱或其他固定尺寸的物品。

四、输送设备在物流系统中的作用

输送设备是输送系统中的主要组成部分，也是"装卸搬运"的主要组成部分，而输送系统又是物流子系统之一。输送系统是物流中"物"的有效流动的重要保证，没有"运输"就没有流动，没有"传送"就没有物流和生产作业的顺利运行，输送和装卸是货物在不同运动(相对静止)阶段之间互相转换的纽带。输送设备在现代物流系统中，特别是在车站、仓库、港口、货栈内，承担大量货物的运输，同时也是现代化立体仓库中的辅助设备，它具有把各物流站点承接起来的作用。

输送设备是物流活动高效率运行的重要工具与支撑。输送设备是生产物流中的重要设备。在生产车间，输送设备起着人与工位、工位与工位、加工与储存、加工与装卸输送之间的衔接作用，该设备还具有暂存物料和缓冲物料的功能。对输送设备的合理运用，可以使各工序之间衔接得更加紧密，进一步提高生产效率，其是生产中必不可少的手段，

第二节　带式输送机及其应用

一、带式输送机概述

带式输送机(见图 9-1)是应用最广泛的连续输送机械，它是以连续、具有挠性、封闭无端的输送带作为牵引构件和承载构件的一种连续输送机械。带式输送机有以下几种类型，分别是工作位置不变的固定式、装有轮子的移动式和输送方向可改变的可逆式。

带式输送机
及其应用一

图 9-1　带式输送机

固定式带式输送机是把输送机固定在一定的位置上的带式输送机，主要用于在水平方向或坡度不大的倾斜方向连续输送散状物料，也可以输送质量较轻的大宗成件货物。移动式带式输送机带有行走装置，可以根据工作位置进行移动变化。

(一)带式输送机的结构和工作原理

带式输送机主要由输送带、驱动装置、制动装置、各种滚筒(驱动滚筒、改向滚筒、张

紧滚筒)、机架等部分组成,其中,输送带既是承载货物的承载构件,又是传递牵引力的牵引构件。输送带绕过驱动滚筒和张紧滚筒,并支撑在许多托辊上。

带式输送机在工作时,由电动机通过加速装置,使驱动滚筒转动,依靠输送带与滚筒之间的摩擦力,平稳地进行驱动,把货物输送到卸载地点。

(二)带式输送机特点

带式输送机输送距离长、输送能力大、生产率高、结构简单、基建投资少、使用费用低,而且输送线路可以水平、倾斜布置,或者在水平方向、垂直方向弯曲布置,因此带式输送机还具有受地形条件限制较小、工作平稳、操作简单、安全可靠、易实现自动控制等特点。

(三)带式输送机的分类

1. 大倾角带式输送机

大倾角带式输送机(见图 9-2)是用来运输一般用途的散状物料的连续输送设备。其采用具有波状挡边的输送带(波状挡边输送带是输送机的挠性构件,在整机中起牵引和承载物料的作用,主要由基带、挡边和横隔板形成匣形容器,从而实现大倾角输送或物料垂直提升),因此,特别适用于大倾角及垂直 90°运输。大倾角带式输送机可用于煤炭、化工、冶金、电力、轻工、粮食、港口等行业,在工作环境温度为-15℃~40℃可输送堆积比重为 $0.5\sim4.2t/m^3$ 的各种散状物料。对于输送有特殊要求的物料,如高温,具有酸、碱、油类物质或有机溶剂等成分的物料,需采用特殊的输送带。

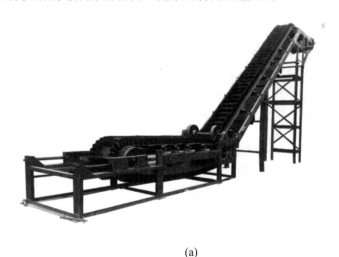 

(a)　　　　　　　　　　　　　　　　　　(b)

图 9-2　大倾角带式输送机

2. 管型带式输送机

管型带式输送机(见图 9-3)是由呈六边形布置的托辊把胶带裹成边缘互相搭接呈圆管状来输送物料的一种新型带式输送机。它的头部、尾部、受料点、卸料点、拉紧装置等位置在结构上与普通带式输送机基本相同。输送带在尾部过渡段受料后,逐渐将其卷成圆管状进行物料密闭输送,到头部过渡段再逐渐展开直至卸料。

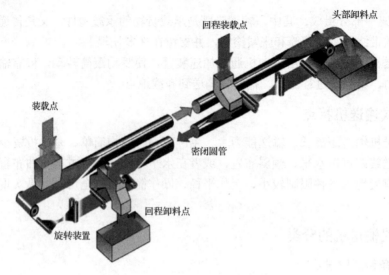

回程装载点　　头部卸料点

装载点

密闭圆管

回程卸料点

旋转装置

图 9-3　管型带式输送机

3. 中间带驱动的带式输送机

中间驱动技术是我国带式输送机中的一项新技术，中间驱动是把一部分驱动功率放在带式输送机的中间段，使驱动功率分散开来，这样可以降低输送带运行时的最大张力，降低输送带的强度，提高输送带的输送能力，降低带式输送机的制造成本。中间驱动的方式很多，其中滚筒式和直线摩擦式中间驱动技术应用最为成功。中间带驱动的带式输送机如图 9-4 所示。

图 9-4　中间带驱动的带式输送机

4. 气垫带式输送机

气垫带式输送机(见图 9-5)是用薄气膜支撑输送带及输送物料的带式输送机。它将托辊带式输送机的托辊用带孔的气室盘槽代替，当气源向气室内提供具有一定压力和流量的空气后，气室内的空气经盘槽上的小孔溢出，在输送带和盘槽之间形成一层具有一定压力的气膜，从而支撑输送带及其上物料。把按一定间距布置的托辊支撑变成了连续的气垫支撑，使输送带与托辊之间的滚筒摩擦变成输送带与盘槽之间的以空气为介质的流体摩擦，减小运行阻力。

图 9-5　气垫带式输送机

二、带式输送机的基本性能参数及选用

(一)输送设备的主要技术参数

带式输送机及其应用二

1. 生产率

生产率(Q)是指输送机在单位时间内输送货物的质量。它是反映输送机工作性能的主要指标，其大小取决于输送机承载构件上每米长度所载物料的质量和工作速度。所有输送机的生产率均可用以下公式计算，即

$$Q = 3.6 \times q \times v \tag{9-1}$$

式中：q——单位长度承载构件上货物或物料的质量，单位为千克/米；

v——输送速度，单位为米/秒。

2. 带速

带速是指输送机或者牵引带在被运货物或物料沿输送方向的运行速度。它是提高输送机生产率的主要因素。在相同条件下，带速越大，单位长度的传送带的负荷就越小。这样不仅可以减少输送带数量，降低输送带的成本，而且带速增加会使得整个装置效率提高。但是如果带速过大会使得传送带产生较大的横向摆动，加速传送带的磨损，同时还有可能造成运输物料的损耗，若运输干燥的粉末物料时，就可能使得粉末扬起，造成物料损耗和环境污染。

3. 有效填充系数

有效填充系数是指输送机承载件被物料或货物填满的程度，主要取决于输送物料的特性、粒度及其组成、动堆积角、带式输送机的运行条件、给料均匀性、输送机的线路布置、输送倾角、输送能力的储备等。

4. 输送长度

输送长度是指输送机装载点与卸载点之间的输送距离。

5. 输送带带宽

输送带带宽的确定取决于输送机的生产率和带速。

6. 提升高度

提升高度是指货物或物料在垂直方向上的输送距离。

除上述 6 个主要技术参数外,还有安全系数、制动时间、启动时间、电机功率、轴功率、单位长度、牵引构件的传入点张力、最大动张力、最大静张力和拉紧行程等技术性能参数。

(二)带式输送机的选用

目前带式输送机被广泛应用于港口、车站、仓库、货栈,特别适用于煤炭、矿石、散货的输送。在选用带式输送机时,除了考虑以上的基本性能参数以外,还要综合考虑各种带式输送机的优缺点。

因此,在选用带式输送机时,可以根据自身所运送物料的特征来确定选用带式输送机的种类,然后再根据其性能参数确定带式输送机的具体型号。例如,要求大倾角地传送大块货物时,可以根据输送带的承载面比较粗糙、传送带输送物料的摩擦力大、可实现大倾角的输送等优缺点来确定选用大倾角带式输送机,再根据对运送过程的具体要求来比较各种型号的大倾角带式输送机。

第三节　辊道式输送机及其应用

一、辊道式输送机的主要特点

辊道式输送机(见图 9-6)是指由一系列以一定间距排列的辊子组成的用于输送成件货物或托盘货物的输送设备。

图 9-6　辊道式输送机

与其他输送机相比,辊道式输送机结构简单,运转可靠,布置灵活,输送平稳,使用方便、经济、节能,而且最突出的特点是它与生产过程和装卸搬运系统能够很好地衔接和配置,功能多样性,易于组成流水线作业,可并排组成大宽度的输送机以运送大型成件物品。由于它具有这些优点,因而在仓库、港口、货场得以广泛的应用。为保证货物在辊子上稳定移动,支撑面至少应该与四个辊子接触,即辊子间距应小于货物支撑面长度的1/4。

辊道式输送机的基本性能参数包括有效宽度(mm)、机高(mm)、内侧半径(mm)、搬送能力(kg/m)、输送速度(m/min)、电动功率(W)等。

二、辊道式输送机的分类

(一)按照驱动力不同

按照驱动力的不同，辊道式输送机可分为无动力辊道式输送机、有动力辊道式输送机和限力辊道式输送机三种。

无动力辊道式输送机(见图 9-7)自身没有动力装置，货物由人力来推动，或者通过布置成一定的坡度，依靠辊子上货物的重力使货物从一端移动到另一端。无动力辊道式输送机具有结构简单、经济实用及倾斜放置的特点，由于需要人工推动，要求物品质量较轻，适用于输送距离较短，工作任务较轻的场所。由于该输送机不容易控制货物的运行状态，容易发生货物之间的碰撞，会造成货物破损，因此不适合易碎货物的输送。

图 9-7　无动力辊道式输送机

有动力辊道式输送机(见图 9-8)具有承载能力大，通用性好，布置方便，对环境适应性强，可按照规定的速度精确、平稳、可靠地输送货物等特点。

(a)　　　　　　　　　　　　　　　　(b)

图 9-8　有动力辊道式输送机

限力辊道式输送机(见图 9-9)具有允许物品在辊道式输送机上停留和积放，运行阻力无明显增加的特点，适用于辊道式输送机线路上物品需暂时停留和积放的区域。

图 9-9　限力辊道式输送机

(二)按照流向角度不同

按照流向角度的不同，辊道式输送机可分为圆锥形辊道式输送机和圆柱形辊道式输送机两种。

圆锥形辊道式输送机(见图 9-10)可以实现在平面上带有一定弧度的输送系统，如 90°转弯、圆形生产线等运输场景。该输送机多与上述平直型输送机配合使用。

图 9-10　圆锥形辊道式输送机

圆柱形辊道式输送机(见图 9-11)具有通用性好、允许物品的宽度在较大范围内变动等特点，一般用于输送机线路的直线段。

图 9-11　圆柱形辊道式输送机

此外，辊道式输送机中辊筒可制成塑胶滚筒、铝滚筒、镀锌滚筒等，具有结构简单、造价低廉、适合纸箱输送等特点。辊道式输送机既可用于直线输送，也可改变方向输送。尤其在自动化和半自动化物料输送设备相衔接的地方，可以使用锥形辊子按扇形衔接来实现。在选择辊道式输送机时，首先必须要清楚辊道式输送机是用在直线输送还是用在需改变方向的输送上。若需改变方向，应根据方向角度的大小和运送速度来选择合适的辊道式输送机。

第四节 链式输送机及其应用

链式输送机是连续输送机械的一种主要形式。链式输送机是用绕过若干链轮的无端链条作牵引构件，由驱动链轮通过轮齿与链节的啮合将圆周牵引力传递给链条，在链条上安装的特定工作构件上输送货物。

链式输送机的类型很多，常用的类型有链板式输送机、刮板式输送机和埋刮板式输送机。

一、链板式输送机

链板式输送机(见图 9-12)的结构和工作原理与带式输送机相似。与带式输送机相比，链板式输送机的优点是链条挠性好、刚度高、不易跑偏、可采用较小直径的链轮传送较大的牵引力；缺点是自重、磨损和消耗都比带式输送机大。

链板式输送机不适合输送颗粒较小的物料，但适合输送较重的件货，所以该输送机适宜用在车厢、港口货物的装卸作业中。

图 9-12 链板式输送机

二、刮板式输送机

刮板式输送机(见图 9-13)是利用相隔一定间距而固定在牵引链条上的刮板，沿敞开的导槽刮运散货的一种运输设备，工作分支可采用上分支或下分支。上分支供料比较方便，可在任意一点将物料供入敞开的导槽内；下分支卸料比较方便，可打开槽底任意一个洞孔的闸门让物料在不同位置流出。

刮板式输送机适用于在水平方向或小倾角方向上输送煤炭、沙子、谷物等粉粒状和块状物料。其优点是结构简

图 9-13 刮板式输送机

单、牢固、对被运物料适应性强，可在任意点装载或卸载；缺点是物料与料槽和刮板与料槽的摩擦，使料槽和刮板的磨损较快，输送阻力和功率消耗较大，因此，常用于生产率不大的短距离输送，如在港口可用于散货堆场或装车作业。

三、埋刮板式输送机

埋刮板式输送机(见图 9-14)是借助于在封闭的壳体内运动着的刮板链条而使散体物料按预定目标输送的一种运输设备,属于具有挠性牵引构件的输送机械。该输送机主要由封闭断面的壳体(机槽)、刮板链条、驱动装置、张紧装置及安全保护装置等部件组成。

图 9-14　埋刮板式输送机

埋刮板式输送机的原理是依赖于物料所具有的内摩擦力和壳体给物料的侧压力,在输送物料过程中刮板链条运动方向的压力以及在不断给料时下部物料对上部物料的推移力,利用这些作用力的合力克服物料在机槽中被输送时与壳体之间产生的外摩擦阻力和物料自身的重量,使物料无论在水平输送、倾斜输送或是垂直输送时都能形成连续的料流向前移动。

埋刮板式输送机具有体积小,密封性强,刚性好,安装维修方便,能多点加料、多点卸料,工艺选型及布置较为灵活的特点。该输送机在输送飞扬性、有毒、高温、易燃易爆的物料时,可改善工作条件,减少环境污染。埋刮板式输送机型号有通用型、热料型、高温型、耐磨型、纯碱专用型(普通型、高效型)、粮食专用型、水泥专用型、电厂专用型等,槽宽为 160~1250mm。

埋刮板式输送机既适用于水平或小倾角方向输送物料,又可以垂直方向输送。所运送的物料以粉状、粒状或小块状物料为佳,该输送机是备受冶金、矿山、火电厂欢迎的散状物料输送系统设备。

第五节　其他输送机及其应用

一、间歇性输送机

间歇性输送机主要用于输送托盘、箱包件或其他有固定尺寸的集装单元货物,是物流配送中心和仓库必不可少的重要输送设备,有水平输送和垂直输送之分。在仓库或物流中心采用间歇性输送机,货物的装载和卸载均可在输送过程不停顿的情况下进行,具有较快的输送速度。

间歇性输送机的结构比较简单,动作单一,造价也较低,另外,还可按照货物的输送路线选用多台输送机组成输送系统,实现物流自动化;其缺点是输送系统的占地面积较大,且不易变更货物的输送路线。

间歇性输送机根据有无动力源,可分为重力式间歇输送机和动力式间歇输送机两类。

所谓重力式间歇输送机,就是以输送物品本身的重量为动力,在倾斜的输送机上由上往下滑动。输送机倾斜的坡度为 2%~5%,坡度的大小与滚动体转动的摩擦力、货物和滚动体的惯性及滑行速度的控制,特别是与货物的重量、包装材料和包装物底面的平整度有关。重力式间歇输送机根据滚动体的不同,可分为滚轮式(见图 9-15)、滚筒式(见图 9-16)

和滚珠式(见图9-17)三种形式。

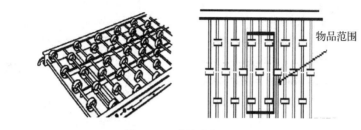

物品范围

图9-15　滚轮式间歇输送机

图9-16　滚筒式间歇输送机

万向滚珠

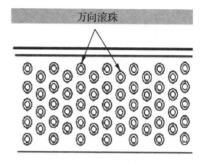

图9-17　滚珠式间歇输送机

重力式滚轮式间歇输送机的主要特点是重量轻、成本低、易搬动、易于安装和扩充、装卸方便，多用于配送中心和手工行业。对于表面较软的货物，如布袋之类，滚轮式比滚筒式有更好的输送性。但是，对于底部有挖孔的容器，则不宜使用滚轮式输送机。

重力式滚筒式间歇输送机输送硬底货物时，最少需要 3 个滚筒支撑物品才能保证正常输送工作；当滚筒少于 3 个时，输送将会变得不平稳。若其输送柔性物时，则最少需要 4 个滚筒才能保证正常的输送。

二、悬挂式输送机

悬挂式输送机(见图9-18)是一种空间封闭的运输系统。该输送机由车引链、滑架、承载小车、架空轨道、回转装置、驱动装置、拉紧装置、安全装置和电控装置等部分组成。按照牵引小车的驱动方式，将悬挂式输送机分为链条牵引式悬挂输送机、螺杆驱动式悬挂输送机、自行式悬挂输送机和积放式悬挂输送机。

图9-18　悬挂式输送机

悬挂式输送机适用于工厂车间、仓库内部成件物品及集装单元货物的空中运输。悬挂式输送机系统的空间布置对地面设备和作业的操作影响甚小，同时该输送机本身就是一个"活动仓库"，因此有可能取消各工序间的储存场地，从而提高生产作业面积和仓储面积的经济合理性。

三、螺旋输送机

螺旋输送机(见图 9-19)是通过带有螺旋叶片的轴转动，推动装入料槽的货物沿着螺旋轴线方向移动，实现货物装卸搬运作业，属于无挠性牵引机件的连续作业机械。螺旋叶片是输送机的主要部件，物料依靠叶片的旋转而被推进，主要用来输送散状物料。

图 9-19　螺旋输送机

四、斗式输送机

(一)斗式输送机的特点及其分类

斗式输送机(见图 9-20)是指在两根重型滚轮链条之间，安装 V 形料斗，依靠重力卸料，故也称为"V 形料斗输送提升机"。它可以在垂直或者接近垂直的位置输送物料。

斗式输送机设计简便，用安装着一系列料斗的牵引件环绕驱动装置、张紧装置和链轮，构成具有上升分支和下降分支的闭合环路。斗式输送机的驱动装置安装在上部，使牵引件获得动力；张紧装置安装在底部，使牵引件获得必要的初张力；除驱动装置外，其余部件均安装在封闭的罩壳内。物料从底部装载，上部卸载。同一台设备就能完成物料的提升和输送任务，无须再加转运设备。该输送机具有可以缓慢输送物料、可防止物料的破损、减少粉尘飞扬的优点，因为物

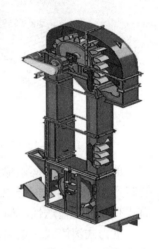

图 9-20　斗式输送机

料封闭在标准的钢制机壳中，限制了飞尘飞出。物料可在下部或下水平段任意部位加料，在上水平段内任何位置干净、缓慢地通过机壳底部的闸门或开口排出。

斗式输送机按照牵引构件的不同，可以分为带式和链式两种。若物料温度低于 60℃，则适用前者，反之则适用后者。

按照其机动灵活性，可以分为固定式和移动式。前者安装于车间、仓库等地方，生产能力较大；后者使用方便灵活，多作为粮仓的装卸设备。

(二)斗式输送机的基本性能参数及选用

斗式输送机的基本性能参数主要有两个：一个是生产率 Q(t/h)；另一个是用来表述斗式输送机在输送时盛装物料容器的大小，即料斗尺寸。生产率的计算公式为

$$Q = 3.6 \times I \times v \times p \times \frac{\phi}{a} \tag{9-2}$$

式中：ϕ——料斗内的物料填充系数，在初步计算中可取平均值 0.7～0.75，粉状物料填充系数值较高，为 0.75～0.95，块状物料填充系数值可能降至 0.4～0.6；

I——料斗容积(dm³)；

a——物料间距(m)；

v——料斗提升速度(m/s)；

p——物料堆积密度(kg/m³)。

斗式输送机的输送速度慢，输送能力低，其基建投资虽然要比其他斗式提升机高，但是相对来说维修费用低。目前该输送机主要应用于发电厂、铁路装煤站等。由于斗式输送机的料斗在水平方向运行时像刮板一样刮铲物料，因此适用于输送非磨琢性的块状物料，不适用于输送煤渣、沙子、石头等磨琢性物料。

五、气力输送机

气力输送是管道输送技术中广泛采用的运输方式。它结构简单，能保护周围环境免受粉尘污染，广泛应用于装卸粮食和水泥等物料。气力输送机(见图 9-21)是由具有一定速度和压力的空气带动粉粒状物料或比重较小的货物在密闭管道内流动，以实现在水平和垂直方向上输送物料的一种输送机械。

图 9-21　气力输送机

(一)气力输送机的特点

1. 优点

气力(以空气作介质)输送装置与其他连续作业装卸机械相比，有两个根本不同点：一是靠密闭的管路输送；二是输送过程没有回程。其主要优点如下。

(1) 具有密封性。由于其具有密封性，因此不仅大大减少了作业场所的灰尘，改善了劳动条件，提高了劳动生产率，而且有利于实现自动化，进而减少物料的损失，提高货物质量，同时也使得作业不受天气条件限制。

(2) 仅需很少的工人进行操作管理，操作简便。

(3) 结构简单，输送管道断面尺寸小，没有牵引构件，无须空返分支。

(4) 各部件加工方便、重量轻、投资少，且机械故障少、维修方便。

(5) 输送生产率高，装卸成本低，可多台同时操作，缩短卸货时间，加速车船周转，节省费用等。

(6) 有利于实现散装运输，节省包装费用，降低成本。

2. 缺点

气力输送机的主要缺点如下。

(1) 动力消耗较大。

(2) 与输送物料相接触的管道及其他构件容易磨损，尤其在输送磨损较大的物料时更严重。

(3) 对输送物料的品类有一定限制，主要是对被运物料的黏度和湿度两项性能的限制，也不能输送易碎和易于黏结成团的物料。

(4) 鼓风机的噪声大，若消声设备不好，会造成噪声污染。

(二)气力输送机的工作原理

气力输送机的物料输送过程完全由空气的动力状态来控制，当空气速度处于临界范围时，物料呈悬浮状态，也就是说，物料的重力与空气的动力达到平衡；低于临界范围，物料下降；高于临界范围，物料被输送。在大多数气力输送系统中，物料颗粒呈悬浮状态。在物料输送时，在垂直管道中主要受到重力和空气动力的作用(因空气浮力很小，可忽略)，当气流速度很小时，作用在物料上的空气动力不足以克服重力的作用，物料颗粒将会向下沉降；当气流速度逐渐增大，使作用在物流颗粒上的空气动力和重力相平衡，物料颗粒就在管内处于悬浮状态。在垂直管道中，使物料处于悬浮状态的气流最小速度称为悬浮速度。只有当气流速度大于悬浮速度时，物料才能被悬浮输送。因此，悬浮速度是气力输送的重要参数，它可通过计算求得或由实验测定。

(三)气力输送机的分类

根据管路内的空气压力大小，气力输送机可分为吸送式气力输送机、压送式气力输送机和混合式气力输送机三种。

1. 吸送式气力输送机

吸送式气力输送机利用输送系统终点的风机抽吸系统内的空气，在系统中形成低于大气压的负压气流，物料与空气同时从吸嘴进入系统内并随气流到达系统终点，最后经过滤分离将空气排放到大气中。

2. 压送式气力输送机

压送式气力输送机中的空气在高于大气压的正压状态下工作，在系统中，利用输送系统起点处的风机等气源设备，将高于大气压的压缩空气通入输送系统中，同时物料定量送入高速运行的气流中，在气流的带动下，物料到达输送系统终点，经过滤后，物料与空气分离，物料进入料仓，空气排入大气。压送式气力输送机的优点是可以实现较长距离和较高生产率的输送；缺点是卸货时易引起物料飞扬，必须卸于密闭型的车厢、船舱和仓库内。压送式气力输送机在散装水泥的装卸作业中应用较多。

3. 混合式气力输送机

混合式气力输送机既具有吸送式气力输送机进料方便的优点，又具有压送式气力输送机可长距离输送的优点。但是其结构复杂，在吸入部分，物料从吸嘴经吸料管被吸入分离器，在分离器内，分离后的物料落入压送部分的管道，而分离后的空气流经滤尘器后，被鼓风机送入压送部分的管道，两者在此混合并继续完成输送工作。

(四)气力输送机的性能参数及选用

1. 气力输送机的主要性能参数

气力输送机的主要性能参数包括技术生产率(计算生产率)、混合比、输送风速、风量、输料管径、压力损失、功率和单位功率消耗等。

1) 技术生产率(计算生产率)

技术生产率是指一台气力输送机在符合设计条件的情况下每小时输送物料的数量，是设计和选用输送机的主要参数。

2) 混合比

混合比是指气力输送机在单位时间内所输送的物料重量和空气重量之比。

3) 输送风速

输送风速是指输送物料的气流速度。如果输送风速选择过低，则容易造成管道堵塞；选择过高，则会增加动力消耗及管道和部件的磨损，增大部件的尺寸，还可能造成物料破碎。

2. 气力输送机的选用

近年来，气力输送机已广泛应用于国民经济各部门，不仅用来输送粉末状物料，也用于输送块状物料(如石块、块煤等)，但一般要求物料颗粒尺寸不大于 50mm，或者规定物料颗粒的最大尺寸不超过运输料管内径的 0.3～0.4 倍，否则会造成供料装置堵塞的现象。

复习思考题

1. 简述输送设备的分类。
2. 简述带式输送机的主要种类及其特点。
3. 简述辊道式输送机的分类及特点。
4. 简述链式输送机的分类及其应用。
5. 简述气力输送机的分类及选用。

第十章 工厂物流系统设计

【学习目标】

- 理解工厂物流系统设计的原则和内容。
- 了解系统化布置设计方法的基本思路。
- 掌握平面图布置方案。

工厂物流是指在大型企业各专业厂之间的运输物流或独立工厂与材料、配件供应厂商之间的物流。它包括：各工厂内原材料、零部件储存；加工过程中的通用部件集中储存；集中向生产工厂输送材料、燃料；产成品的集中储存和搬运；等等。如何提升工厂物流的效率是决定工作生产效率的重要问题。本章主要介绍工厂物流系统设计的相关内容，阐述在企业总体战略下，为满足投资和收益要求，应用现代工业工程中的系统定量分析法对生产全过程的物流系统进行设计，从而达到对基础设施进行优化配置、确定管理模式、保证企业物流的合理性和高效性的目标。

第一节 工厂物流系统设计概述

一、工厂物流系统在布置设计中的作用

(一)工厂物流系统直接关系到其生产系统的效益

无论是社会经济系统还是工厂生产系统，运输与搬运都是系统运行的关键组成部分之一。物流过程虽然不直接产生价值，但是直接关系到成本。在物流系统的运行过程中，管理与控制水平的高低直接关系到产品质量的好坏，如果工厂仅注重加工质量而不注重物流质量，对生产系统而言危害性就很大。物流合理化可以降低物流成本，从而达到降低总成本的目的。

(二)工厂物流系统中物料的成本直接影响到工厂的资本周转速度

在一般加工工厂中，物流时间占生产周期的 90%～95%，而纯加工时间仅占 5%左右，工厂拥有的在制品和库存物料占用流动资金的 75%以上。物流系统分析可以有效压缩物流系统时间占用、加速物料转化，从而加快工厂的资金周转速度，提高企业的竞争能力。

(三)工厂物流合理化可以提高企业的管理水平

工厂物流系统牵涉信息、运输、存货、仓储、物料搬运和包装等的集成，涉及工厂内部的各个环节。在物流系统观的指导下，对物流环节的任何改善都会促进工厂生产水平的提高。物流的高效、提质、准时需要工厂辅以相应的组织结构。只有提高物流系统的效

率，才能实现管理现代化。

二、工厂物流设施系统布置设计的目标与原则

(一)工厂物流设施系统布置设计的目标

设施系统是一个有机的整体，由相互关联的子系统组成，因此，必须以设施系统自身的目标作为整个布置设计活动的中心。设施布置总体目标是使人力、财力、物力和人流、物流、信息流均得到最合理、最经济、最有效的配置和安排，即要确保企业能以最小的投入获取最大的效益。不论是对新设施的布置还是对旧设施的重新布置，典型的目标包括：简化加工过程；有效地利用设备、空间、能源和人力资源；最大限度地减少物料搬运；缩短生产周期；力求投资最低；为员工提供方便、舒适、安全和卫生的条件；等等。

上述目标相互之间往往存在冲突，必须选用恰当的指标对每一个方案进行综合评价，以达到总体目标的最优化。

(二)设施布置设计的原则

为了达到上述目标，现代设施布置设计应遵循以下原则。

(1) 减少或消除不必要的作业。这是提高企业生产率、降低消耗最有效的方法之一。只有在时间上缩短生产周期，空间上减少占地面积，物料上减少停留、搬运和库存，才能保证投入资金最少、生产成本最低。

(2) 以流动的观点作为设施布置的出发点，并将其贯穿于规划设计的始终，因为生产系统的有效运行依赖于人流、物流、信息流的合理化。

(3) 运用系统的概念，用系统分析的方法求得整体优化。站在全局的立场，考虑工厂的长远发展，全面分析和处理各种影响因素。不仅要考虑物流系统各功能之间的协调发展，而且要服务于生产关系、规模、能力、质量、管理等需要，使物流系统成为整个生产链条中的桥梁和纽带。

(4) 重视人的因素。运用人机工程理论进行综合设计，且要考虑环境条件(包括空间大小、通道配置、色彩、照明、温度、湿度、噪声等因素)对人的工作效率和身心健康的影响。

(5) 设施布置设计是从宏观到微观，又从微观到宏观的反复迭代、并行设计的过程。先进行总体布置设计方案，再进行详细布置设计方案，而详细布置设计方案又要反馈到总体布置设计方案中，对总体布置设计方案进行修正。

总之，设施布置与设计要综合考虑各种相关因素，对生产系统和服务系统进行分析、规划、设计，使系统资源得到合理配置。

三、工厂物流系统设计的内容

(一)布置设计

工厂平面布局是在厂址和工厂组成确定之后，进一步确定企业的各个部分。其中，包括确定基本生产车间、辅助生产车间、仓库、办公设施、服务部门等；确定平面和立面的

位置；相应地设定物料流程、运输方式和运输线路。

20 世纪，许多工厂厂长都面对着同样的一个挑战，在最小化的物流费用情况下迅速有效地提出车间及其设施的布置方案。AutoCAD 和 Factory Flow 等软件被大量地应用，以显示物流线路和成本，进而对工厂布置方案和搬运系统进行定量评价。截至目前，这两个规划软件仍然是规划物流系统的重要工具。Factory Flow 利用 AutoCAD 的初步布置图、零部件加工线路(零件名称、起止地点、搬运数量)、物流搬运系统特征(固定成本和可变成本、装卸次数与搬运数量)，将设备图、生产物流路径及物料管理数据集成，从而生成有关流程、拥塞和安全的图表。在其中建立一个新的针对车间及某种工厂生产与物流活动的各种布置方案的评估与改进，并通过数字化报告和可视化图形输出，最大限度地优化物流搬运距离，保护敏感操作，减少危险。此外，产品制造工程师用它评估、比较各种设计中速度和可靠性的关系。

传统的工厂包括生产区(部件生产车间、外协配套件车间、总装车间)、辅助生产区(叉车车间、综合库、耗材库、模具车间、监测站、设备维修车间等)、动力区(高压站、变配电站、制冷站、水泵房/油泵房)、仓库区(采购件仓库、加工件仓库、成品仓库)。车间布置一般采用较为典型的联合车间，根据工艺流程组成车间群，通过连廊、输送线等形成顺畅的封闭循环。经验表明：厂区内大件物资供应，不管是加工间到装备间，还是仓库到车间，距离最好不要超过 1 公里；厂区车辆行驶速度一般不超过 15 公里/小时，这样能够保证包括两头装卸在内最低 10 分钟的零库存反应能力。

(二)搬运系统设计

各项移动分析是构建有效搬运系统的基础。首先分析搬运的速度、批量和形式，据此确定搬运功能，如搬运方式的连续搬运、间歇搬运、往返搬运；路径方向是水平、倾斜、垂直还是三维方向；其他搬运要求，如合流分流、定位停止、高速搬运、积放；与此同时，还要考虑搬运的对象和环境；搬运的对象是成形还是粉体，环境是烘干环境还是清洗环境；等等。做好分析，然后才能确定搬运的方式、设备组合、规格数量。其中，搬运的速度需求主要是根据生产节拍来计算，生产节拍的计算较复杂，除了考虑传统上的各条线换产节拍，还要考虑最低库存下的供应能力节拍。在距离 1 公里左右的车间之间的生产供应、搬运形式、速度的选择对供应能力节拍的影响几乎为零，一个周期中大部分时间被两头的信息处理、检验和出入装卸占用，这样就形成了一个毫无弹性的供应能力节拍。因此在现代化车间内，工厂与车间专用件仓库往往是一体化的，这样有利于缩短响应周期，实现柔性化搬运，降低工位库存。

设计搬运系统时需遵循一般的搬运系统设计原理，搬运做到无浪费、均衡性、准时化，缩短提前期，减少过多的在制品和成品库存。搬运应注意以下这些问题：在加工、组装、检测工序中输入和输出的同步性、均匀性；取消一切不增值的活动；避开平面交叉的搬运活动；重视时间管理，搬运高速化；运输线路直线化；合并或取消移动和搬运工序；用机械化代替人力搬运；发展立体化"三层"搬运；发展活性较高的工位器具，搬运和暂存通用化；车间外搬运，发展联合输送；1 公里以内的车间外搬运，发展卡车和拖车组合的柔性搬运系统。

(三)仓储系统设计

工厂物流体系中的仓储系统通常被分为车间外围仓库、车间内仓库及工位仓储器具。其中，车间外围仓库主要用于存放非本地化库存或大件通用件，一般生产企业的经验是500公里以外供应的物料需要设置外围仓库；车间内仓库及工位仓储器具被看作直接的生产性装备，用于存放小件物资，车间看板直供物资直驳，与生产线有非常紧密的联系。为降低建设投资，提高工位现场整洁度，一般采用分离式仓库。本阶段仓库系统的设计过程与一般仓库设计过程基本类似，根据产品—产量分析，分析物料物品特性(如外形、尺寸、重量、形态等)、基于时间分布出入库频率、配送工位位置，确定基本的储运单元、基本周转量，然后设计土建、机械、结构、控制、软件及消防照明等细节单元。现代的生产物流系统往往采用适合多种仓储单元的仓储载体，如托盘货架、流利货架、封闭式货架、集层架，以满足批量存放、小件拣选、密封保管、柔性堆放等综合要求，采用高速、智能拣选设备，推行颜色管理、看板拉动管理等。

随着外围市场需求的变化，车间外围仓库和车间内仓库在供应链中的地位越来越重要，其功能和作用远远超出了传统的仓储职能。一个好的仓储系统更体现在其对物料的组织和库存的管理；将功能延伸到外围补料拉动；收货阶段的批次、容差控制；基于时间分布的物料计划下的库存控制；准时制(JIT)拉动配送的实施和监控。

海尔集团合肥空调生产备件仓库系统就具有上述功能。通过采用射频技术(RF)，该系统能够实现现场收货批次管理，限制超采购计划的物料入库，根据最近三天的生产计划推出原材料库存报告。海尔仓库系统更为先进之处在于其能够通过条形码技术，实现单台成品或一个批次的下线拉动，倒冲工位库存，通过RF实时驱动前端的叉车司机下架和配送，并对配送结果实时反馈。这样就能够将一个生产订单分批次控制，如果生产计划中途调整，物料供应就有更为快捷的反应能力。

本节重点讨论如何进行工厂设施布置与设计，对于设计物料组织体系、控制库存、进行作业时序分析以及设备选型等问题不多作阐述。

第二节　工厂物流的相关信息分析

工厂物流的相关信息分析主要包括一些基本要素分析，基本要素分析分为产品产量分析、产品组成分析和工艺过程设计与分析。

1. 产品产量分析

对产品产量关系进行深入分析，有助于企业找到恰当的设备布置形式。一般而言，产品产量分析分为两个步骤：①将各种产品、材料或有关生产项目分组归类；②统计或计算每一组或每一类的产品产量。需要说明的是，产量的计算单位应该反映出生产过程的重复性，如件数、重量、体积等。

在产品产量分析过程中，将各产品按数量递减的顺序绘制产品产量(P—Q)曲线，斜率高的区域的产品产量大、品种少，适用于采用大量生产方式，即流水线型；斜率低的区域的产品产量小、品种多，适用于采用单件小批量生产方式，即单件生产型或集群型；而介于这两个区域之间的产品生产方式应该是成批生产，即成组型。

2. 产品组成分析

在机械制造业中，产品大都是机器设备，其组成是非常复杂的，一般由许多零部件构成一个产品，因此，产品生产的工艺过程也因其组成的不同而千变万化。对于每一种产品，都应从产品装配图出发，按加工、装配过程的相反顺序对产品进行分解。完整的产品可以按其功能结构分解成数个部件(或组件)，每个部(组)件又是由多个零件组合而成。有些零件可能需要自制，而另外一些零件甚至部件可能需要外购得到，只有自制的零件或部件才需要编制加工、装配工艺过程。

进行产品组成分析后，填写零件明细表。如果工厂生产类型为多品种成批生产，根据零件外形尺寸的相似性及加工工艺的相似性，对不同产品的零件进行分组归类，以便采用成组技术来组织、管理生产。

3. 工艺过程设计与分析

以机械制造业为例，一种产品由不同的零件组成，不同种类的零件加工工艺过程又是不一样的。例如，轴类零件往往采用锻—粗车—精车—磨的加工工艺过程；齿轮类零件往往采用锻—车—制齿—磨齿的加工工艺过程；箱体类零件一般采用铸造/焊接—铣/刨—镗孔的加工工艺过程。在各类零件的加工过程中，还需要适时安排时效处理、热处理及检验等工序。一般而言，零件的加工工艺过程设计需要考虑零件类型、使用场合、尺寸大小、几何公差、尺寸精度、表面粗糙度等因素，还需考虑现有可行的加工设备与加工方法。

产品制造工艺过程的制定需要专门的制造工艺技术知识，由专业技术人员来完成。在制定过程中，布置设计技术人员应全面跟踪了解相关情况，并准确掌握相关数据。

第三节　系统化布置设计方法

一、系统化布置设计方法概述

系统布置方法一

众所周知，P—Q 关系决定了所采用的初步物流分析的方式：当产品品种很少但产量很大时，应采用工艺过程图进行物流分析；随着产品品种的增加，可以利用多种产品工艺过程表或从至表来统计具体物流量大小。

物流强度是指在一定时间周期内物料的移动量，对于相似的物料，可以用重量、体积、托盘等作为计量单位。在采用 SLP 法进行工厂布置时，直接分析大量物流数据是比较困难的，因此没有必要关心各作业单位之间具体的物流强度，而是通过划分等级的方法研究物流状况，在此基础上引入物流相关表，以简洁明了的形式表示工厂的总体物流状况即可。所以 SLP 中将物流强度转化成五个等级，分别用符号 A、E、I、O、U 来表示，其物流强度逐渐减小，分别对应超高物流强度、特高物流强度、较大物流强度、一般物流强度和可忽略搬运五种物流强度。作业单位或称为物流路线的物流强度应按物流路线比例或承担的物流量比例来确定，可参考表 10-1 来划分。

表 10-1 物流强度等级比例划分

物流强度等级	符 号	物流路线比例(%)	承担的物流量比例(%)
超高物流强度	A	10	40
特高物流强度	E	20	30
较大物流强度	I	30	20
一般物流强度	O	40	10
可忽略搬运	U	0	0

(一)物流关系确定

如表 10-1 所示,实现物流强度等级划分所需要的最重要的数据是物流量。物流系统中物料搬运难易程度相差甚远,物流量主要体现在两个方面:一方面简单地用重量作为物流量单位不合理;另一方面要想得

系统布置方法二

到精确的物流量也不太可能。同时社会和生产对物料品种数量的需求也是经常发生变化,因此苛求物流量的绝对准确性也不太可能,何况不同物料的数量通常也是不可比的,如一吨钢和一吨泡沫塑料,重量虽然相等但体积相差却很大。因此,在物流系统的分析、规划、设计中,如果能找到一个标准,将各种物料经过折算都变成标准的倍数或系数,即折算成统一量,就会使分析和计算大为简化。这个折算成的统一量就称为当量物流量。其计算公式可参考第二章。

(二)非物流关系分析

在工厂设施布置中,各设施之间除了物流联系之外,还有人际、工作事务、行政事务等活动,尤其是在行政、服务、事业等各种单位中,

系统布置方法三

都存在人和工作的联系。这些联系都可以表示为各种单位之间的非物流关系。通过单位之间活动的频繁程度可以说明单位之间的关系是密切或是疏远。在实际设计过程中,当各单位之间存在大量物流时,就要以物流为主来考虑其相互关系,并据此决定布置设计。当不存在重大物流时,如电子工业需要运输或搬运的物料很少,化工厂主要用管道输送物料,就没必要作物流分析,此时可以用非物流相互关系图来作为布置的依据。现实很多企业的布置设计中,各生产作业单位间存在大量物流关系,而各辅助部门都是非物流关系,这种情况就需要将物流关系和非物流关系结合在一起统一考虑。

具体关系密切程度的影响因素主要有以下几种:物流;作业性质相似程度;使用相同设备;同一场所;使用相同公共设施与人员;工作联系频繁程度;监督与管理的方便程度;其他因素的影响,如危险品、震动对不同功能区的影响等。

在确定并综合分析影响因素后,就可以为单位之间划分密切程度等级。一般情况下,相关程度高代表紧密程度高,相关程度低代表紧密程度低。

缪瑟首先提出了非物流作业单位相互关系图的方法及其工具,来表示各部门之间关系的密切程度,如图 10-1 所示。图中采用了一种“密切程度”代码来反映不同单位之间的不同关系。

“密切程度”代码如表 10-2 所示。此外还用一种“理由”代码来说明达到此种密切程度的理由,如表 10-3 所示。

图 10-1　非物流作业单位相互关系

表 10-2　"密切程度"代码

符　号	含　义	说　明	比例(%)
A	绝对重要	必须接近	2～5
E	特别重要	最好接近	3～10
I	重要	接近	5～15
O	一般重要	需要接近	10～25
U	不重要	可接近，可不接近	45～80
X	负密切程度	不能接近	

表 10-3　"密切程度""理由"代码(示例)

编　号	理　由
1	工作流程的连续性
2	生产服务
3	物料搬运
4	管理方便
5	安全与污染
6	振动、噪声、烟尘
7	人员联系
8	质量管理

(三)综合相互关系分析

在制造业的企业或工厂中，各作业单位间不仅有物流关系，而且有非物流关系，即使在服务业中(如餐饮业、医疗卫生业等)也存在一定的物流。因此在系统化设施布置中，必须将作业单位之间的物流关系和非物流关系进行综合，综合后的相互关系被称为综合相互关系。此时就应该从作业单位之间的综合相互关系出发，设计出作业单位的合理布置。其主要步骤如下。

系统布置方法四

(1) 通过物流分析，在物流合理化的基础上求得各作业单位之间的物流量及相互关系。

(2) 确定各作业单位之间非物流关系的相互影响及等级，作出作业单位相互关系表。

(3) 确定物流关系和非物流关系的相对重要性。通常相对重要性比值如果大于 3∶1，则意味着物流关系占主要地位，此时设施布置只需要考虑物流关系即可；如果小于 1∶3，则说明物流的影响很小，此时设施布置只需要考虑非物流关系即可。现实情况下用来描述物流关系和非物流关系的相对重要性的这个比值被称为加权值。

(4) 量化物流强度等级和非物流关系的密切程度等级。通常这些量化的数值取为：A = 4、E = 3、I = 2、O = 1、U = 0、X = -1。

(5) 计算量化后的作业单位综合相互关系值。利用公式(10-1)，得到相互关系密切程度值 T，其中，物流关系与非物流关系的比值为 $m∶n$，$m∶n$ 称为加权值，$m∶n$ 应为 1/3 ～ 1。设两个作业单位是 A_i 与 $B_j(i \neq j)$，物流强度表示为 W_{ij} 和非物流关系等级强度 Q_{ij}，那么两个作业单位的综合相互关系密切程度的计算公式为

$$T = m \times W_{ij} + n \times QQ_{ij} \tag{10-1}$$

(6) 综合相互关系等级划分。通过公式计算出综合相互关系密切程度后，综合相互关系密切程度高的靠近，综合相互关系密切程度低的不靠近。

(7) 最终得到综合相互关系表，制作作业单位相互关系图。作业单位相互关系图是判定各个功能区位置及相互关系紧密程度的综合性关系图，通过它可以将各个功能区域的相对位置及关系程度简要标绘出来，具体评价等级符号如表 10-4 所示。

表 10-4 评价等级符号

字 母	系数值	线条数或形状	密切程度
A	4	4 条	绝对重要
E	3	3 条	特别重要
I	2	2 条	重要
O	1	1 条	一般
U	0	无	不重要
X	-1	波浪状	不希望
XX	-2、-3、-4	波浪状	极不希望

现以某钢材配送中心设计布局为例，说明如何建立作业单位综合相互关系表。图 10-2 与图 10-3 所示为钢材配送中心作业单位物流相互关系和非物流相互关系图。

如图 10-2 和图 10-3 所示，两者并不一致。为了确定各作业单位之间综合相互关系的密切程度，需要将两个图合并统一，其过程和步骤如下。

(1) 选用加权值。此加权值的大小说明了设施布置时需要考虑问题的重点，需要经过具体和周密的调查研究。对钢材配送中心布置而言，物流因素和非物流因素的影响大体相当。因此取加权值 $m∶n = 1∶1$。

(2) 综合相互关系计算。根据各作业单位配对之间物流关系和非物流关系等级的高低进行量化并加权求和，求出综合相互关系，如表 10-5 所示。当作业单位总量为 N 时，总的作业单位配对数 P 可用 $P = N(N-1)/2$ 计算。对该案例而言，$N = 8$ 时，则 $P = 28$，即共有 28 个作业单位有相互关系。

图 10-2　作业单位物流相互关系　　　　图 10-3　作业单位非物流关系

表 10-5　作业单位之间综合相互关系计算

作业单位配对	关系密切程度等级				综合相互关系	
	物流关系加权值 1		非物流关系加权值 1			
	等级	分数	等级	分数	分数	等级
1—2	I	2	I	2	4	I
1—3	O	1	O	1	2	O
1—4	E	3	I	2	5	E
1—5	U	0	U	0	0	U
1—6	I	2	U	0	2	O
1—7	U	0	U	0	0	U
1—8	U	0	I	2	2	O
2—3	U	0	U	0	0	U
2—4	I	2	I	2	4	I
2—5	U	0	U	0	0	U
2—6	U	0	U	0	0	U
2—7	I	2	E	3	5	E
2—8	O	1	O	1	2	O
3—4	U	0	U	0	0	U
3—5	U	0	U	0	0	U
3—6	U	0	U	0	0	U
3—7	O	1	O	1	2	O
3—8	U	0	U	0	0	U
4—5	U	0	U	0	0	U
4—6	U	0	U	0	0	U
4—7	A	4	E	3	7	A
4—8	U	0	U	0	0	U

续表

| 作业单位配对 | 关系密切程度等级 | | | | 综合相互关系 | |
| | 物流关系加权值1 | | 非物流关系加权值1 | | | |
	等级	分数	等级	分数	分数	等级
5—6	E	3	E	3	6	E
5—7	U	0	U	0	0	U
5—8	I	2	O	1	3	I
6—7	U	0	U	0	0	U
6—8	U	0	U	0	0	U
7—8	I	2	O	1	3	I

(3) 划分综合相互关系密切程度等级。如表 10-5 所示，综合相互关系分数取值范围为 −1～8，按表 10-2 统计出的各段作业单位配对的比例，划分综合相互关系密切程度等级，如表 10-6 所示。一般而言，由此得出的综合相互关系是合理的。

(4) 建立作业单位综合相互关系表。将表 10-5 的综合相互关系总分转化为关系密切程度，再画出作业单位综合相互关系图，如图 10-4 所示。

表 10-6　综合相互关系密切程度等级划分

总　分	关系密切程度等级	作业单位配对数	占总对数百分比(%)
7～8	A	1	3.57
5～6	E	3	10.71
3～4	I	4	14.29
2	O	5	17.86
0～1	U	15	53.57
总　计		28	100

图 10-4　作业单位综合相互关系

二、平面图布置方案

明确了各相关的作业单位以及各单位之间的物流关系、非物流关系和综合相互关系之后，就可以按照一定的规则和方法，设计出各种平面布置方案。

(一)根据物流量布置各作业单位

这一方法的目的是使各作业单位在平面图上布置后，相邻两个作业单位之间的物流量最大。

第一个阶段：按物流量从大到小，根据物流强度分级表定出对应的等级。

第二个阶段：具体布置各作业单位。不管面积，先求出各作业单位的相对位置，得出平面布置示意图。布置方法是将物流量最大的一对单位最先布置在平面图上，然后按照物流量大小逐步进入布置示意图。

第三个阶段：作了初步布置后，再将各单位的实际面积反映到布置示意图中去，就得到最终的平面布置示意图。

(二)用作业单位关系图法布置平面图

作业单位关系图法是一种系统而规律的方法，在得到物流关系图、非物流关系图和综合相互关系图的基础上，就可以根据不同的要求有效布置作业单位的平面图。这一方法通常分两个阶段：第一个阶段是根据作业单位关系图确定各作业单位的相对位置；第二个阶段再结合各作业单位的应有面积画出真实的平面布置图。

第一个阶段的步骤如下。

(1) 取一块纸板并用刀划出尺寸相同的方块作为样板，每一块样板代表一个作业单位，样板中央写上作业单位名称、代码(见表 10-7)，在样板的四角根据作业单位关系写上各种关系代码。

表 10-7　作业单位代码

序　号	作业单位名称	作业单位代码
1	接货区	S
2	检验区	T
3	钢材库区	U
4	露天堆场	V
5	钢材加工区	W
6	质检区	X
7	发货区	Y
8	管理交易区	Z

(2) 首先选出"A"关系数量最多的一块样板(作业单位)。如果遇到不止一块样板有相同数量的"A"关系，则再找下一级"E"关系进行比较，依次类推，即在"A"关系数量相同的样板中挑选出"E"关系数量最多的一种样板，同时也是"X"关系数量最少的一种

样板。将挑出的样板布置在平面图的中部位置，如图 10-5(a)所示。

(3) 选出的第二块样板不仅要与第一块选出的样板有"A"关系，同时也与其他样板的"A"关系最多。如果发生平局，仍用第二步中的方法解决。例题中只有 V 与 Y 有"A"关系，所以将 Y 放在 V 旁边，如图 10-5(b)所示。再选用第三块样板，应与已选用的样板关系最为密切，可能达到的最密切关系即与已选用的样板关系都为"A"，次密切关系为除了一个"E"外都是"A"。如此继续做下去，直到选出第三块样板或出现平局，平局已有解决方法。选出的第三块样板放在与它关系最密切的样板的旁边。例题中与 V、Y 样板关系最密切的是样板 T，因为 T 和 Y 的关系为"E"，T 和 V 的关系为"I"，所以将 T 布置到平面图中，如图 10-5(c)所示。继续按照这样的原则和方法做下去，就可以将样板 S、U、W、X、Z 摆放到位，如图 10-5 中的(d)、(e)、(f)所示。

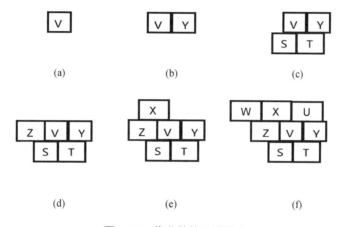

图 10-5　作业单位关系图法

第二个阶段的步骤如下。

在第一个阶段已得到各作业单位相对位置的平面布置图之后，将各作业单位面积用实际面积代替，就可以得到真实的平面布置图。实际工作可按照以下步骤进行。

(1) 根据表 10-8 先选择一个单位面积，要求各作业单位面积除以单位面积后，得到的商近似为整数。如此的话，则每一个作业单位面积就成为单位面积样板的整数块。如表 10-8 所示，单位面积为 20m^2，由此可以求出各作业单位的单位面积样板块数。

表 10-8　各作业单位面积

作业单位代码	S	T	U	V	W	X	Y	Z
面积(m²)	120	80	60	120	80	60	120	120

(2) 按原先的平面布置图，再将各作业单位的实际样板块数放入，即可得到图 10-6 所示的实际平面布置图。

(3) 以上得到的平面布置图仅是一种方案。在实际的操作中，可将限制设施布置的约束条件考虑在内，常常可以得到多种不同的布置图，然后根据一定的评价方法作出评价后，选出最优的方案。

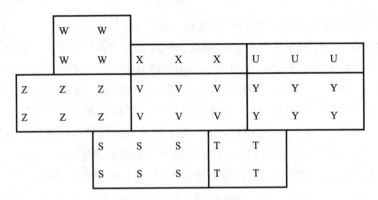

图 10-6　实际平面布置

复习思考题

1. 简述工厂设施布置设计的原则。
2. 简述工厂物流系统设计的内容。
3. 简述 SLP 法的主要步骤。
4. 简述平面图布置的主要步骤。

第十一章 物料搬运系统设计

【学习目标】

● 了解物料搬运的概念、作用与特点。

● 熟悉物料搬运的 20 条原则，掌握搬运活性理论。

● 熟悉物料搬运系统设计的目标与基本原则，掌握物料搬运系统分析的方法。

● 根据物料的分类，熟练进行物料搬运方法的选择与初步搬运方案的设计，掌握 SLP 与 SHA 的关系。

物料搬运是指在同一场所范畴内进行的、以改变物料存放状态和空间位置为主要目标的活动。物料搬运不仅是生产的重要组成部分，直接影响着生产效率和仓库作业效率的高低，而且是企业管理不可缺少的信息来源。物料搬运系统设计侧重于将物料的移动流程和设施的布局设计相配合，更深入地探讨物料流动与设施布局之间的关系，以期支持设施的生产或服务系统作业。本章主要介绍物料搬运与物料搬运系统的相关概念、物料搬运系统的分析与设计、系统布置设计与物料搬运系统分析的融合等内容。

第一节 物 料 搬 运

一、物料搬运的概念

物料搬运(material handling，MH)是指在同一场所范畴内进行的、以改变物料的存放状态(狭义的装卸)和空间位置(狭义的搬运)为主要目标的活动，即对物料进行搬上、卸下、移动的活动。物料搬运被简单地定义为物料的移动以实现生产领域各生产环节之间的相互衔接，广义的物料搬运是指在制造环境下的所有物料的移动。

装卸搬运作为物流系统的一个子系统，在物流活动中起到承上启下的作用。装卸搬运主要由物料装卸与物料搬运两个部分组成，前者是为运输做准备或是运输的终端作业，后者是短途运输，二者在实际操作中密不可分。通常，人们会在物流领域以"装卸"或"搬运"代替"装卸搬运"的完整含义；而在生产领域，"装卸搬运"常被称为"物料搬运"。实际上，二者活动内容都是一样的。本书统一使用"物料搬运"一词概括物料的装卸搬运活动。

任何时候，如果有产品或零件从一个地方转移或运输到另一个地方，就会产生物料移动，即搬运。凡是需要进行搬运、运输或改变具体位置的材料、产品、零件或其他物品，统称为物料。要完成对物料的移动，就需要具备进行这些移动的设施和人员。一般地，这些移动的"实施"需要有设备、容器和包括人员、程序及设施的具体布置在内的工作体系，该体系被称为物料搬运的方法。

具体的物料搬运作业有：水平或斜面运动——搬运作业；垂直运动——装卸作业；提

升或下降运动——码垛或取货作业；绕垂直轴线运动——转向作业和绕水平轴线转动——翻转作业。搬运是所有作业中的附加动作，包括运输、倒退让路、排除路障、堆码、清点、整列、寻找、停下与返回等。

物料搬运的基本内容有三项：物料、移动和方法。这三项内容是对物料搬运进行一切分析的依据。

物料搬运大体经历了五个阶段的发展历程，即人工阶段、机械阶段、自动化阶段、集成化阶段、智能化阶段。不同的阶段技术代表着科技的进步，后一个阶段的技术自然比前一个阶段更为先进，但这并不意味着在任何场景下都需要应用最为先进的技术。归根结底，对搬运技术的选用要以经济效益来衡量。从发展的观点来看，智能化物料搬运技术将在当前乃至今后物料系统中扮演越来越重要的角色。

二、物料搬运的作用与特点

(一)物料搬运的作用

物料搬运作为物流系统的重要组成部分，其作用具体表现在以下几个方面：物料搬运活动是衔接物流活动各环节的桥梁与纽带；合理进行物料搬运是提高物流速度的关键；合理进行物料搬运能降低物流费用支出，减少货物损失。物料搬运系统合理化对企业的物流效率与效益有至关重要的影响。

(二)物料搬运的特点

物料搬运在生产领域具有"闸门"与"咽喉"的作用，是企业的动脉，其具有以下特点。

1. 具有"伴生"(伴随生产)与"起讫"性

物料搬运的目的总是与物流的其他环节密不可分(有时甚至视为其他环节的组成部分)，并不是为了搬运而搬运，如运输、储存、包装等环节，一般都以装卸搬运为起始点和终结点。因此，与其他环节相比，物料搬运具有"伴生"与"起讫"性的特点。

2. 具有"保障"与"服务"性

物料搬运保障了生产中其他环节作业的顺利进行，在搬运过程中不消耗原材料，不排放废弃物，不大量占用流动资金，不产生有形产品，因此具有提供劳务性质的特点，即"保障"与"服务"性。

3. 具有"闸门"和"咽喉"的作用

物料搬运制约着生产领域其他环节的业务活动，如果这个环节处理不好，整体生产系统都将处于瘫痪状态。

4. 具有作业的均衡性与稳定性

均衡性是生产的基本原则，故物料搬运作业基本上是均衡、平稳、连续的，而且作业的对象仅限于企业内部，相对稳定，若有变化也有一定规律。

三、物料搬运的 20 条原则

美国物料搬运协会和国际物料管理协会所赞助的大学工业物料搬运教育委员会综合设计者设计和运作物料搬运系统的经验，总结了 20 条物料搬运原则，具体如下。

(1) 规划原则：规划全部的物料搬运和储存作业以达成整体操作效率的最大化。

(2) 系统化原则：将各种搬运活动整合到涵盖供货商、进货、储存、生产、检验、包装、仓储管理、出货、运输与消费者的整体运作系统。

(3) 物流原则：提供一种最佳化物料流程的作业顺序与设备布置。

(4) 工作简化原则：利用减少、消除或合并不必要的移动或设备来简化搬运。

(5) 重力原则：在任何可行的地方利用重力来移动物料。

(6) 空间利用原则：尽量使建筑物容积的使用最佳化。

(7) 单元尺寸原则：增加流动速度或者单元载重的数量、大小或重量。

(8) 机械化原则：将搬运作业机械化。

(9) 自动化原则：使生产、搬运和储存等功能自动化。

(10) 设备选择原则：在选择搬运设备时应考虑所要搬运物料的各种要素，包括所使用的搬移与方法。

(11) 标准化原则：将搬运方法，搬运设备的种类、尺寸标准化。

(12) 适应性原则：采用可以适应各种工作和应用的方法与设备，除非是必须使用某种特殊的设备。

(13) 减轻自重原则：减小移动式搬运设备的自重与载重质量的比率。

(14) 利用率原则：通过规划，使搬运设备、工人的使用率最佳化。

(15) 维修保养原则：规划预防所有搬运设备的定期保养和维修。

(16) 失效原则：当发现有更高效率的搬运方法和设备时，应取代过时的方法和设备。

(17) 控制原则：使用物料搬运活动来改善生产、存货和订单处理的控制。

(18) 生产能力原则：使用搬运设备来起到提高生产能力的作用。

(19) 绩效原则：根据单位搬运的成本来确定搬运活动的绩效。

(20) 安全原则：采用合适的方法和设备来加强搬运的安全。

四、物料搬运的相关理论

在一次完整的物料搬运作业中要完成装货、移动和卸货，这三种作业在多数情况下以一个整体出现。由此可以看出，装货和卸货的次数之和与移动次数之间的关系是 2∶1。通常来说，装货与卸货的劳动强度较大，费时也较多，因此在改善物料搬运系统的过程中，应该重视劳动次数多、劳动强度大、劳动耗时长的装卸环节。"重视装卸"是现代搬运管理的基本论点，比如使用叉车就是减轻装卸的劳动强度。"良好的搬运状态"，首先是装卸花费时间少的状态，"良好的搬运"就是装卸次数少的搬运。

1. 搬运活性的概念

物料的存放状态多种多样，可以散放在地上，也可以装箱放在地上，或装箱放在托盘上等。物料存放的状态不同会导致物料搬运的难易程度也不同。人们把物料的存放状态对搬运作业的难易(方便)程度，称为搬运活性。搬运处于静止状态的物料时，需要考虑搬运作业所必需的人工作业。在堆放货物时，事先要考虑到物料装卸作业的方便性。

2. 搬运活性指数

物料的搬运活性指数α是一种衡量物料搬运难易程度的指标。一般来说，一次物料搬运活动所需的人工越多，活性就会越低；反之，所需的人工越少，活性就会越高。具体包括以下几点：①最基本的活性水平是散放状态的活性，规定其指数为0；②对此状态每增加一次必要的操作，或者与此操作后的相同状态，其物品的搬运活性指数加1；③活性水平最高状态的活性指数为4。

图11-1所示为搬运活性指数之间的关系。

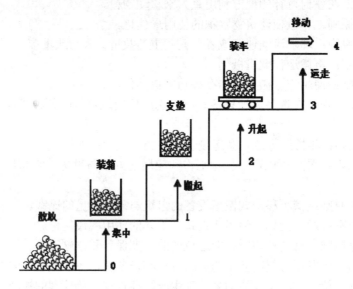

图11-1　搬运活性指数之间的关系

如图11-1所示，运走散放在地上的物料，要经过集中、搬起、升起、运走4次作业，需要进行的作业次数最多，它的搬运活性指数最低，为0；集装在箱中的物品，因为不需要再集中，只经过3个作业环节就可以运走，其搬运活性指数为1；放在托盘中的物料，不需要再集中、搬起，只经过2个作业环节就能运走，其搬运活性指数为2；放在车中的物品，不需要再集中、搬起和升起，只经过1个作业环节就能运走，其搬运活性指数为3；装载于正在运行的车上的物品，因为其已处于运动状态，不再需要进行任何其他作业环节，故其活性指数为4。

活性的区分和搬运活性指数α确定的原则如表11-1所示。在了解物品活性的情况下，可以利用活性理论改善搬运作业。

3. 搬运活性指数曲线

活性指数曲线是用来分析某一物料在系统中的平均机动性。将某一物料按其流程及各段的活性指数α绘制在坐标图上，即得到该物料的活性指数曲线，并可计算出该物料的平均活性指数$\overline{\alpha}$。其计算公式为

$$\overline{\alpha} = \frac{1}{n}\sum_{i=1}^{n}\alpha_i \qquad (11\text{-}1)$$

图 11-2 为某物料搬运活动的活性指数曲线。

表 11-1　活性的区分和搬运活性指数 α 确定的原则

物品状态	作业说明	作业种类				需要的作业数目	不需要的作业数目	搬运活性指数
		集中	搬起	升起	运走			
散放在地上	集中、搬起、升起、运走	要	要	要	要	4	0	0
集装箱中	搬起、升起、运走(已集中)	否	要	要	要	3	1	1
托盘中	升起、运走(已搬起)	否	否	要	要	2	2	2
车中	运走(不用升起)	否	否	否	要	1	3	3
运动着的输送机	不要(保持运动)	否	否	否	否	0	4	4
运输着的物品	不要(保持运动)	否	否	否	否	0	4	4

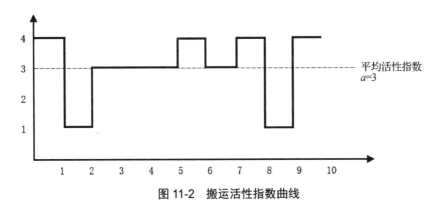

图 11-2　搬运活性指数曲线

4. 物料搬运的单元化与标准化

单元载货(unit load)搬运的原则是物料搬运领域最为重要的概念。单元化是将不同状态和不同种类、不同状态和不同大小的物品，集装成一个搬运单元，以利于搬运操作。单元载货通常也称为集装单元化。

物料搬运的单元化可以缩短搬运时间、提高搬运的灵活性和作用的连贯性，这也是搬运机械化的前提。具有一定规格尺寸的载货单元便于搬运机械的操作，可以减轻人力装卸的劳动强度，从而提高生产作业效率。此外，载货单元化也可以防止物品散失，便于清点与增加货物堆码层数，更好地利用仓库空间。

物料搬运的标准化是指物品的包装与集装单元的尺寸要符合一定的标准模数，仓库货架、运输车辆、搬运机械也要根据标准模式去决定其主要的性能参数。这有利于物流系统各个环节的配合协调，提高通用性，减少搬运作业时间，减轻物品的散失、损坏，从而节约费用。物流包装的标准化被认为是精细化管理的前提，常见的物流包装标准化分为四步，如图 11-3 所示。

第1步：统一包装数量

第2步：规范包装方式

第3步：统一包装器具

第4步：包装器具条码化

图 11-3　物流包装标准化步骤

国际标准的物流基础模数尺寸为 600mm×400mm，其他集装单元基础模数尺寸由国际标准的物流基础模数尺寸推导出来，也可以在满足 600mm×400mm 基础模数尺寸的前提下，从货车或大型集装箱的分割系列推导出来。物流模数尺寸以 1200mm×1000mm 为主，也允许 1200mm×800mm 等规格。物流基础模数尺寸与集装单元基础模数尺寸的配合关系，以集装单元基础模数尺寸 1200mm×1000mm 为例，如图 11-4 所示。

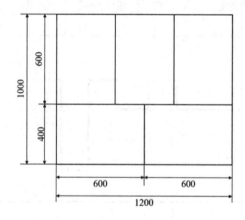

图 11-4　物流基础模数尺寸与集装单元基础模数尺寸的配合关系(单位：mm)

第二节　物料搬运系统

一、物料搬运系统的概念

11.2.1-物料系统搬运一

物料搬运系统(material handling system，MHS)是指一系列的相关设备和装置，用于一个过程或逻辑动作系统中，协调、合理地将物料进行移动、储存、保护和控制。物料搬运系统是更深入地探讨物料流动与设施布局之间的关系，在已经设计和建立的物流系统条件下，将物料的移动流程与设施的布局设计相互配合，使系统中的物料按照生产、工艺及服务的要求运动，以达到实现系统设计所提出的目标。其他常见的四种物料搬运系统的定义如下。

(1) 物料搬运系统是移动、储存、保护与控制物料的艺术与科学的结合。

(2) 物料搬运系统是指在适当的成本下，采用正确的方法、顺序、方向、时机在正确的位置提供正确数量、正确条件的正确物料。

(3) 物料搬运系统是指包含于企业的某特定范围，通过机械来移动未包装或已包装的半固态或固态的产品的所有基本作业。

(4) 设备、容器和路线结构共同组成物料搬运系统。

物料搬运系统的设备、容器性质取决于物料的特性和流动的种类，每一个系统都是经过专门设计，服务于特定物流系统环境和规定的物料。物料搬运系统的设计要求合理、高效、柔性和能够快速装换，以适应现代制造业生产周期短，产品变化快的新特点。

物料搬运系统具有五个维度：移动、数量、时间、空间和控制。移动物料产生了时间和空间效用，正确的数量、时间和空间离不开精确的控制。控制包括对物料物理和状态两个方面的控制。物理控制是指对物料的方位、顺序和相互间隙的控制；状态控制是对物料的位置、数量、目的地、初始地、所有者、进度安排的实时状态控制。控制正确与否取决于系统的设计和运作管理。

总之，通过改善对物料的控制，尤其是采用信息系统来管理，可以降低库存量，提高生产效率，使物料搬运成为降低企业总成本的一种方法。

二、物料搬运系统设计的目标

物料搬运系统设计的一般目标包括以下内容。

1. 提高仓储的有效容积

提高仓储的有效容积是物料搬运的一个基本目标。仓库有固定的内部容积，应尽可能多地利用空间使得仓库的运营费用最小化。

2. 过道空间最小化

在避免过道过窄以至于阻碍设备移动的前提下，减小过道的空间。同时注意所使用的搬运设备的不同条件，如叉车设备经常掉头，因此比其他类型的物料搬运设备需要更宽的过道。

3. 减少货物的处理时间

货物不论是在仓库还是在储存区域，都有几个不可避免的移动，所以，要减少运货时间，进行有效的运营就要避免多余的搬运次数。物料搬运系统的设计和它的关联活动应该使移动的次数最小化，达到货物移动的高效性。

4. 创造有效的工作条件

所有物料搬运系统，无论是与物料还是与生产相联系的，应该在提高生产率的同时，使它对邻近工人的安全威胁最小化。物料搬运系统应尽可能消除短距离、单调和重体力劳动。

5. 减少人工运作

物料搬运应尽可能地采用仓库自动化、搬运自动化设施。

6. 改进物流服务

物料搬运通过让物流系统对工厂和顾客的需求做出快速高效的反应来提高效率。物料搬运对把货物以合适的数量及时送到顾客手里起着关键作用。

7. 降低成本

高效的物料搬运可以通过提高生产率(通过给出更多的、更快的产出)来削减成本。同时更有效地利用空间、减少物料放错的频率也可以带来成本的降低。

三、物料搬运系统设计的基本原则

物料搬运原则体现在物料搬运系统设计中,是对专家或有丰富经验的人员所提出的要求。物料搬运原则可作为一个对照、核查、校核条目的工具,用来评价系统设计,以识别进一步改进的机会。基于这些原则列出在系统设计完成后检查较好的条目,使得新设计人员避免出现更多错误,而有经验的设计人员则不断作出新改进。为此,列出物料搬运系统设计的 7 项基本原则,具体如下。

1. 减少装卸搬运环节,降低装卸搬运次数原则

装卸搬运本身就有可能成为玷污、破损等影响物品价值的原因,如无必要,尽量不要搬运。在物流中,应从研究装卸搬运的功能出发,分析各项装卸搬运作业环节的必要性,取消不必要的环节,合并重复的环节,努力将装卸搬运的环节和次数控制在最少的范围内。

2. 移动距离(时间)最小化原则

搬运距离长短与搬运作业量大小和作业效率是联系在一起的,在进行货位布局、车辆停放位置以及出入库作业程序等设计时应充分考虑货物移动的距离长短,以物品移动距离最小化为设计原则。

3. 人身、设备、物品安全原则

装卸搬运作业需要人与机械、货物及其他劳动工具相结合。工作量大,情况变化多,环境复杂,使装卸作业存在各种安全隐患。在装卸作业中,车毁人亡的事故也屡见不鲜,造成货物损失也数以亿计。因此,在装卸搬运中,应加强科学管理,采取各种有效措施,杜绝野蛮装卸,确保货物、设备完好无损,保障人员人身安全,如在进行装卸时,一定要按照工艺要求,缓起缓放,不碰不撞;作业场地及设备的安全装置、安全标志要齐全、有效;搬运职工要按照劳动保护要求规范作业;等等。

4. 单元化载荷原则

大力推行使用托盘和集装箱,将各种物品集装成集装箱、托盘或网袋等货物单元,成为大件货物,以利于机械搬运、运输和保管,形成单元载货系统,大大提高装卸效率。

5. 机械化原则

由于劳动力的不足,应尽量采取各种现代化机械设备来替代人工作业,把作业人员从繁重的体力劳动中解放出来,使装卸搬运作业实现省力化和效率化。

6. 标准化原则

标准化有利于节省装卸作业时间,提高作业效率。在装卸搬运中应对装卸搬运的工

艺、作业、装备、设施及货物单元等制定统一标准，使装卸搬运标准化。

7. 系统化原则

一方面，将各个装卸搬运活动作为一个有机的整体实施系统化管理，协调各搬运环节，增加搬运系统的柔性，以适应多样化、高度化和物流需求，提高装卸搬运效率；另一方面，装卸搬运要与物流的运输、保管、包装和加工等活动协调起来，作为一个系统处理，以求其合理化。

四、物料搬运方程式

物料搬运系统设计是一个十分复杂的问题，设计人员必须对物料搬运从理论基础到实际操作都具有丰富的知识和经验，物料搬运系统的有效设计需要设计人员从内到外地准确理解问题。物料搬运方程式在解决物料搬运问题的各个方面被证明十分有效。物料搬运方程式借助于英文中的六个疑问词，即何故(why)、何物(what)、何处(where)、何时(when)、如何(how)、何人(who)，设计一连串的问题以质疑物料搬运系统设计者的设计理念是否合理，是否有其他更好的方法存在，以期找出设计缺陷，改善系统绩效。这六个疑问词组成了著名的 5W1H 法，物料搬运方程式如图 11-5 所示。

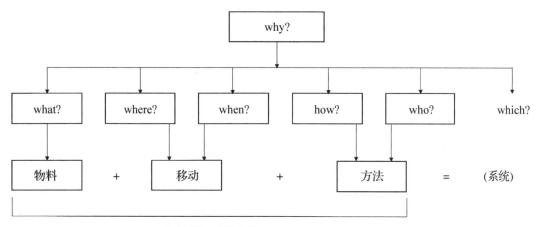

物料搬运系统变量

图 11-5 物料搬运方程式

采取提问的方式，也可以用式(11-2)表达

$$\sum[\text{为何搬运（何处+如何+何时）}] \tag{11-2}$$

括号内的表达式是完成每一个搬运的方法。要考虑的是"为何该搬运是必需的"，把工作简化作为第一位考虑的问题，因此放在括号之外。

采用分析时的取消、合并、调整顺序、简化(ECRS)四大原则，对每一个搬运进行评价：①该搬运能否取消？②该搬运能否与其他搬运合并？③该搬运的顺序能否改变得更为有利？④该搬运能否简化？

在对现有物料搬运系统进行改进时，应考虑下列理由：①减少费用；②减少危险；③提高空间和设备的利用率；④增加通过量；⑤提高生产率；⑥改善工作条件。

第三节 物料搬运系统的分析方法

一、物料搬运系统分析的概念

物料系统搬运二

搬运系统分析(system handling analysis，SHA)是一种适用于一切物料搬运操作的，系统化、条理化、合乎逻辑顺序的分析方法。SHA 是一种与 SLP 相似的系统分析和设计的方法，包括三项基本内容：一种解决问题的方法，一系列依次进行的步骤，一整套关于记录、评定等级和图表化的图例符号。

物料搬运系统分析过程如图 11-6 所示。

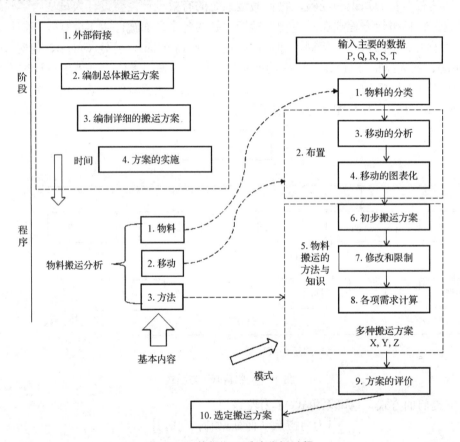

图 11-6 物料搬运系统分析过程

(一)物料搬运系统分析的四个阶段

第一个阶段是外部衔接。这个阶段要弄清整个区域或所分析区域的全部物料进出搬运活动。在这之前，先要考虑所分析区域以外的物料搬运活动，就是把区域内具体的物料搬运问题同外界情况或外界条件联系起来考虑。

第二个阶段是编制总体搬运方案。这个阶段要确定各主要区域之间的物料搬运方法。对物料搬运的基本路线系统、搬运设备大体的类型及运输单元或容器作出总体决策。

第三个阶段是编制详细的搬运方案。这个阶段要考虑每个主要区域内部各工作地点之间的物料搬运，要确定详细的物料搬运方法。例如，各工作地点之间具体采用哪种路线系统、设备和容器。如果说，第二个阶段主要分析工厂内部各车间或各厂房之间的物料搬运问题，那么第三个阶段则主要分析从一个具体工位到另一个具体工位或者从一台设备到另一台设备的物料搬运问题。

第四个阶段是方案的实施。任何方案都要在实施之后才算完成。这个阶段要进行必要的准备工作，订购设备，完成人员培训，制订并实现具体的搬运设施的安装计划，以支持后面的实施与管理。

上述四个阶段是按时间顺序依次进行的，但是为了取得最好的效果，各阶段在时间上应有所交叉重叠。总体搬运方案和详细搬运方案的编制是物流系统规划设计人员的主要任务。

(二)物料搬运系统分析的要素

物料搬运系统分析的要素就是进行物料搬运系统分析时所需输入的主要数据，具体包括：P——产品或物料；Q——数量，如销售量或合同订单量等；R——生产线路，如操作顺序和工艺过程等；S——辅助服务部门，如库存管理、订货订单管理、维修等；T——时间，如时间要求和操作次数等。物料搬运系统分析的要素如表 11-2 所示。

表 11-2　物料搬运系统分析的要素

分析要素	影响特征
P——Products	产品或物料的可运性取决于物料的特性和可用容器的特性，而且每个工厂都有其经常搬运的某些物品
Q——Quantity	数量有两种意义：(1)单位时间的数量(物流量)；(2)单独一次的数量(最大负荷量)。而不管按哪种意义，搬运的数量越大，搬运所需的单位成本就越低
R——Routing	每次搬运都包括一项固定的终端(即提取和放下的地点)成本和一项可变的行程成本。注意路线的具体条件，并注意条件变化(室内或室外搬运)及方向所引起的成本变化
S——Services	传送过程、维修人员、发货、文书等均属服务性质，搬运系统和搬运设备都依赖于这些周围环境
T——Time	一项重要的时间因素(即时间性)是物料搬运必须按其执行的规律，另一项重要因素是时间的持续长度——这项工作需要持续多长时间、紧迫性和步调的一致性，也会影响搬运费用

(三)物料搬运系统分析的程序模式

由前文可知，物料搬运的基本内容是物料、移动和方法。因此，物料搬运分析就是分析所要搬运的物料和需要进行的移动，并确定经济实用的物料搬运方法。物料搬运系统分析的程序就是建立在这三项基本内容的基础上的。物料搬运系统分析的程序模式是一个分步骤进行的程序，如图 11-6 右侧的 9 个步骤。

二、物料的分类

在选择搬运方法时，首要考虑的问题是搬运什么，如果需要搬运的物料只有一种，那么唯一要做的就是弄清这种物料的特性。如果搬运多种不同的物品，则必须按物料类别对它们进行分类，对同一类的物料采用同一方式进行搬运。对所有的物料进行分类，一是可简化分析工作；二是有助于把整个问题化整为零，逐个解决。

物料分类的基本方法是弄清其是固体、液体还是气体，是单独件、包装件还是散装物料。SHA 的物料分类是根据影响物料可运性(移动的难易程度)的各种特征和影响能否采用同一种搬运方法的其他特征进行的。通常主要的特征有物理特征、数量、时间等，根据这些特征编制物料特征表，如表 11-3 所示。在大多数情况下可以把所有物品归纳为 8～10 类，一般避免超过 15 类。

表 11-3　物料特征

产品与物料名称	物品的实际最小单元	单元物品的物理特征						其他特征			类别
		尺寸(单位)			重量	形状	损伤的可能性(对物料、人、设备)	状态(湿度、稳定性、刚度)	数量(产量)或批量	时间性	特殊控制	
		长	宽	高								

三、物料的布置

对物料鉴别并分类后，SHA 的下一步就是分析物料的移动。在对移动进行分析之前，首先应该对系统布置进行分析，因为布置在很大程度上决定了移动和距离，并影响搬运设备和容器的选择。根据现有的布置制定搬运方案时，路线和距离几乎无更改余地。然而，只要能达到充分节省费用的目的，就很可能要改变布置，因此，往往要同时对搬运和布置进行分析，即 SLP 与 SHA 相结合。

对物料搬运分析来说，需要了解的布置信息基本上有以下四个方面。

(1) 每项移动的起讫点(提取和放下的地点)具体位置在哪里？

(2) 有哪些路线以及这些路线上有哪些物料搬运方法是在规划之前已经确定了的，还是大体上规定的？

(3) 物料搬进运出和穿过的每个作业区所涉及的建筑特点是什么样的(包括地面负荷、厂房高度、柱子间距、屋架支撑强度、室内还是室外、有无采暖、有无灰尘等)？

(4) 物料搬进运出的每个作业区内进行什么工作？作业区内部已有的(或大体规划的)安排或大概是什么样的布置？

当进行某个区域的搬运分析时，应该先取得或先准备好这个区域的布置草图、蓝图或规划图，这是非常有用的。如果要想分析一个厂区内若干建筑物之间的搬运活动，那就要有厂区总体布置图；如果要想分析一个加工车间或装配车间内两台机器之间的搬运活动，那就要有这两台机器所在区域的布置详图。

四、物料搬运的移动分析

物料系统搬运三

物料搬运的移动分析主要工作有以下四项。

(一)收集各项移动分析的资料

在分析各项移动时，需要掌握的资料包括物料的分类、搬运线路的起讫点、搬运路径和具体情况，以及物流量和物流条件。

(二)移动分析方法

根据物料搬运的基本形态，通过一定的分析方法，制定合理的装卸搬运方案。常用的分析方法有以下几种。

1. 流程分析法

流程分析法对物料由进货到出货的整个过程中有关的资料，或是一项作业进行过程中所有相关的信息，用作业流程图的形式，将作业情况表示出来。流程分析时必须考虑整个过程，一次只能分析一种产品、一类材料或一项作业。

2. 起讫点分析法

起讫点分析法是对每一次搬运的起点及终点，或是以各站固定点为记录目标，对搬运状况进行分析的方法。起讫点分析无须观察物料装卸搬运过程中的每一个状况，此类分析有以下两种方式。

1) 路线图表示法

每次分析一条流通路线，观察并收集每一次移动的起讫点资料，以及在这条路线上各种不同货品流通的状况。

2) 流入流出图表示法

观察并收集流入或流出某一地区的各种移动状况。起讫点分析中的路线图是探讨每一条路线中货品移动的状况，路线图适用于路线不多的场合，若路线很多时，最好使用流入流出图来描绘不同货品在某一区域的流入流出情形。

3. 物流量分析

物料的移动往往呈现极不规则的方向，为追求时效，规划时必须尽量使所有移动工作都能以最简捷方向、最短距离方法完成。而物料流量分析便是将整个移动路径概略绘出，来观察物料移动的流通形态。

物料流量分析方法有直线搬运法和最短路径搬运法。直线搬运法是假设各装卸搬运节点的直线流通并无阻碍，以直线距离来作流量分析。此法与实际状况有些差距。最短路径搬运法是模拟实际搬运作业的方法，通过计算机来分析处理，使各装卸搬运间的搬运路径最短，各路径的物料流通量和配送计划下的总搬运量平衡协调。物料流量分析的主要目的如下。

(1) 计算各配送计划下可能产生的物料流量以作为设计装卸搬运方法，选择搬运设备的参考。

(2) 评定布置方式的优劣。

(3) 配合物料流通类型改变布置方式。

(4) 调整物料搬运路径的宽窄。

(5) 掌握作业时间，预测各阶段时间进程。

4. 搬运高度分析——现状展开图分析法

物料搬运活动在高度不平的作业场所作业时(如物料提高、倾斜、卸下等)，很容易导致时间与能量的消耗，因而厂房、建筑物、设备等的配置应尽可能水平地规划。在搬运高度分析时，可以先进行搬运作业时设备、设施、搬运用具等的配置，画出现状的展开图表。在展开图表里应尽可能将各有关事项逐一记载(如搬运方法、人员、场所的情形、设备名称等)，然后再将调查图进行调整改善，制订水平配置计划，让物料能大体上按照一致的高度移动，使物料上下坡的搬运情况减少。

(三)编制搬运活动一览表

为了把所收集的资料进行汇总，达到全面了解情况的目的，可以编制搬运活动一览表。表中需要对每条线路、每类物料和每项移动的相对重要性进行标定，一般用五个英文元音字母来划分等级，即 A、E、I、O、U。其中，A 表示超高物流量，E 表示超大物流量，I 表示较大物流量，O 表示普通物流量，U 表示可忽略物流量。

搬运活动一览表是 SHA 方法中的一项主要文件，因为它把各项搬运活动的所有主要情况都记录在一张表上。简单来说，搬运活动一览表包含下列资料。

(1) 列出所有路线，并排出每条路线的方向、距离和具体情况。

(2) 列出所有的物料类别。

(3) 列出各项移动(每类物料在每条线路上移动)，包括以下几项内容。

① 物流量(单位为 t/h、件/周等)。

② 运输工作量。

③ 搬运活动的具体情况(编号说明)。

④ 各项搬运活动的相对重要性的等级(用元音字母或颜色标定，或两者都用)。

(4) 列出每条线路，包括以下各项内容。

① 总物流量及每类物料的物流量。

② 总运输工作量及每类物料的运输工作量。

③ 每条线路的相对重要性等级(用元音字母或颜色标定，或两者都用)

(5) 列出每类物料，包括以下各项内容。

① 总物流量及每条线路上的物流量。

② 总运输工作量及每条线路的运输工作量。

③ 各类物料的相对重要性等级(用元音字母或颜色标定，或两者都用)。

(6) 在整个搬运分析中，将总的物流量和总的运输工作量填在右下角。

(7) 其他资料，如每项搬运活动中的具体件数等。

(四)对各项移动图表优化

图表化是将各项移动的分析结果标注在区域布置图上，达到一目了然的目的。各项移动的图表化是 SHA 的一个重要步骤。物流图表化的方法有三种：物流流程简图、在平面布置图上绘制的物流图和坐标指示图。其中，在平面布置图上绘制的物流图由于标注了明确的位置和距离，可用于选择搬运方案。

五、物料搬运方案分析

物料系统搬运五

物料搬运方案是指物料搬运路线、搬运设备和搬运单元三者的结合。

(一)物料搬运路线的分类

物料装卸搬运系统根据物料移动可划分为两种不同的运行体系：一是不同物料由起点直接向终点移动，称为直达运行型；二是对不同区域的各类物料进行统一，运用统一的设备依照一定的路线移动，对物料进行装卸搬运，称为间接移动体系。间接移动体系按照其移动特性又可分为通路型和中间转运型。物料搬运路线的分类如图 11-7 所示。

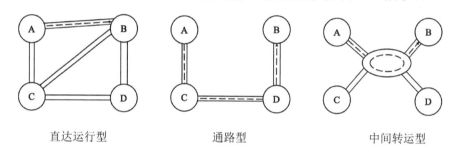

直达运行型　　　　　　　通路型　　　　　　　中间转运型

图 11-7　物料搬运路线的分类

1. 直达运行型

直达运行型是指物料由起点到终点以最短的距离移动。当物料流量大、流程密度高，且移动距离短或适中时，应用这种方法较为经济，尤其适用于物料有一定的特殊性而又时间紧迫的情况。

2. 通路型

通路型是指物料经事先制定的路线到达目的地，而路径相关的不同物料都能共同使用这条路线。通路型适用于物流量为中等或少量，而距离为中等或较长的情况，尤其当布置不规则甚至分散时更为有利。

3. 中间转运型

中间转运型是指物料由起点移动到终点，往往要经过一个中间的转运站加以分类或指派，然后才送达目的地，此方式也就是由起点移到中心点再移往终点的方式。中间转运型适用于物流量小而距离中等或较近的情况。若物流量大而距离长时，则说明这种布置不合理。距离与物流量可用于确定搬运路线种类选择矩阵，如图 11-8 所示。

在实际物料装卸搬运活动中，有时还须考虑各工作场所的位置，所以常会出现基本的物料装卸搬运形态的变形形式，如直线式、双线式、锯齿形、U 形、圆形和犄角形排列法等流程形式，各项流程形式可单独或合并运用。

(二)搬运设备的选择

不同的物料搬运形态构成如图 11-9 所示的距离、流量与搬运系统的关系。

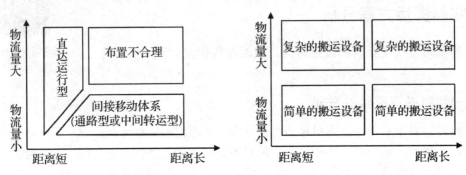

图 11-8　搬运路线种类选择矩阵　　　　　图 11-9　搬运设备选择矩阵

物料装卸搬运形态会直接影响作业效率，因此在选择物料装卸搬运运行体系时，应根据设备的功能、搬运的距离与流量等因素，合理地对物料装卸搬运方案进行综合考虑。具体的考虑因素包括：

(1) 设备的技术性能；

(2) 设备的可靠性；

(3) 与工作环境的配合和适应性；

(4) 经济因素；

(5) 能耗因素；

(6) 备件及维修问题；

(7) 与工作环境的配合和适应性；

(8) 与物料的适配程度；

(9) 物料的运动方式。

另外，也可以根据距离与物流量的大小，确定设备类别。如图 11-9 所示，距离短，物流量小选择简单的搬运设备，如两轮手推车；距离短，物流量大选择复杂的搬运设备，如窄通道带夹具的叉车；距离长，物流量小选择简单的搬运设备，如机动货车；距离长，物流量大选择复杂的搬运设备，如电子控制的无人驾驶车辆。

(三)搬运设备的数量

当知道各单位间物流量大小及距离并初步确定设备类别以后，就要根据物流量(或生产率)的要求，决定设备的规格与数量。搬运设备的大小，主要根据所运工件的尺寸及重量(包括容器、托盘、框架自重)而定，所选设备能力至少要等于每次所需运输货物的重量而且一般都要大于它，可以用配置系数 K 来衡量搬运系统机械化作业程度的高低，其计算公式为

$$K = Q_C / Q_T = Q_C / H\alpha \tag{11-3}$$

式中：Q_c——搬运机械设备能力，是各类机械的总和；

$\quad\quad Q_T$——搬运系统的总物流量，是年吞吐量 H 与重复搬运系数 α 的乘积。

通常 α 可取 1～2，如无二次搬运，则 α =1。一般情况下，若 $K>0.7$ 则表明机械化作业程度高，若 $K<0.5$ 则表明机械化作业程度低。为搬运系统配备设备时可预先规定 K 的值。

机械设备数量配置的计算公式为

$$Z = \sum_{i=1}^{m} Z_i \tag{11-4}$$

式中：Z——仓库内机械设备总台数；

$\quad\quad m$——机械设备类型数；

$\quad\quad Z_i$——第 i 类机械所需台数。

Z_i 的计算公式为：

$$Z_i = \frac{Q_{ci}}{(Q_c \beta \mu_h \rho T)_i} \tag{11-5}$$

式中：Q_{ci}——第 i 类机械承担的物流量(t/年)；

$\quad\quad Q_c$——设备的额定起(载)重量；

$\quad\quad \beta$——起(载)重量系数，即平均一次搬运的重量与 Q_c 的比值，如叉车的起重系数可取 0.5～0.8；

$\quad\quad \mu_h$——单位工作小时内平均搬运次数，由运行距离、速度和所需辅助时间确定，如叉车可取 4～8；

$\quad\quad \rho$——时间利用系数，即设备年平均工作小时与 T 的比值，如叉车可取 0.4～0.7；

$\quad\quad t$——年日历工作小时。

六、物料搬运的优化方法

物料装卸搬运的合理性，直接影响着装卸搬运的效率和企业经济效益，在组织物料装卸搬运活动时，需要对作业过程进行全面的分析，优化装卸搬运的工艺流程。下面根据物料装卸搬运的流量、距离、空间、时间和手段等因素对物料装卸搬运的影响分析，列出相应的改进措施和方法，具体如表 11-4 所示。

表 11-4　优化搬运流程的方法

因　　素	措　　施	改进原则	改进方法
搬运流量	减少装卸搬运量	尽量废除冗余搬运	调整布置； 合并相关作业
搬运距离	减少回程	废除冗余搬运； 顺道行走	调整布置
	回程顺载	掌握各点相关性	调整相关性布置
	缩短距离	直线化、平面化	调整布置
	减少搬运次数	单元化	采用托盘、集装箱
		大量化	利用大型搬运设备； 利用中间转运站

因　素	措　施	改进原则	改进方法
搬运空间	减少搬运	充分利用三维空间	调整布置
	缩减移动空间	减小设备回转空间	选用占空间小和较少的辅助设施设备
		协调错开搬运时机	安排好时程规划
搬运时间	缩短搬运时间	自动化	利用自动化设备
		争取时效	搬运均匀化
	减少搬运次数	增加搬运量	利用大型搬运设备
	估计预期时间	时程化	时程控制规划
搬运手段	增加搬运量	机械化	利用大型搬运设备
			利用装卸搬运设备
		自动化	利用自动化设备
		连续化	利用输送带等连续设备
	采取有效管理	争取时效	搬运均匀化
			循环、往复搬运
	减少劳动力	利用重力	使用斜槽、滚轮输送带等重力设备

七、物料搬运方案的评价

评价分析方案有两类：成本费用或财务比较和无形因素比较。

(一)成本费用或财务比较

成本是经营管理决策的主要依据。因此，每个搬运方案都要从成本的角度来评价，即对每个方案都要明确其投资和经营成本。投资是指方案中用于购置和安装的全部成本。其中包括基本建设成本(物料搬运设备、辅助设备及改造建筑物的成本等)、其他成本(运输费、生产准备费及试车费等)以及流动资金的增加部分(原料储备、产品储存、在制品储存等)。经营成本主要包括固定成本与可变成本。固定成本具体包括投资利息、折旧费的资金成本和管理费、保险费、场地租用费等其他固定成本。可变成本具体包括设备方面的可变成本和工资等。通常需要分别计算出各方案的投资和经营成本，然后进行分析和比较，从中确定一个最优方案。

(二)无形因素比较

常见的无形因素比较有优缺点比较法和因素加权分析法。

优缺点比较法是直接把各个方案的优点和缺点列在一张表上，对各个方案的优缺点进行分析比较，从而获得最佳的方案。

而对多个方案进行比较时，一般认为因素加权法是评价各种无形因素的最佳方法。其主要有以下几个步骤。

(1) 列出搬运方案需要考虑或包含的因素。

(2) 把最重要的一个因素的加权值定为 10，再按相对重要性规定其他各因素的加权值。

(3) 标注各比较方案的名称,每个方案占一栏。

(4) 对所有方案的每个因素进行分析。

(5) 计算各方案的加权值,并比较各方案的总分。

总之,可以根据成本费用或财务比较和对无形因素的评价正确选定搬运方案,建议同时考虑这两个方面的问题。

复习思考题

1. 简述物料搬运的概念。

2. 简述物料搬运系统在物流中的作用。

3. 物料搬运设计的原则有哪些?

4. 什么是单元货载搬运?

5. 简述物料搬运系统分析的四个阶段。

6. 某配送中心设计年吞吐量为 10 000t,有两次搬运,重复搬运系数为 1.35,所存放的单件货物最大重量为 1t,机械设备系数 $K=85\%$,要求选定额定起重量为 1.2t 的叉车为搬运工具,叉车的起重系数为 0.8,平均每次的搬运时间为 12min,移动率为 0.8,每年工作 365 天,每天工作 16h,试确定所需叉车的数量。

7. 请说明系统布置设计和系统搬运分析之间的逻辑关联性。

第十二章 物流配送中心设计

【学习目标】

- 了解物流配送中心的功能。
- 了解物流配送中心规划与设计的原则。
- 掌握物流配送中心作业功能规划的主要内容。
- 了解物流配送中心建筑公用设施规划的相关知识。
- 了解物流配送中心的基本作业流程。
- 掌握物流配送中心各作业活动的具体内容。

现代物流配送中心是一种全新的运作结构和流通模式,具有多客户、多品种、多频次的拣选和配送特征,对管理水平有非常高的要求。通过合理的科学管理制度、现代化的管理方法和手段,才能充分发挥其基本功能,实现保管、分拣、配送作业的规模化和共同化,节约物流费用,保障企业和用户的整体效益。本章主要介绍物流配送中心的基本内涵,明确物流配送中心规划与设计原则,分析物流配送中心设计方案,最终实现物流配送中心基本作业流程的优化。

第一节 物流配送中心概述

一、物流配送中心的概念

物流配送中心就是从事货物配备(集货、加工、分货、拣选、配货)和组织对用户的送货,以高水平实现销售和供应服务的现代流通设施。配送中心是基于物流合理化和发展市场两个需要而发展的,其是以组织配送式销售和供应,执行实物配送为主要功能的流通型物流节点。它很好地解决了用户多样化需求和厂商大批量专业化生产之间的矛盾,因此,物流配送中心逐渐成为现代化物流的标志。

二、物流配送中心的分类

物流配送中心是一种新兴的经营管理形态,具有满足多量少样的市场需求及降低流通成本的作用,但是,由于设立企业的背景不同,配送中心的功能、构成和运营方式就会有很大的区别。因此,在配送中心规划时应充分注意配送中心的类别及其特点。

配送中心的具体分类方式如下。

(一)按照设立者分类

1. 制造商型配送中心

制造商型配送中心是以制造商为主体的配送中心。这种配送中心中的物品 100%是由制造商自己生产制造的，用来达到降低流通费用、提高售后服务质量、及时地将预先配齐的成组元器件运送到规定的加工和装配工位的目的。从物品制造到产出后，条形码和包装的配合等多方面都较易控制，因此按照现代化、自动化的配送中心设计比较容易，但不具备社会化的要求。

2. 批发商型配送中心

批发商型配送中心是由批发商或代理商所成立，以批发商为主体的配送中心。批发是物品从制造者到消费者手中的传统流通环节之一，一般是按部门或物品类别的不同，把每个制造厂的物品集中起来，然后以单一品种或多品种搭配向消费地的零售商进行配送。这种配送中心的物品来自各个制造商，它所进行的一项重要活动是对物品进行汇总和再销售，而它的全部进货和出货都是社会配送的，社会化程度高。

3. 零售商型配送中心

零售商型配送中心是由零售商向上整合所成立的，以零售业为主体的配送中心。零售商发展到一定规模后，就可以考虑建立自己的配送中心，为专业物品零售店、超级市场、百货商店、建材商场、粮油食品商店、宾馆、饭店等提供服务。其社会化程度介于前两者之间。

4. 货运物流配送中心

货运物流配送中心是以货运公司为主体的配送中心。这种配送中心地理位置优越，有很强的运输配送能力，可迅速将到达的货物配送给用户。该配送中心的货物属于制造商或供应商所有，其只是为制造商或供应商提供物流服务，包括提供仓储管理和运输配送服务。这种配送中心的现代化程度往往较高。

(二)按照服务范围分类

1. 城市配送中心

城市配送中心是以城市为配送范围的配送中心。城市一般处于汽车运输的经济里程，这种配送中心可直接配送到最终用户，且采用汽车进行配送，因此，这种配送中心往往和零售经营相结合。由于该配送中心运距短，反应能力强，因而从事多品种、少批量、多用户的配送比较有优势。

2. 区域配送中心

区域配送中心是以较强的辐射能力和库存准备，向省(州)际、全国乃至国际范围的用户配送的配送中心。这种配送中心配送规模较大，一般而言，用户范围和配送批量也较大，而且，往往是配送给下一级的城市配送中心，也可以配送给营业所、商店、批发商和企业用户。虽然该配送中心从事零星的配送，但零星配送不是其主体形式。

(三)按照配送中心的功能分类

1. 储存型配送中心

储存型配送中心有很强的储存功能。例如，美国赫马克配送中心的储存区可储存 16.3

万托盘。我国目前建设的配送中心，多为储存型配送中心，库存量较大。

2. 流通型配送中心

流通型配送中心包括通过型配送中心和转运型配送中心两种。该配送中心基本上没有长期储存的功能，仅以暂存或随进随出的方式进行配货和送货。其典型方式为：大量货物整批进入，按一定批量零出。一般采用大型分货机，其进货直接进入分货机传送带，分送到各用户货位或直接分送到配送汽车上。

3. 加工型配送中心

加工型配送中心是以流通加工为主要业务的配送中心。

(四)按照配送货物的属性分类

根据配送货物的属性，可以分为食品配送中心、日用品配送中心、医药品配送中心、化妆品配送中心、家电品配送中心、电子(3C)产品配送中心、书籍产品配送中心、服饰产品配送中心、汽车零件配送中心以及生鲜品配送中心等。

由于所配送的产品不同，配送中心的规划方向也就完全不同。例如，生鲜品配送中心主要处理的物品为蔬菜、水果与鱼肉等生鲜产品，属于低温型的配送中心，其是由冷冻库、冷藏库、鱼虾包装处理场、肉品包装处理场、蔬菜包装处理场及进出货暂存区等部分组成的，冷冻库温度为-25℃，冷藏库温度为0℃～5℃，也将其称为湿货配送中心；书籍产品配送中心，由于书籍有新出版、再版及补书等特性，尤其是新出版的书籍或杂志，其中的80%不上架，直接理货配送到各书店，剩下的20%左右储存在配送中心等待客户的再订货，另外，书籍或杂志的退货率非常高，有30%～40%，因此，在书籍产品的配送中心规划时，就不能与食品和日用品的配送中心一样；服饰产品的配送中心有淡旺季及流行性等特性，而且，较高级的服饰必须使用衣架悬挂，因此服饰产品配送中心的规划也有其特殊性。

三、物流配送中心的功能

近年来，物流业发展迅速，为了提高运输效率，城市中纷纷建立了物流配送中心。物流配送中心的主要功能有以下几个方面。

(1) 集货。为按用户需求配送货物，配送中心会提前从供应商手中购入大批量品种齐全的货品。

(2) 储存保管货物。为保证配送的正常开展，配送中心应具有储存的能力。

(3) 分货、拣货。为了方便配货时能够迅速找出货物，一般会将储存的货物进行分拣分类并摆放。

(4) 配货。根据用户的需求，进行配备货物。

(5) 装卸搬运。以上四点功能均会用到装卸搬运。装卸搬运的工作效率高低，严重影响配送速度与质量。

(6) 货品加工。用户具有不同的需求，因此会针对一些特定的货物进行加工包装，尤其是生产类的货品。

(7) 运送货物。按照提前预订的路线在规定时间内将用户需求的货品送到用户手中。

(8) 信息处理。物流配送中心应该具有灵敏、完整的信息情报系统。这也是保证物流配送中心顺利运行的重中之重。

四、物流配送中心规划与设计的原则

物流配送中心设计是对拟建配送中心的长远的、总体的发展计划。它对配送中心作业的运营和维护、配送中心作业的质量和安全，甚至所处地区的物流合理化都会产生深远影响。因此，在配送中心设计时应遵循以下几个原则。

(一)需求导向原则

物流配送中心的设计要在充分考虑物流业务需求的前提下，对构建物流配送中心的规模、功能和结构进行设计，只有以市场需求和业务需求为导向，才能使构建出来的物流配送中心既能有效支持供应链的运作又能保持物流设施与设备的高效使用。

(二)动态规划原则

在物流配送中心设计时，应在详细分析现状及对未来变化作出预测的基础上进行，应充分考虑未来用户、成本等方面的变化，而且在设计时要有一定的超前性，以便满足后期的需求。无论是建筑物、信息系统的设计，还是机械设备的选择，都要有较强的灵活性，以此来适应物流量扩大、经营范围拓展的需要。

(三)价值工程原则

在激烈的市场竞争中，对配送的及时性、一致性、可靠性、低缺货率、差损率等方面的要求越来越高，但是在满足服务高质量的同时，又必须考虑物流成本。特别是建造配送中心耗资不菲，因此必须对建设项目进行可行性研究，并进行多方案的技术、经济比较，以求达到最大的企业效益和社会效益。

(四)经济性原则

物流配送中心对物品进行储存，并组织运输与配送活动，因而在对其进行规划和设计的时候应综合考虑储存费用、运量、运费和运距等多方面因素，并且可以通过适当的数学方法求解出不同方案。根据可选方案下总成本的大小，最终为物流配送中心决策提供参考。

(五)交通便利原则

物流配送中心的主要活动体现在两个方面：一方面，在配送中心内部，运输配送活动依赖于配送中心的设计及工艺装备；另一方面，配送中心的运输配送活动领域在中心之外，这一活动则需依赖交通条件。因此在进行物流配送中心设计时，应该遵循交通便利原则。该原则包括两个方面：一是布局时要充分考虑现有的交通条件；二是布局时必须把交通作为同时布局的内容来考虑。如果只对物流配送中心进行布局而忽略交通条件的布局的话，则有可能会使物流配送中心的布局以失败告终。

(六)统筹原则

物流配送中心的层次、数量、布局与产业布局、消费布局等是互相交织、密切相关的。科学的物流配送中心布局，必须从整体效益出发，正确处理整体与局部、宏观与微观、重点与非重点、近期和长远之间的关系，统筹兼顾，全面安排。

(七)管理科学化原则

近年来，配送中心均广泛采用计算机进行物流管理和信息管理，大大加速了商品的流转，提高了经济效益和现代化管理水平。同时，要合理地选择、组织、使用各种先进的机械化、自动化物流设备，以充分发挥配送中心多功能、高效益的特点。

(八)环境保护原则

环境保护是我国现代化建设中的一项基本国策，尤其在可持续发展的背景下，环境保护已经成为物流配送中心进行规划和设计时不可忽略的重要原则。经济建设与环境保护二者是对立统一的关系，因此，在构建物流配送中心时，应该把握经济和环保平衡，尽可能实现循环绿色经济，通过节约、回收和再利用的手段，使物品的价值得到最大限度的开发和使用，在物流配送中心作业中尽可能减少消耗、浪费。

第二节　物流配送中心设计

物流配送中心的主要活动包括订货、进货、储存、订单拣货、发货和配送作业。相关配送中心平面图如图 12-1、图 12-2 所示。部分配送中心还有流通加工作业。当有退货作业时(如电商物流配送中心)，还要进行退货品的分类、保管和退回作业，电商物流配送中心平面图如图 12-3 所示。

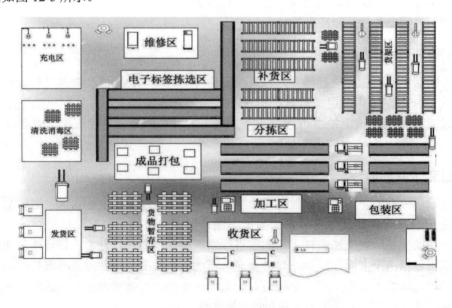

图 12-1　配送中心平面图

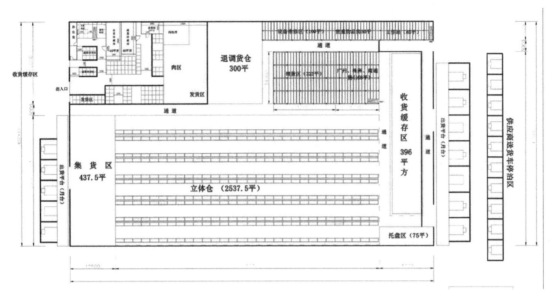

图 12-2 生鲜冷链配送中心平面图

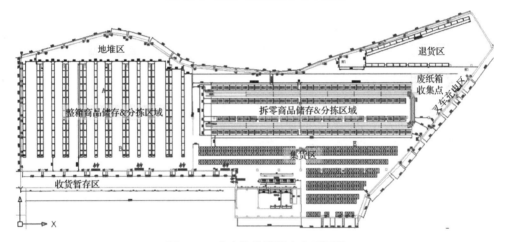

图 12-3 电商物流配送中心平面图

一、物流配送中心功能区设计

物流配送中心功能区设计时需经过基本资料分析和基本条件假设之后，才能针对配送中心的特性进一步分析，并制定合理的作业程序，以便选用设备和规划设计空间。

在作业流程合理规划后，可根据配送中心的运营特性对区域及周边辅助活动区进行规划。物流作业区是指装卸货、入库、订单拣取、出库、发货等基本的配送中心作业环节；周边辅助活动区是指办公室、计算机中心等。通过归类整理，可把配送中心分成以下作业区域。

(一)基本物流作业区

基本物流作业区是配送中心的核心区域，基本的物流作业在此区域进行，具体包括车

273

辆入库、卸货、进货点收货、理货、入库、储存、流通加工、发货、配载、配送等作业。

(二)退货物流作业区

退货物流作业区的设置可以根据配送中心的规模大小、与供应商的协议等实际需要而定。在此区域进行的作业有退货卸货、退货点收、退货责任确认、退货良品处理、退货瑕疵品处理、退货废品处理等。

(三)换货补货作业区

换货补货作业区可在基本物流作业区内进行，主要的作业有退货后换货、零星补货拣取、零星补货包装、零星补货运送。

(四)流通加工作业区

流通加工作业区根据实际需要设置。此区域的主要作业有拆箱、裹包、多种物品集包、外包装、发货商品称重、印贴标签等。如果流通加工业务量很小的话，可在配装区进行。

(五)物流配合作业区

物流配合作业区是配合物流基本作业的区域，该区域的主要作业是容器回收、空容器暂存、废料回收处理等。具体设置可根据实际需要，如设置容器暂存区或容器储存区、废料暂存区或废料处理区等。

(六)厂房使用配合作业区

厂房使用配合作业区主要是保证配送中心业务正常进行的配合区域，主要的作业项目有电气设备使用、动力及空调设备的使用、安全消防设备的使用、设备维修工具器材存放、人员车辆通行通畅、机械搬运设备停放等。

(七)办公事务区

办公事务区是配送中心正常运转及高效率运行的基础保证，主要的事务活动有配送中心各项事务性的办公活动、一般公文文件与资料档案的管理、配送中心计算机系统的使用及管理等。

(八)劳务活动区

劳务活动区是配送中心员工及供应商休息、膳食、盥洗的场所。

二、物流配送中心建筑设计

(一)仓库建筑及仓库结构

对于物流中心的建筑设计，主要包括以下三点。

物流中心及其设计一

(1) 从建筑的功能结构上去考虑，物流中心的设计包括建筑物的结构选型、天花板净高、层数和面积的设计；地面的选择；通道的尺寸等。

(2) 从建筑物的形式上去考虑，通过建筑物空间的营造，使各功能分区互不干扰；通过建筑室内外环境空间设计，提高建筑自身的品质等。

(3) 从建筑技术角度去考虑，包括建筑物的节能设计、材料的运用等。

一个完美的仓库，应是单层结构，方便进出并易于货物搬运，且有装卸平台、操作监控系统，库房内有烟感报警器、喷淋装置、安全逃生设备和通道。仓库形状以矩形为佳，通常设有多条通道，其中，仓库宽度应至少保证一条 2～4 米的主通道，仓库的长度可以是仓库宽度的 2～3 倍，仓库内应无立柱和横梁，应有接近天花板的宽型高窗。

(二)地面、墙面

(1) 地面排水系统应是密封的。

(2) 地面不应有麻点、碎片、不平坦的表面。

(3) 工作地或任何储存区每层地面的安全承载能力，无论临时的或永久的，均应该符合货架的最大承载重量的标准。

(4) 地面应采用金刚砂材料的耐磨地坪，或采用质量较好的无色油漆、防尘涂料。

(5) 墙面涂料应采用质量较好的白色涂料。

(三)屋顶

屋顶应设置有保温隔热层材料，同时要考虑到雨水或雪堆积造成屋顶渗漏、坍塌等事故的发生。仓库的屋顶一般有钢筋跨梁，应注意仓库使用净高度；屋顶使用彩钢板的厚度须大于 0.2～0.3 厘米，从而确保屋顶的牢固程度。仓库堆栈、货架顶部与屋顶之间，以及仓库堆栈、货架的工作高度与在天花板垂直下方的灯、喷淋头之间应留有安全距离。

(四)门窗

库房门的大小应能够供相应装卸工具无障碍进出。库房大门的高度应为长 4 米，宽 4 米左右，开门方式为左右开门，也可用移动门。库房的窗户应该是接近天花板的宽型高窗。所有的门窗应保证锁闭时无缝隙。

(五)装卸平台及雨棚

仓库应有与集装箱等高的装卸平台，在装卸平台上方或平行库房之间的上方要有雨棚，另外在大门两侧或装卸作业区的上方，也应有独立的雨棚，雨棚如图 12-4 所示。

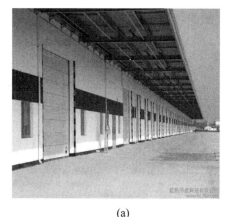

(a)   (b)

图 12-4　雨棚

物流中心及其设计二

三、通道设计

物流中心内建筑通道设计的主要目的是满足物流作业的需要。合理的通道设计，对物流园区内的运作流程、作业效率和空间布局都会产生巨大的影响。

(一)通道设计原则

(1) 流向原则：在物流园区库房通道内，人员与物品的移动方向要形成固定的流通路线。

(2) 空间经济原则：在一个 6 米宽的库房内，至少应该有一条宽 1.5～2 米的通道，通道面积应占有效地板面积的 25%～30%。

(3) 安全原则：不仅需要在日常作业时保证安全，而且应该保证在遇到紧急情况时人员能够安全撤离。

(4) 交通互利原则：各类通道不能互相干扰，次级通道不能影响主通道的正常作业。

(二)通道设计类型

(1) 工作通道：主要有两种类型，分别是主通道和辅助通道。

(2) 员工通道：一般应该维持最小数目。

(3) 电梯通道：不应该受任何通道阻碍。

(4) 服务通道：为了存货和验货提供大量物品进出的通道。

(5) 其他通道：为了公共设施、防火设施或紧急逃生的需要所开设的通道。

(三)通道设计内容

通道设计主要包括两个方面的内容，即通道的布置形式和通道的宽度设计。通道的布置形式应该采用中枢式通道布置；通道的宽度设计包括直线通道宽度的计算、丁字形通道宽度的计算、直角通道宽度的计算。在进行通道宽度的计算时应该留有适当作业余量以保证正常运行。

物流中心库房内各种通道宽度的参考值如表 12-1 所示。

表 12-1　物流中心库房内各种通道宽度的参考值

单位：m

通道的类型	宽　度	通道的类型		宽度
主通道	3.5～6	侧面式叉车		1.7～2
辅助通道	3	堆垛机	直线单行	1.5～2
人行通道	0.75～1		直角转弯	2～2.5
小型台车	台车尺寸+0.5～0.7		直角堆叠	3.5～4
手动叉车	1.5～2.5		伸臂、跨立、转柱	2.1～3
重型平衡叉车	3.5～4		转叉窄道	1.6～2
伸长货叉车	2.5～3			

(四)通道设计的简要顺序

在通道设计时，应最先设计工作通道。在工作通道确定时，应首先确定主要通道以及出入大门的位置，其次再根据主要通道规划辅助通道，最后设计其他的通道。

四、物流中心停车场设计

(一)停车场设计原则

(1) 按照物流园区规划所确定的规模、用地、城市道路连接方式等要求及停车设施的性质进行总体布置。

(2) 停车场设置出入口时不得设在交叉口、人行横道、公共交通停靠站处，一般宜设置在次要干道上。如果需要在主要干道设置出入口，则应该远离干道交叉口，并用专用通道与主干道相连。

(3) 停车场设置的交通流线组织应尽可能遵循"单向右行"的原则，避免车流相互交叉，并应配备醒目的指路标志。

(4) 停车场设施设计必须综合考虑路面结构、绿化、照明、排水及必要的附属设施的设计。

(二)停车场停车方式设计

1. 平行式

平行式指车身方向与通道平行，是路边停车带或狭长地段停车的常用形式，如图 12-5 所示。

该方式的特点：所需停车带最小，驶出车辆方便，但占用的停车面积最大。其适用于车道较宽或交通流量较少、停车不多、时间较短的情况，还可用于狭长的停车场地或做集中驶出的停车场布置，也适用于停放不同类型车辆及车辆零来整走。

2. 垂直式

垂直式停车车身方向与通道垂直，是最常用的停车方式，如图 12-6 所示。

该方式单位长度内停放的车辆最多，占用停车道宽度最大，但用地紧凑且进出便利，在进出停车时需要倒车一次，因而要求车道至少有两个车道宽。

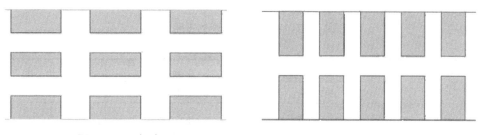

图 12-5 平行式　　　　　　　图 12-6 垂直式

3. 斜列式

斜列式指停车车身方向与通道成角度停放，一般有 30°、45°、60° 三种，如图 12-7

所示。

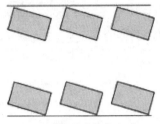 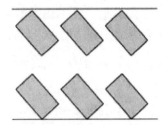 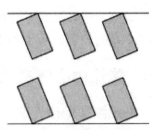

(a) 30°斜列式停车方式　　　　(b) 45°斜列式停车方式　　　　(c) 60°斜列式停车方式

图 12-7　斜列式

该方式停车带宽度随车长和停放角度有所不同，适于场地受限制时采用，车辆出入方便，且出入时占用车行道宽度较小，有利于迅速停车与疏散。缺点是单位停车面积比垂直式停车方式要多，特别是 30°停放，用地最费。

(三)停车场面积

影响停车场面积的主要因素包括停车位的数量、停车场停车方式的选择、停车位宽度、停车位长度、车辆回转空间和其他因素等。

1. 停车位的数量

物流园区停车位的数量应该结合土地的使用条件、所停车辆的主要类型、物流园区货运量以及公务量等因素综合得出。停车位的数量可适当增多以满足尖峰时刻的需要。

2. 停车场停车方式的选择

在一般情况下，当车辆数量相同时，平行式停车方式所占用的停车场地面积最大，相比之下，垂直式停车方式占用的面积最小，斜列式停车方式所占用的面积居中。

3. 停车位宽度

停车位宽度一般和车辆类型、车辆间距密切相关。不同车辆的宽度如表 12-2 所示。车辆之间的间距应该根据车辆的种类和规格的不同而不同，一般根据车门的开启范围取值：大型车辆的间距为 1～5 米，中型车辆的间距为 1.3～1.5 米，而小型轿车的间距为 0.7～1.3 米。

表 12-2　不同车辆的宽度

单位：m

车辆类型	长　度	车辆类型	长　度
微型车	1.6	大型客车	2.5
小型车	1.8	铰接客车	2.5
轻型车	2.1	大型货车	2.5
中型车	2.5	铰接货车	2.5

4. 停车位长度

停车位长度一般和车辆的类型密切相关。与停车位宽度不同的是,停车位长度较固定。不同车辆的长度如表 12-3 所示。

表 12-3 不同车辆的长度

单位:m

车辆类型	长 度	车辆类型	长 度
微型车	3.5	大型客车	12
小型车	4.8	铰接客车	18
轻型车	7	大型货车	10
中型车	9	铰接货车	16.5

5. 车辆回转空间

设计停车场时,必须对运输车辆回转空间进行分析。回转空间的宽度主要取决于车辆本身的长度和倒车所需要的路宽。车辆倒车路宽和车辆停车位宽度有关,即停车位宽度越宽,倒车路宽越小。通常车辆倒车路宽为车辆长度,回转空间的宽度就等于车辆本身长度的两倍加上留出的余量。

五、出入口设计

出入口是停车场与外部道路的连接点,是车辆出入的通道。为方便车辆到达停车泊位,停车场出入口处应做到视线通畅。

(一)出入口的数量

停车泊位数越多,出入车辆就越多,出入口的数量也就需要相应增加。

(二)出入口的位置

停车场的出入口不宜设在主干路上,可将其设置在次干路或支路上,并要远离交叉口。

(三)出入口宽度

停车场出入口不应少于两个,其净距宜大于 10 米。条件困难或停车容量小于 50 个时,可设一个出入口,但其进出通道的宽度宜为 9~10 米。

第三节 配送中心基本作业流程

配送中心把订货、收货、验货入库与储存管理、订单处理、货物分拣、出货、运输、配送及退货处理等作业有机结合起来,形成了多功能、全方位的枢纽。配送中心业务流程如图 12-8 所示。

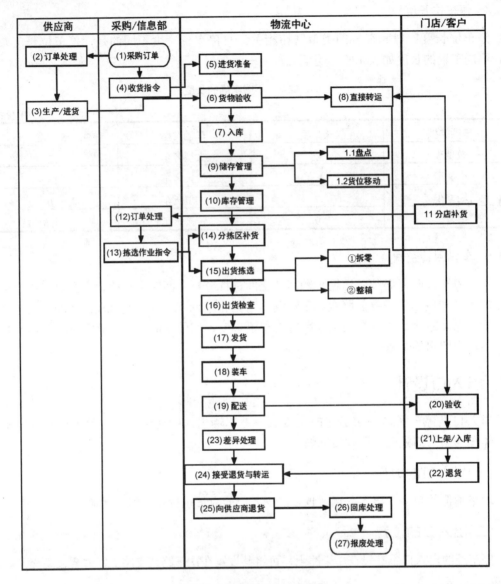

图 12-8　配送中心业务流程

一、入库管理

配送中心入库环节是物品从生产领域进入流通领域的基本环节,包括从货运卡车上卸货、点数、分类、验收、搬运到配运中心的储存地点等。

入库作业的流程:首先,根据客户的入库指令视仓储情况做相应的入库受理,按所签订的合同进行货物受理,并根据给货物分配的库区库位打印出入库单;其次,在货物正式入库前进行货物验收,主要是对要入库的货物进行核对处理,并对所入库货物进行统一编号(包括合同号、批号、入库日期等);最后,进行库位分配,主要是对事先没有预分配的货物进行库位自动分配或人工安排处理,并产生货物库位清单,具体的入库作业流程如图 12-9 所示。

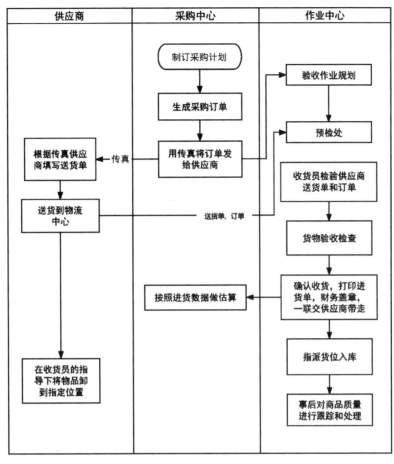

图 12-9 入库作业流程

配送中心入库管理具体要求如下。

(一)收货操作程序和要求

(1) 当供应商送货卡车停放至收货站台时，收货员核对送货单，对于没有预报的商品办理有关手续后方可收货。

(2) 卸货核对验收：主要是验收商品条形码、件数、质量、包装等。

(3) 在核对单货相符的基础上签字，在收货基础联上盖章并签注日期；单个收货单的商品分批配送的，应将每批收货件数记入收货检查联，待整份单据的商品件数收齐后，方可盖章并回单给送货车辆让其带回。

(4) 每一托盘标明件数，并标明这批商品的总件数，以便保管员核对接收。

(二)收货检验

收货检验是对商品质与量的控制，主要是对商品条形码、件数、包装上品名、规格、系数进行检验。对于品种繁多的小商品，以单对货，核对所有项目，即品名、规格、颜色、等级等，这样才能保证单货相符，准确无误。

1. 货品验收的标准

确认货品是否符合预定的标准，可以依据以下的标准：采购合同或订购单所规定的条件、采购谈判时的合格样品、采购合同中的规格或图解、各种产品的国家质量标准等。

2. 货品验收的作业内容

1) 质量验收

配送中心对入库商品进行质量验收的目的是查明入库商品的质量情况，发现问题，明确责任，以确保入库商品符合订货要求。

2) 包装检验

包装检验的目的是保证商品正常储运。检验标准包括：国家颁布的包装标准，购销合同和订单对包装规格的要求。具体作业内容包括：包装是否安全；包装标志和标识是否符合标准；包装材料的质量状况。

3) 数量验收

入库商品必须按不同供应商或不同类型进行初步整理后，依据订单和送货单的商品、规格、包装系数等对商品数量进行验收，以确保准确无误。

3. 入库信息维护

入库是商品进入物流中心的第一个阶段。为了后续作业的便利，要特别注重库存资料的掌握程度，企业可以将计算机录入和手持终端录入两种方式相结合进行商品入库管理。

进货信息主要包括商品的保质期限、规格、进货商品的容器、单位负载的功能尺寸、分布以及每一批单品进货量的分布。这些数据为分析规划进货系统设计参数提供了依据。

(三)搬运作业

搬运不能增加产品的价值，因此必须尽可能地减少货品搬运次数，以降低物流成本。搬运作业贯穿于整个作业流程的始终，也是配送中心发生频率最高的作业，因此改善搬运作业的方式，对其进行合理规划是提高作业效率的手段之一，但其通常又是很容易被忽视的一个环节。在考虑搬运成本时，应遵循两个原则：一个是距离原则，距离越短，移动成本越低；另一个是数量原则，物品移动的数量越多，每单位的移动成本越低。

因此，可以针对搬运对象、距离、空间、时间、手段等因素来改善搬运工作。

(四)储存作业

储存作业包括从验收月台到储存区，以及在仓库作业中其他类似的货物移动。

1. 储存保管的目标

储存保管的目标包括：人力及设备的有效利用；增加空间利用率；提高商品存取的便利性；保证商品有效移动，使人力和机械设备操作更加经济、安全；提高对商品保护；提供良好的工作环境。

2. 选择区位的参考标准

选择区位的参考标准包括：依照商品的特性储存；大批量使用大储区，小批量使用小储区；轻量的商品储存于较坚固的简易货架；相同、类似的商品尽可能存放在邻近的储位；流动性较小、质量较轻且容易处理的商品使用远储区；周转率高的商品尽量接近出货区。

3. 储存策略

规划商品的储存作业，不仅可以减少出入库移动的距离，缩短作业的时间，而且可以提高空间利用率。

储存策略可以分为定位存放和随机存放。定位存放的优点在于仓位固定，拣选人员容易熟悉货品仓位，但储存空间利用率低；随机存放的优点在于储存空间使用效率高，但是出入库管理难度大，很难进行合理的库存控制。

4. 商品的堆放要求

为了保证商品安全，以及便于检验、复查、规范化操作，商品码放托盘时，商品标志必须朝上；商品必须标明件数；商品摆放宽度不能超过托盘宽度；每个托盘的高度不得超过规定标准；商品重量不得超过托盘规定的承重量；托盘上商品尽量堆放平稳，便于向高堆放。

二、发货管理

发货作业流程如图 12-10 所示。

(一)拣选作业

拣选作业的动力来自客户的订单，拣选作业的目的在于迅速地集合客户所需的商品。从成本的分析角度来看，拣选成本占物流配送成本的绝大部分，因此，降低物流配送成本，提高拣货作业效率会给成本控制带来很好的效果。

1. 拣货策略

拣货策略影响着拣货的效率，首先要对基本策略有所了解，以便能在工作中灵活运用。

1) 摘果式拣货(根据订单拣货)

摘果式拣货策略原则上以配送单上的数量为准，对于每张订单，拣选人员从储存的货物中拣出一定品种和数量的商品，对于与实际库存有出入的商品要以库存实数为准并核实，拣选数量不能大于配送单数字。

该方法的作业前置时间短，针对紧急需求可以实现快速拣选，操作容易，对机械化、自动化无严格的要求，作业责任明确，分工容易。但是，当订单数量、商品品项较多、拣选区域较大时，该拣选方式耗费时间长、效率低、搬运强度大，因此适用于配送中心初期阶段。

2) 播种式拣选(批量拣选方式)

播种式拣选策略是先把每批订单上的相同商品各自累加起来，从储存仓位上取出，集中到理货现场，然后将每一门店所需的数量取出，分放到商品运货处，直至配货完毕。播种式拣选的特点体现在这种方式每次可处理多份订单或多个客户，但操作复杂，难度系数大。其一般适用于订单变化小、数量稳定及需要流通加工的物流中心和外形体积规则、固定的商品。

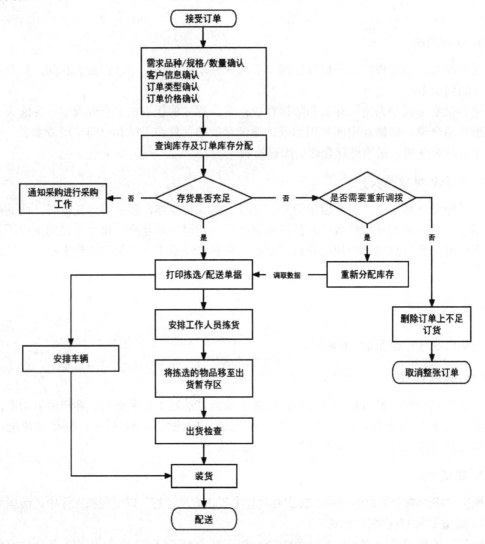

图 12-10　发货作业流程

2. 拣货信息

拣货信息指导着拣货的进行。配送中心的拣货信息主要是客户的订货单。为使拣货人员能够正确且迅速地完成拣货，提高服务质量，可以采取以下几种技术来辅助拣选作业。

(1) 数字分拣系统。在商品仓位上安装液晶显示器，显示拣货位置的同时，显示分拣的数量，从而提高拣货效率。

(2) 条形码技术。利用条形码代替商品货箱的号码数字，将条形码贴在商品或货箱的表面，利用条形码扫描器来阅读，然后经过计算机解码对商品进行识别。

(3) 无线手持终端。其是配送中心基本作业的辅助工具，利用无线手持终端扫描商品或仓位的条形码，然后读取信息传送至计算机做控制管理。基本上，仓库中需要在计算机上反映的所有业务操作都可以通过无线手持终端来完成。

(二)出货作业

1. 补货作业

以托盘为单位,从保管区向拣货区补货,从而保证拣货作业的需求。对于采用多层货架存储的商品,将下层货架作为拣选区,商品由上层货架向下层货架补货;对于平库的物品,通常遵循先进先出的原则对其进行拣选,平库的物品对补货要求相对较低。

2. 出货作业

将拣选的商品按订单或配送路线进行分类,做好相应的标识和贴印标签工作,然后根据配送地点或者配送线路等将物品送到出货暂存区,再进行出货检查,最后装车配送。

1) 拣选作业

目前主要以人工拣货方式为主,在完成货物拣选之后,将所拣选的商品根据不同配送地点或配送路线进行分类,对其中需要进行包装的商品,将其拣选并集中后,先按包装对其进行分类处理,再按送货要求出货。

2) 出货检查作业

根据配送地点或者车次对象等对拣选商品的产品号码和数量进行核对,对产品状态和品质进行检验。其可以采取以下两种方法检查。

(1) 人工检查。将货品逐一点数并核对出货单,再检查出货品质及状态。

(2) 商品条形码检查。当进行出货检查时,只需通过条形码枪读取货品的条形码,计算机就会自动将资料和出货单进行对比,检查是否有数量或号码上的差异。

3) 出货形式

配送中心在拣取方面以托盘、箱、单品为单位。

4) 出货作业质量控制

拣选作业的效率和拣选准确性直接影响供应商的结算周期和库存水平,因此要严格做好出货作业质量控制。

3. 条形码技术在出货作业中的应用

在条形码作业系统中,拣选、包装和出货功能等多种作业是集成为一体的。配送中心为多个地点配送商品,处理采购订单较多,每张订单品种也较多,如果以人工订单拣选为主,错误率较高的情况将难以避免,出现差异也很难及时确认。为避免或减小错误率,提高工作效率,可采用条形码技术。

对于小型订单拣选,库存检查和单据准备完毕后,发票和作业单应有一个订单编号,该号码必须以条形码和数字标识,如果使用 RF,相关作业可以实现无纸化。对于大型订单和大量拣选,首先,拣选人员使用带扫描器的手持终端进入拣选作业区域,订单通过无线传输进入系统,随后需拣选的品种和数量会在手持终端显示;其次,拣选人员到达储位扫描储位条形码和商品条形码,系统校验商品是否被正确拣选;最后,拣选完成后,拣选人员将拣选商品放入发货暂存区,并发出完成拣选的信号,计算机生成相应的单据。

(三)运输管理

配送中心以提高每次运输配送量、提高车辆运行的周转率、减少车辆使用台数、缩短配送距离等为原则，将货物送到订货门店/客户。运输作业流程如图 12-11 所示。

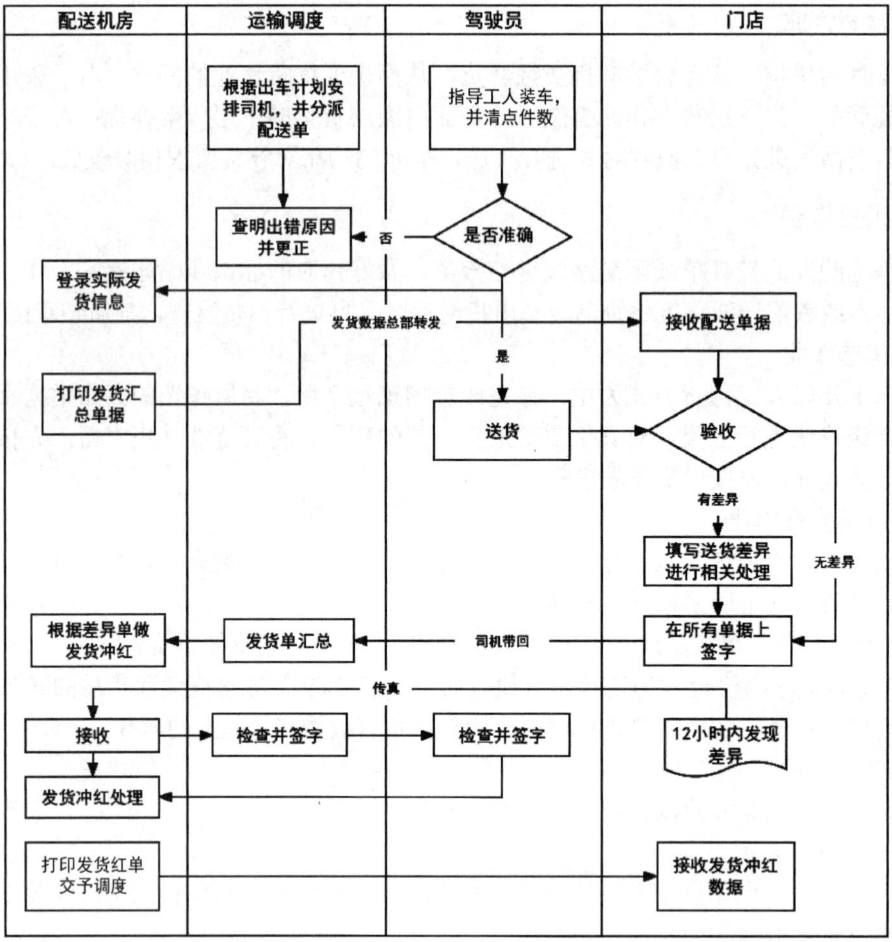

图 12-11　运输作业流程

1. 运输管理问题

运输的可变因素太多且各因素之间相互影响，导致运输管理环节一直存在较多问题，如运输管理难以控制等。为了加强对配送中心的运输管理，应该灵活运用拣选作业方式、提高作业效率、重新规划配送路线、提高车辆利用率、加强对驾驶员的时间管理和培训、合理分配驾驶员的工作量和工作时间、制定驾驶员的考核标准(考核标准与驾驶员的薪酬挂钩)、加强车辆维护并且对车辆的维修费用和运输费用进行严格的控制、购置车辆保险解决车辆安全问题、要求门店提高作业效率。

2. 运输成本管理

物流成本包括搬运费、包装费、运输配送费、保管费和其他费用。其中，运输配送费比例占 35%～60%，其费用的高低是物流成本的决定性因素。因此，需加强对配送人员的工作时间和作业管理、提高车辆的利用率，从而提高配送效率、提高物流中心的收益。

3. 运输规划

运输费用在物流成本中占有重要地位，因此，运输规划是否合理便直接影响着运输的成本与效率。在实际运输的分派过程中，由于受门店/客户的分布、道路、车辆通行限制、送货时间等诸多因素的影响，运输规划困难，为此我们要遵循调度原则，与此同时要编制出合理的行驶路线和时间安排。

调度原则如下。

(1) 将相互邻近门店的货装在一辆车上并安排在同一时间配送。

(2) 配送路线从离物流中心最远送货点开始。

(3) 同一辆车途经各门店的路线呈凸状。

(4) 条件允许的情况下，尽量使用载重较大的车辆。

(5) 对于规划路线外的门店，特别是送货量小的门店使用载重较小的车辆。

(6) 尽量减少门店工作时间过短限制。(针对工作时间中有冲突的解决方案)

4. 运输方式

配送运输属于运输中的末端运输、支线运输。

配送运输和一般运输形态的主要区别：配送运输是较短距离、较小规模、频度较高的运输形式；一般使用汽车和其他小型车辆做运输工具。配送运输与干线运输的主要区别：配送运输的路线选择问题是干线运输所没有的，干线运输的干线是唯一的运输线。

配送运输由于配送用户多，而且一般城市交通路线又较复杂，因此如何组成最佳路线、如何使配装和路线有效搭配等都是配送运输的特点，也是难度较大的工作。

(四)库存管理

物流管理的目标是更好地满足客户需求，使物流成本和客户满意度之间达到有效权衡。这个目标是通过物流活动在供应链上保持合适的库存水平来实现的。为实现库存水平合理化，要完成以下三项工作。

首先，要制定客户的服务策略——客户服务标准。

其次，根据政策来理解客户需求并确定具体的活动策略——信息流动及订单处理。

最后，执行该策略——运输和库存管理。

通过合理的库存来提高采购的规模效应，降低采购成本。通过控制库存，确保交货期，预测误差补救，避免销售损失。

企业经营的品种繁多，而不同品种对资金占用和库存周转存在较大的差异，因此需采用 ABC 库存管理法。该库存管理法的基本原理是将库存物品按品种和占用资金的多少分为特别重要的库存(A 类)、一般重要的库存(B 类)和不重要的库存(C 类)三个等级，然后针对不同等级分别进行管理与控制。

划分 ABC 类别的通常标准如下。

A 类：关键因素。某些品项的累计百分数仅占总品项的 5%～10%，而其对应的分类指标(如所占资金)的累计百分数占总指标的 60%～80%，我们将此类商品定义为关键的少数，将其划分为 A 类。

B 类：主要因素。通常品项累计百分数占总品项的 20%～30%，而其对应的分类指标的累计百分数占总指标的 20%～30%，我们将这类项目划分为 B 类。

　　C 类：一般因素。当某些品项的累计百分比占总品项达到 60%～80%时，而其对应的分类指标的累计百分数却只占总指标的 5%～10%，成为次要的多数时，我们将其划分为C 类。

　　通过对系统收集的年度需求量、品种数、单价和资金占用等数据进行分析，计算库存品种年度总金额，编制产品 ABC 分析表。

1. 盘点作业

　　商品不断地进出库，容易造成库存资料与实际数量不相符的现象。或者有些商品存放过久、存放方式不恰当，致使品质受影响，难以满足客户要求。为了有效地控制货品数量，需要对各储存场所进行数量清点，通过盘点确定现有库存量，并修正账实不符产生的误差。盘点作业流程如图 12-12 所示。

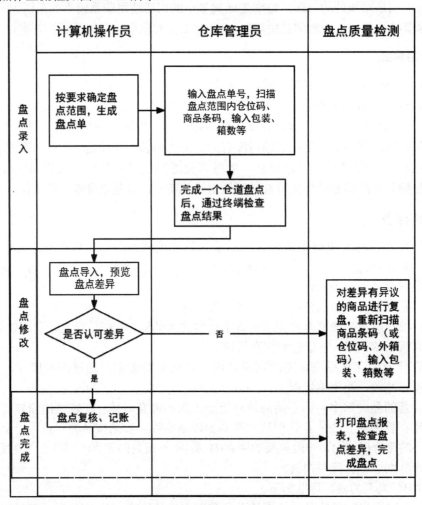

图 12-12　盘点作业流程

　　企业的损益与总库存金额有相当密切的关系，而库存金额与存量及单价成正比，因此为了能准确地计算出企业实际的损益，就必须对现有商品的数量加以盘点。检查库存管理实绩，借盘点发现问题，以优化商品库存管理。

(1) 建立月末盘存制度。以每月 26 日为盘点日，核对配送中心的库存商品，3 日内交盘点报表，将盘点情况书面汇报部门经理。

(2) 确定盘点方法。因盘点场合、要求的不同，盘点的方法也有所差异。为符合不同状况的产生，盘点方法的决定必须明确，以便盘点时不易混淆。

(3) 对盘存过程中产生的差异，必须找出原因，并予以更正。

(4) 在日常拣货、理货过程中如果怀疑商品有误差、短缺等现象，随时对单品进行盘点以核对账目，对问题商品的差异数量、金额做书面记录并汇报部门经理。

(5) 进行盘盈、盘亏处理，并制作相应的报表。

2. 残次管理

对于仓库里亏箱的好商品、包装损坏的商品、质量有问题的商品，如果不采取措施去控制，将会导致许多库存操作不能准确完成。

残次处理方式主要包括以下几种。

1) 退货

需进行退货处理的商品，以电话或传真的方式通知供应商，供应商带退货单到仓库，取回实物，系统进行退货处理，库存减少。退货作业流程如图 12-13 所示。

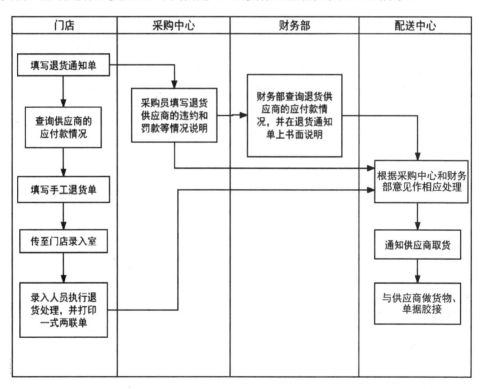

图 12-13 退货作业流程

2) 销毁

对严重破损或过期商品不能退给供应商，需要进行销毁处理(对处理的商品拍照留作证据)，库存减少。

3) 修复

对经过简单处理之后还可以继续发货的商品进行修复处理。

4) 调换

有些商品可以向供应商进行调换。供应商将商品带来后进行调换，就可以把调换商品重新转入仓库进行发货。

3. 返仓、返厂作业

1) 返仓作业

返仓是指配送中心配送的货物与门店的要求不符，或因其他原因而由门店制作返仓单至配送中心仓库，并由送货人员将货物运回配送中心的过程。此过程中配送中心处于主导地位，配送中心工作人员审核无误后，在计算机系统中执行单据，此返仓单才生效，机内库存数量同时发生转移。

2) 返厂作业

返厂是配送中心因货物的质量、包装、保质期、破损等原因与采购部协商后对已经入库的货物进行退货的处理过程，生成返厂单(退货单)。

4. 冻结与保质期管理

1) 保质期管理

保质期管理方式：①定义保质天数，预留进货天数，预留发货天数；②定义保质等级，商品只需定义保质天数，根据保质等级，取预留进货保质天数，预留发货保质天数。

收货时必须输入商品的生产日期，判断商品的可销天数是否大于预留进货保质天数；系统对每天可销天数小于预留发货保质天数的商品生成保质预警单；生成预警单后，按照管理要求做相应处理。

2) 库存冻结

库存冻结原因：盘点、正常、损益、转仓、保质期、进货、退货等。

3) 库存预警

库存预警包括数量预警、滞销预警、保质期预警。

(五)信息处理

在配送中心的运营中，信息系统起着中枢神经的作用。对内向各子系统传递信息，把收货、存储、拣选、配送等活动整合起来，协调一致；对外与客户进行联网，还可以与供应商、批发商及其他客户等联网。

1. 信息管理系统的功能

信息管理系统的功能包括：随时掌握整个物流系统的现状；通过各商场的电话、传真或计算机，接受订货；指示发货，处理各种订单信息；反馈作业信息，结算费用；补充库存，提出供货计划。

2. 建立信息系统的目标

(1) 库存合理化：依靠计算机管理库存，压缩库存并防止商品脱销。

(2) 调节供需：把订货信息和库存信息反馈给供应商/生产企业，使产、供、销一体化，从而提高流通效率。

(3) 缩短从订货到发货的周期。

(4) 提高运输装配的效率。

(5) 提高装卸作业效率。

3. 订单处理

订单处理是指从接到采购中心发出采购订单到准备出货之间的作业阶段物流中心所有相关单据的处理。其包括订单确认、存货查询、库存分配和出货配送等。

1) 订单品项数量及日期确认

配送中心对门店的订单资料进行检查，发现要求送货时间有问题或出货有时间延迟时，需要与门店再次确认订单内容或更正要求的进货时间。

2) 订货价格确认

核对送货单价格与采购单价格是否相符。若价格不符，系统加以锁定，以便主管审核。

3) 包装确认

对订购的商品，是否有特殊的包装、分装、贴标等要求，或是有关赠品的包装等资料都应详加确认记录，并将出货要求在订单上注明。

4) 订单号码

每一个订单必须有唯一的订单号码，其可以根据经营合同或成本单位来确定，便于计算成本，采购结算，配送等整个商品流转过程。所有工作说明及进度报告均以此号码作为标准。

5) 建立和维护客户档案

更新客户的详细记录，包括：供方名称、代号、等级；负责本企业产品供应的业务员、车辆形态、送货地点、配送要求等。

6) 存货查询及订单分配

(1) 存货查询。存货查询的目的是确认有效库存能否满足门店需求。库存商品资料包括品项名称、最小存储单元号码、产品描述、库存量、已分配存货、有效存货及顾客要求的送货时间。输入门店订货商品名称/代号时，系统应核对存档的相关资料，确认此商品是否缺货。若缺货，则生成相应的采购订单，以便与门店协调使用替代品或允许延迟交货，从而提高接单率和接单处理效率。

(2) 分配库存。订单资料输入系统，确认无误后，最重要的处理作业是如何有效汇总分类，调拨库存，以便后续的各项作业能有效进行。对于单一订单分配，采用即时分配形式，输入订单资料时，将存货分配给该订单；对于批次分配，可选择按接单时序分配、按配送区域或路径分配、按车辆需求分配。

若现有存货数量无法满足门店要求，且无替代品时，与采购中心联系进行协调处理。

(六)绩效管理

根据不同的职位工作目标设置不同的可以量化的评估计划。对每位任职者实施可以量化的考核，将考核的结果与目标管理的要求进行对比，为被考核者修订今后的工作目标或工作方法，设计培训计划或提出薪酬建议。绩效评估的流程主要包括以下内容。

1. 目标管理的制定

绩效评估的主要目的是希望通过员工的实际工作绩效和成果的提高，来提升企业经营的绩效。员工个人的目标是企业成功的基础，因此，必须使个人能确认在自身权限内的主要工作重点及需要达到的工作目标，这些工作的重点及工作的目标必须是可衡量的。首先统计物流中心总的工作量，再对应到每个岗位，产生每个岗位的工作量，将其作为该岗位的工作目标。

2. 确定工作事项的权重

完成工作所需的时间、难度都不一样，因此确定各工作相应的权重十分重要。准确合理的权重，可使员工能够集中主要的精力去完成重要而复杂的工作目标，也能使管理者更客观地去评估员工的工作绩效。

根据不同的职位、层次及企业的管理要求来设计不同的考核内容；一般工作目标考核的主要权重占总量的一半或一半以上；其他项目可根据职位的具体要求来设置相应的考核内容。

3. 考核目标确定的原则

考核目标确定的原则包括：考核目标要求明确和可量化；达成目标需双向确认和接受；目标是现实的并具有挑战性；有明确完成任务的时间界限。

复习思考题

1. 物流配送中心按功能分类有哪些？
2. 配送中心入库管理具体步骤有哪些？
3. 两种拣货策略的优缺点有哪些？
4. 运输规划的原则有哪些？

第十三章　商业配送系统设计

【学习目标】

- 了解商业配送系统的内涵及分类。
- 掌握商业配送系统设计的流程。
- 学习常用的空间布局规划方法。
- 熟悉商业配送模式下的常规作业流程。

配送业务处于物流活动的末端，其完善和发展程度会影响整个物流系统的运作效果。通过科学合理的配送管理，可以提升商业配送系统的运营效率，使物流运作中的各个环节紧密衔接，从而达到物流系统整体最优的目的。本章主要介绍商业配送系统的分类、系统设计内容与方法以及配送系统规模的确定与具体布局等内容。

第一节　商业配送系统概述

一、商业配送系统的内涵

商业配送是连接销售企业与下级经销商、零售商乃至客户的纽带，是实现连锁经营的基础，它的主要功能是收集特定区域内连锁门店的订货信息进行采购，从供货商手中接收多品种、批量不定的零散货品，并进行集货、验收、储存保管、配货、分拣、流通加工、信息处理，然后按照各家门店订货信息进行补货和配装，最后以高质量的服务，准时、精确、安全且低成本地对货物进行配送。

商业配送系统的建设对促进商品的销售、提高商品流通质量、发展电子商务等都有着积极的意义。商业物流配送系统的设计与目的，是要增强企业的竞争优势，进一步实现品牌化经营。商业配送系统是产业供应链产成品流向最终消费者的综合渠道，包括了商流、信息流、物流、资金流及其资源整合。

二、商业配送系统的分类

虽然商业配送面向的服务用户是终端消费者，但负责商业配送的企业在业态、业种、规模上存在多样性，因此商业配送模式在配送起点、组织形态、功能以及经营权限上具有差异性，具体分类如下。

(一)按照配送起点分类

按照配送起点可将商业配送分为配送中心配送、仓库配送与商业门店配送。配送中心配送指由配送中心作为组织者发起的配送；仓库配送指以传统的仓库为据点而实施的配送形式；商业门店配送是以商店为起点组织的配送活动，往往是指一些从事销售活动的商店为自己或外部的零售网点进行商品配送,用于满足客户的零星需要。

(二)按照组织形态分类

按照组织形态可将商业配送分为自营配送、代理配送、供应商配送和共同配送。自营配送是指企业通过独立组建自营的配送中心,实现对内部各部门、各店的物品配送;代理配送又称第三方物流配送,是指从事配送业务的企业通过与上游厂商建立广泛的代理或买断关系,与下游企业或零售店铺形成稳定的配送关系,在此基础上开展广泛的社会化配送;供应商配送是由供应商直接进行商品配送;共同配送是指多家企业共同组建或参与只由一家公司独立进行的配送作业,以互惠互利为原则,实现整体的配送合理化。

(三)按照功能分类

按照功能可将商业配送分为转送模式配送、分销模式配送、加工模式配送和储存模式配送。转送配送中心(transfer center,TC)的主要功能是传送,它不具备商品保管、在库管理等功能,主要进行商品的周转、分拣等作业。分销配送中心(distribution center,DC)拥有商品保管、在库管理等管理性功能,同时又进行商品周转、分拣和配送业务。加工配送中心(process center,PC)将大批采购的半成品(多为生鲜食品)进行加工、解冻、分割、包装,然后分送各分店或用户,这种模式较适合于超市生鲜食品部。储存配送中心(stock center,SC)兼有储存和配送双重功能,以商品的储存、保管功能为主,商品在配送中心的储存时间比转送模式要长。

(四)按照经营权限分类

按照经营权限可将商业配送分为物流模式、配销模式和授权模式。物流模式是指只进行物流作业,商品经营决策或者商流的任务由相关部门来完成。配销模式肩负商流和物流双重使命,既负责商品采购,也可以向用户直接批发销售商品的配送。授权模式是指一些企业或连锁总部将商品采购权和定价权授予配送中心,企业或连锁总部则保留商品组合、批发销售以及业务监管的权利。

第二节　商业配送系统设计

商业配送系统设计主要包括配送中心设计、配送模式设计以及物流设施设备的选用等,部分内容与物流中心设计相近。

一、商业配送系统的设计内容

(一)配送中心系统设计

商业配送中心通过集货、分拣、储存、配货和送货等环节来实现货物配送任务。商业配送中心的作业流程如图 13-1 所示。

商业配送中心系统设计包括很多方面的内容,主要应从物流系统设计、作业成本管理、信息系统设计三个方面进行设计。物流系统设计包括配送中心的选址、作业区规划、设施设备规划；作业成本管理包括对作业标准、人员配备等的设计，以及如何有效管理和控制物流成本；信息系统设计是对配送中心信息管理和决策支持系统的设计。同时，为了提高保管、拣选的作业效率，考虑与下游配送中心、零售商店、专卖店等的通用性、可交换性，集装单元器具形式、规格的确定也是配送中心设计的重要内容。

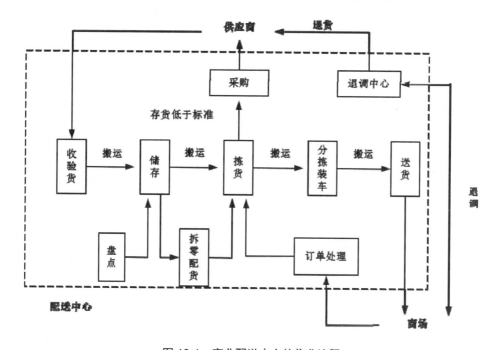

图 13-1　商业配送中心的作业流程

(二)配送系统的规模确定

1. 配送中心规模的确定

配送中心的规模大小主要取决于储存量的大小。配送中心仓库所需面积是由商品储存、货物品种、保管期限以及商品堆码高度、仓容定额等因素决定的。同时，为了便于装卸、分拣和搬运作业，还需要考虑像分拣区、暂存区以及配货区这样的物流作业区面积以及行政生活区、辅助作业区等非物流作业区面积。

2. 配送规模的确定

配送中心与店铺面积有一个相适应的比例关系，从世界连锁业发展的实践来看，一个便利连锁公司在拥有 20 个门店，总面积达到 4 000 ㎡时，就可以考虑建立配送中心；一个超市连锁公司，在拥有 10 个门店，总面积达到 5 000 ㎡时，就有建立配送中心的必要。一般来讲，若企业决定建立配送中心，那么该配送中心所取得的效益应至少能够达到：分店规模扩大使配送中心正常运转所取得的数量折扣和加速资金周转所取得的效益，足以抵偿配送中心建设和配送设施所花费的成本。

商业配送中心规模确定流程如下。

1) 确定配送中心仓库总储存量

配送中心的配送量和货物储存量直接受连锁企业各店铺货物经营总量的影响。货物经营量越大,所需要的配送中心规模就越大。而货物经营量又与店铺面积有着正相关关系,因此连锁店铺总面积与配送中心总规模也成正相关关系。例如,法国家乐福集团的一个 2 万㎡的配送中心负责 20 家左右特级市场的货物配送任务。这 20 家特级市场的店铺总面积为 20 万㎡左右,即配送中心面积与店铺总面积的规模比为 1:10。应该着重指出的是,连锁店铺总面积与配送中心规模的比例,因业态不同、流转速度不同而不同。因而,在借鉴已有经验数据的同时,也必须充分考虑自身企业的特性,以确保决策无误。此外,在测定货物配送即储存总量的同时,还需掌握配送储存的具体品种以及相应的数量情况和包装等。

2) 计算商品的平均储存量

平均配送量既包括平均吨公里数,也包括平均储存量,前者决定运输规模,后者决定仓储规模。货物周转速度直接影响货物在配送中心停留的时间,若速度慢,则意味着占据配送中心空间的时间长,需要配送中心的规模就大;反之则需要相对小的配送中心。同时,从厂商直达店铺的货物越多,要求配送中心的面积越小。所以,在推算平均配送量时,应引入货物平均周转速度。其计算公式为

$$Q = Q'/t \text{ 或 } Q = (Q'/360) \times D \tag{13-1}$$

式中:Q ——年度商品平均储存量(吨);

Q' ——年度商品储存量(吨);

t ——商品平均周转速度(次/年);

D ——商品平均库存时间(天)。

3) 计算商品所需的储存空间

由于不同货物的容量及包装不同,因而储存过程中所占配送中心的空间也不同。这样就使得储存的货物和其所占用的空间这二者之间有一个换算关系,这个换算关系用"仓容占用系数"来表示。有些货物的储存量按重量计算,有些货物的储存量按金额计算,仓容占用系数是指单位重量或金额货物所占空间的大小。其计算公式为

$$P = Q \times q \tag{13-2}$$

式中:P ——储存空间需要量(m^3);

q ——平均仓容占用系数。

4) 计算仓库储存面积

在储存空间一定的条件下,所需储存面积的大小取决于配送中心允许货物的堆码高度。影响配送中心允许货物堆码高度的因素有货物性能、包装、配送中心建筑构造和设备的配备等。根据配送中心存放货物的特点和配送中心设计等方面的条件,应合理地确定堆码高度、配送中心的储存面积。其计算公式为

$$S = P/H \tag{13-3}$$

式中:H ——商品平均堆码高度(m);

S ——仓库储存面积(m^2)。

5) 计算仓库的实际面积

配送中心的实际面积要大于上面计算的储存面积。这是因为配送中心不可能都用于储存货物,为了保证货物储存安全和适应库内作业的要求,需要留有一定的墙距、垛距、作业通道以及作业区域等。配送中心库房面积的利用率是储存面积与实际使用面积之比,这取决于货物保管要求、配送中心建筑结构、仓储机械化水平、库房布置和配送中心管理水

平等多种因素。因此，应根据新建配送中心的具体条件，确定配送中心面积利用系数，并根据其值对配送中心面积作最后的调整。其计算公式为

$$S' = S/K_m \qquad (13-4)$$

式中：S'——仓库实际面积(m^2)；

K_m——仓库面积利用系数。

6）确定仓库基地面积

配送中心的全部面积为配送中心实际面积与辅助面积之和。根据配送中心本身的性质以及实际的需要确定辅助面积所占比重，进而确定配送中心的全部面积。其计算公式为

$$S_f = \sum S_j / K_f \qquad (13-5)$$

式中：$\sum S_j$——基地内各种建筑物、道路和露天货场占地面积之和；

S_f——仓库基地面积(m^2)；

K_f——基地面积利用系数。

二、企业发展需求资料的收集与分析

在建设商业配送中心前期，了解企业的发展需求，掌握企业自身条件以及历史业务资料是至关重要的，这能够更具有针对性地设计配送中心，并且可以节约成本，避免不必要的浪费。

首先，企业要明确商业配送中心的定位，主要涉及的功能包括什么，其核心职能是什么，附属职能有哪些，等等。其次，要考虑企业在后期是否有业务拓展、扩大经营或者建设区域内专属物流线路、设备维修等辅助扩展功能型建筑所导致的需要进一步建设配送中心的可能性。

一般情况下，企业的发展需求是在当前运营环境中的弊端与缺陷上提出的，比如，自动化程度低，工人劳动强度大等。因此，商业配送中心不仅要能够实现收货、库存、分类、拣选、配发这些基本职能，还要具备先进的技术与设备，可以整合配送中心各环节的关系，建立各功能区域相互协调的、一体化的商业配送应用系统。新建的商业配送中心还要摆脱传统的人工清点弊端，脱离货品地堆，减少人工叉车作业，降低人力找货强度，因此企业可以引进高度机械自动化的自动拣选系统和具备安全性能系数高、处理进出货信息效率快的仓储系统，再充分利用、整合当下最有效的信息化技术，将商品从收货、储存、拣选、复核、包装到最后送货等环节有机集成，利用传感器技术，对各环节数据实时把控，追求信息流、物流、人流和资金流的最优配置。

(一)基本运行资料

(1) 商业配送中心的业务类型、营业范围、营业额、从业人员数、运营车辆数、供应厂商和客户数量等。

(2) 商品类型、品种规格、品项数、供货渠道、保管形式，以及对特殊物品的冷藏冷冻的相关要求。

(3) 订单资料(商品名称、数量、单位、订货日期、交货日期、交易方式、生产厂家)、作业流程、设施资料(规格、生产能力)、工时资料(各作业区人数、工作时长、作业时间)、

配送网点与分布(配送网点分布与规模、配送路线、交通状况、收货时段、特殊配送要求等)。

(二)基本资料的分析

对收集的各个方面的原始资料,从政策性、可实施性等方面进行整理分析,并结合新建商业配送中心的实际情况加以修订,作为规划与设计的参考依据。基础资料的分析分为定量分析和定性分析。定量分析包括库存类别分析、销售额变化趋势分析、订单分析、物品与包装特性分析和货态分析。定性分析包括作业流程分析、事务流程分析、作业时序分析和自动化水平分析。下面主要介绍定量分析的全部内容及定性分析中的作业流程分析。

1. 库存类别分析

商业配送中心的商品种类繁多,大规模的配送中心甚至能够揽收与储存上万种货物。每种商品的价格不同,库存数量也不等,有的商品品项数不多但价值很高,占有资金多;而有的商品品项数多,但价值不高,资金占比小。因此无法对全部在库商品实施同样的重视程度和管理方法。只有对库存商品分清主次,才能够提高效率与效益,常用的方法是ABC分类管理法。

2. 销售额变化趋势分析

销售额的大小决定新建商业配送中心的规模。首先汇总整理企业商品历年销售和发货资料并进行分析,从中了解销售趋势和变化情况,然后根据销售额变化趋势,制定相应的对策与目标值。分析过程中的时间单位依资料收集范围和广度而定。如果预测未来发展趋势,则以一年为单位;如果预测季度变化,则以月为单位;如果分析月或周内的变化趋势,则以天为单位。常用的分析方法有时间序列分析法、回归分析法和统计分析法。

3. 订单分析

订单是商业配送中心的生命线,但因为订单的品种、数量、发货日期差别很大,并且处于动态变化中,所以它既是商业配送中心的活力表现所在,又是难以把握的不确定性因素。但是如果可以掌握数据分析的原则,做出有效的资料组群,简化分析过程之后再进行相关分析,就能够得出比较可靠的分析结果。常用的订单分析法有EIQ规划法,EIQ规划法是针对不确定和波动状态物流系统的一种规划方法。它的意义在于,根据配送中心的设置目的掌握物流特性,并对物流状态和运作模式规划出符合实际的物流系统。

4. 物品与包装特性分析

结合商品的物理特性与包装特性,合理地规划储存区域。商品的物理属性通常包括尺寸、物态、重量、形状、价格、储存温度、储存湿度等;对商品的包装特性进行分析通常包括包装单位(个、包、条、箱、盒等)以及包装材料(箱、袋、捆包、金属容器、塑料容器等)。

5. 货态分析

货态是指物品的储存样态,一般商业配送中心的储运单位包括托盘、标准箱和单品。当货物之间的形状、尺寸、重量相差较大时,可将它们分为大物、中物、小物或组合等几种类型，然后分别选择相对合适的搬运和储存设备。

6. 作业流程分析

作业流程分析是指对一般常态性和非常态性的作业加以分类，并整理出商业配送中心的作业流程，不同商品的作业流程不尽相同，对其分析一般包含以下项目：进货作业(车辆进货、卸载、验收、理货等)、储存保管作业(入库、调拨等)、拣货作业(按单拣选、批量拣选)、发货作业(流通加工、集货、品类拣选、点收、装载等)、配送作业(车辆调度、路线安排、交货等)、仓储管理作业(盘点、抽盘、移仓、储位调整等)、退货作业(退货卸载、点收、责任确认以及废品处理等)、换货补货作业。

三、作业区规划

作业区域是商业配送中心规划和布局的重点对象。配送中心规划的重点是存储区和拣货区，然后根据储存区和拣货区规划的运转量对前后作业的设施进行规划。对功能区的规划要考虑到商业配送中心内部功能与外部市场相衔接，为了提高物流作业的流畅性与效率，作业区规划的过程中要采用定量与定性相结合的方法，应用多种方法计算，比较多个方案以获得最合适的规划方案。

(一)常用方法

配送中心布局设计的方法有摆样法、图解法、系统布置法、数学模型法、计算机辅助设施布置法五种。目前应用较多的是系统布置法。

1. 摆样法

由于摆样法简单易行，因此在很早就被应用。其核心思想为将实际布局中的物体，缩小一定比例，之后在二维的平面上，进行摆样调整，根据实际情况实时评估，得到布局方案。比如，有的学者将其拓展到三维空间，运用其进行空港的布局，得到设计的思路，结合空港特征，规划布局。

2. 图解法

图解法主要靠数学模型对布局进行设计，包括运输路径图等方法。

3. 系统布置法

20世纪60年代，缪瑟提出SLP，SLP法既能做定性研究，又能做定量研究。其主要要素包括物流分析、非物流分析、单位综合关系图、位置关系图、平面布局图。此方法比之前提出的方法更具科学性，使设施规划更加精确。

4. 数学模型法

数学模型法主要是通过数学建模，再对其进行求解，得到理想结果的方法。其涉及很多运筹学中的理论，如多目标规划、线性规划等。一些学者对运输问题，建立现行规划模型后，采用相关专业软件求解，得到优化方案。

5. 计算机辅助设施布置法

当网络技术、计算机技术对各行各业的红利显现时，人们开始考虑在物流中心引入信息化手段，实现算法的交互，筛选并保留备选方案，从中再核算出最低成本的实施规划，其中有一款软件就是引入计算机技术，研究对象的位置布置，进行各位置间的互算，从而得出最优解。有专家就在 Microsoft SQL Server 建立了数据库，通 Visual C++方式运行，借助于计算机设备的强大功能，实现整个业务流程的分析，同时，在现实物流中心进行模拟操作验证，即对计算机模拟结果进行验证，验证结果可观，也反映出了信息化手段用于物流规划设计的科学性。

(二)作业区分析

本小节我们以最常用的系统规划法举例，来分析商业配送中心的功能区。

配送中心功能区包括物流功能区和非物流功能区，其中物流功能区包括收货暂存区、货架存储区、拣选区、复核打包区、集货缓存区、发货暂存区，非物流功能区包括办公区和辅助区，具体的功能区划分如图 13-2 所示。

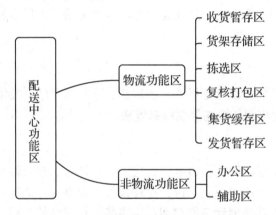

图 13-2 商业配送中心功能区划分

1. 收货暂存区

收货暂存区负责货物的收、卸、检查以及搬运。人工在卸货并将其搬运至收货整理区后，根据收货清单，对商品进行简单处理，将货物区分为直接分拣配送、入库加工、待加工和不合格(需要清退)的货物，进行组盘作业，然后分别送往不同的功能区。一般布置于作业区起始端。

2. 货架存储区

货架存储区是对暂不配送而要作为安全储备的货物进行保管和保养的场所，常见的货架存储区存储方式有地堆式存储、三层货架存储、密集式货架存储，通常配有多层货架和用于集装单元化的托盘。

3. 拣选区

拣选区通常采用人到货拣选作业模式与货到人拣选台模式，根据收到的订单进行货物的拣选、分类、配货。

4. 复核打包区

复核打包区对所需要的货物进行逐一检查，对拣选完成的订单箱进行数量复核，并进行包装、贴标等作业，再搬运至集货暂存区等待集货。

5. 集货暂存区

集货缓存区主要将包装好的货物按订单进行集货，保证每个订单的货物数量整齐。

6. 发货暂存区

发货暂存区主要是订单复核完成后，按照规定放置的固定区域。由于一般无法实现拣选后即刻发货的功能，因此发货暂存区的设置是必要的。

7. 非物流功能区

非物流功能区包括办公区和辅助区。办公区包含信息中心、办公室、会议室等；辅助区包含配电室、备品备件室、工具室等辅助作业区。

四、作业流程管理

商业配送中心所服务的对象一般是以零售与批发为主的大型连锁商超企业，在作业流程设计与管理时必须顾及其货品流量大、货物种类多的特点，因此商业配送中心的作业流程需要遵循以下原则：配送系统方案的规划应与企业的经营战略和现状相适应；全程严格控制配送成本；多渠道建设和利用配送设备；提高全程配送作业的信息化水平，适应竞争需求。商业配送中心的基本作业流程如图 13-3 所示。

(一)进货

商业配送中心进货作业计划制订的依据是采购单。进货计划必须根据采购单所反映的信息，掌握货物到达的时间、品类、数量及到货方式，尽可能准确地预测出到货时间，以便尽早做出卸货、储位、人力、物力等方面的计划和安排。同时，在掌握进货货品的品种、数量和到货日期等具体情况的基础上，做好进货准备。这是保证货品平稳有序入库的重要条件，准备工作主要包括储位准备、人员准备、搬运工具准备和文件准备等。进货作业计划的制订有利于保证整个进货流程的顺利进行，同时有利于提高作业效率，降低作业成本。

(二)卸货

卸货的前提条件是，供货厂家将送货车辆停靠在商业配送中心指定位置，并交验送货凭证、发票和抽样商品。对直接抵达配送中心的货品，供货厂家在卸货前交验送货凭证、发票和抽样商品，经对方审核后组织卸货。卸货方式有人工卸货、输送机卸货和叉车卸货。需要注意的是，冷藏处理的商品要搬至冷库待验区并告知采购部，采购部通知验收组优先验收。

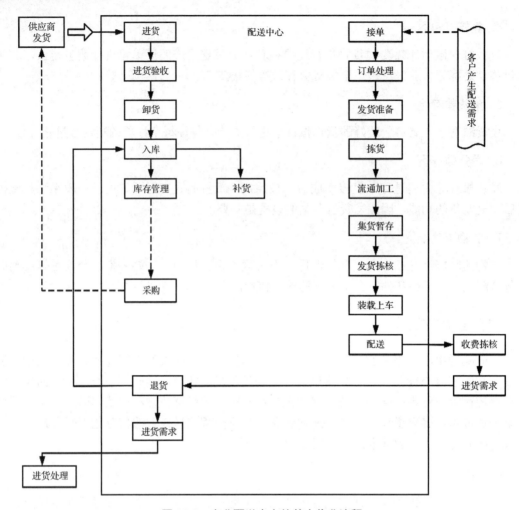

图 13-3　商业配送中心的基本作业流程

(三)验收检查

验收检查工作一般分为核对单据与入库验收。进货商品一般具有送货单、采购单、采购进货通知、供货方开具的出仓单、发票、磅码单与发货明细表等单据;随货同行单应当包括供货单位、生产厂商、商品的通用名称、规格、数量、发货日期等内容,负责验收的工作人员需要核对以上单据是否准确。入库验收是对即将入库的产品,按规定的程序和手续进行数量和质量的检验,这是保障库存质量的第一个环节,是做好货物保管的基础,也是避免受损货物入库、减少经济损失的重要手段;必要时,更是提出退货、换货和索赔的依据。货品验收有全检和抽检两种形式,一般在由供货方和接货方所签订的合同中有明确规定。抽检时,应对每次到货物品进行逐批抽样验收,抽检的样品应该具有代表性。货物验收的内容包括以下两个方面:①品质检验,也叫质量检查,目的是查明其质量情况,以便发现问题、分清责任,确保入库商品符合订货要求,检验包括物理试验、化学分析以及外形检查等;②包装检验,是根据购销合同、相关标准对商品的外包装、内包装以及包装标志进行检验。

(四)理货

进货与储存的货品装载形式的转换称为理货。对进货货品进行拆箱、拆柜或堆垛作业，以便于入库。当进货和储存货物形式相同时，可原封不动地转入储存区；当进货装载形式大，而储存装载形式小时，需要在理货区进行拆装作业；当进货装载形式小，而储存装载形式大时，需要把小包或箱子放在托盘上，即进行码垛再储存。

(五)搬运

搬运形式直接影响配送中心的效率。是否重复行走，货品是否合并运输，都是管理者做决策时必须考量的因素，因此要配合设备的使用及路线的规划，决定货品最终采用何种形式的搬运。货品移动的基本单位有三种：散装、个装和单元包装。散装是最简单的货品搬运方法，每次的运送量大，但散装搬运较容易破坏货品或造成边缘的损坏，需要特别注意；个装往往是体积较大的货品的移动，一般需要大型搬运机和辅助设施，也可累计到某些单元数量后再搬运，如盒子、篮子、笼车等单元；单元包装的好处在于可以保护货品并降低每单位的移动成本及装卸成本，让搬运作业运行更加经济。

(六)储存保管作业

合理的储存作业可以减少出入库移动的距离、缩短作业时间，提高仓库容积的利用率。通常采用的储存方法有定位储存、随机储存、分类储存和分类随机储存。储存的保管形式按照货物量的大小分为大批储存、小批储存、中批储存和零星储存四种；按照储存设备的不同分为地板堆积式储存、货架堆积式储存、储物柜储存和自动化立体仓库储存四种。

配送中心需要最大限度地追求储存的合理化，即在保证配送的前提下用最经济的方法实现储存功能。首先，要保证储存量合理，一方面，在新的商品到货之前，要能够保证此期间商品的正常供应配送的数量；另一方面，在保证功能实现的前提下，储存要有一个合理的数量范围，超出一定范围的储存数量是有害无益的。其次，储存时间一方面受销售事件的时间的影响，另一方面又受所储存物品的物理、化学性能的影响，寻求商品合理的储存时间是至关重要的。最后，要寻求各类商品最合适的储存条件。储存合理化应遵循以下原则：先进先出原则、同一性原则、类似原则、高周转优先原则等。

(七)盘点作业

盘点作业即清点核查作业，在配送中心运行过程中，商品不断地进库出库，账面库存数与实际库存数不一致的情况时有发生，因此，为了实时掌握商业配送中心各种产品的实际数量和质量，必须定期或不定期地对各储存场所进行盘点作业。盘点作业的目的在于检查各项商品与账卡的一致性，确认企业损益，核实管理成效。根据实际情况，盘查的周期可以是定期盘查、不定期盘查以及连续盘查等；盘点的具体作业流程包括确定盘点时间、确定盘点方法、清理储存场所、盘点作业、差异因素分析、盈亏处理等。

(八)订单处理作业

订单处理的方法分为人工处理与计算机处理，人工处理的灵活性较高但速度缓慢，效率低下，对于需要快速处理的大量订单一般采用响应速度快的计算机处理。订单处理作业的流程大致如下：接受客户订单、客户订单确认、建立客户档案、存货查询与分配、确定拣货顺序、计算拣货时间、缺货处理、订单资料的处理与输出等。

(九)分拣作业

商业配送中心按照订单要求或配送计划，迅速、准确地将各类商品从储位或其他作业区分拣出来，并按照一定的方式进行分类、集中的作业过程。分拣作业的流程大致如下：拟订发货计划、确定拣货路线、分派拣货人员、拣货、分拣、集中货物等。

分拣方式一般分为人工目视处理、自动分拣、旋转货架分拣三种。人工目视处理：由拣货人员根据订单或拣货单，把订购货品放入已贴好标签的货筐中。自动分拣：利用自动分拣设备与计算机识别系统对货品进行分类。自动分拣与人工目视处理对比，具有准确、快速、效率高等特点。目前，国内较先进的自动分拣系统可达每小时 7 000～10 000 箱。旋转货架分拣：将旋转货架的每一格当作客户的发货筐，分拣时只要在计算机中输入各客户代号，旋转货架就会自动将货筐转至作业人员面前，让其将批量拣取的货物放入货筐。

(十)补货作业

补货作业是配合拣货作业的，目的是保证拣货区有货可拣。一般情况下，配送中心的补货方式有两种。一种是由储存货架区向拣选重力货架区补货；另一种是由上层货架向底层补货，此时货物储存两层以上为储存区，底层为拣选区。补货的频次一般视实际情况可采用批次补货、定时补货和随机补货等。

(十一)出货作业

出货作业指将拣取分类完成的货品做好出货检查，装入妥当的容器，根据车辆趟次或厂商等指示将物品运至出货准备区，最后装车配送。出货作业的流程一般为：发货准备，核对出库凭证，复核货品，捆包待运，点交和清理等。

第三节　典型商业配送系统的设计

一、项目背景

典型的商业配送系统常见于大型商场、超市配送中心以及烟草、图书等货物的批发中心，在设计商业配送系统时，往往要结合企业自身条件、周边环境、设施设备等因素进行综合考量。本节以一个大型连锁超市的配送中心设计为例，从功能确定、计算规模到空间布局，逐步实现典型商业配送系统的设计流程。

已知某连锁超市拟建一个新的配送中心，使其既能为上游企业提供高效率的物流业务，又能满足下游客户日益增长的"多品种、小批量、多次数"的物流需求。根据往期的订单数据以及现有设备条件得知，该超市年度商品总储存量约为 57 600 吨，平均货物周转速度为 18 次/年，平均仓容的占用系数为 1.2，各类商品平均堆码高度为 1.5m，仓库面积利用系数为 0.8，基地面积利用系数为 0.8.

二、配送中心的功能以及规模确定

(一)总体功能

某连锁超市物流配送中心所辐射的范围较广，在特定场景下运输的路途较远，为了更好地完成配送任务，拟建的物流配送中心必须要有完善的功能定位，以下是连锁超市物流配送中心需要实现的基本功能。

1. 运输功能

物流中心需要自己拥有或租赁一定规模的运输工具，而且物流中心要有自己的网络，这样在同行业的竞争中更具有优势。同时，物流中心首先应该选择满足客户需要的运输方式，然后组织网络内部的运输作业，在规定的时间内将客户的商品运抵目的地。

2. 装卸搬运功能

装卸搬运普遍存在于配送中心的大部分物流环节，尤其是出入库，以及其他物流作业区的货物流动(包括对输送、保管、包装、流通加工等物流活动进行衔接活动，以及在保管等活动中为进行检验、维护、保养所进行的装卸活动)。要求新建的配送中心必须具备足够的通道空间以保证装卸搬运的有序进行。

3. 储存功能

配送中心需要有仓储设施，但客户需要的不是在物流中心储存商品，而是要通过仓储环节保证市场分销活动的开展，同时尽可能实现仓容利用率的最大化，降低库存占用的资金，减少储存成本，在储存的同时保证货物的质量。

4. 流通加工功能

流通加工的主要目的是方便生产或销售。商业配送中心常常与固定的制造商或分销商进行长期合作，为制造商或分销商完成一定的加工作业。配送中心必须具备的基本加工职能包括贴标签、制作并粘贴条形码等。另外，商业配送中心也负责一部分商品的包装功能，不仅需要对销售包装进行组合、拼配、加固，形成适于物流和配送的组合包装单元，使组合后的单元更易于运输，而且需要对部分商品的外包装进行美化，提高吸引力。

5. 分拣配货功能

在配货区将连锁超市的指定货品按照订单依次进行分拣、配货及配装。这一过程能够极大地提升货车的满载率，并且集中分拣与分批次分拣相比能够进一步提高配送效率。通过配装，货物以配送、送货形式送达客户手中，完成商品物流并最终实现资源配置。

6. 退货功能

当商品存在质量问题或者数量与订单不匹配时，就存在退货与换货，通常这一环节在验收之后进行。商品在收货区经过验收发现存在问题后，直接送往退货处理区等待送回厂商或是配送中心内处理。

7. 物流信息处理功能

商业配送中心离不开信息系统，因此将在各个物流环节的各种物流作业中产生的物流信息进行实时采集、分析、传递，并向货主提供各种作业明细信息及咨询信息。对订单的处理以及对客户的反馈都是工作人员在办公区的终端上完成的。

(二)规模确定

1. 储存区域

通过已知条件可以计算出仓储区域的面积。首先通过该连锁超市的年度商品总储存量 Q' 以及平均货物周转速度 t 可以得出年度商品平均储存量 Q，即

$$Q = \frac{Q'}{t} = \frac{57\,600}{18} = 3\,200t$$

已知年度商品平均储存量 Q 和平均仓容占用系数 q，通过计算可以得出全部商品所需的储存空间 P，即

$$P = Q \times q = 3\,200 \times 1.2 = 3\,840\text{m}^2$$

已知商品所需储存空间 P 和商品平均堆码高度 H，可以求出仓库的储存面积 S，即

$$S = \frac{P}{H} = \frac{3\,840}{1.5} = 2\,560\text{m}^2$$

进而求出仓库的实际面积 S'，即

$$S' = \frac{S}{K_m} = \frac{2\,560}{0.8} = 3\,200\text{m}^2$$

2. 辅助配套设施工程

除了储存区域外，还需要考虑配送中心内其他作业环节的占地面积，包括收货区、配货区、发货区、流通加工区、办公区、退货处理区、停车场及设备存放区等。储存区面积经过计算已经确定为 3200m²，再根据传统布局经验，大致拟定收货区面积为 300m²，配货区面积为 500m²，发货区面积为 300m²，流通加工区面积为 200m²，办公区面积为 800m²，退货处理区面积为 200m²，停车场面积为 1000m²，设备存放区面积为 200m²，再加上园区内道路以及绿化等区域的面积大致为 1500m²，可计算出拟新建的配送中心总面积 S_f，即

$$S_f = \frac{\sum S_j}{K_f} = \frac{8\,200}{0.8} = 10\,250\text{m}^2$$

三、平面布局设计

已知各功能区的面积以及配送中心总面积，考虑到各区域间的物流相关性以及物流作业的连贯性，初步拟定将储存区与配货区布置在园区中央，储存区与收货区和退货处理区相邻，配货区与流通加工区、发货区相邻，办公区与停车场位于园区一侧，与物流作业区隔开，如图 13-4 所示。货车从大门进入，经过停车场与办公区到达收货区进行验收卸货，再经过退货处理区与流通加工区到达发货区，等待装车发货，最后从大门离开。

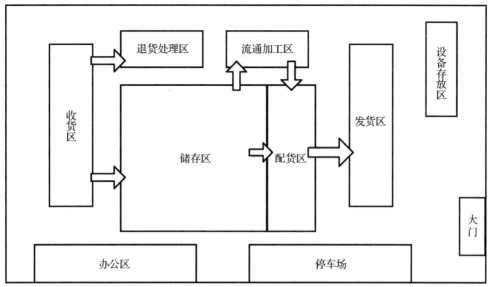

图 13-4 某连锁超市配送中心平面布局图

复习思考题

1. 简述商业配送系统的内涵及分类。
2. 商业配送系统的设计内容包括哪些？
3. 作业区规划过程中应注意哪些要点？常用的规划方法有哪些？
4. 信息系统在商业配送中心的运营中起到怎样的作用？

参 考 文 献

[1] 齐二石. 物流工程[M]. 北京：清华大学出版社，2009.

[2] 董千里. 物流工程[M]. 北京：中国人民大学出版社，2012.

[3] 张文杰，张可明. 物流系统分析[M]. 北京：高等教育出版社，2008.

[4] 邵正宇，周兴建. 物流系统规划与设计[M]. 2 版. 北京：北京交通大学出版社，2014.

[5] 苗敬毅，董媛香，张玲，等. 预测方法与技术[M]. 北京：清华大学出版社，2019.

[6] 孔继利. 物流配送中心规划与设计[M]. 2 版. 北京：北京大学出版社，2019.

[7] 陈德良. 物流系统规划与设计[M]. 北京：机械工业出版社，2016.

[8] 蔡临宁. 物流系统规划——建模及实例分析[M]. 北京：机械工业出版社，2013.

[9] 周锐. 《铁路"十三五"发展规划》发布[J]. 城市轨道交通研究，2017，20(12).

[10] 于汶艳. 物流设施与设备[M]. 北京：清华大学出版社，2013.

[11] 唐四元，鲁艳霞. 现代物流技术与装备[M]. 北京：清华大学出版社，2008.

[12] 肖生苓. 现代物流装备[M]. 北京：科学出版社，2009.

[13] 王丰，姜大立，张剑芳，等. 现代物流装备[M]. 4 版. 北京：首都经济贸易大学出版社，2016.

[14] 周桂良，许琳. 交通运输设备[M]. 武汉：华中科技大学出版社，2020.

[15] 周康. 铁路单元化快捷货运服务下的集装器具共用组织优化研究[D]. 北京：北京交通大学，2017.

[16] 金桂根. 基于木质平托盘供应链物流的集装单元化管理[J]. 物流技术与应用，2015，20(12):154-156.

[17] 刘振华，刘小平，申晓辰. 论集装单元化包装的作用及对策[J]. 包装工程，2014，35(17):131-134.

[18] 赵皎云. 物流包装与集装单元化技术发展概述[J]. 物流技术与应用，2012，17(11):56.

[19] 刘小玲，刘海东. 物流装卸搬运设备与技术[M]. 杭州：浙江大学出版社，2018.

[20] 吴广河. 港口物流机械[M]. 北京：人民交通出版社，2015.

[21] 伊俊敏. 物流工程[M]. 5 版. 北京：电子工业出版社，2020.

[22] 盖宇仙. 铁路装卸机械化[M]. 2 版. 北京：中国铁道出版社，2010.

[23] 马广文. 交通大辞典[M]. 上海：上海交通大学出版社，2005.

[24] 李建红. 中国集装箱大全[M]. 北京：中国物资出版社，2003.

[25] 孙红. 物流设备与技术[M]. 南京：东南大学出版社，2006.

[26] 物流技术与应用. 2020 年中国物流装备市场回顾与 2021 年展望(下)(四)[EB/OL]搜狐网，2021-05-04
[2022. 12. 11]https://www.sohu.com.

[27] "科普中国"科学百科词条编写与应用工作项目. 汽车起重机[EB/OL]百度百科，2022. 12. 11. https://baike.
baidu.com/ item.

[28] 于建，罗龙聪，冷真龙，等. 特殊环境下集装箱装卸转运设备的研制[J]. 机电技术，2022(3):49-52.

[29] 刘壁钺，吴慧敏，邵武豪，等. 船用起重机选型与布置研究[J]. 船舶，2022，33(3):106-115.

[30] 温富荣，宋海涛，耿卫宁. 新型集装箱立体堆场及其规划设计[J]. 物流技术，2022，41(6):95-100.

[31] 佟雪峰，赵瑞学，付玉琴，等. 起重机伸缩臂欧洲设计标准探析[J]. 建设机械技术与管理，2022，
35(3):61-62+90.

[32] 梁慧慧，吴炜，楼旭阳，等. 二维桥式起重机的滑模控制[J]. 控制与决策，2022，37(8):2163-2169.

[33] 许文彬，费文豪. 岸边集装箱起重机低空化施工关键技术研究[J]. 港口装卸，2022(3):62-64.

[34] 刘春明, 张科昌, 生绿伟. 一种集装箱起重机吊具零位补偿方法[J]. 港口装卸, 2022(3):1-3+18.

[35] 顾飞飞. 港口装卸设备悬臂铰点维修工装设计[J]. 设备管理与维修, 2022(7):117-118.

[36] 牛铭. 一种新型木板码垛设备研制开发[D]. 大连: 大连交通大学, 2020.

[37] 周宏明. 设施规划[M]. 2 版. 北京: 机械工业出版社, 2021.

[38] 滕宝红. 仓库管理实操从入门到精通[M]. 北京: 人民邮电出版社, 2019.

[39] 刘昌祺, 金跃跃. 仓储系统设施设备选择及设计[M]. 北京: 机械工业出版社, 2010.

[40] 马凤莉. 物流园区仓库的结构设计简析[J]. 山西建筑, 2022, 48(2): 69-70.

[41] 赵梦临, 张文燕, 闫爽, 等. GB/T 39060—2020《自动化立体仓库设备制造安装监理技术要求》标准解读[J]. 起重运输机械, 2021(18): 74-77.

[42] 张欣欣. 面向空间损失改善的仓储系统平面布置优化问题研究[D]. 长春: 吉林大学, 2012.

[43] 李阳. 自动化立体仓库及其堆垛机研究[D]. 哈尔滨: 哈尔滨理工大学, 2013.

[44] 于承新, 赵莉. 物流设施与设备[M]. 北京: 经济科学出版社/中国铁道出版社, 2007.

[45] 邹霞. 智慧物流设施设备[M]. 北京: 电子工业出版社, 2020.

[46] 王宁. 物流工程学[M]. 北京: 人民交通出版社, 2021.

[47] 戢守峰. 现代设施规划与物流分析[M]. 2 版. 北京: 机械工业出版社, 2019.

[48] 傅丽萍. 物流系统规划与设计[M]. 北京: 清华大学出版社, 2018.

[49] 靳志宏. 物流系统规划与设计[M]. 2 版. 杭州: 浙江大学出版社, 2015.

[50] 董海. 设施规划与物流分析[M]. 北京: 机械工业出版社, 2005.

[51] 迈耶斯, 斯蒂芬斯. 制造设施设计和物料搬运[M]. 2 版. 蔡临宁, 译. 北京: 清华大学出版社, 2006.

[52] 金芳. 阜矿集团机械制造有限公司物料搬运系统改进设计研究[D]. 阜新: 辽宁工程技术大学, 2014.

[53] 宋志兰, 冉文学. 物流工程[M]. 武汉: 华中科技大学出版社, 2016.

[54] 伊俊敏. 物流工程[M]. 5 版. 北京: 电子工业出版社, 2020.

[55] 齐二石, 方庆琯, 霍艳芳. 物流工程[M]. 2 版. 北京: 机械工业出版社, 2021.

[56] 冯耕中, 尤晓岚, 徐金鹏. 物流配送中心规划与设计[M]. 3 版. 西安: 西安交通大学出版社, 2018.

[57] 孔继利. 物流配送中心规划与设计[M]. 2 版. 北京: 北京大学出版社, 2019.

[58] 韩伯领, 周凌云. 物流园区规划设计与运营: 理论、方法与实践[M]. 北京: 清华大学出版社/北京交通大学出版社, 2018.

[59] 胡贵彦, 王艳, 吴菲菲. 医药配送中心规划与运营[M]. 北京: 中国发展出版社, 2022.